MAKRAMEE

DAS GROSSE BUCH DER MUSTER

MAKRAMEE

DAS GROSSE BUCH DER MUSTER

Über 70 verschiedene Knoten und Muster

Mit 33 DIY-Projekten

Märchen Art Studio Inc.

Inhaltsverzeichnis

Die Vielfalt von Mustern aus diagonalen Mastwürfen

Naturmotive wie Blüten und Blätter

Strukturmuster mit Früchten und Nüssen

Phantasiemotive

Matten und Gürtel mit spannenden Mustern zum Üben

Kapitel 03 Projekte

Schnell und einfach

Modische Akzente aus Lieblingsknoten

Einfache Zierelemente aus Makramee

Muster mit Potenzial

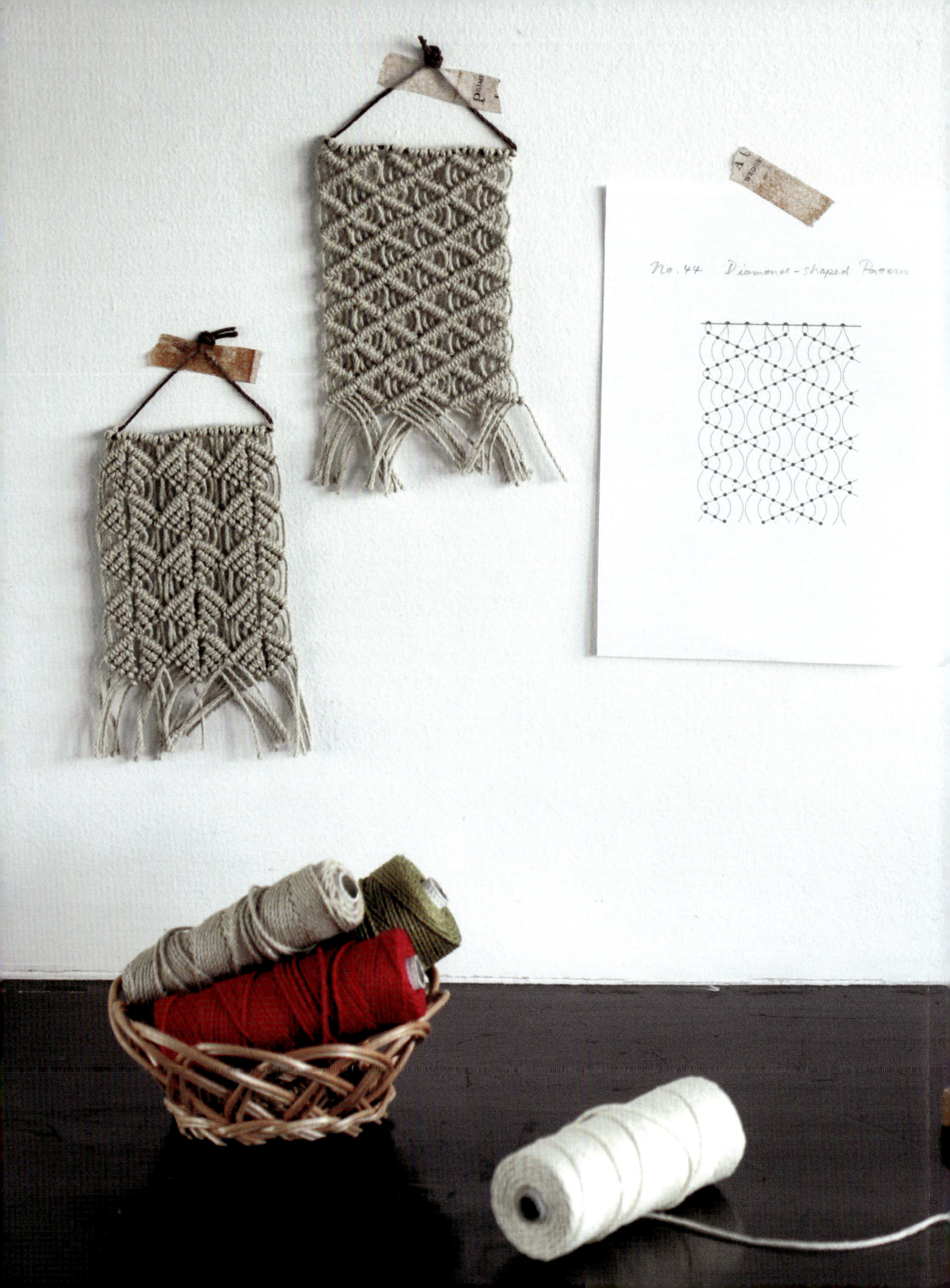
No. 44 Diamond-shaped Pattern

Vorwort

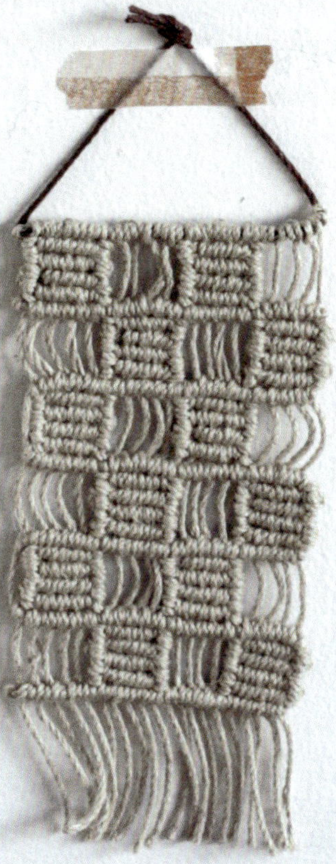

Einen Faden an den anderen knüpfen und den Knoten festziehen – so lässt sich Makramee mit wenigen Worten ganz lapidar beschreiben. Und genau das machen wir Tag für Tag immer wieder, ohne darüber nachzudenken. Wenn du einen Faden an einen anderen bindest, ist das ein einfacher Knoten. Und wenn du einen Knoten nach dem anderen knüpfst, entsteht ein Strang oder eine Matte. Je nach Art der Knoten und der Anzahl der verwendeten Fäden wird eine grenzenlose, fast unendliche Vielzahl an Mustern möglich.

Obwohl Makramee eine schier endlose Zahl an Möglichkeiten bietet, brauchst du eigentlich nicht viel mehr als Fäden – und vor allem benötigst du kein spezielles Werkzeug. Aufgrund dieser Einfachheit ist Makramee seit langen Zeiten in vielen Teilen der Welt bekannt und beliebt. Viele der geometrischen Muster und Pflanzen- und Tiermotive, die aus Knoten geknüpft werden, sind traditionelle Elemente in verschiedenen Kulturen.

Mit diesen Knoten lassen sich Verzierungen wie Knöpfe, Bordüren und Kanten gestalten oder mit Trageriemen und Taschenhenkeln wunderschöne Akzente an modischen Accessoires oder Dekorationsstücken setzen. Dieses Buch zeigt dir die enorme Vielfalt von Makramee und lädt dich dazu ein, die vorgestellten Projekte nachzuarbeiten oder eigene Vorstellungen umzusetzen. Stöbere am besten erst einmal in diesem Buch: Sicherlich findest du ein oder zwei Muster (oder drei), die du unbedingt nacharbeiten möchtest.

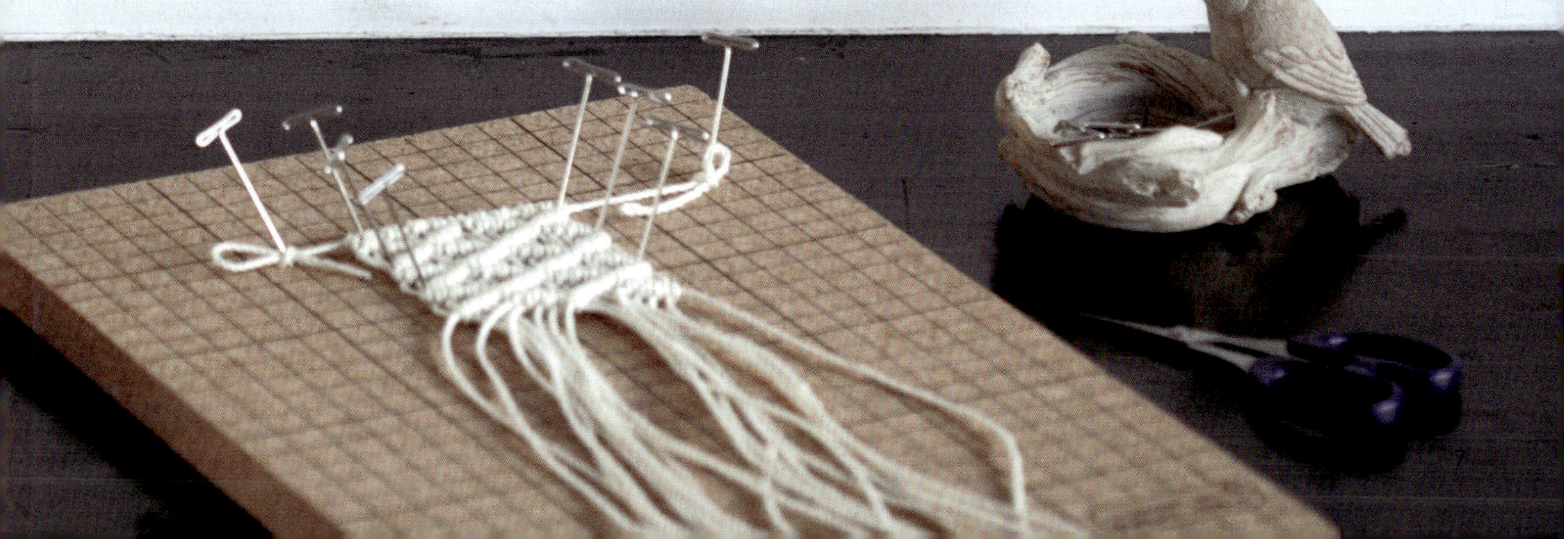

Faszinierende Geschichte, eine Welt voller Traditionen

Was ist Makramee?

Wenn du das Wort „Makramee“ hörst, woran muss du denken? An ein rustikales Einkaufsnetz? An einen geflochtenen Gürtel aus Lederbändern oder Schnüren? Viele Menschen kennen zwar zahlreiche Stücke, bei denen Makramee verwendet wurde, haben aber das Wort Makramee noch nie gehört.

Der Begriff Makramee bezieht sich im weitesten Sinne auf die Kunst, Fäden so miteinander zu verknüpfen, dass dekorative Stücke entstehen. Jede Schnur, jeder Faden, jedes Band, mit der oder dem sich Knoten knüpfen lassen, ist dafür geeignet. Üblicherweise werden Fäden aus Hanf, Jute, Seide oder Baumwolle verwendet, aber auch Strickwolle, Drachenschnur, Stickgarn, Rayon oder synthetische Fäden lassen sich knoten. Du kannst praktisch jede Art von Faden verwenden, die in deinem Haushalt zu finden ist.

Makramee wird traditionell auf viele verschiedene Weisen verwendet: nicht nur für die typischen Netze und Gürtel, die oben schon erwähnt wurden, sondern auch für Kantenverzierungen (oder Fransenkanten) an Schals oder Schultertüchern, Tischdecken und Vorhängen – in Makramee-Technik geknüpfte Quasten sind ebenfalls klassische Deko-Elemente, die eine großartige Wirkung entfalten können. Wer sich die verschiedenen Einsatzbereiche von Makramee bewusst macht, wird erkennen, wie vertraut ihm dieses Handwerk ist.

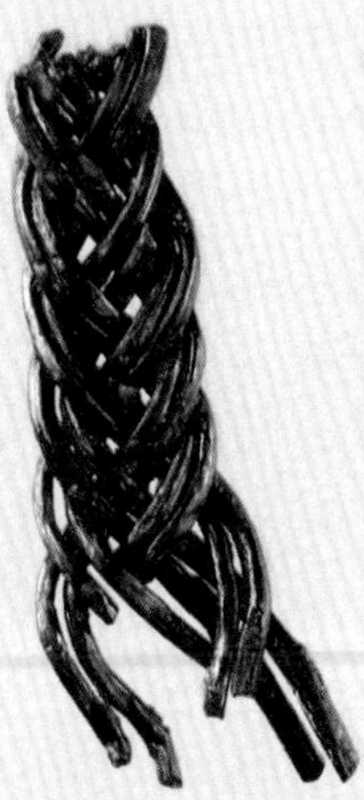

Geflochtene Weinrebe (links) • Armband aus Weinreben (rechts)
Die geflochtene Weinrebe und das Armband aus Weinreben stammen aus der Jomon-Zeit (ca.1300–300 v. Chr.) und wurden an der Grabungsstätte Sannai-Maruyama in der japanischen Präfektur Aomori gefunden. Der Flechtstrang besteht aus 10 Weinreben, die jeweils etwa 1 mm dick sind. Das Armband besteht aus verdrehten Weinreben und hat einen Durchmesser von 7 cm. Möglicherweise waren beide Teile ursprünglich lackiert. Aus der Sammlung des Amtes für die Erhaltung wichtiger Kultureigentümer im Bildungsministerium der Präfektur Aomori.

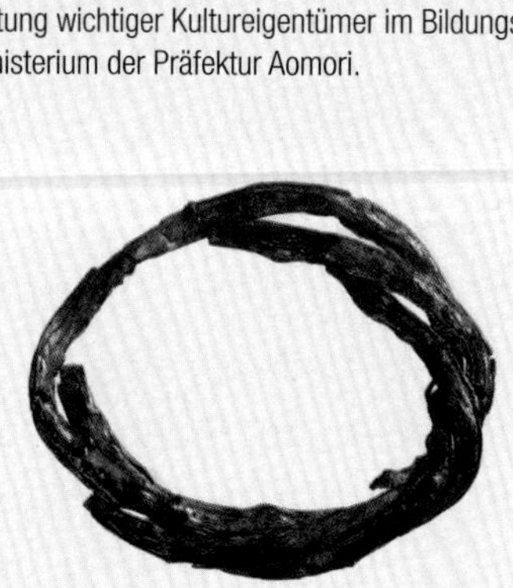

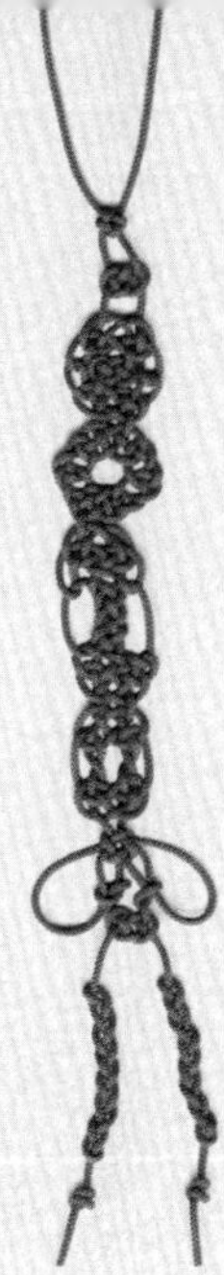

Shutora
Das Wort Shutora stammt von dem Wort „Sutra“ aus dem Sanskrit ab, das heilige religiöse Texte bezeichnet. Die Shutora rechts soll die heiligen Texte des Buddhismus darstellen. Solche geflochtenen Stränge kamen mit dem Buddhismus nach Japan, und noch heute tragen buddhistische Geistliche das typische Gewand Shichijo-gesa, eine gestreifte Priesterstola, und sie drapieren eine ähnliche Schnur über ihren Schultern. Heutzutage werden lange dicke Flechtstränge aus Seide verwendet. Das rechts abgebildete Beispiel ist deutlich kleiner und nur so groß wie ein Gurt.

Die Geschichte von Makramee

Die einfache Kunst, Fäden zu flechten und zu etwas Nützlichem zu verknoten, entstand vermutlich, als der Mensch zum ersten Mal Werkzeuge verwendete. In der Präfektur Aomori in Japan wurden eine geflochtene Weinrebe und ein Armband (unten links) gefunden, die in der Grabungsstätte Sannai Maruyama in den Überresten einer Siedlung aus der Jomon-Zeit (etwa 1300–500 v. Chr.) lagen.

Das Wort Jomon selbst bezieht sich auf ein Seilmuster, das die Menschen auf die typischen Keramikprodukte dieser Zeit drückten. Forscher gehen davon aus, dass dieses Seilmuster den Glauben der Menschen der Jomon-Kultur aufgreift, Knoten enthielten magische Kräfte, die ein langes Leben und Fruchtbarkeit bewirken könnten. Man könnte auch sagen, dass Knoten als Schutzzauber oder Glücksbringer dienten.

Doch die Tradition des Knotenknüpfens ist nicht auf Japan beschränkt. Da Knotenknüpfen so einfach ist, entstanden überall auf der Welt verschiedene Techniken und Interpretationen, die in Bräuchen und Kulturen aller Regionen gepflegt wurden. Und das gilt bis heute: Schon als Kinder lernen wir Knoten zu binden und Zöpfe zu flechten, was wir im täglichen Leben immer wieder nutzen. Von Generation zu Generation wird dieses Alltagswissen weitergegeben – so zieht es sich im wahrsten Sinne des Wortes wie ein „Faden durch unser Leben“. Daher ist es schwierig, die genauen Ursprünge des Knotenknüpfens zu bestimmen.

Auch lässt sich kaum sagen, wie sich Makramee zu einer beliebten Technik für Dekorationselemente in unserer modernen Welt entwickelt hat. Das Wort Makramee stammt vermutlich von einem arabischen Wort ab, das „weben“ oder „geknüpfter Schleier“ bedeutet. Knüpftechniken, die ursprünglich zur Einfassung von Kanten an Stoffen und Kleidungsstücken dienten, wurden im

Historische Kleidung aus Rumänien (links) und Ungarn (rechts)
Als diese Kleidungsstücke vor etwa 100 Jahren angefertigt wurden, war die Herstellung von Textilien von Hand sehr arbeitsintensiv: Viele Frauen bauten Faserpflanzen an, sponnen die Fasern, webten die Fäden zu Stoffen und verzierten das Kleidungsstück mit Stickereien. In Rumänien und Ungarn schmückten Frauen Handtücher, Schals und ähnliche Kleidungsstücke auch mit feinen, spitzenartigen Makramee-Fransenkanten.

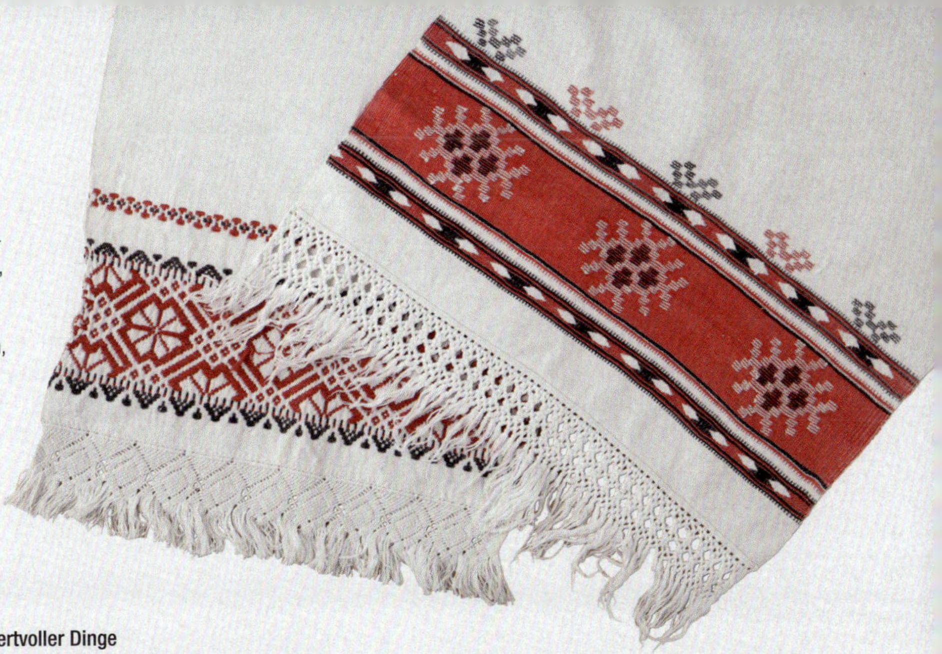

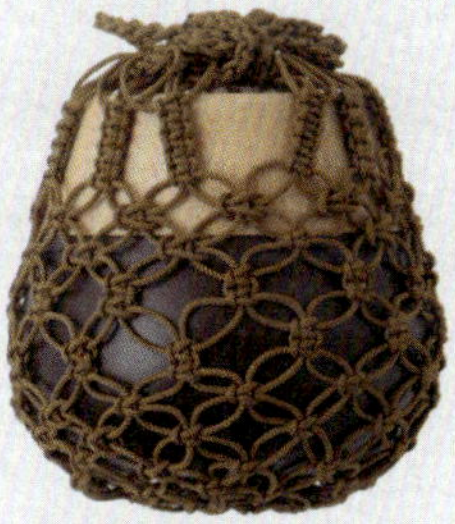

Netze für die Aufbewahrung wertvoller Dinge
In der japanischen Tee-Zeremonie haben nicht nur die Gefäße, sondern auch die Körbe und Beutel, in denen sie sorgsam aufbewahrt werden, einen großen Wert. Makramee-Arbeiten wie dieses wunderschöne Netz aus einfachen Knoten werden seit langem verwendet, um Teeschüsseln und Teedosen darin aufzubewahren. Jeder Beutel, jede Hülle war einzigartig, da Form und Farbe genau auf das entsprechende Gefäß abgestimmt wurden.

Laufe der Zeit immer raffinierter und führten zu immer dekorativeren Elementen. Vermutlich entwickelte sich diese Handarbeitskunst in Osteuropa, Westasien, im Nahen Osten und in Nordafrika. Im Mittelalter gelangten diese Techniken aus der islamischen Welt, der am höchsten entwickelten Kultur dieser Zeit, nach Italien und Spanien, als der Handel dieser Länder mit Asien und Europa an Bedeutung gewann. Knüpftechniken scheinen sich auch unabhängig davon in verschiedenen europäischen Regionen entwickelt zu haben.

Handwerker der italienischen Stadt Genua entwickelten weltweit die größte Vielfalt an Makramee-Arten. Im 16. und 17. Jahrhundert waren Makramee-Elemente als dekorative Akzente an Damenkleidern besonders geschätzt. Im viktorianischen England des 19. Jahrhunderts lehrte die Königin den Damen des Hofes verschiedene Makramee-Techniken, die sich dort größter Beliebtheit erfreuten. Hier entstanden zarte Makramee-Verzierungen aus feinsten Schnüren und Fäden.

Mit der Gründung von Kolonien auf der gesamten Welt gelangten Menschen und ihre Handwerkskünste von Europa in viele andere Regionen: von Spanien nach Mexiko, von Frankreich ins kanadische Quebec, von Genua nach Nord- und Südamerika. Das Wort Makramee wurde aus dem Arabischen ins Französische übernommen, gelangte vom Französischen ins Englische und wird nun überall auf der Welt verstanden.

Unter den Mustern in diesem Buch – sowohl bei den klassischen als auch bei den neu entwickelten – wirken einige auf den ersten Blick so kompliziert, dass sich auf den ersten Blick nicht sofort erschließt, wie sie geknüpft werden.

Doch sobald du die Grundlagen von zwei Makramee-Knoten verstanden hast – Kreuzknoten (S. 35) und Mastwurf (S. 80) – erkennst du, wie sie für die Muster in diesem Buch angepasst und auf viele verschiedene Arten angeordnet wurden.

Die Grundlage von Makramee ist die einfache Technik, einen Knoten in einen Faden zu knüpfen, und sobald du diese Technik beherrschst, brauchst du diesen Vorgang nur noch auf kreative Weise zu wiederholen. Sobald du einmal die Freude daran erlebt hast, wie du mit deinen Händen ein Muster entstehen lassen kannst, wirst du alle möglichen Arten von Dingen knüpfen wollen.
In diesem Buch können wir nur eine kleine Auswahl aus den vielen möglichen Variationen von Makramee-Knoten vorstellen. Wir haben einige grundlegende Techniken ausgewählt, die du unbedingt beherrschen solltest, einige Standardmuster, die weit verbreitet sind, und einige Muster, die vielseitig einsetzbar sind und sich leicht abändern lassen, damit du praktische Dinge genau nach deinem Geschmack herstellen kannst. Wenn wir an die vielen Hände denken, die diese Muster über zahllose Generationen hinweg geknüpft haben, erscheint uns jedes Muster wie eine kleine Zeitkapsel.

Makramee heute

Mit Makramee, einer Handarbeitstechnik, die über viele Generationen hinweg weitergegeben wurde und den Alltag vieler Menschen weltweit bereichert hat, werden heutzutage Handarbeitsobjekte mit einer warmen und schlichten Ausstrahlung ebenso wie Modeaccessoires und Home-Deko erstellt, die je nach Auffassung elegant oder kunsthandwerklich wirken. Wir haben hier einige Makramee-Objekte aus verschiedenen Teilen der Welt zusammengetragen. Ähnliche Knüpfmuster findest du in Kapitel 02 dieses Buchs.

Madagaskar: Sisaltaschen
Eine spezielle Schnur aus Fasern der Sisalpflanze, einer Agaven-Faserpflanze, die auf Madagaskar wächst, wird zur Herstellung raffiniert geknüpfter Makramee-Taschen verwendet, die in viele weit entfernte Länder exportiert werden.

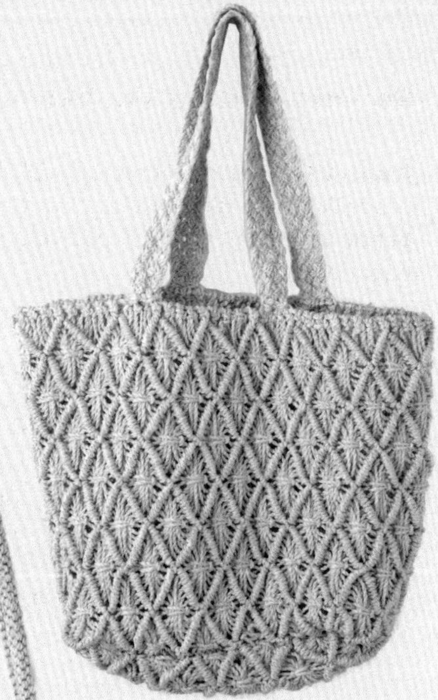

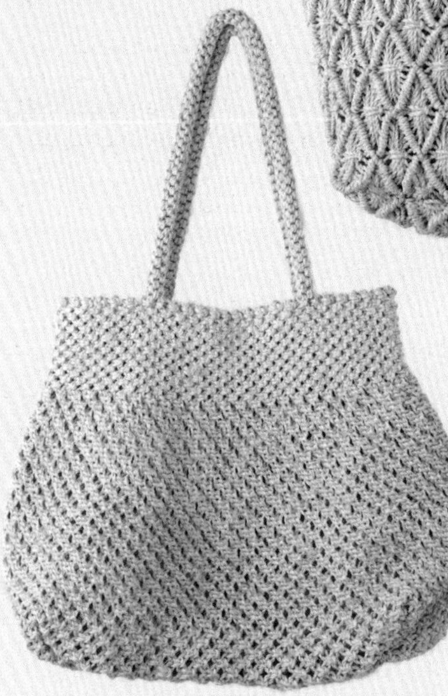

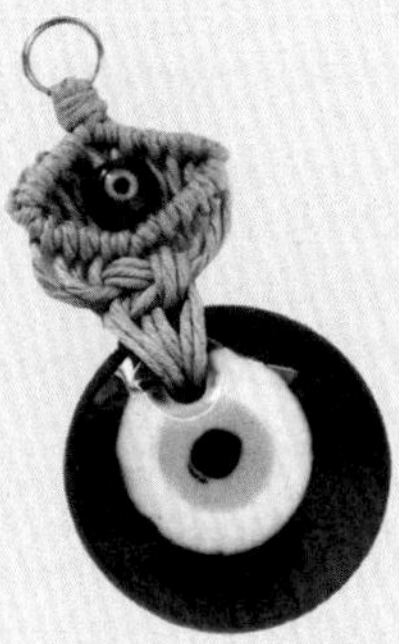

Türkei: Schutz vor dem bösen Blick
Ein Nazar boncuğu ist ein Amulett in der Form eines Auges aus blauem Glas: In der Türkei heißt es, dieses Amulett schütze vor dem Blick des Teufels und wehre Böses ab. In jedem türkischen Souvenirgeschäft kannst du die unterschiedlichsten Dinge wie Schlüsselanhänger und Deko-Elemente mit diesem Amulett finden. Links ist ein einfaches Exemplar abgebildet: Das „blaue Auge" sitzt auf einer kompakten Hanfquaste, die mit Makramee-Techniken geknüpft ist.

Insel Sado, Japan: Topfuntersetzer
Dieser Untersetzer wurde von einer Bauernfamilie auf der Insel Sado in Japan geknüpft. Das aus Reisstroh fest geknüpfte Haushaltsobjekt spiegelt die Weisheit der Bauern wider, die ihre Ernte komplett verarbeiten und nichts wegwerfen.

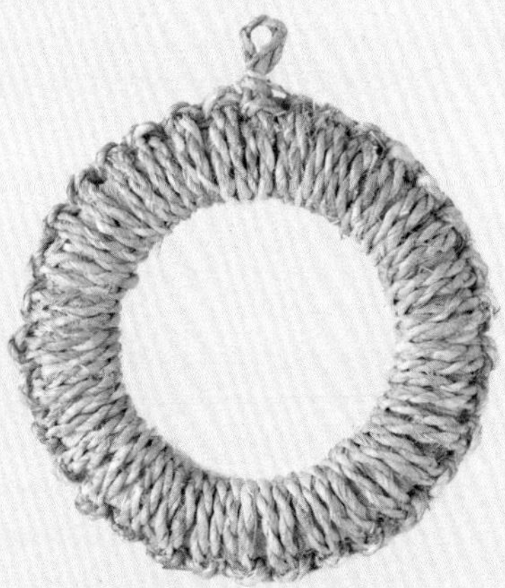

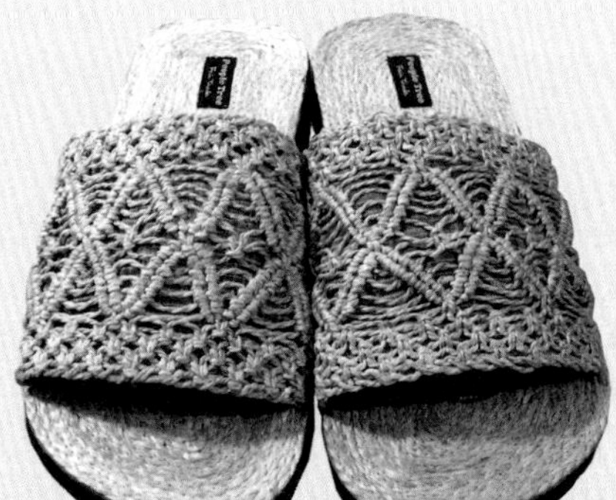

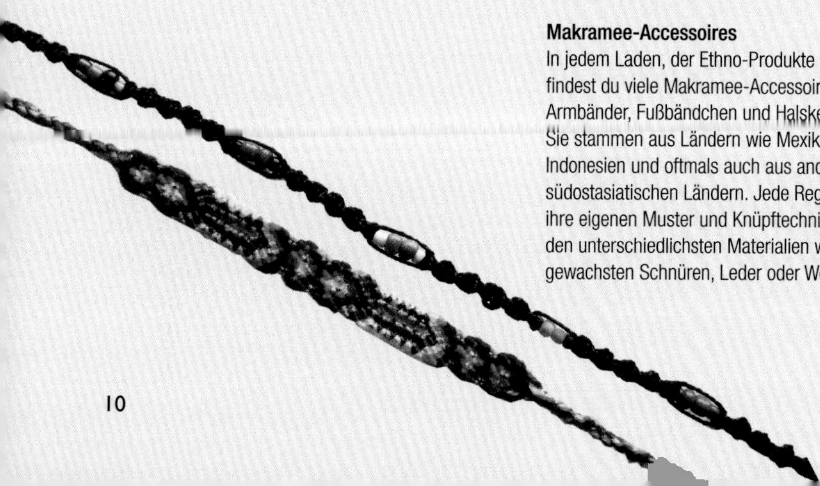

Makramee-Accessoires
In jedem Laden, der Ethno-Produkte verkauft, findest du viele Makramee-Accessoires wie Armbänder, Fußbändchen und Halsketten. Sie stammen aus Ländern wie Mexiko, Peru, Indonesien und oftmals auch aus anderen südostasiatischen Ländern. Jede Region hat ihre eigenen Muster und Knüpftechniken aus den unterschiedlichsten Materialien wie Hanf, gewachsten Schnüren, Leder oder Wolle.

Bangladesch: Jutesandalen
Die natürliche Jutefaser dient in Bangladesch zur Herstellung der unterschiedlichsten Gegenstände. Viele Frauen stellen daraus verschiedene fair gehandelte Produkte wie diese Sandalen her und sichern sich so ein eigenes Einkommen.

So verwendest du dieses Buch

Kapitel 01 gibt dir einen Überblick über die Materialien und Arbeitsmittel, die du brauchst, um gleich loslegen zu können. Hier erfährst du alles über Fäden und Zubehör sowie hilfreiche Tipps und Tricks, wie du deine Arbeit planst, beginnst und beendest.

In **Kapitel 02** findest du die Anleitungen für die einzelnen Knoten und Knotenmuster. Hier erfährst du, dass Makramee-Anleitungen Diagramme sind, die mit kurzen Sätzen erläutert werden. Die Knoten und kurze, sich wiederholende Muster werden mit jeweils einem Symbol angegeben (Eine Übersicht findest du auf Seite 12). Die größeren Muster werden mit einer Kombination aus mehreren Symbolen dargestellt: Das Diagramm zeigt, wie die Knoten angeordnet, wiederholt und verknüpft werden. Schau dir die Symbole und Diagramme in Ruhe an, dann wirst du schnell erkennen, dass sie leicht verständlich und einfach zu befolgen sind – das ist viel einfacher, als ausführliche Texte Wort für Wort lesen zu müssen. Du kannst all diese Knoten und Muster mit allen Fäden ausprobieren, die du gerade zur Hand hast: Die benötigte Menge und die Größe der fertigen Arbeit hängen vom Durchmesser des Fadens ab.

In **Kapitel 03** wird eine Auswahl an verschiedenen Projekten vorgestellt; hier sind die verwendeten Fäden und ihre Farben genau angegeben. Natürlich kannst du jedes Material verwenden, das dir gefällt. Die Abmessungen sind in Zentimetern angegeben, wobei die Fadenlängen auf die nächste ganze Zahl gerundet sind. Eventuell knüpfst du die Knoten etwas lockerer oder fester, als wir es bei den Projekten im Buch gemacht haben, daher solltest du die Maße der fertigen Arbeiten nur zur Orientierung nutzen. Gerne kannst du jedes Projekt größer oder kleiner gestalten, indem du andere Fäden verwendest oder mehr oder weniger Knoten knüpfst.

Dieses Buch stammt aus Japan; einige der abgebildeten Materialien sind in Deutschland möglicherweise nicht einfach zu bekommen. Wir haben uns bemüht, passende Alternativen zu finden, doch die Maße der Projekte und die angegebenen Fadenlängen unterscheiden sich eventuell von den Angaben im Buch: Probiere zunächst aus, welche Fadenlängen du für die einzelnen Knoten benötigst, bevor du alle Fäden zuschneidest. Handarbeitsläden bieten meist auch feine (dünne) Fäden an.

Knotensymbole auf einen Blick

In dieser Übersicht ist angegeben, auf welcher Seite du die Anleitungen für die einzelnen Knoten finden kannst.

- Überhandknoten → S. 24
- Wellenknoten → S. 24
- Schlingenknoten → S. 24
- Spulenknoten → S. 25
- Wickelknoten → S. 25
- Achterknoten → S. 25
- Trossenstek (Josefinenknoten) → S. 26
- Flechtstrang aus 3 Fäden → S. 34
- Flechtstrang aus 4 Fäden → S. 34
- Flechtstrang aus 5 Fäden → S. 34
- Flechtstrang aus 6 Fäden → S. 35
- Nach links gerichteter Kreuzknoten → S. 35
- Nach rechts gerichteter Kreuzknoten → S. 36
- Versetzter Kreuzknoten → S. 36
- Nach links gerichteter Rippenknoten → S. 39
- Nach rechts gerichteter Rippenknoten → S. 39
- Versetzter Rippenknoten (nach rechts gerichtet) → S. 40
- Versetzte Rippenknoten (nach links gerichtet) → S. 40
- Nach rechts gerichteter Ankerknoten → S. 40
- Nach links gerichteter Ankerknoten → S. 40
- Versetzter Ankerknoten → S. 41
- Links gedrehter Spiralknoten → S. 44
- Rechts gedrehter Spiralknoten → S. 44
- Doppelter links gedrehter Spiralknoten → S. 45
- Doppelter rechts gedrehter Spiralknoten → S. 45
- Doppelter versetzter Spiralknoten → S. 46
- Erbsenknoten → S. 49
- Fischgräten-Picot A → S. 49
- Fischgräten-Picot B → S. 50
- Runder chinesischer Kronenknoten → S. 50
- Quadratischer chinesischer Kronenknoten → S. 51
- Runder Flechtstrang aus 4 Fäden → S. 54
- Runder Flechtstrang aus 6 Fäden → S. 55
- Quadratischer Grätenstrang → S. 56
- Japanischer Awaji-Knoten → S. 57
- Französischer Kugelknoten aus 4 Fäden → S. 60
- Affenfaust → S. 60
- Glücksknoten → S. 61
- Horizontaler Mastwurf → S. 80
- Senkrechter Mastwurf → S. 81
- Diagonaler Mastwurf (nach rechts gerichtet) → S. 81
- Diagonaler Mastwurf (nach links gerichtet) → S. 81
- Umgedrehter horizontaler Mastwurf (rechts nach links) → S. 81
- Umgedrehter senkrechter Mastwurf (links nach rechts) → S. 81

Kapitel 01

So gelingt der Einstieg in die Welt des Makramee

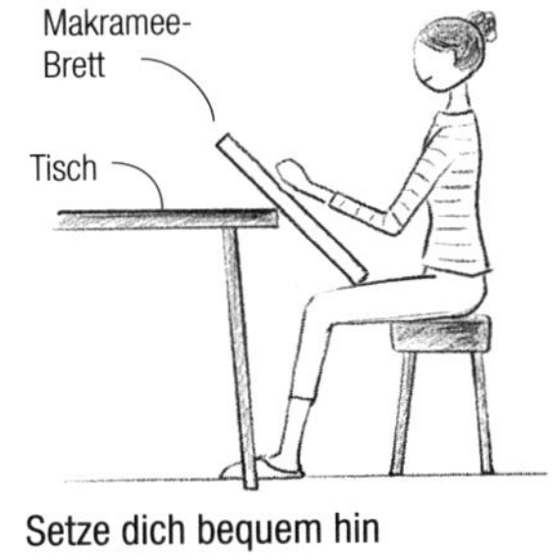

Setze dich bequem hin
Am besten befestigst du die Makramee-Fäden an einem Makramee-Brett (→ S. 17), damit du die Fadenspannung über die gesamte Arbeit gleichmäßig halten kannst. Setze dich aufrecht an einen Tisch, stelle das Brett aufrecht auf deinen Schoß und lehne es gegen die Tischplatte – das ist die einfachste und bequemste Haltung beim Makramee.

Verschiedene Fäden:

Praktisch alle Fäden sind geeignet

Für Makramee kannst du alle Fäden verwenden, mit denen sich Knoten knüpfen lassen. Vielleicht bevorzugst du den natürlichen Look von Hanf, die kühle Ausstrahlung von Leder, die Feinheiten, die nur mit besonders feinen Fäden zu erzielen sind, die fröhlichen Farben von Baumwollgarn für Freundschaftsarmbänder oder du arbeitest am liebsten mit traditionellen Makrameegarnen – praktisch jeder Faden in jeder Stärke ist geeignet, je nachdem, was du knüpfen möchtest. Dadurch macht die Materialauswahl beim Makramee besonders viel Spaß.

Auch wenn alle der folgenden Materialien für Makramee verwendet werden können, gelingen Anfängern die schönsten Knoten in der Regel mit geschmeidigen, leicht dehnbaren Fäden.

Hanf und Jute

Für Makramee-Arbeiten werden häufig Hanfschnüre verwendet: Sie werden aus der Faser einer schnell wachsenden Pflanze gewonnen, die ohne Einsatz von Pestiziden gedeiht und daher für ihre reine Bio-Qualität bekannt ist. Hanfgarne sehen sehr natürlich aus und sind in verschiedenen Farben und Stärken erhältlich: von feinen Fäden für kleine Accessoires bis zu stärkeren Fäden für Taschen und Matten. Jute, eine vergleichbare rustikale Faser, wird ebenfalls gerne verwendet. Sowohl Hanf als auch Jute sind einfach zu bekommen. Die größte Auswahl an Farben und feinen Stärken findest du im Internet oder in Handarbeitsgeschäften. In diesem Buch sind viele Beispiele aus Jute-Ramie geknüpft, einem weicheren und glatteren Mischfaden, den du auch gut durch Leinen ersetzen kannst (oder durch reine Jute). Bei Hanf und Jute können manchmal Probleme auftreten: Wenn die Fäden nicht die richtige Handarbeitsqualität haben, fransen sie leicht aus und können stark riechen. Natürlich empfehlen wir die Verwendung von Fäden in entsprechender Handarbeitsqualität. Auch können Hanf und ähnliche Fasern schrumpfen, wenn sie nass werden. Daher solltest du Verschmutzungen nur mit einem feuchten Tuch abwischen. Wenn du sie waschen musst, dann bitte nur von Hand.

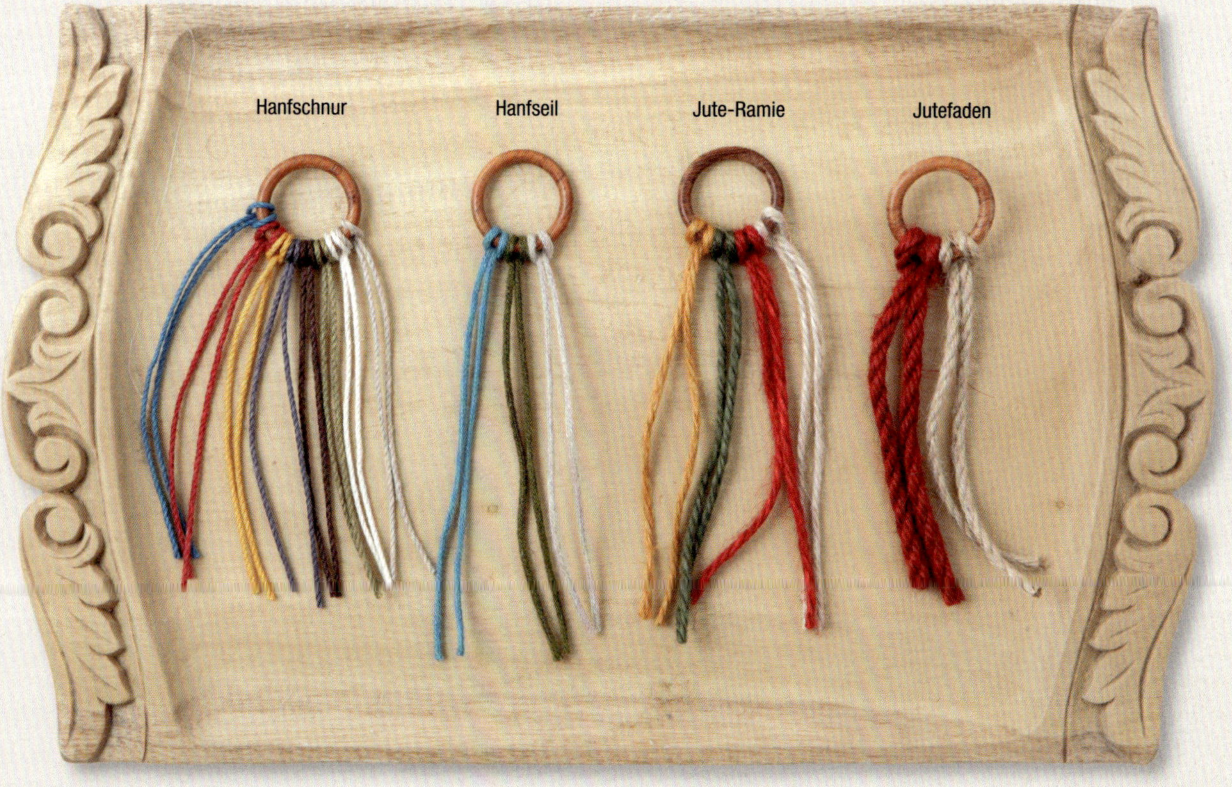

Leder

Für Accessoires wie Gürtel und Taschen ist Leder genau die richtige Wahl. Es stehen viele Variationen und Texturen zur Auswahl – wie flache oder runde Bänder oder Wildleder, das in vielen Farbtönen erhältlich ist. Wenn Leder nass wird, färbt es und kann Flecken auf anderen Materialien hinterlassen, daher solltest du gefärbtes Leder nur mit Bedacht wählen. Leder muss zudem vor direkter Sonneneinstrahlung geschützt werden.

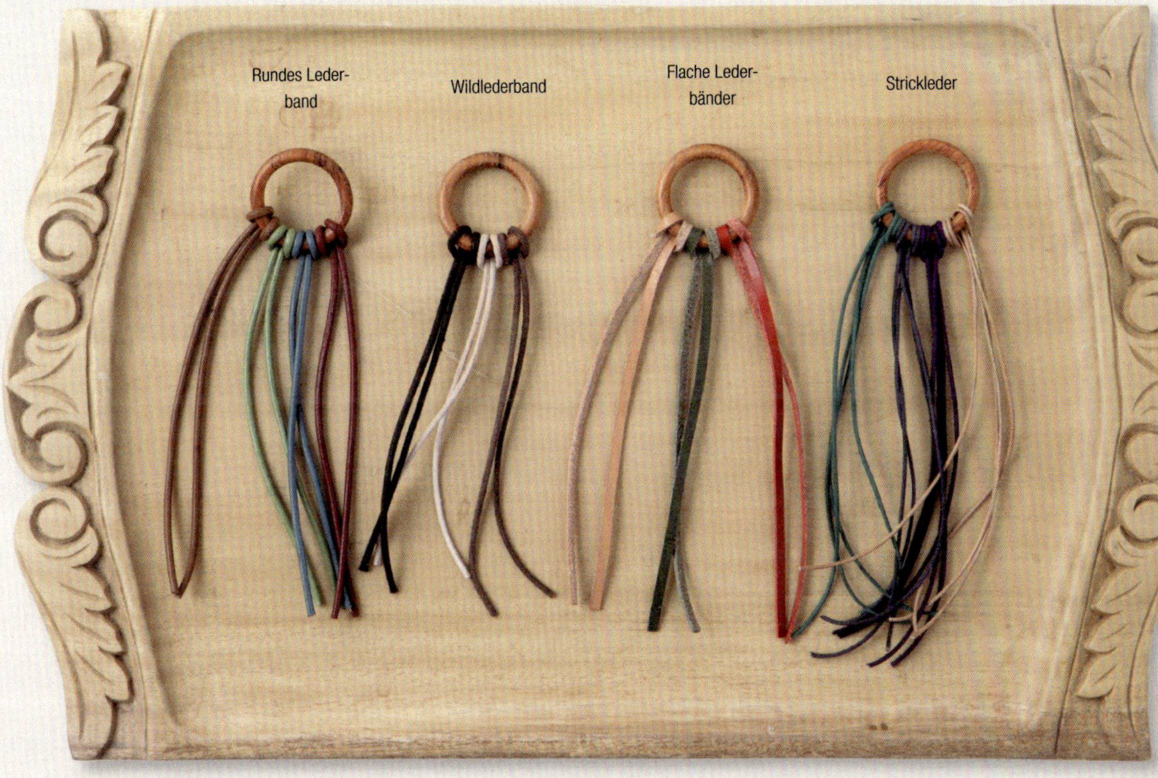

Modische Bänder

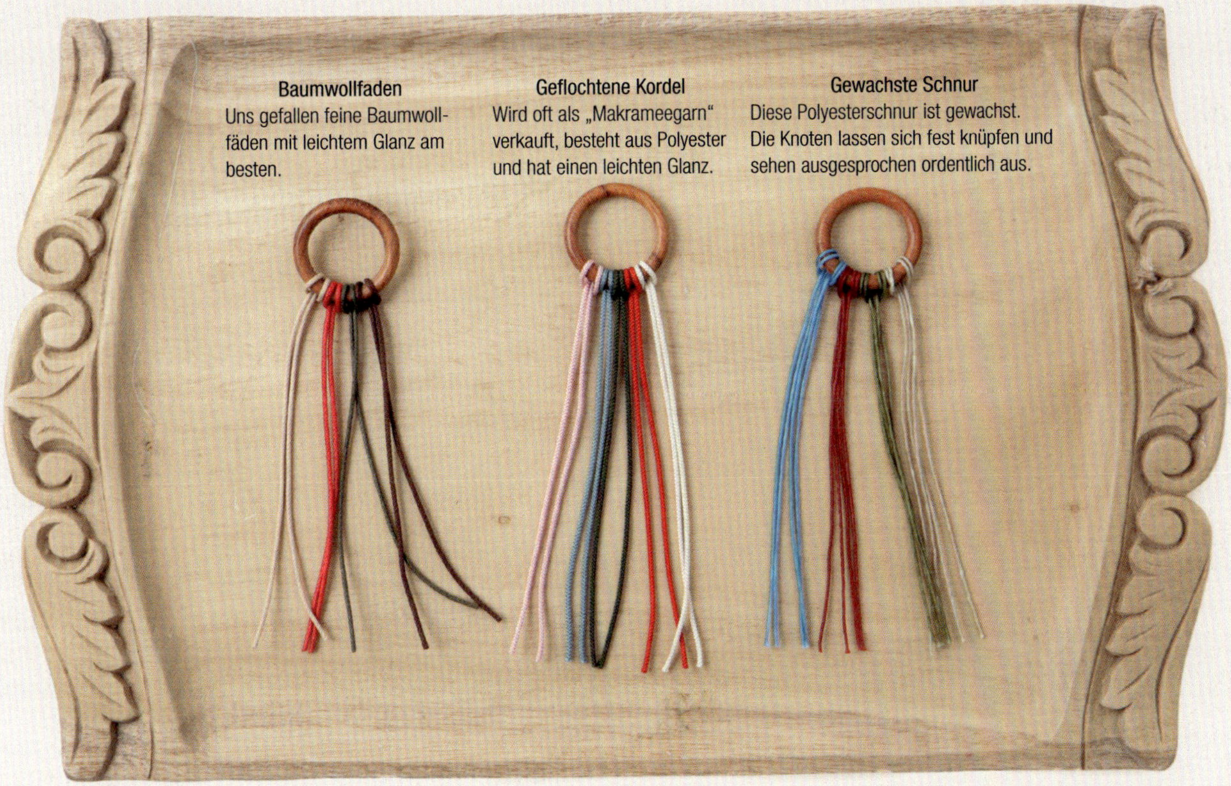

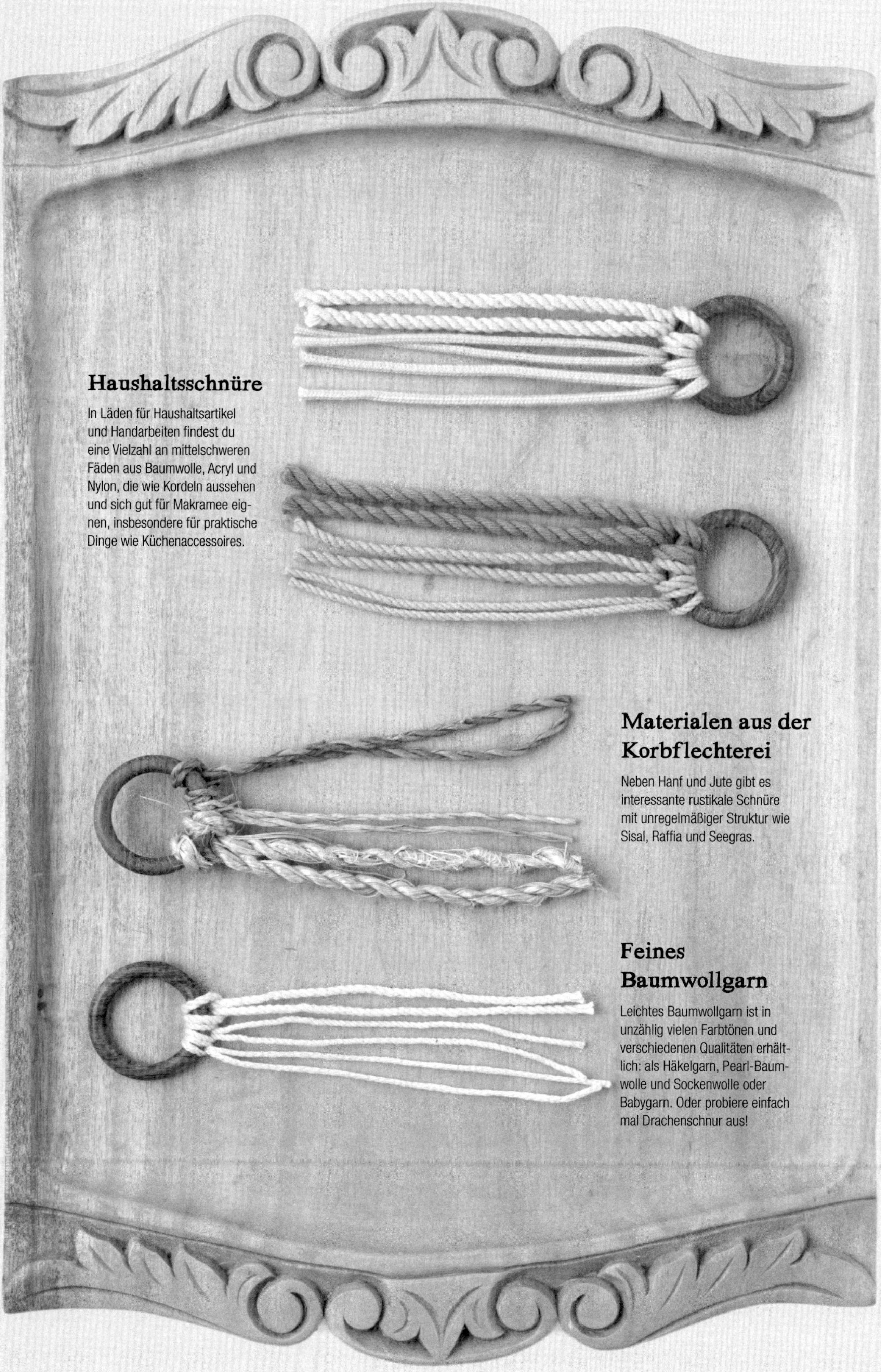

Haushaltsschnüre

In Läden für Haushaltsartikel und Handarbeiten findest du eine Vielzahl an mittelschweren Fäden aus Baumwolle, Acryl und Nylon, die wie Kordeln aussehen und sich gut für Makramee eignen, insbesondere für praktische Dinge wie Küchenaccessoires.

Materialen aus der Korbflechterei

Neben Hanf und Jute gibt es interessante rustikale Schnüre mit unregelmäßiger Struktur wie Sisal, Raffia und Seegras.

Feines Baumwollgarn

Leichtes Baumwollgarn ist in unzählig vielen Farbtönen und verschiedenen Qualitäten erhältlich: als Häkelgarn, Pearl-Baumwolle und Sockenwolle oder Babygarn. Oder probiere einfach mal Drachenschnur aus!

Hilfsmittel

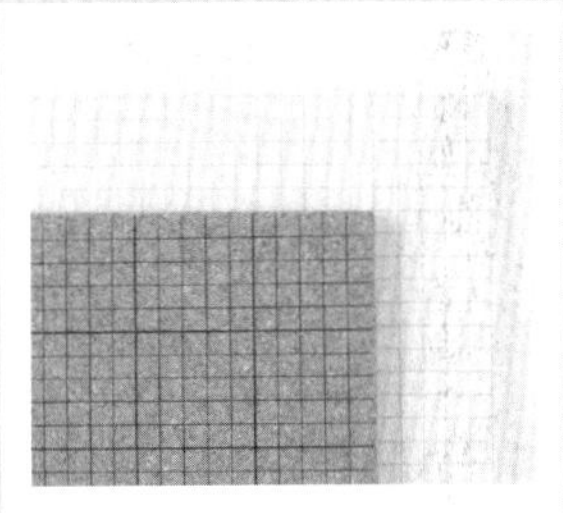
A

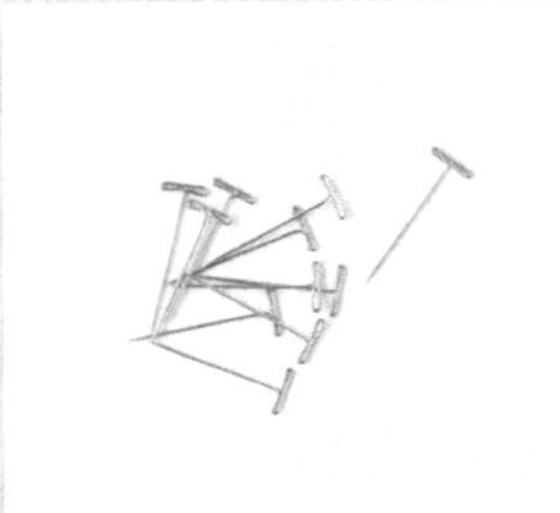
B

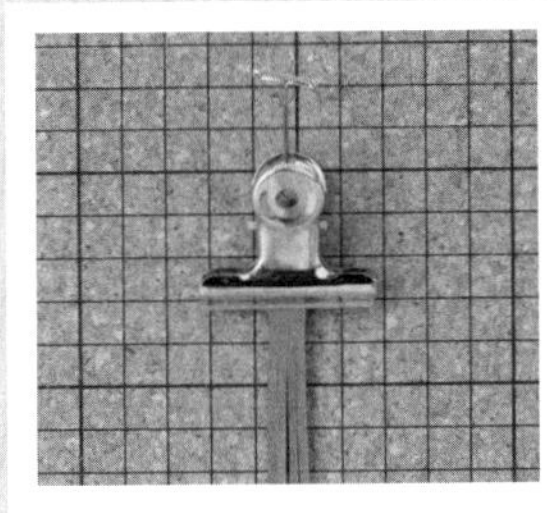
C

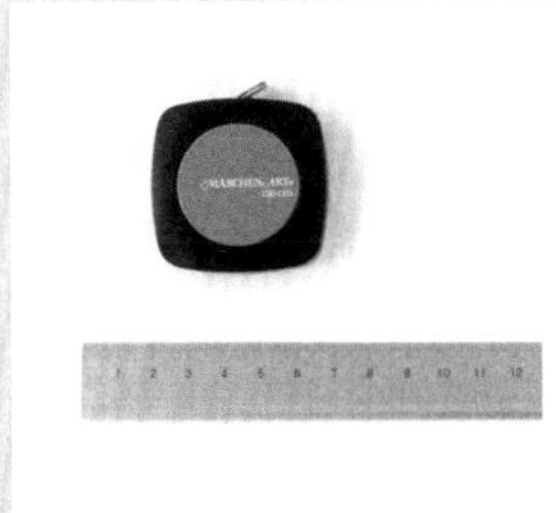
D

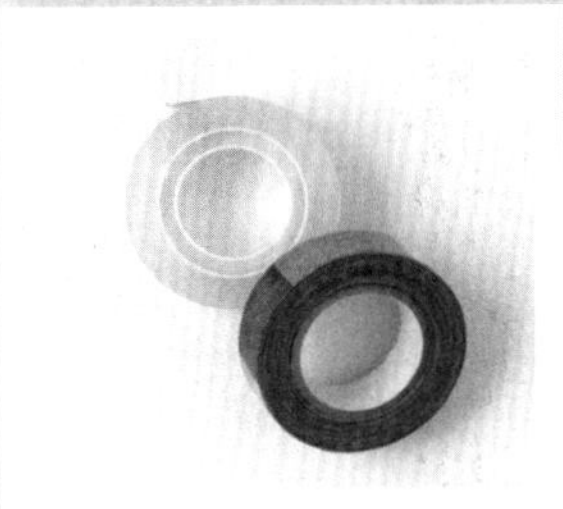
E

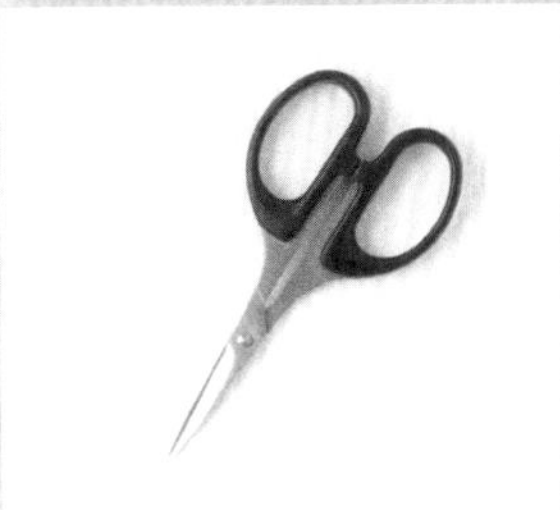
F

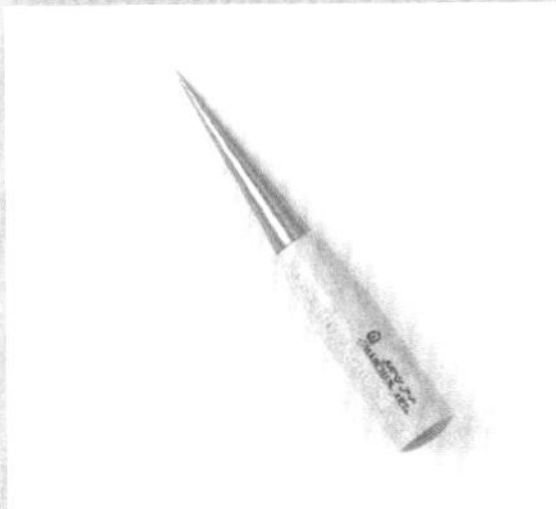
G

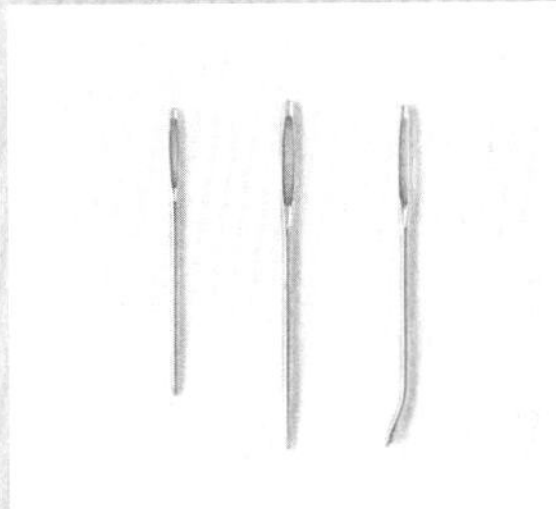
H

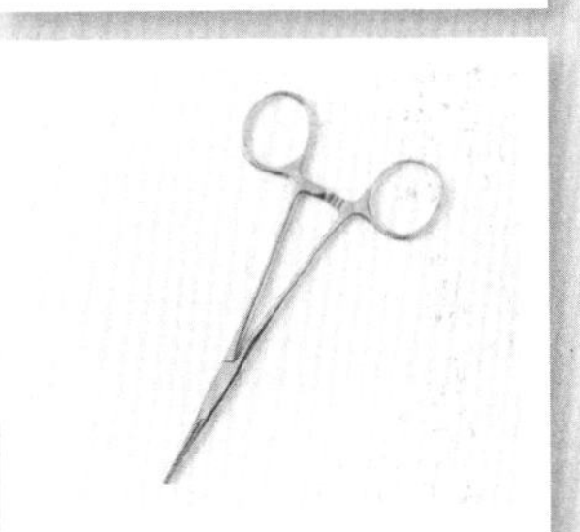
I

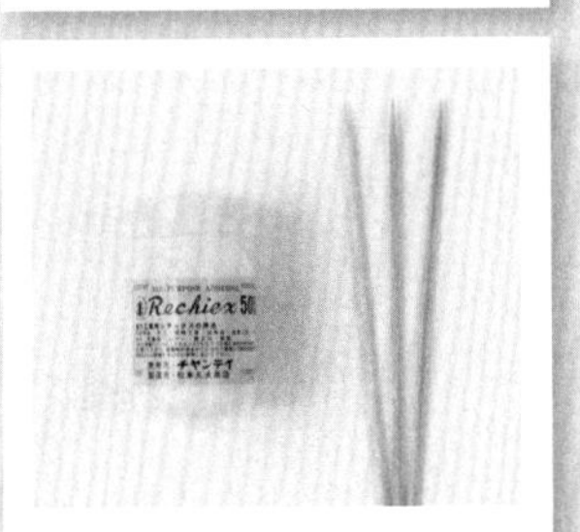
J

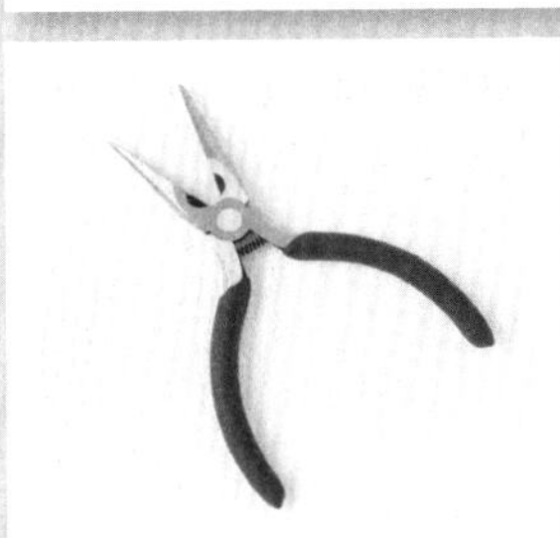
K

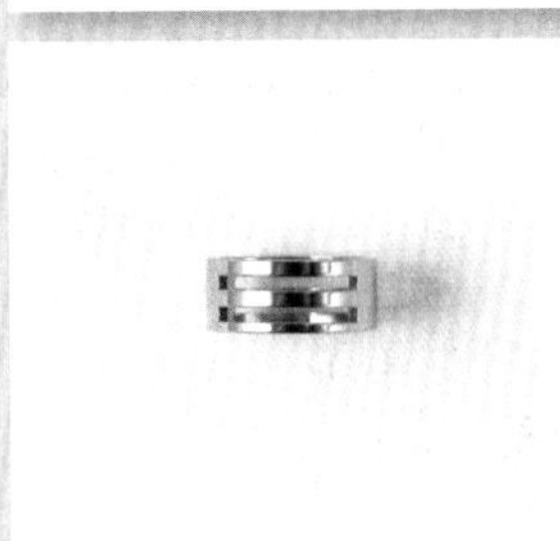
L

A. Makramee-Brett
Ein Brett aus Kork, in das du Nadeln zur Fixierung der Fäden leicht einstechen kannst. Auf Spezialbrettern ist ein Gitter aufgedruckt, das dir dabei helfen kann, die richtigen Abstände einzuhalten.

B. Makramee-Nadeln
Mit diesen Nadeln werden die Fäden auf dem Brett gesichert. T-Pins und Pinn-Nadeln sind perfekt geeignet.

C. Großer Clip
Wenn die Fäden zu groß für Stecknadeln sind, kannst du sie mit einem großen Clip zusammenfassen, der dann mit einer Stecknadel befestigt werden kann.

D. Maßband oder Lineal
Zum Abmessen der Fadenlängen und der Maße bei verschiedenen Mustern. Je nach Größe kannst du das Lineal auch als Abstandshalter verwenden, wenn du Netzmuster knüpfst.

E. Klebeband
Wenn du kein Makramee-Brett verwendest, kannst du die Fadenenden auch mit Klebeband auf dem Tisch fixieren. Du kannst die Fadenenden mit Klebeband umwickeln, damit sie nicht ausfransen und wenn du einmal eine Pause machen möchtest, kannst du deine Arbeit mit Klebeband fixieren. Wenn du befürchtest, dass das Klebeband die Oberfläche der verwendeten Materialien beschädigt, verwende einfach Malerkrepp, der sich rückstandslos abziehen lässt.

F. Schere
Am besten verwendest du eine spezielle Handarbeitsschere.

G. Lederahle
Mit der Spitze einer Lederahle kannst du Knoten einfach festziehen oder lösen.

H. Nadel mit großem Nadelöhr
Mit Stick- und Stopfnadeln vernähst du Fadenenden auf der Rückseite der Arbeit, nachdem du alle Knoten fertig geknüpft hast.

I. Pinzette
Damit kannst du Fäden zwischen Knoten oder durch einen Knoten durchziehen. Nicht unbedingt nötig, aber sehr praktisch.

J. Klebstoff und Holzstäbchen
Starker Bastelkleber kann helfen, die Abschlussknoten zu sichern und ein Ausfransen zu verhindern. Mit Holzstäbchen oder einem ähnlichen Hilfsmittel mit feiner Spitze kannst du den Klebstoff präzise auftragen, ohne dass deine Finger verkleben.

K. Zange
Wird zum Befestigen von Zubehör wie Anhängern und Verschlüssen benötigt. Für diese manchmal kniffligen Arbeiten sind Zangen mit feinen Spitzen am besten geeignet.

L. Kleine Klammer
Mit einer Ringklammer oder einer anderen „dritten Hand" kannst du deine Arbeit gut festhalten, während du Verschlüsse oder anderes Zubehör anbringst.

Anhänger, Perlen und weiteres Zubehör

Deine Makramee-Arbeiten kannst du mit verschiedenen Elementen wie Perlen und Anhängern verzieren. Wenn du überlegst, wie deine Arbeit aussehen soll, musst du die Materialien und den Stil der Verzierungen berücksichtigen. Zubehör wie Verschlüsse und Ringe brauchst du oft für Schmuckstücke oder zur Befestigung von Gurten. Wähle diese Elemente sorgfältig aus, denn sie haben großen Einfluss auf den Stil deiner Arbeit.

Anhänger

Kleine Anhänger, Schmuckelemente und Knöpfe tragen entscheidend zum Design von Accessoires wie Halsketten, Quasten und Schlüsselringen bei. Sie sind in vielen verschiedenen Materialien und Formen erhältlich. Ein Anhänger kann auch als Talisman dienen: In praktisch allen Gegenden der Welt gibt es viele verschiedene Glücksbringer! Du kannst auch eine ganze Sammlung aus diesen faszinierenden Schmuckelementen zusammenstellen.

Perlen

Perlen sind eine wunderschöne Ergänzung zu Makramee-Arbeiten und können auf verschiedene Weisen eingesetzt werden. Knüpfe Perlen zwischen Knoten, an die Spitzen von Fransenkanten oder integriere sie in Muster, die sich über die gesamte Arbeit erstrecken. Es gibt eine große Vielzahl an Perlen – aus Stein, Glas, Holz, Knochen, Ton und Metall – in vielen Formen und mit unterschiedlichen Oberflächen. Denke daran, dass die verwendeten Fäden durch das Loch in der Perle passen müssen.

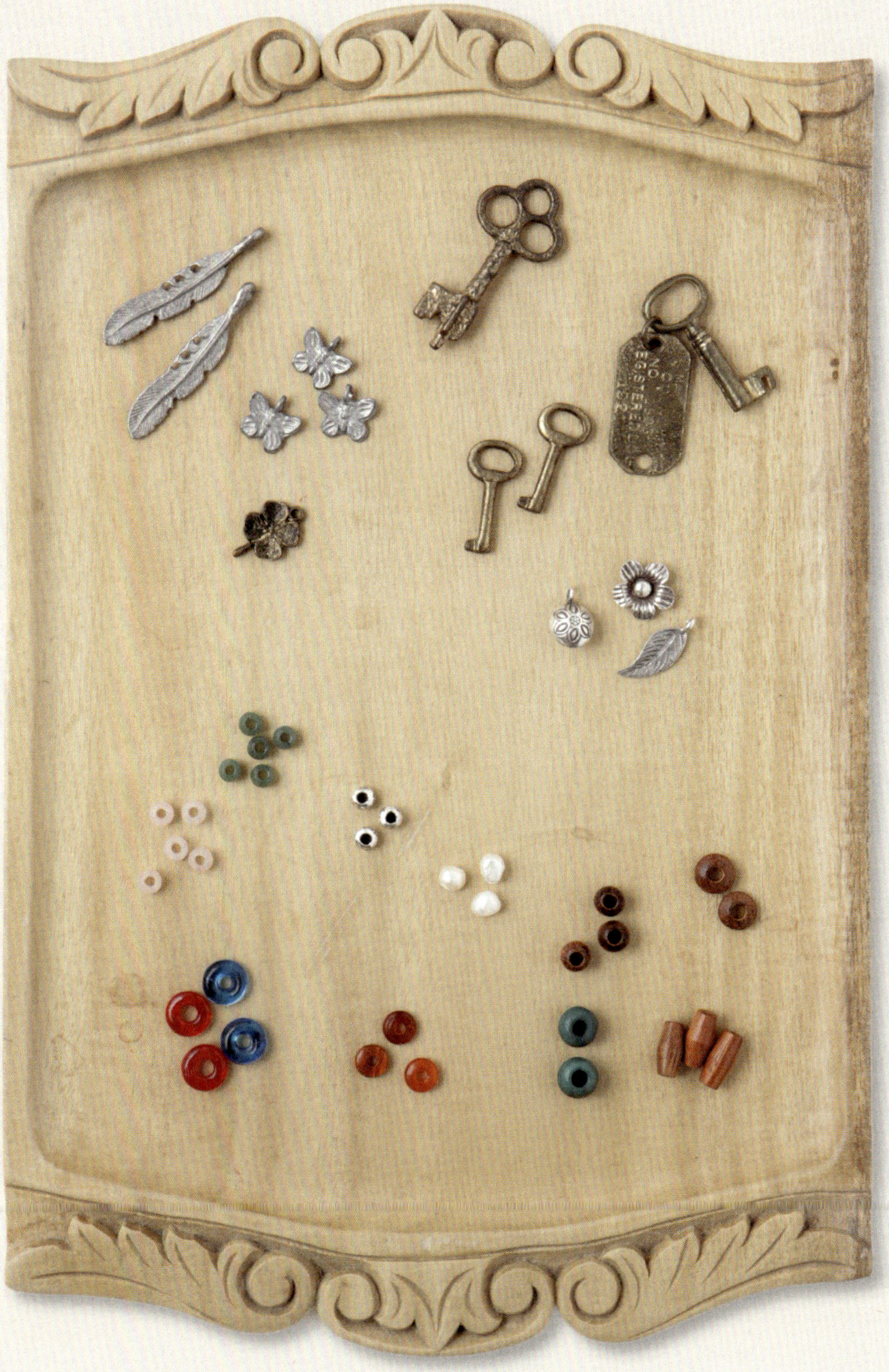

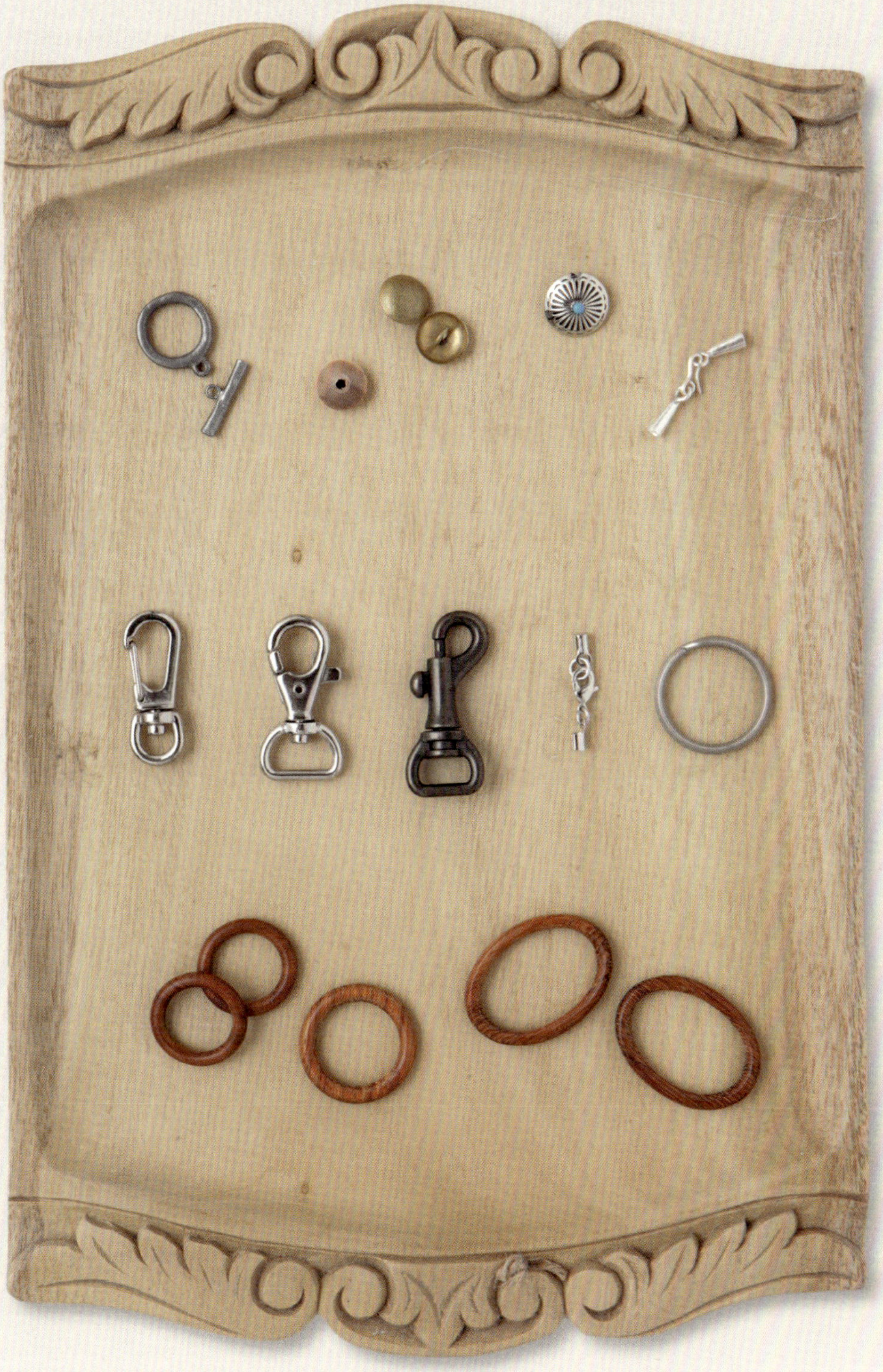

Schmuck-verschlüsse

Verschlüsse für Halsketten und Armbänder sind in den unterschiedlichsten Formen erhältlich, doch es gibt viele Dinge wie Stäbchen, Ringe, Druck- und Knebelknöpfe, die ebenso gut genutzt werden können. Am besten suchst du solche Verschlüsse aus, die optimal zum Stil der verwendeten Fäden und Knoten passen.

Metallelemente

Vielleicht möchtest du einen Makramee-Gurt oder ein Band an einem Gegenstand befestigen, beispielsweise an einem Kleiderbeutel oder einer Kamera. Karabinerhaken, Ringe und andere Metallelemente spielen in diesem Fall sowohl eine ästhetische als auch eine funktionale Rolle. Suche Metallelemente aus, die in der Größe zu deinem Projekt passen.

Holzelemente

Kleine Holzringe sind vielfach nützlich, beispielsweise bei Schlüsselanhängern, um einen Gurt an einer Tasche zu befestigen, oder als Gürtelschnalle. Der warme, traditionelle Look von Holz passt einfach perfekt zu Makramee.

So beginnst du ein Makramee-Projekt

Wie du dein Makramee-Projekt beginnst, hängt davon ab, was du knüpfen möchtest: ein kleines Objekt wie eine Kette, die wir auch als Strang bezeichnen, oder ein größeres Stück wie eine Matte oder einen Vorhang, die wir als flächige Arbeit bezeichnen? Und vielleicht hat dein Projekt eine Schlaufe oder eine Kante mit Fransen? Sobald du dich entschieden hast, suche deinen Weg durch das folgende Diagramm: In jedem Kasten wählst du aus, ob A oder B auf dein Projekt zutrifft und folgst dem Pfeil zum nächsten Schritt.

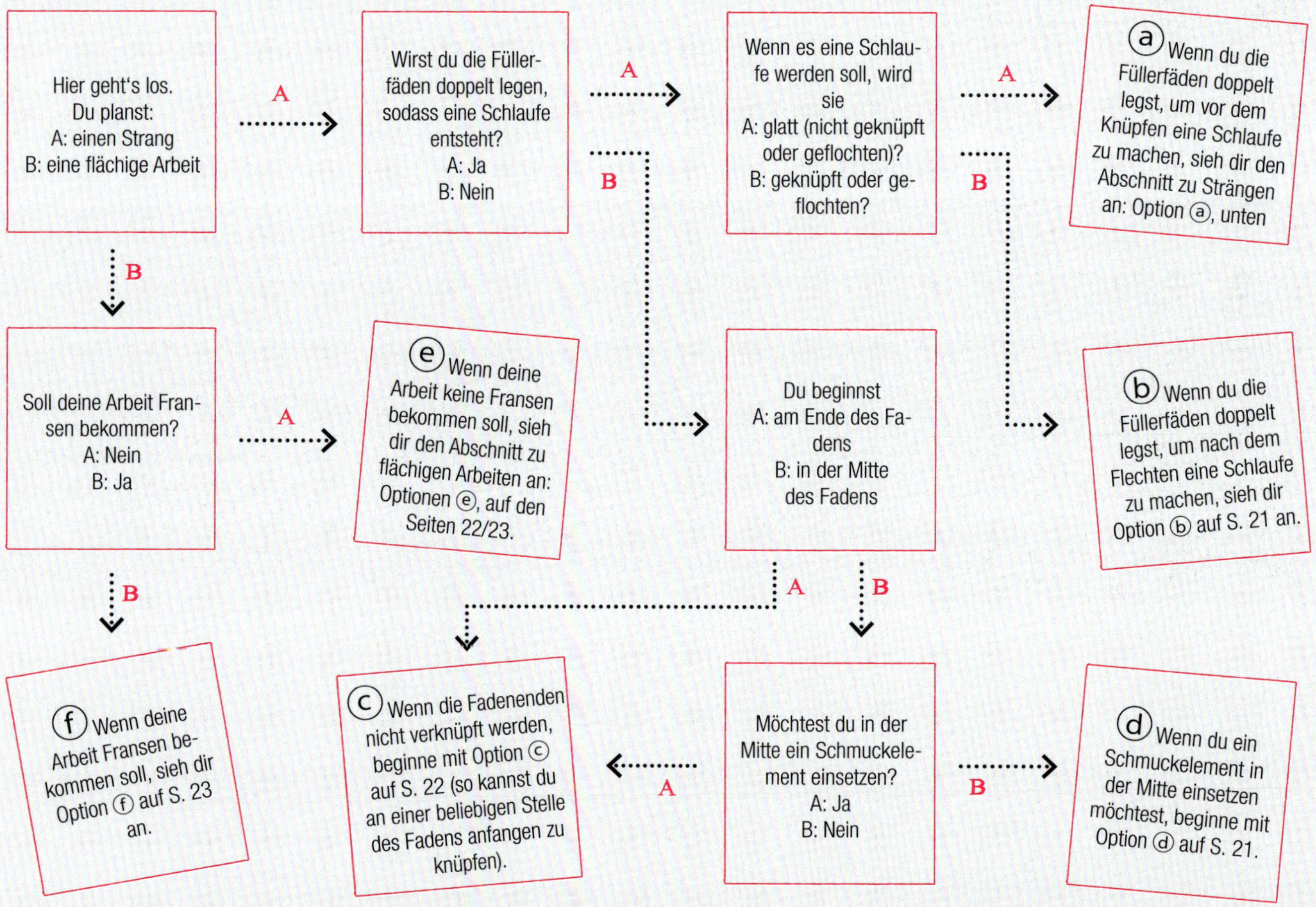

Stränge

ⓐ So knüpfst du eine glatte Schlaufe

Bevor du anfängst zu knüpfen oder zu flechten, lege den Füllerfaden doppelt und lasse ihn als Schlaufe über den Arbeitsfaden hinausragen.

Symbol für eine glatte Schlaufe

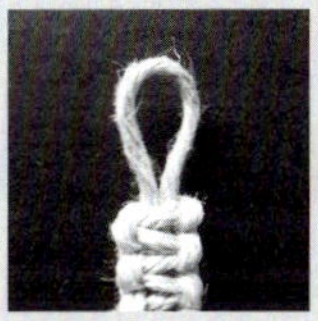

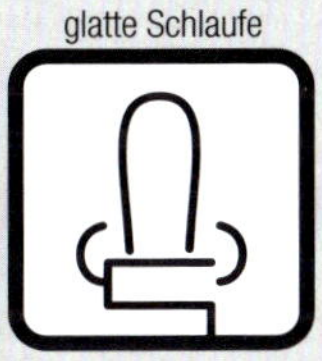

1

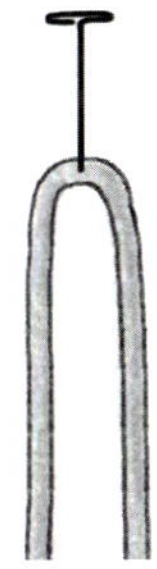

Den Füllerfaden doppelt legen und die Schlaufe mit einer Nadel am Makramee-Brett sichern.

2

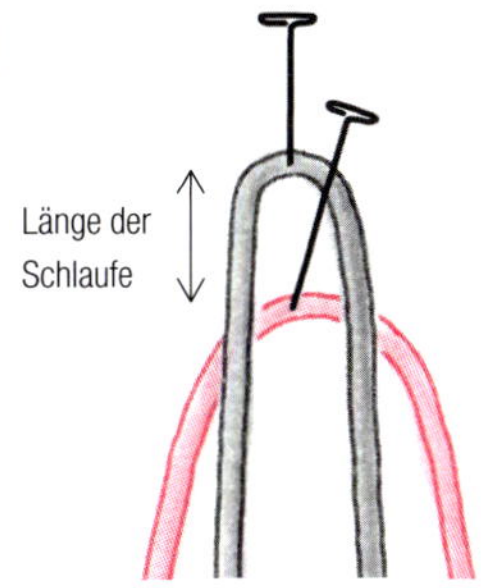

Den Arbeitsfaden ebenfalls doppelt legen und unter den Füllerfaden legen; mit einer Nadel auf dem Brett fixieren. Beginne nun zu knüpfen.

ⓑ So knüpfst du eine geknüpfte oder geflochtene Schlaufe

Wenn der Strang 2 oder mehr Füllerfäden hat, kannst du an dem Ende, an dem du zu knüpfen beginnst, eine Schlaufe machen.

Symbol für eine geflochtene Schlaufe

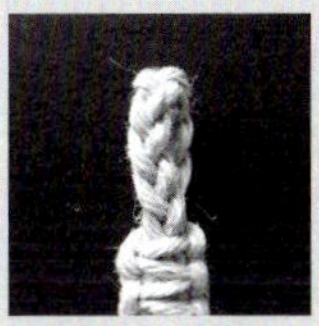

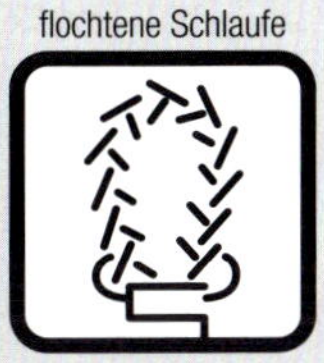

1

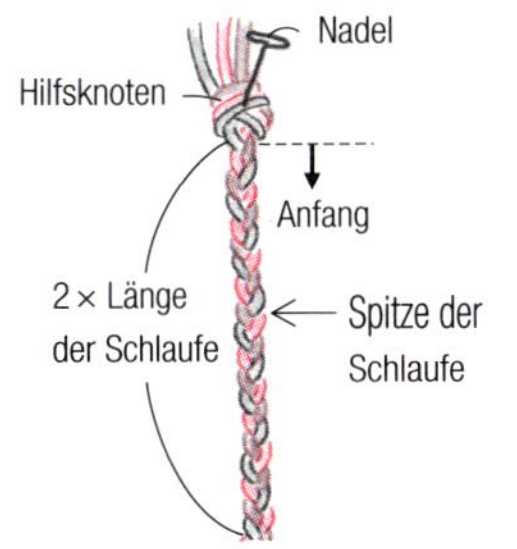

Die Füllerfäden zusammenhalten. Dort, wo du anfangen möchtest, einen Überhandknoten knüpfen (S. 24) und mit einer Nadel auf dem Brett fixieren. Die Fäden doppelt so lang flechten oder knüpfen, wie die Schlaufe werden soll.

2

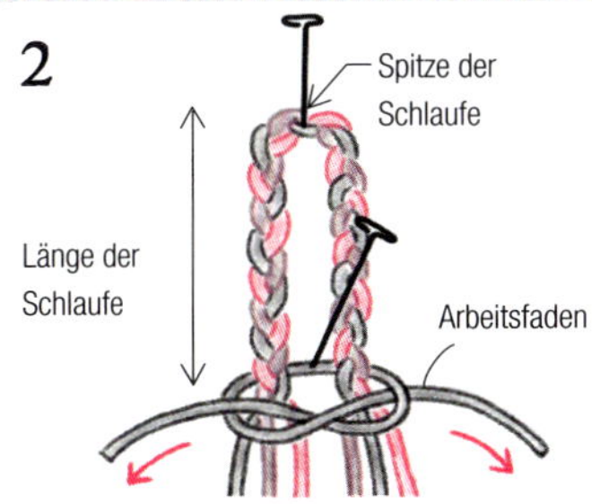

Den Hilfsknoten lösen, den geflochtenen Abschnitt doppelt legen und mit einer Nadel auf dem Brett fixieren. Den Arbeitsfaden um die geflochtene Schlaufe legen, auf dem Brett fixieren. Beginne nun zu knüpfen.

ⓒ So beginnst mit losen Enden

Diese Technik kannst du anwenden, wenn dein Strang keine Schlaufe haben soll – du kannst mit dem Knüpfen nahe an 1 Ende oder an einer beliebigen Stelle des Füllerfadens beginnen.

Symbol für loses Ende

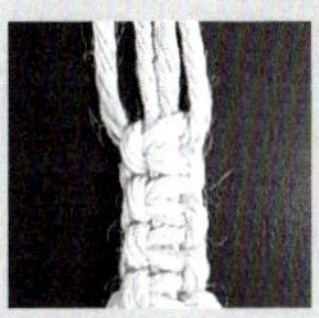

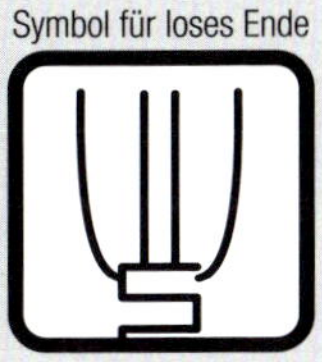

1

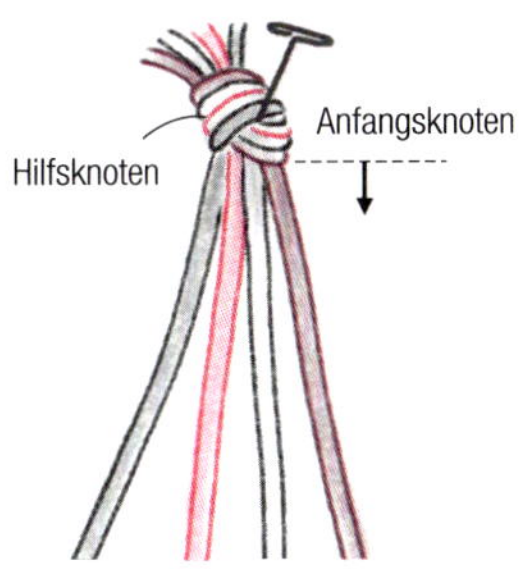

Die Füllerfäden zusammenhalten. Neben der Mitte der Fäden einen Überhandknoten knüpfen (S. 24) und mit einer Nadel auf dem Brett fixieren. Beginne nun zu knüpfen.

1*

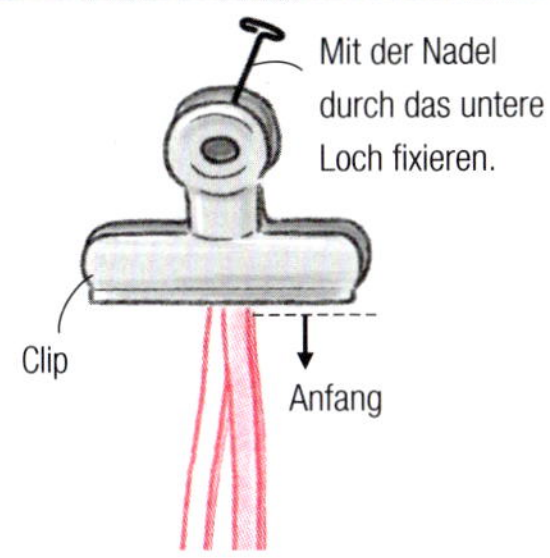

Bei der Verwendung von Lederbändern die Füllerfäden mit einem kleinen Clip zusammenfassen und mit einer Nadel auf dem Brett fixieren.

ⓓ So setzt du einen Anhänger in die Mitte

Mit dieser Technik beginnst du, wenn du einen Anhänger oder eine Perle in die Mitte des Strangs setzen möchtest.

Symbol für Anhänger in der Mitte

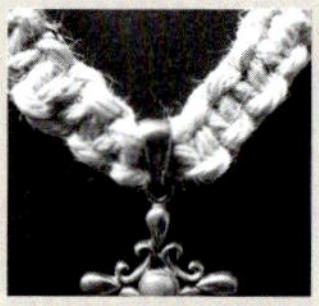

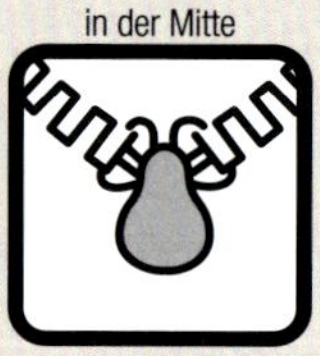

1

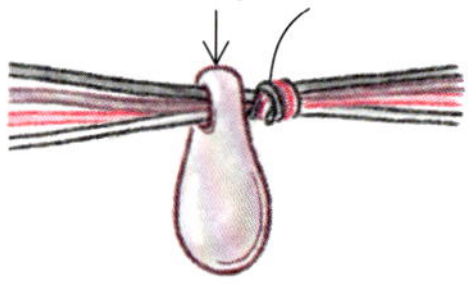

Die Füllerfäden zusammenhalten. In der Mitte, wo der Anhänger sitzen soll, einen lockeren Überhandknoten binden (S. 24). Die Enden der Füllerfäden durch den Anhänger fädeln und den Anhänger an den Knoten schieben.

2

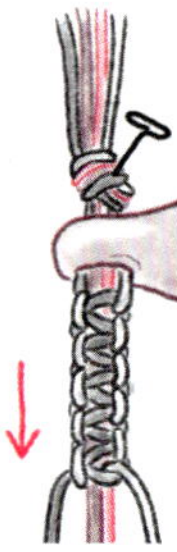

Die Arbeit so auf das Brett legen, dass der Knoten über dem Anhänger liegt. Den Knoten mit einer Nadel auf dem Brett fixieren. Mit dem Knüpfen unter dem Anhänger beginnen.

3

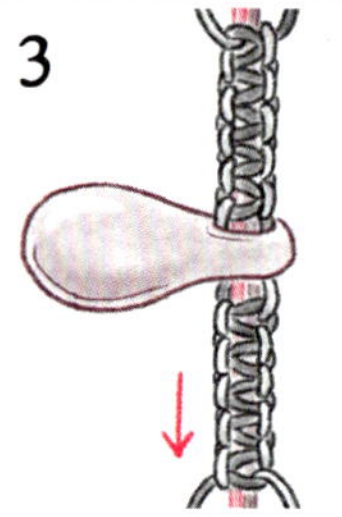

Sobald die Fäden unter dem Anhänger fertig geknotet sind, die Arbeit vom Brett abnehmen und den Hilfsknoten lösen. Die Arbeit wieder auf dem Brett fixieren: Der geknüpfte Strang muss nun über dem Anhänger liegen; jetzt den anderen Abschnitt knüpfen.

Flächige Arbeiten

ⓔ So knüpfst du eine flächige Arbeit ohne Fransen (Variante A)

Dies ist die übliche Methode zur Befestigung von Arbeitsfäden an einem Trägerfaden.

Symbol für Befestigung mit Schlinge oben

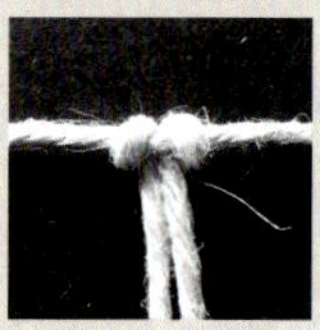

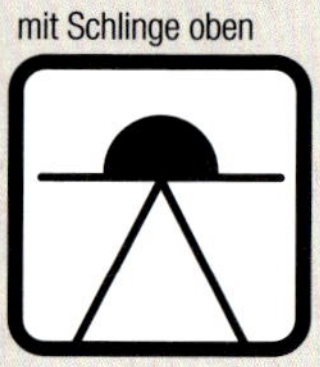

1

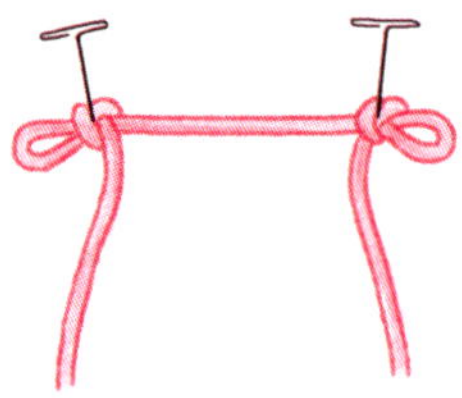

An jedem Ende des Trägerfadens einen Überhandknoten knüpfen (S. 24); Faden unter Spannung mit Nadeln auf dem Brett fixieren.

1*

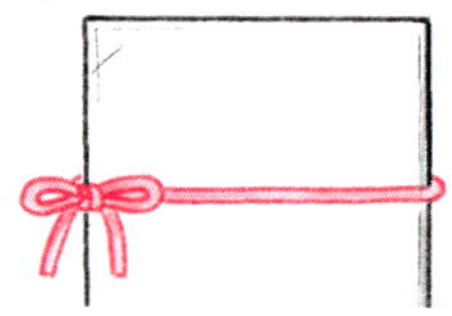

Wenn du eine schlauchförmige Arbeit (beispielsweise eine Tasche) knüpfen möchtest, spannst du den Trägerfaden rund um das Brett, lässt beide Enden lang herunterhängen, damit du sie als Arbeitsfäden verwenden kannst, und verknotest den Trägerfaden an 1 Brettkante.

2

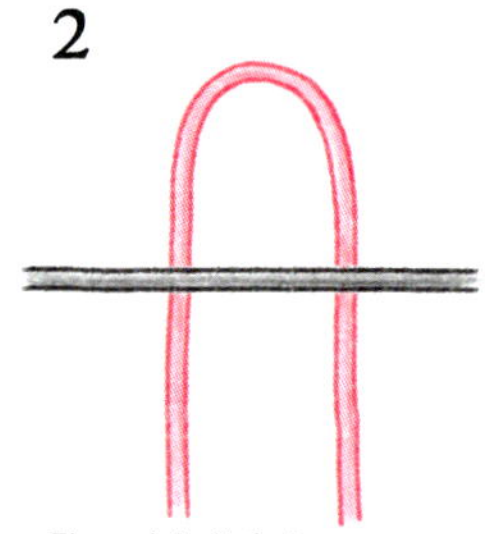

Einen Arbeitsfaden doppelt legen und so unter den Trägerfaden schieben, dass die Schlinge nach oben zeigt.

3

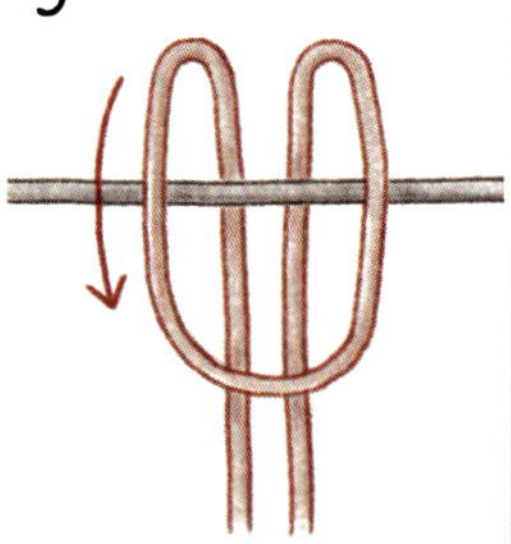

Die Schlinge des Arbeitsfadens über den Trägerfaden legen.

4

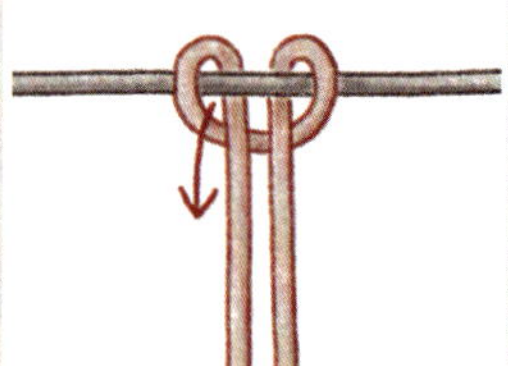

Beide Enden des Arbeitsfadens durch die Schlinge ziehen und so die Schlinge um den Trägerfaden festziehen.

4*-a

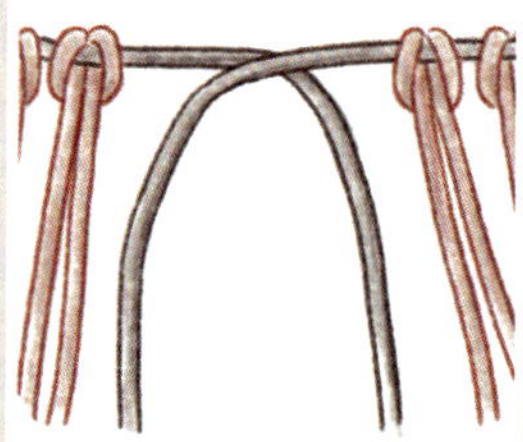

Auf die gleiche Weise weitere Arbeitsfäden befestigen. Wenn du eine schlauchförmige Arbeit machst, befestige rundherum Arbeitsfäden, löse dann den Trägerfaden und überkreuze die lose herabhängenden Enden.

4*-b

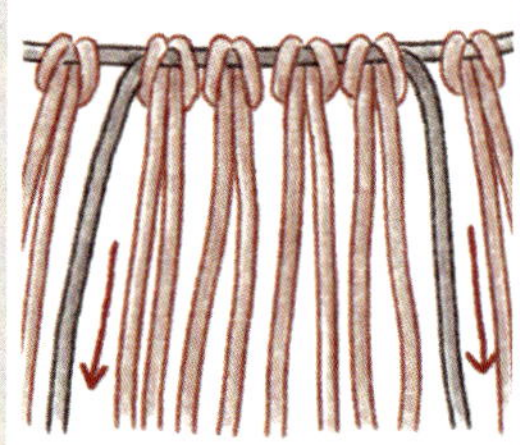

Weitere Arbeitsfäden am doppelten Arbeitsfaden befestigen, dabei die benötigte Anzahl minus 2 beachten. Die herabhängenden Enden der Trägerfäden zählen jetzt als die letzten 2 Arbeitsfäden.

ⓔ So knüpfst du eine flächige Arbeit ohne Fransen (Variante B)

Diese Technik entspricht eigentlich Variante A, doch die anfängliche Position des Arbeitsfadens ist umgekehrt, so dass die Schlinge des fertigen Knotens nach vorne zeigt. Mit Schritt 1 bei Variante A beginnen

Symbol für Befestigung mit Schlinge unten

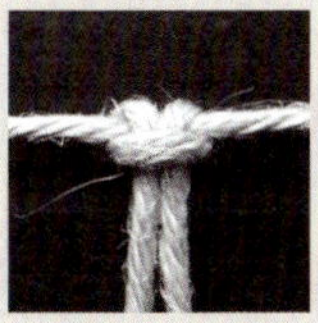

2

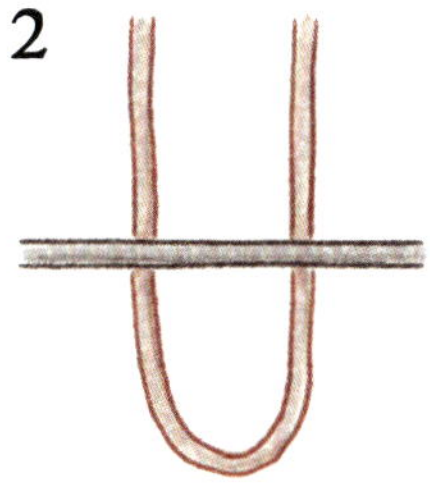

Einen Arbeitsfaden doppelt legen und so unter den Trägerfaden schieben, dass die Schlinge nach unten zeigt.

3

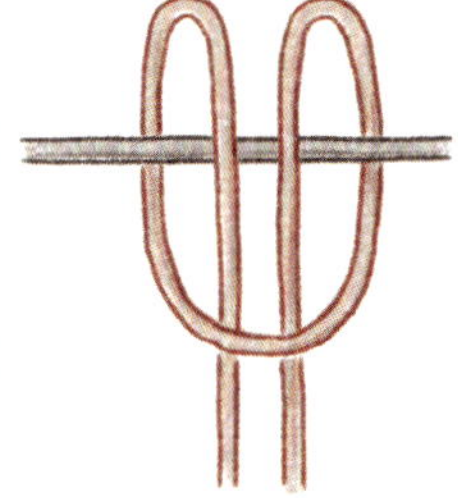

Beide Enden des Arbeitsfadens nach unten durch die Schlinge ziehen.

4

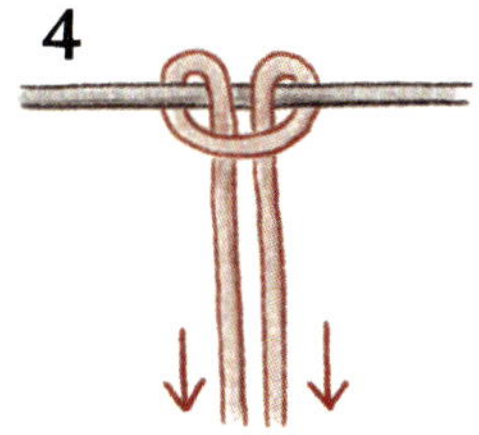

Die Enden des Arbeitsfadens durch die Schlinge ziehen und so die Schlinge um den Trägerfaden festziehen.

ⓔ So knüpfst du eine flächige Arbeit ohne Fransen (Variante C)

Auch diese Technik entspricht Variante A, jedoch wird hier ein breiterer Knoten oben an jedem Arbeitsfaden geknüpft. Mit Schritt 1 bei Variante A beginnen.

Symbol für Befestigung mit breitem Knoten

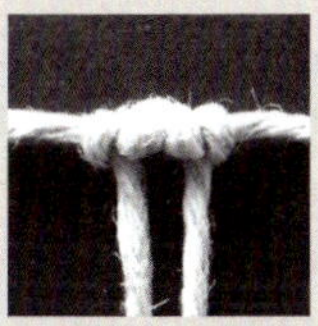

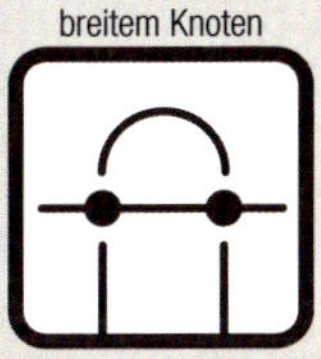

2

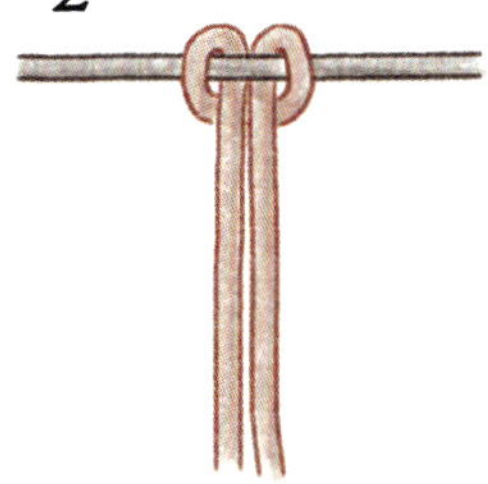

Einen Arbeitsfaden nach den Schritten 2–4 von Version A am Trägerfaden befestigen.

3

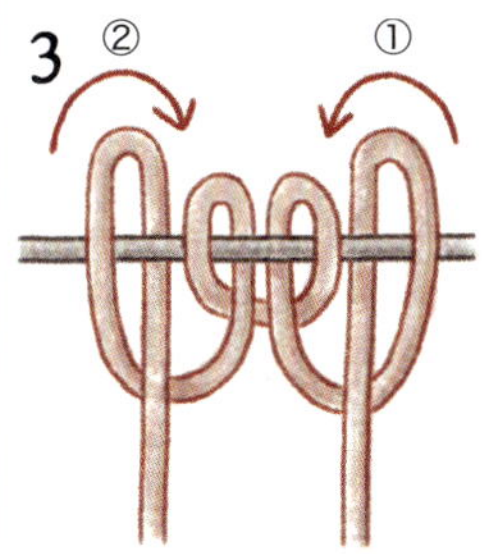

Wie abgebildet, die Enden der Arbeitsfäden jeweils erneut um den Trägerfaden führen und durch die entstandenen Schlingen ziehen.

4

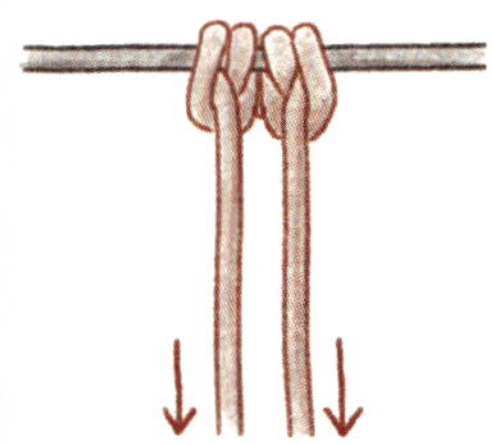

Die Enden des Arbeitsfadens als neue Schlingen um den Trägerfaden festziehen.

ⓕ So knüpfst du eine flächige Arbeit mit Fransen

Bei dieser Technik befestigst du die Arbeitsfäden so, dass sie auf beiden Seiten des Trägerfadens überstehen: Jetzt kannst du an einer Seite die Fläche knüpfen, während an der anderen Seite Fransen entstehen.

Symbol für Befestigung mit Fransen

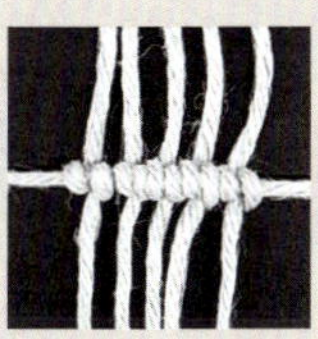

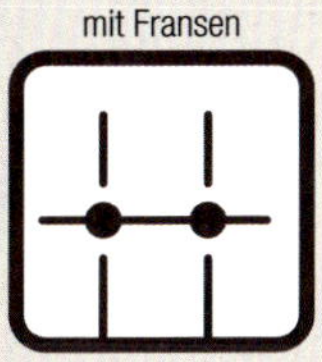

1

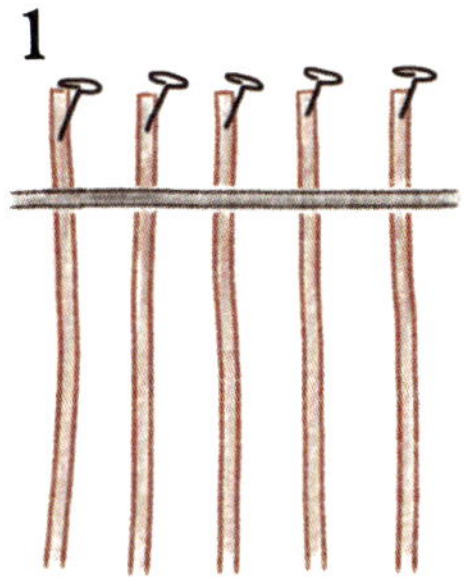

Den Trägerfaden wie unter ⓔ Schritt 1 auf Seite 22 beschrieben befestigen. Die Arbeitsfäden wie hier gezeigt darunter befestigen und oben so weit überstehen lassen, wie es für die gewünschte Fransenlänge erforderlich ist.

2

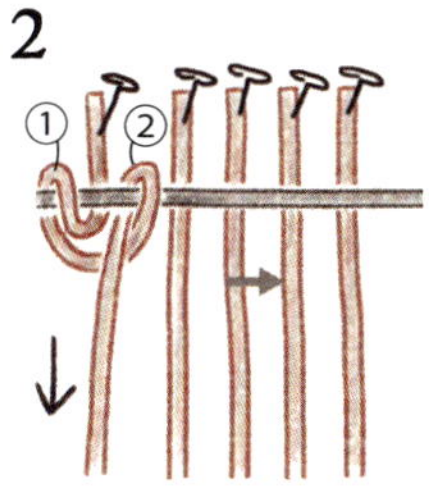

Einen Arbeitsfaden wie abgebildet zwei Mal um den Trägerfaden führen (horizontaler Mastwurf → S. 80).

3

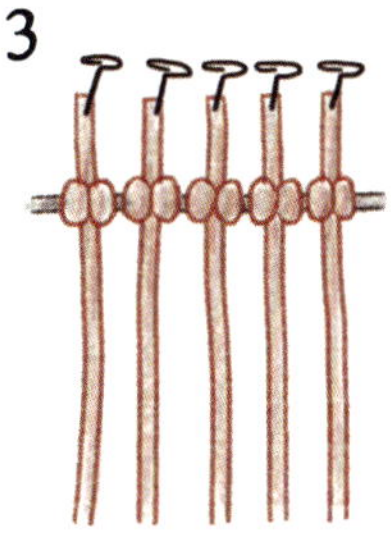

Die Fadenenden festziehen. Mit den anderen Arbeitsfäden wiederholen. Zum Schluss die Nadeln entfernen.

Techniken zum Sichern von Fadenenden

Hier werden verschiedene grundlegende Knoten vorgestellt, mit denen du Fadenenden sichern kannst – behelfsmäßig oder als dauerhaften Abschlussknoten. Die meisten werden nicht für Makramee-Muster verwendet, doch sind sie sehr praktisch und du solltest sie sicher beherrschen.

Überhandknoten

Dieser Knoten verstärkt andere Knoten und kann zum Zusammenbinden mehrerer Fäden verwendet werden. Je mehr Fäden zusammengebunden werden, umso größer wird der Knoten.

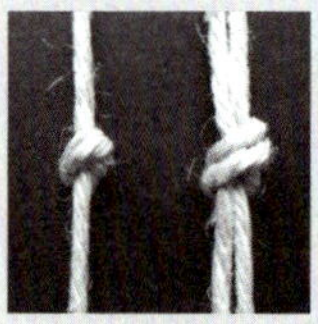

Symbol für Überhandknoten

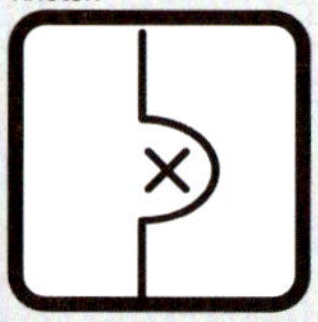

1

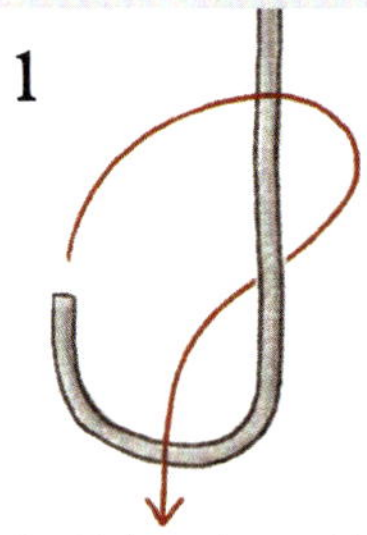

Das Fadenende um sich selbst und durch die entstandene Schlinge führen, wie es der Pfeil zeigt.

2

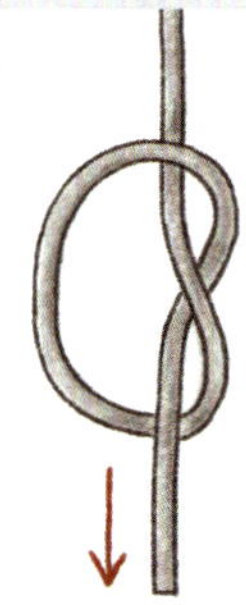

Das Fadenende festziehen.

3

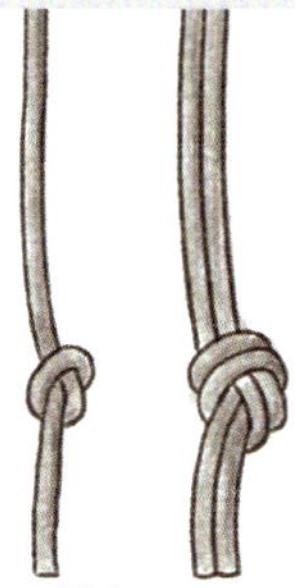

Mehrere Fäden zusammenhalten und auf die gleiche Weise verknoten.

Wellenknoten

Dieser grundlegende Knoten wird auch für viele Makramee-Muster verwendet.

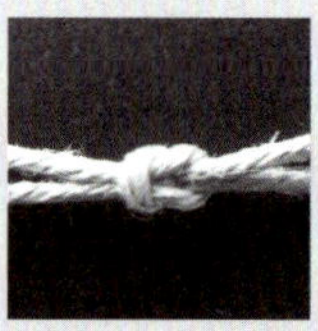

Symbol für Wellenknoten

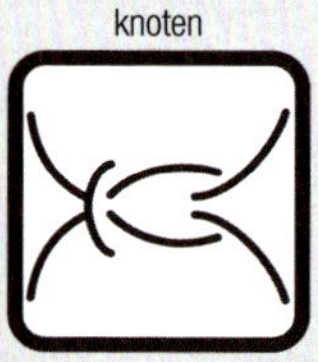

1

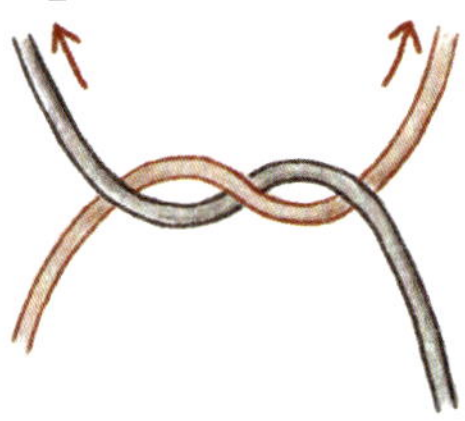

Den oberen (braunen) Faden über, unter und wieder über den unteren (roten) Faden führen, siehe Abbildung.

2

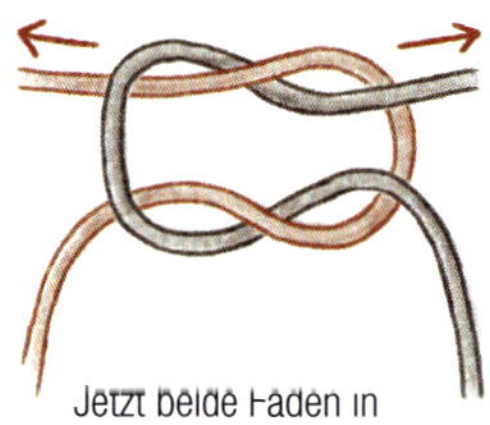

Jetzt beide Fäden in Pfeilrichtung überkreuzen, dabei das Ende des einen Fadens durch die vom anderen Faden gebildete Schlinge führen.

3

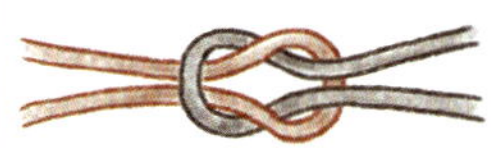

Die Enden von beiden Fäden festziehen.

Schlingenknoten

Mit dieser einfachen Methode kannst du 3 oder mehr Fäden zusammenbinden. Da nur ein einziger Faden zum Knoten verwendet wird, bleibt dieser Knoten immer klein, unabhängig davon, wie viele Fäden zusammengebunden werden.

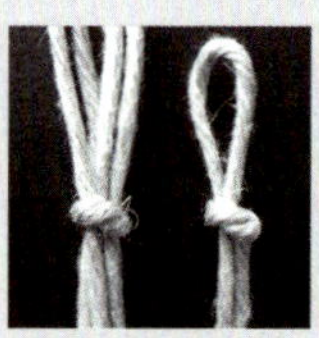

Symbol für Schlingenknoten

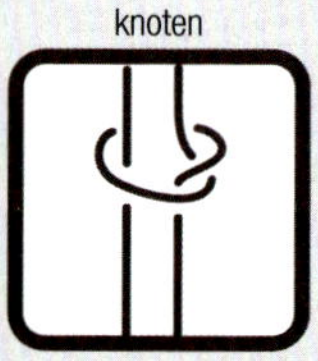

1

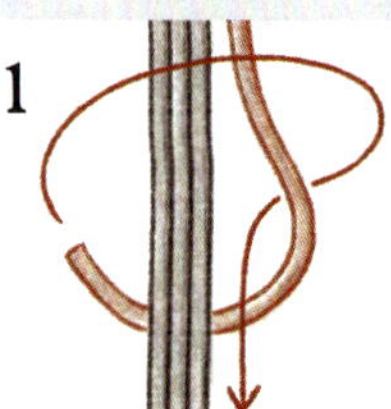

Einen Faden von den anderen trennen, das Ende um die anderen Fäden und den herausgetrennten Faden herum und in Pfeilrichtung durch die entstandene Schlinge führen.

2

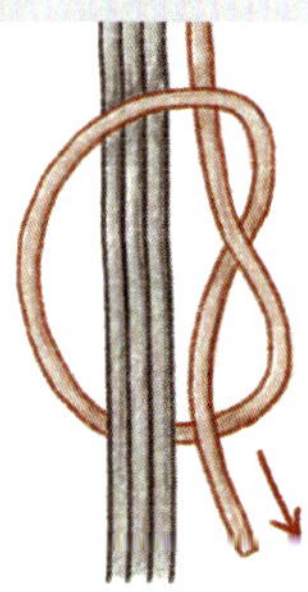

Das Ende des Fadens, mit dem der Knoten ausgeführt wurde, festziehen.

3

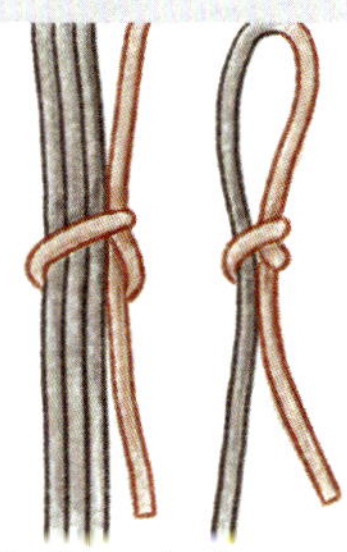

Fertig. Wenn du einen einzelnen Faden auf diese Weise verknotest (wie auf der Abbildung rechts), entsteht ein Laufknoten.

Spulenknoten

Der Spulenknoten ist ein längerer Knoten, der mit einem einzigen Faden geknüpft wird. Die Länge des Knotens hängt davon ab, wie oft du den Faden wickelst.

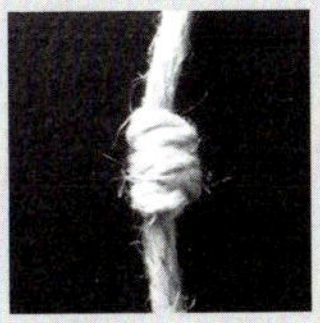

Symbol für Spulenknoten

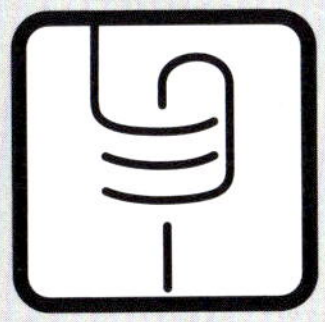

1

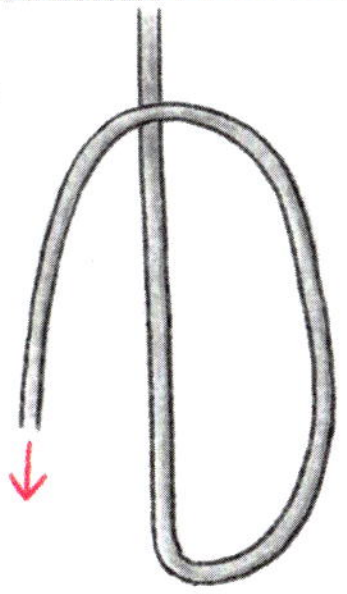

Das Ende des Fadens nach oben und über den Faden führen, sodass eine Schlinge wie auf der Abbildung entsteht.

2

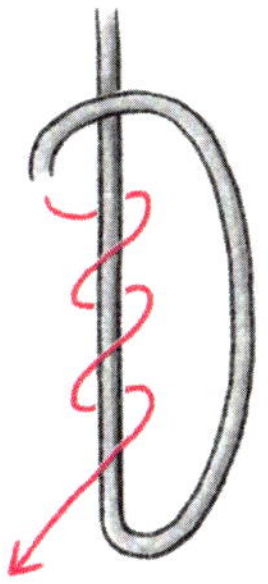

Das Ende des Fadens 3-mal (oder häufiger) um die linke Seite der Schlinge wickeln.

3

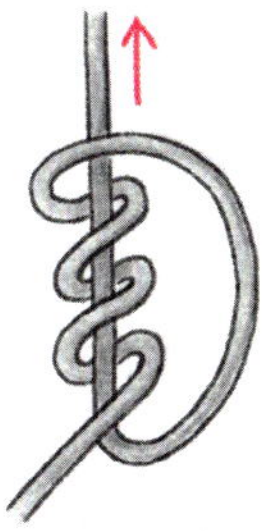

Zum Festziehen ein Fadenende in jede Hand nehmen und das Ende, das oben aus der Spule herauskommt, nach oben ziehen.

Wickelknoten

Der Wickelknoten ist ein fester Knoten, der um eine Gruppe aus mehreren Fäden geknüpft wird. Drehe die Arbeit beim Wickeln immer wieder, damit die Wicklung gleichmäßig und ohne Lücken gelingt.

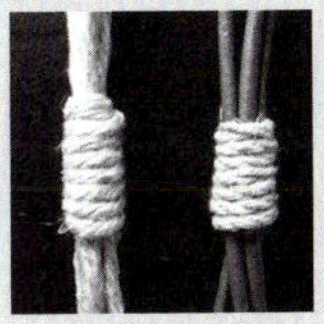

Symbol für Wickelknoten

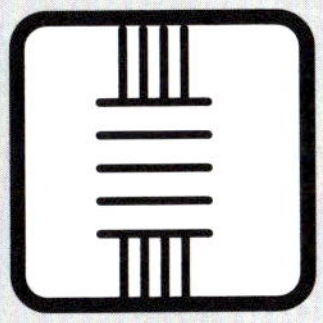

1

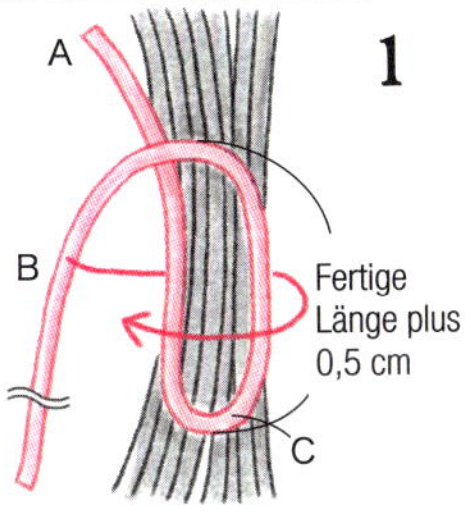

Einen langen Arbeitsfaden (in der Abbildung rot) doppelt legen und wie abgebildet auf die Füllerfäden führen. Ende B immer wieder um die Füllerfäden wickeln, dabei oben beginnen und 0,5 cm über der gelegten Schlinge enden (C).

2

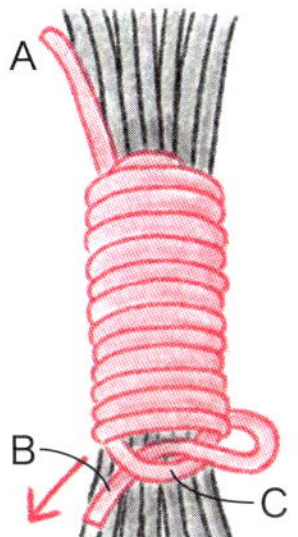

Ende B des Wickelfadens durch Schlinge C führen.

3

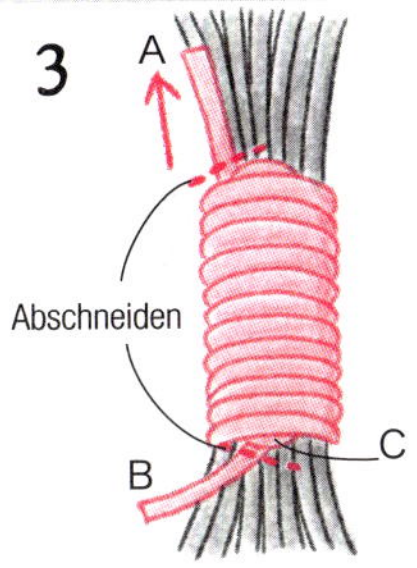

Fadenende A nach oben ziehen, damit Schlinge C unter den Wicklungen verschwindet. Die Enden A und B direkt an der Wicklung abschneiden.

Achterknoten

Dieser einfache Schmuckknoten sieht besonders dekorativ aus, wenn er mit einer dicken Schnur oder mit einer Gruppe aus feinen Schnüren geknüpft wird.

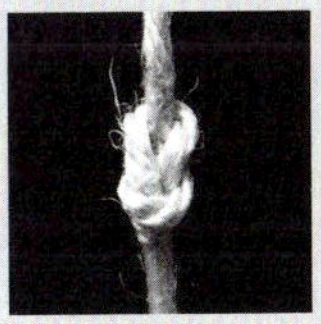

Symbol für Achterknoten

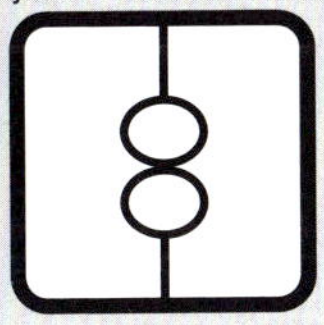

1

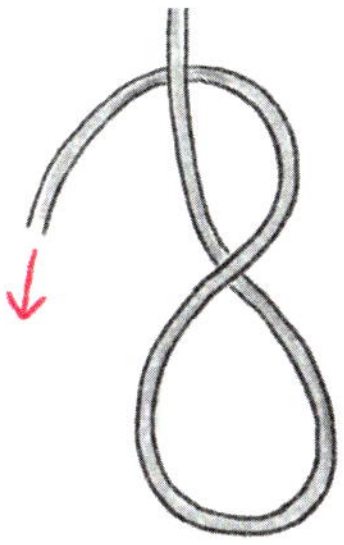

Das Ende des Fadens so führen, dass eine Acht entsteht.

2

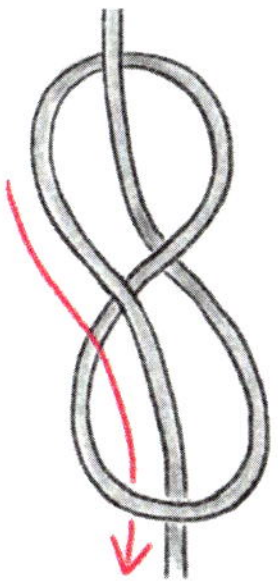

Das Ende des Fadens in Pfeilrichtung durch die untere Schlinge führen.

3

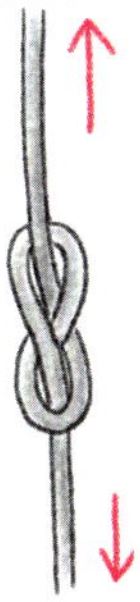

Den Faden nach oben und unten ziehen und dabei die Form des Knotens eventuell korrigieren.

Trossenstek (Josefinenknoten)

Dieser Knoten wird aus 2 Fäden geknüpft. Wird er wiederholt geknüpft, entsteht ein Band mit einer gleichmäßigen, dekorativen Struktur.

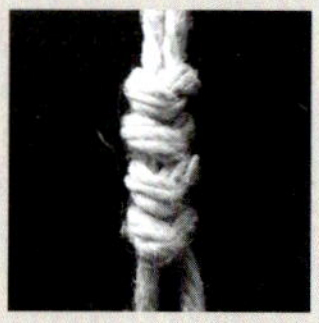

Symbol für Trossenstek (Josefinenknoten)

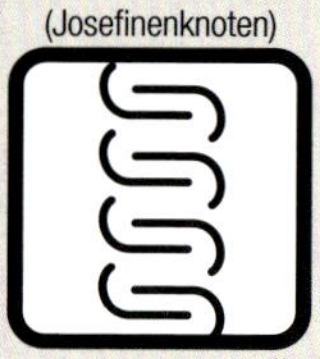

1

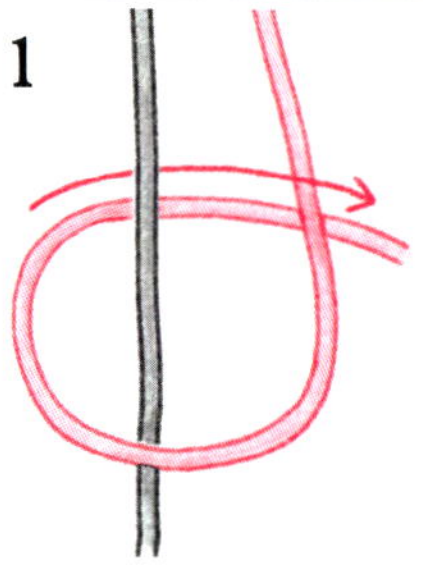

Den rechten (roten) Faden in Pfeilrichtung über den linken Faden führen.

2

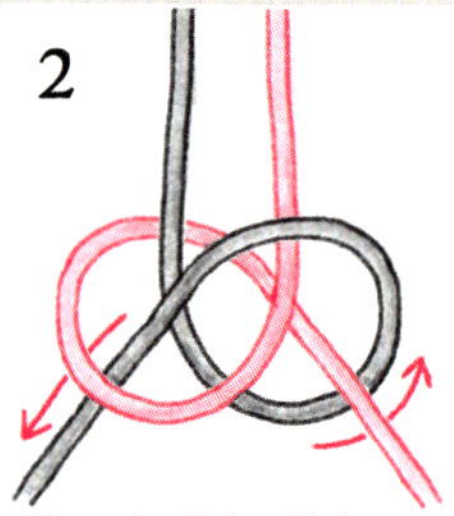

Dann den linken Faden in Pfeilrichtung unter und dann nach vorne über den rechten Faden und durch die in Schritt 1 entstandene Schlinge führen.

3

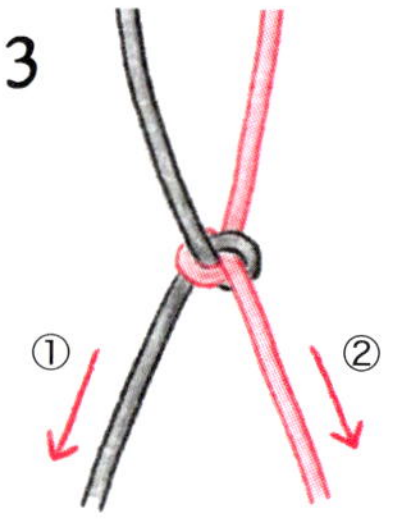

Den Knoten mit 1 Hand festhalten und mit der anderen Hand erst den linken und dann den rechten Faden festziehen.

Das Ende eines Füller- oder Trägerfadens vernähen

Um das Ende eines Füllerfadens oder Trägerfadens zu vernähen, ziehst du den Faden mit einer Sticknadel oder einer anderen Nadel mit großem Nadelöhr durch die Knoten auf der Rückseite der Arbeit.

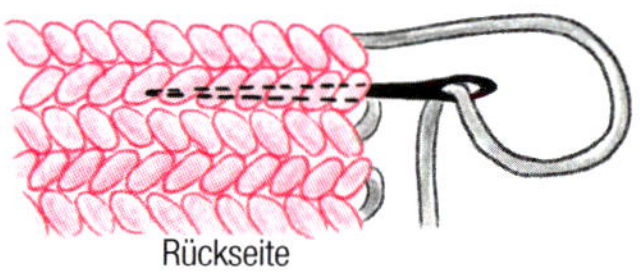

Das Ende eines Arbeitsfadens vernähen

Ebenso ziehst du das Ende eines Arbeitsfadens mit einer Sticknadel oder einer anderen Nadel mit großem Nadelöhr durch die Knoten auf der Rückseite der Arbeit.

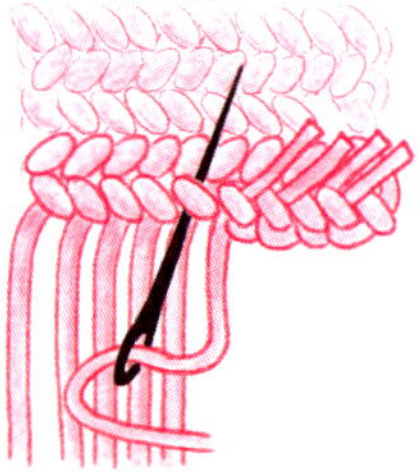

Lektion 06

7 Tipps für gleichmäßige Knoten

Damit deine Makramee-Arbeit gut gelingt, müssen alle Knoten gleichmäßig geknüpft werden und genau an den richtigen Stellen sitzen. Das mag dir anfangs vielleicht schwierig erscheinen, doch hier findest du ein paar hilfreiche Tipps: Damit ist es überraschend einfach, gleichmäßige und ordentliche Knoten zu knüpfen.

Tipp 1 Wickle die Fäden auf, damit sie sich nicht verheddern

Wenn du die Fäden einzeln zu kleinen Knäueln aufwickelst, bevor du anfängst zu knoten, wird das Knüpfen deutlich einfacher, da sich die Fäden nicht ständig verheddern. Wenn die Fäden sehr lang sind, wickelst du sie wie abgebildet auf und löst sie beim Arbeiten langsam wieder; Knäuel aus kurzen Fäden können mit einem Gummiband zusammengehalten werden. Achte bei Arbeitsfäden darauf, dass die Knäuel so klein wie möglich werden, damit sie sich leichter durch die Schlingen führen lassen.

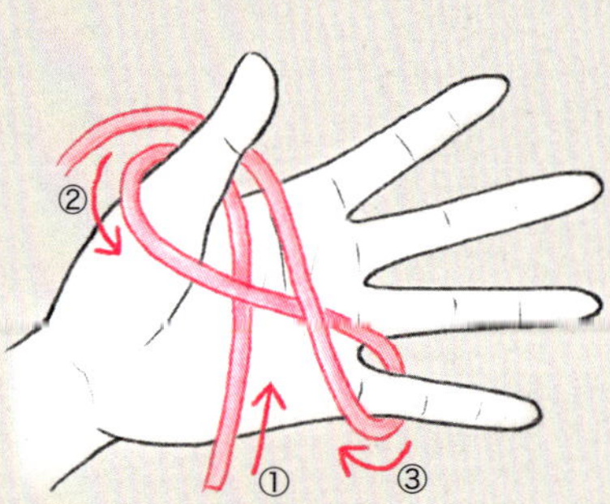

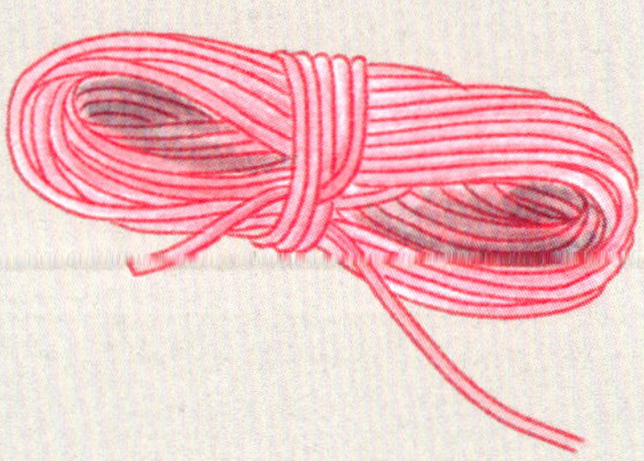

Tipp 2 Arbeite mit einem etwas längeren Faden als nötig

Die Länge eines Fadens für ein Projekt hängt vom verwendeten Knoten, der Anordnung der Knoten und der Festigkeit oder Fadenspannung deiner Arbeit ab. Aus der nebenstehenden Tabelle kannst du ablesen, wie lang der Faden ungefähr sein muss, wenn du bestimmte Knoten knüpfen möchtest. Normalerweise ist in den Projektanleitungen angegeben, wie lang die benötigten Fäden sein müssen, doch der tatsächliche Bedarf kann davon abhängen, welchen Faden du verwendest und wie fest du die Knoten knüpfst. Wenn du die Fäden abmisst, schneidest du sie am besten immer ein wenig länger ab als angegeben.

Verwendeter Knoten	ungefähre Fadenlänge	verwendeter Knoten	ungefähre Fadenlänge
Kreuzknoten	5–6-fache Länge der fertigen Arbeit	Versetzte Kreuzknoten oder Ankerknoten	4–5-fache Länge der fertigen Arbeit
Spiralknoten	5–6-fache Länge der fertigen Arbeit	Klassisches Netzmuster (1 Knoten, 2 cm Abstand)	2–2 ½-fache Länge der fertigen Arbeit
Mastwurf	6–7-fache Länge der fertigen Arbeit	Wickelknoten	2–2 ½-fache Länge der fertigen Arbeit
Ankerknoten	6–7-fache Länge der fertigen Arbeit	Awaji-Knoten	2 ½–3-fache Länge der fertigen Arbeit

Tipp 3 Ziehe alle Knoten gleichmäßig fest

Damit die Knoten gleichmäßig groß werden, musst du sie immer mit dem gleichen Kraftaufwand festziehen. Am besten übst du so lange, bis du deinen Rhythmus gefunden hast und die Knoten schön gleichmäßig werden, flach liegen (sich nicht verdrehen) und regelmäßige Abstände haben. Wenn die Arbeit zu locker aussieht, ziehst du fest am Trägerfaden oder an den Füllerfäden, um die Abstände zu verringern.

Tipp 4 Knüpfe zunächst ein Probenstück

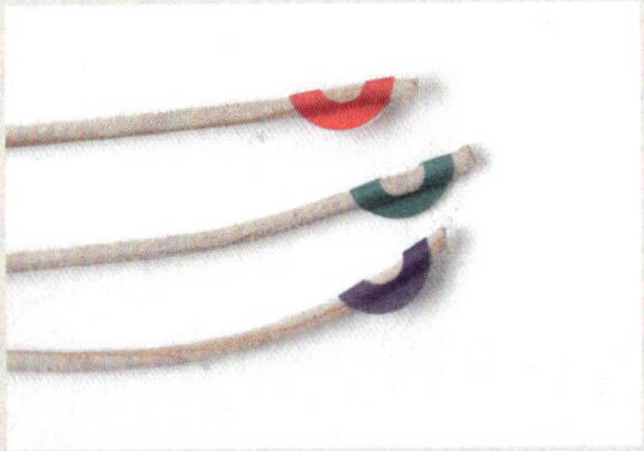

Um genau zu berechnen, wie lang die Fäden für deine Arbeit sein müssen, knüpfst du am besten ein kleines Probenstück mit den Fäden, die du für die eigentliche Arbeit verwenden wirst.

Bei Strängen sollte deinen Probenstück etwa 5–10 cm lang sein und bei flächigen Arbeiten etwa 5–10 cm² groß. Miss die Fäden vor Arbeitsbeginn genau ab und miss nach Abschluss der Probe, wie viel des Fadens noch nicht geknüpft wurde – so findest du heraus, wie viel du tatsächlich verbraucht hast. Mit diesem Ergebnis kannst du die Länge aller Fäden berechnen, die du für deine gesamte Arbeit brauchst.

Tipp 5 Markiere die Fadenenden

Damit du nicht durcheinander kommst, wenn du ein Muster aus mehreren Fäden in einer Farbe knüpfst, markierst du alle Fadenenden auf unterschiedliche Weise. Wähle zur Markierung ein Material, das zur verwendeten Faser passt, beim Knüpfen nicht stört und zu leicht abfällt: Gut geeignet sind bunte Aufkleber oder kurze Klebeband-Stücke, auf die du Zahlen oder Buchstaben schreibst.

Tipp 6 Umwickle Fadenenden mit Klebeband, damit du Perlen leichter auffädeln kannst

Wenn du 2 Fäden durch eine Perle oder ein anderes Objekt fädeln musst, fasst du die beiden Fadenenden mit einem Stück Klebeband zusammen. Wenn noch ein dritter oder vierter Faden durch dieselbe Perle gefädelt werden muss, schiebst du ihn einfach zwischen die ersten beiden (siehe Abbildung ganz rechts). So kannst du alle Fäden problemlos von der anderen Seite der Perle aus hindurchziehen.

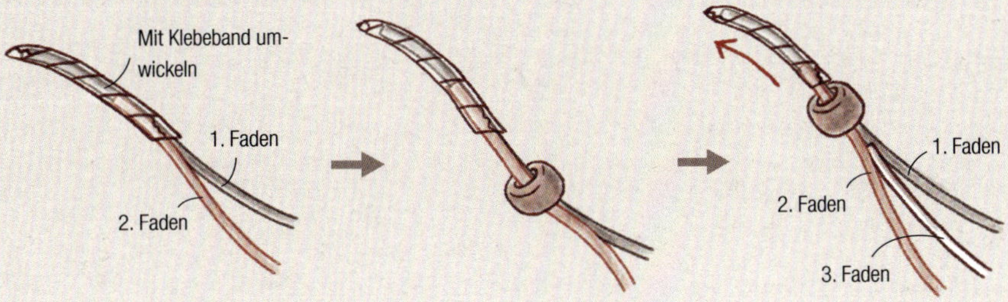

Tipp 7 **Knüpfe deine Muster über einem Gitter, damit sie gleichmäßiger werden.**

Was Makramee so faszinierend macht, ist die Vielzahl an Mustern, die ganz einfach dadurch entstehen, dass Knoten unterschiedlich angeordnet werden. Damit die Knoten im jeweiligen Muster an den richtigen Stellen landen, solltest du das Muster immer wieder überprüfen, vor allem wenn du ein Netzmuster knüpfst.

Foto 1 zeigt die einfachste Methode, wie dein Muster schön gleichmäßig wird: Nimm das Gitter auf dem Makramee-Brett zu Hilfe. Fixiere jeden Knoten mit einer Nadel an der richtigen Stelle auf dem Brett und knüpfe die folgenden Knoten in den entsprechenden Abständen anhand des Gitters. Damit die Knoten in gleichmäßigen Abständen geknüpft werden, kannst du Pappstreifen (oder ein Lineal) als Abstandhalter zwischen waagrechten Reihen wie in Foto 2 verwenden; das ist praktisch, wenn du kein Makramee-Brett hast. Prüfe zunächst, welche Form die Knoten am Ende haben, damit du den Abstandshalter passend einschieben kannst, und knüpfe dann die Knoten direkt daneben.

Wenn du eine schlauchförmige Arbeit wie eine Tasche knüpfst, können sich die Fäden der Vorder- und Rückseite leicht miteinander verheddern. Damit das nicht passiert, schiebst du einfach ein Blatt Papier zwischen beide Lagen, bevor du die Arbeit auf das Makramee-Brett legst. Fixiere die Arbeit dann mit Nadeln durch alle Lagen wie in Foto 3. Knüpfe die Knoten auf der Vorderseite, nimm die Nadeln heraus, drehe die gesamte Arbeit um, sodass die Rückseite oben liegt, fixiere die Arbeit wieder mit den Nadeln und knüpfe weiter.

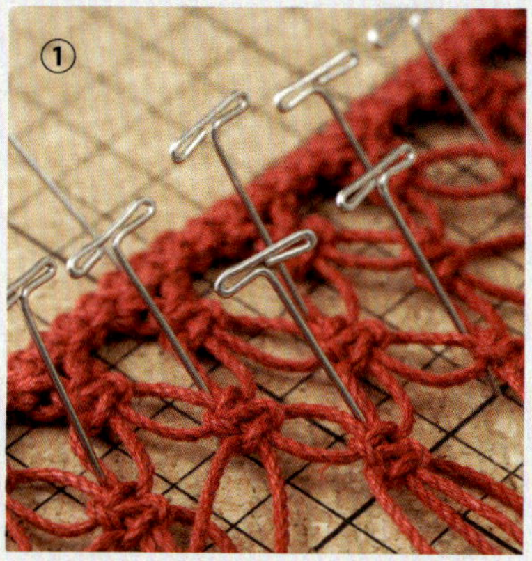

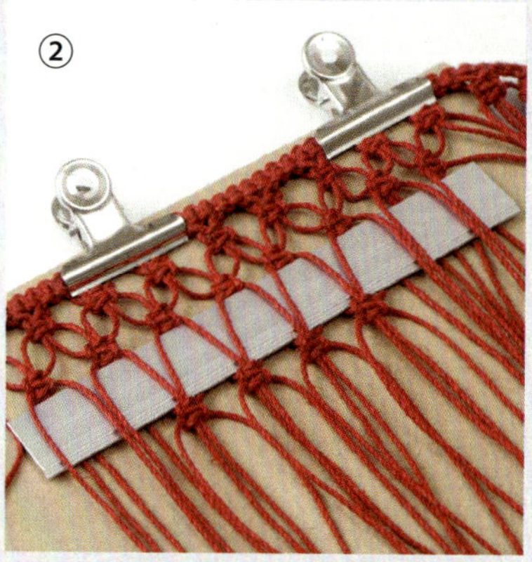

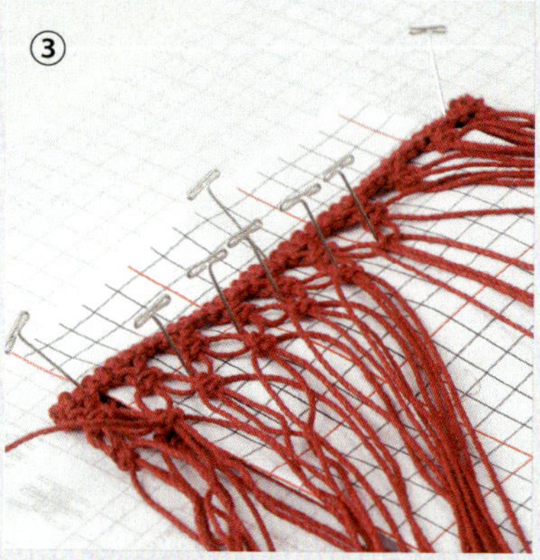

Lektion 07

Probleme einfach beheben & Häufig gestellte Fragen

Auch wenn du deine Arbeit gründlich vorbereitet hast, kann es immer wieder passieren, dass du auf einmal nicht mehr weiter weißt. Hier stellen wir dir ein paar Lösungsvorschläge für knifflige Situationen vor.

Frage 1 **Warum lösen sich meine Makramee-Nadeln ständig?**

A. Es gibt einen kleinen Trick, wie du Makramee-Knoten optimal am Brett befestigst. Achte darauf, dass die Nadel nicht in die Richtung geneigt ist, an der du am Arbeitsfaden ziehst, sondern in die entgegengesetzte Richtung. Wenn sie in die gleiche Richtung geneigt ist, löst sie sich leicht.

Die Nadel durch den Faden zu stechen, ist keine gute Idee, da der Faden leicht ausfranst; stich die Nadel entweder durch einen Knoten (zwischen den Fäden hindurch) oder durch eine Schlinge, die du am Ende des Fadens knüpfst.

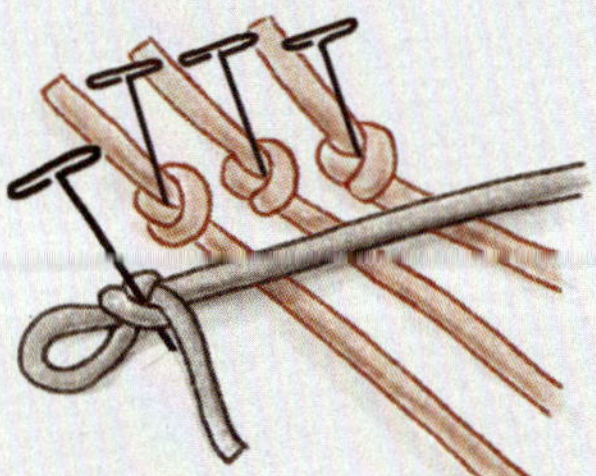

Frage 2 **Ich habe einen Fehler entdeckt. Was kann ich machen?**

A. Das kann jedem einmal passieren. Jetzt kannst du nur eines tun: Löse alle Knoten bis zu dem Fehler, korrigiere die Knoten und arbeite weiter. Beim Lösen der Knoten solltest du sehr vorsichtig sein. Am besten hältst du die Arbeit mit Nadeln gespannt und löst die Knoten mit einer Lederahle ganz behutsam.

Damit dir das nicht zu oft passiert, solltest du deine Arbeit während des Knüpfens immer wieder aufmerksam prüfen.

Frage 3 Was kann ich machen, wenn ein Faden mitten in der Arbeit zu Ende ist?

A. Für jede Situation gibt es Möglichkeiten, wie du Fäden einsetzen kannst. Sicherlich findest du die richtige Lösung hier unten oder auf der nächsten Seite. Unabhängig von der angewendeten Lösung musst du immer darauf achten, einen langen Fadenanfang hängen zu lassen, damit du ihn nach Abschluss der Arbeit mit einer Nadel auf der Rückseite der Arbeit vernähen kannst.

Wenn der rechte und linke Arbeitsfaden bei einem Strang zu Ende ist

Hier ist beschrieben, wie du einen neuen Arbeitsfaden an beiden Seiten deiner Arbeit einsetzt (gezeigt mit Kreuzknoten → S. 35).

(Vorderseite der Arbeit) Den neuen Arbeitsfaden doppelt legen und ihn wie abgebildet um den Strang schlingen, so dass der neue Faden beide Arbeitsfäden ersetzt. Jetzt kannst du weiterknüpfen.

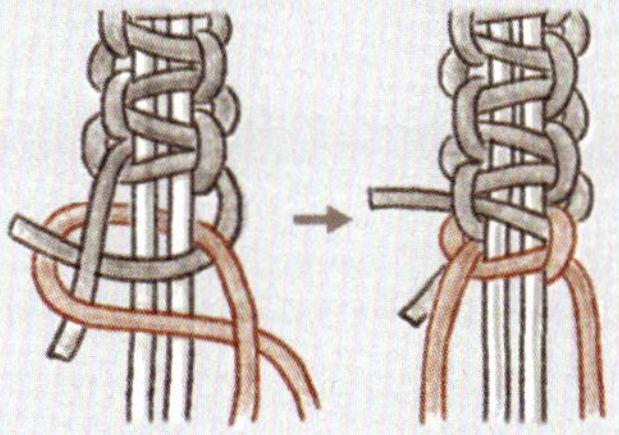

(Rückseite der Arbeit) Sobald die Arbeit fertig geknüpft ist, die Enden der ursprünglichen Arbeitsfäden in den Knoten auf der Rückseite der Arbeit vernähen (→ S. 26).

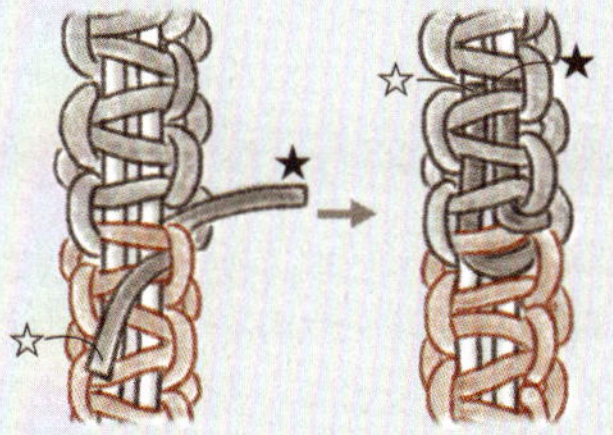

Wenn der Arbeitsfaden an einer Seite eines Strangs zu Ende ist

Hier ist beschrieben, wie du einen neuen Arbeitsfaden an nur einer Seite deiner Arbeit einsetzt (gezeigt mit Kreuzknoten → S. 35).

(Vorderseite der Arbeit) Den neuen Faden mit einem Wellenknoten an den ursprünglichen Faden binden. Mehrere Knoten knüpfen und die Enden A und B fest zusammenziehen, sodass keine Lücken entstehen.

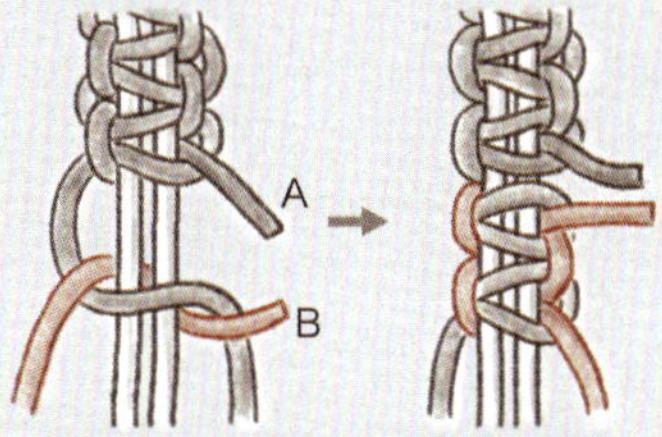

(Rückseite der Arbeit) Sobald die Arbeit fertig geknüpft ist, die Enden des ursprünglichen und des neuen Arbeitsfadens in den Knoten auf der Rückseite der Arbeit vernähen (→ S. 26). Damit die Fläche glatt bleibt, ein Ende nach oben, das andere nach unten vernähen.

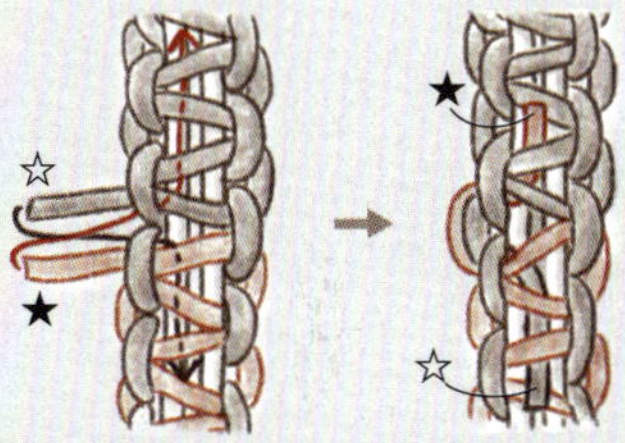

Wenn 2 Füllerfäden bei einem Strang zu Ende sind (Variante A)

Wenn du neue Füllerfäden mit dieser Technik einsetzt, sind die Fäden fest mit der Arbeit verbunden und du brauchst nur 2 Fadenenden in der fertigen Arbeit zu vernähen (gezeigt mit Kreuzknoten → S. 35).

(Vorderseite der Arbeit) Die Enden der ursprünglichen Füllerfäden nach oben unter den Strang führen. Den neuen Füllerfaden doppelt legen und wie abgebildet durch die nach oben gelegten Fadenenden führen. Weiterknüpfen, dabei die Enden der ursprünglichen Füllerfäden herausstehen lassen.

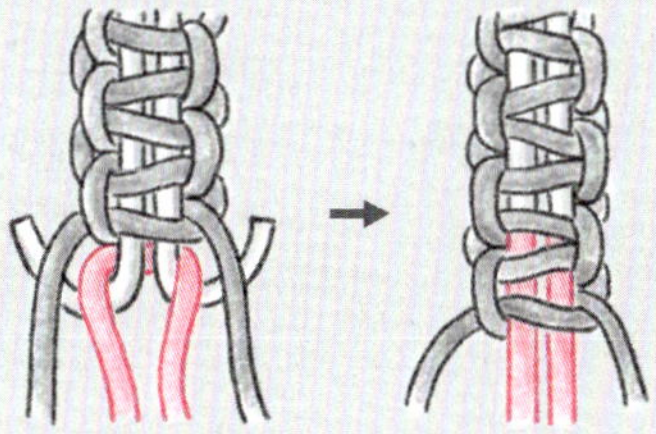

(Rückseite der Arbeit) Sobald die Arbeit fertig geknüpft ist, die Enden der ursprünglichen Fäden nach oben im Inneren der Arbeit vernähen.

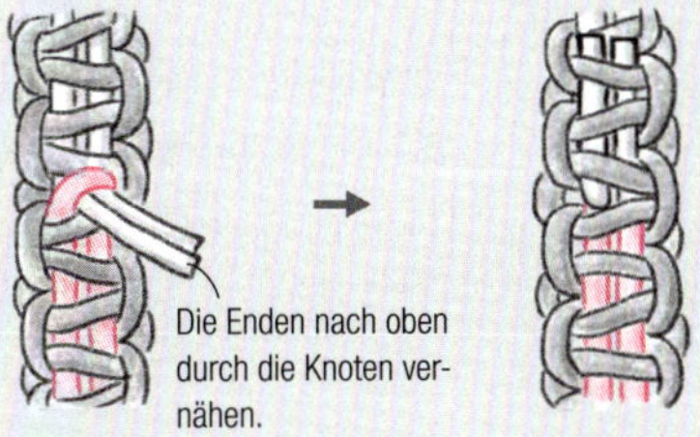

Wenn 2 Füllerfäden bei einem Strang zu Ende sind (Variante B)

Diese einfache Methode, neue Füllerfäden einzusetzen, ergibt eine nicht ganz so feste Verbindung wie bei der ersten Methode.

(Vorderseite der Arbeit)
Bevor die Füllerfäden zu Ende sind, die Enden der neuen Füllerfäden überlappend darüber legen. Weiterknüpfen, dabei gut darauf achten, dass die neuen Füllerfäden nicht herausgezogen werden.

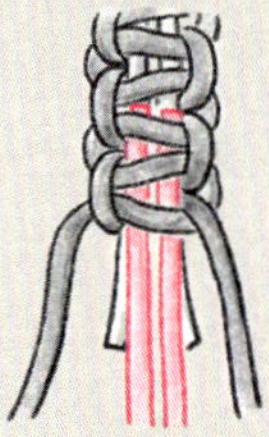

(Rückseite der Arbeit)
Die Fadenenden sind bereits im Inneren der Knoten versteckt und brauchen nicht mehr vernäht zu werden.

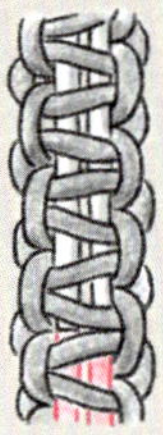

Wenn 1 Füllerfaden und 1 Arbeitsfaden bei einem Strang zu Ende sind

Mit einem einzigen Faden kannst du gleichzeitig 1 Füllerfaden und 1 Arbeitsfaden ersetzen (gezeigt mit Kreuzknoten → S. 35).

(Vorderseite der Arbeit)
Den neuen Faden doppelt legen und in die Schlinge des nächsten Knotens wie gezeigt einhängen. Weiterknüpfen, dabei ist eine Hälfte des Fadens der neue Füllerfaden, die andere Hälfte der neue Arbeitsfaden.

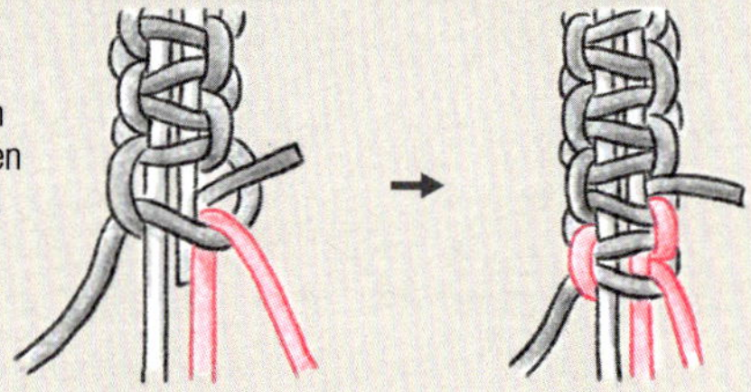

(Rückseite der Arbeit)
Nach Fertigstellung der Arbeit die Enden der ursprünglichen Fäden unter den Knoten auf der Rückseite vernähen.

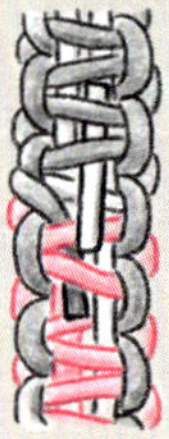

Wenn ein Arbeitsfaden bei einer flächigen Arbeit zu Ende ist

Diese Technik kannst du anwenden, wenn ein Arbeitsfaden zu Ende ist oder du mitten in der Arbeit die Farbe wechseln möchtest.

(Vorderseite der Arbeit)
Knüpfe den nächsten Knoten einfach mit einem neuen Faden und lasse das Fadenende hängen (gezeigt mit Mastwürfen → S. 80).

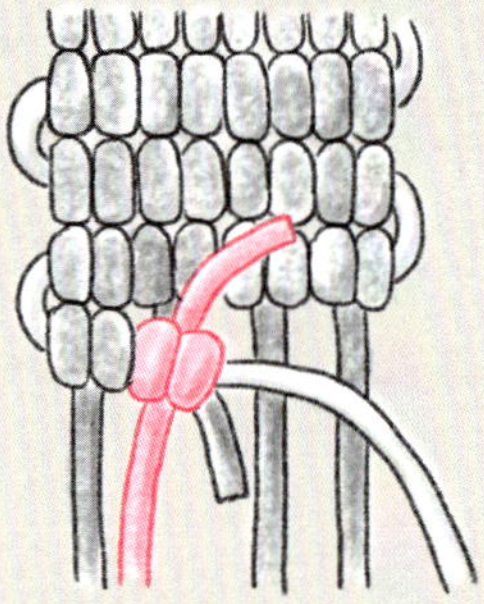

(Rückseite der Arbeit)
Nach Fertigstellung der Arbeit die Enden der ursprünglichen Fäden unter den Knoten auf der Rückseite vernähen.

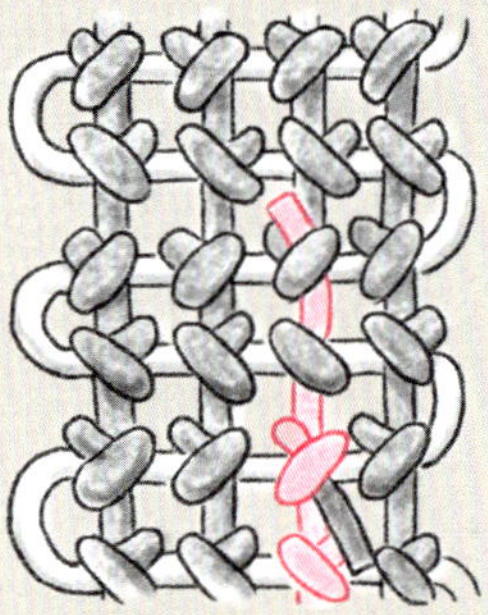

Wenn ein Trägerfaden bei einer flächigen Arbeit zu Ende ist

Auch ein Trägerfaden lässt sich mitten in der Arbeit einsetzen.

(Vorderseite der Arbeit)
Den neuen Faden an die gewünschte Stelle legen und den nächsten Knoten damit knüpfen (gezeigt mit Mastwürfen → S. 80)

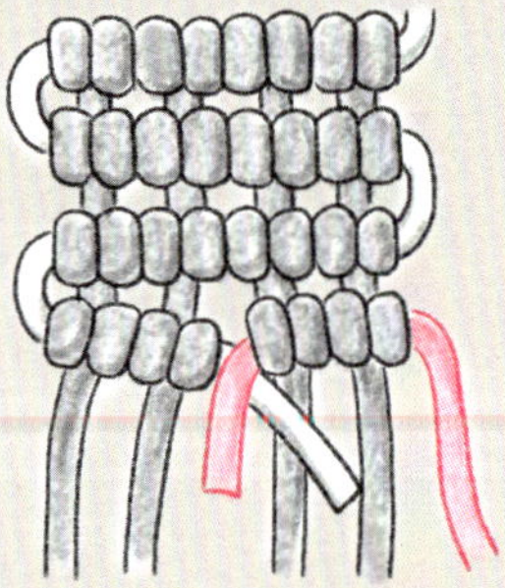

(Rückseite der Arbeit)
Sobald die Arbeit fertig geknüpft ist, die Enden des ursprünglichen und des neuen Trägerfadens überkreuzen, damit keine Lücken entstehen und in den Knoten auf der Rückseite der Arbeit vernähen.

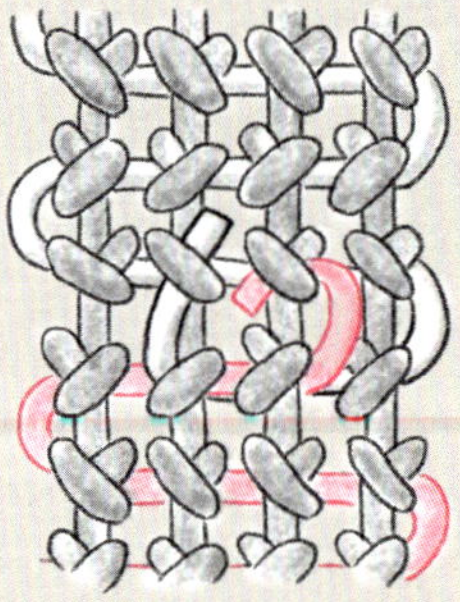

Kapitel 02

Makramee-Muster

So liest du ein Knüpfdiagramm für eine flächige Makramee-Arbeit

In diesem Kapitel werden die grundlegenden Knoten vorgestellt und erläutert, wie die 70 unterschiedlichen Muster daraus geknüpft werden: Insgesamt zeigen wir 22 Muster für Stränge (für schmale Arbeiten wie Halsketten) und 48 Muster für flächige Arbeiten (für breitere Arbeiten wie Matten) plus einige Knöpfe und Quasten. Die Knüpfmuster für flächige Arbeiten werden in schematischen Zeichnungen dargestellt, siehe Abbildung links. So arbeitest du diese Zeichnungen nach:

• Jedes Symbol steht für einen bestimmten Knoten; in diesem Kapitel stehen die Erläuterungen zum jeweiligen Knoten neben dem Diagramm.

• Im Allgemeinen wird in waagrechten Reihen geknüpft. Die dickere obere Linie stellt den Trägerfaden dar; die Punkte darauf stehen für die Knoten, mit denen die Arbeitsfäden an den Trägerfaden geknüpft werden.

• Beginne damit, die angegebene Anzahl an Arbeitsfäden an den Trägerfaden zu knüpfen. Dann folgst du dem Diagramm Reihe für Reihe nach unten.

• Die Ziffern rechts geben die Ziffer der jeweiligen Reihe an. Außerdem zeigt der in Pink unterlegte Bereich die Reihen an, die einen Rapport (eine Mustereinheit, die wiederholt werden muss) ergeben, aus dem das jeweilige Muster besteht. Diesen Rapport wiederholst du so lange, bis deine Arbeit die gewünschte Länge hat. Am besten beendest du deine Arbeit mit der letzten Reihe eines solchen Rapports, damit das Muster vollständig ist.

Beispiel für ein Knüpfdiagramm

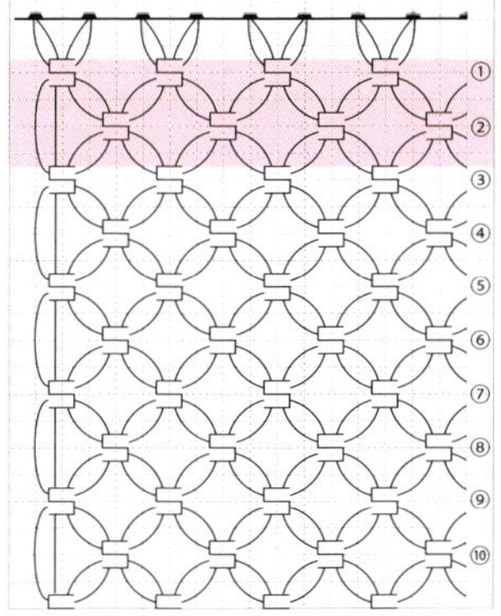

Muster für Stränge

Grundlegende Knoten, Flechtstränge und Bänder

(01) Flechtstrang aus 3 Fäden

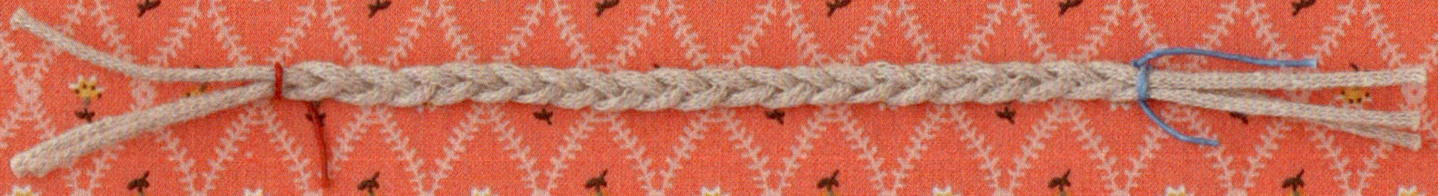

(02) Flechtstrang aus 4 Fäden

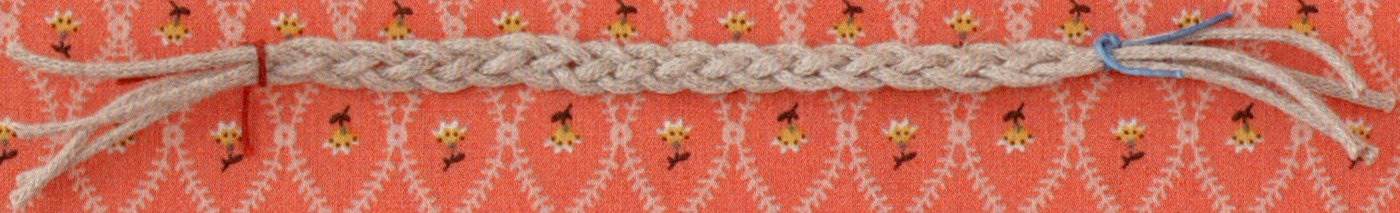

(03) Flechtstrang aus 5 Fäden

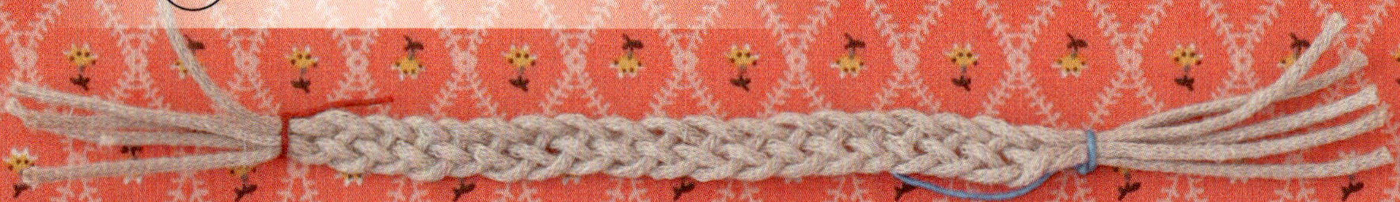

(04) Flechtstrang aus 6 Fäden

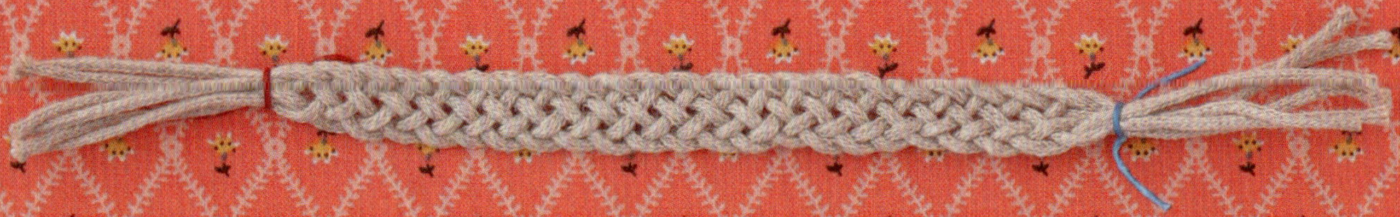

(01) (02) (03) (04) Fäden können genauso geflochten werden wie lange Haare. Dazu kannst du 3, 4, 5 oder noch mehr Fäden nehmen.

(05) Kreuzknoten

(06) Versetzte Kreuzknoten

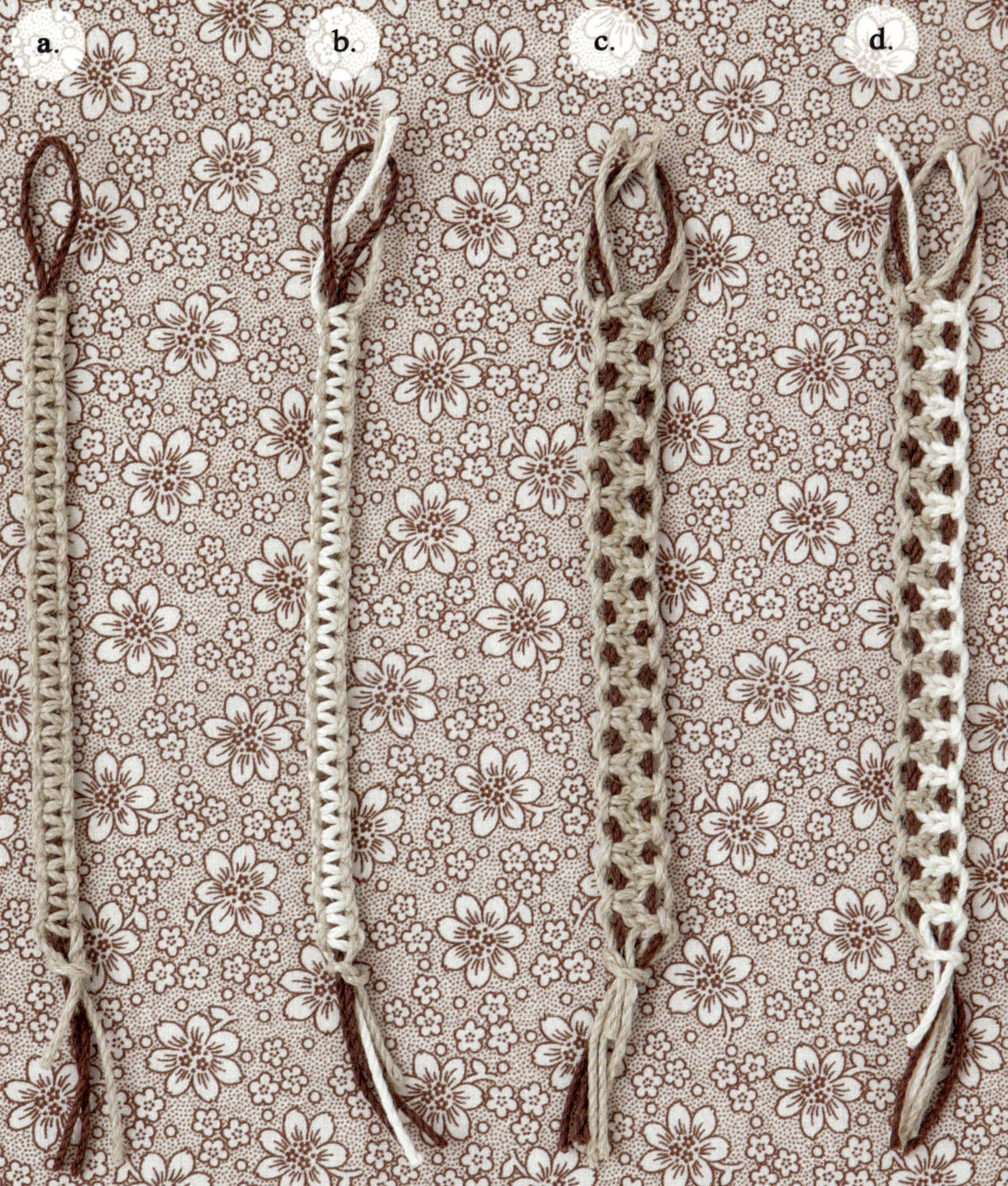

(05) **a)** Die 2 Arbeitsfäden haben die gleiche Farbe, die Füllerfäden eine Kontrastfarbe. **b)** Der rechte Arbeitsfaden ist beige, der linke Arbeitsfaden ist weiß, die Füllerfäden sind braun.

(06) **c)** Insgesamt 6 Fäden; die 2 Füllerfäden stehen im Kontrast zu den 4 Arbeitsfäden. Die versetzten Kreuzknoten werden abwechselnd nach links und nach rechts gerichtet. **d)** Ebenso wie **c)**, jedoch sind 2 Arbeitsfäden beige, 2 sind weiß.

01 Flechtstrang aus 3 Fäden

Diese einfache Art zu flechten dürfte vielen bereits vertraut sein. Wenn dein Faden unterschiedliche Vorder- und Rückseiten hat, solltest du darauf achten, dass immer die gleiche Seite nach vorne zeigt.

Foto Seite 32

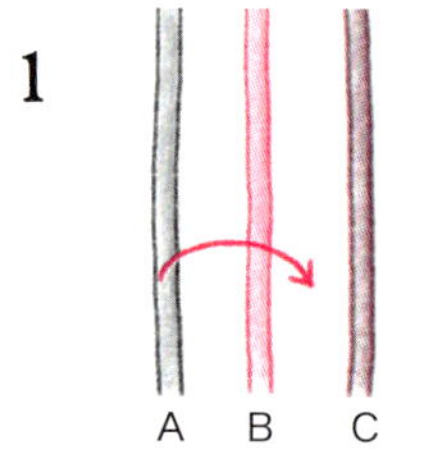

Faden A über Faden B legen.

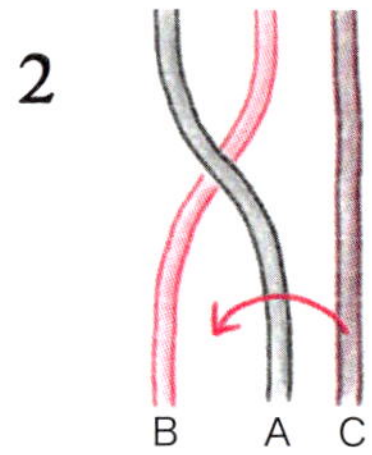

Faden C über Faden A legen.

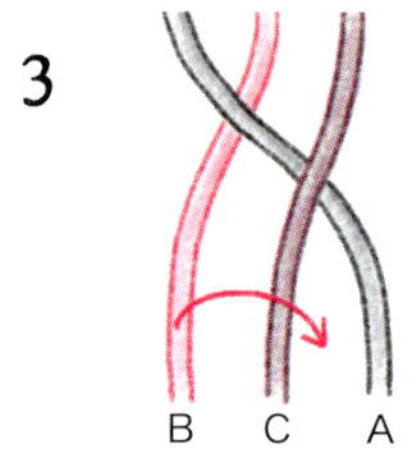

Faden B über Faden C legen.

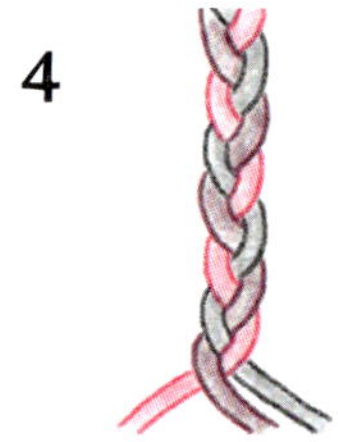

Auf diese Weise weiterknüpfen, dabei abwechselnd den linken und rechten äußeren Faden über den mittleren Faden legen; beim Flechten die Fäden leicht festziehen.

02 Flechtstrang aus 4 Fäden

Diese Technik sieht auf den ersten Blick schwierig aus, doch sobald du sie erlernt hast – erst die Fäden zwei Mal „rechts über links“ legen und dann in der Mitte „links über rechts“ – ist sie ganz einfach.

Foto Seite 32

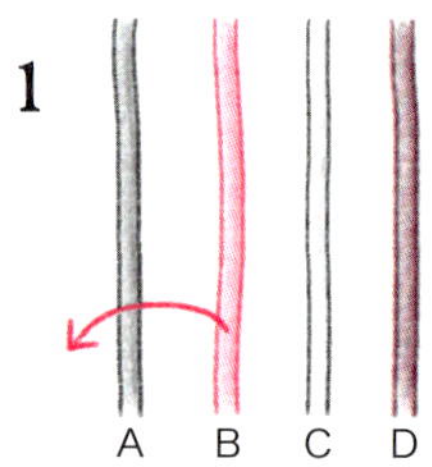

Faden B über Faden A legen.

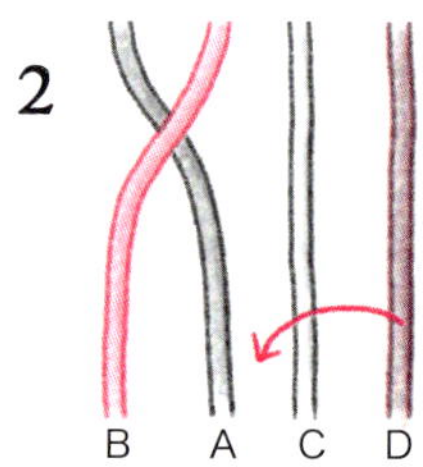

Faden D über Faden C legen.

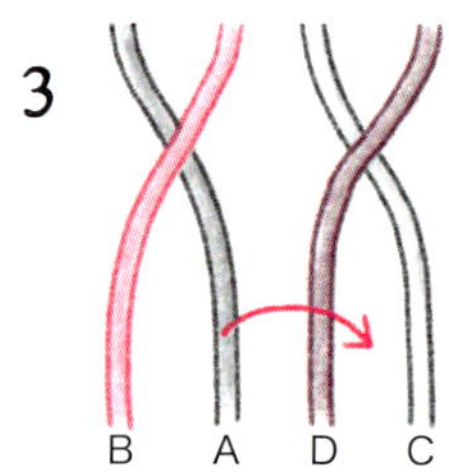

Faden A über Faden D legen.

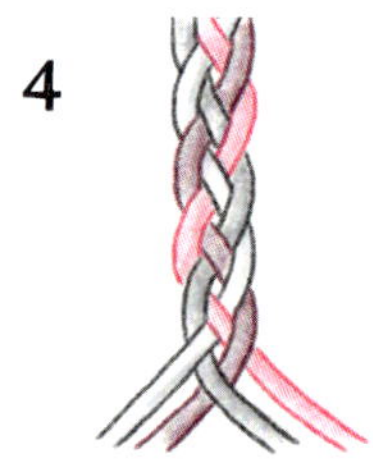

Auf diese Weise weiterknüpfen, beim Flechten die Fäden leicht festziehen.

03 Flechtstrang aus 5 Fäden

Bei diesem Flechtstrang legst du zunächst die beiden äußeren Fäden in die Mitte und flechtest dann die 3 mittleren Fäden wie abgebildet. Einfach ausprobieren: Übung macht den Meister!

Foto Seite 32

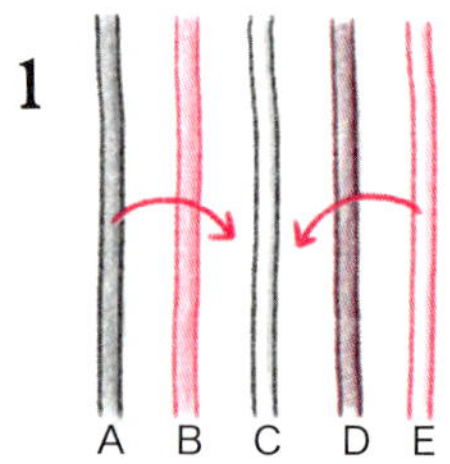

Faden A über Faden B legen und Faden E über Faden D.

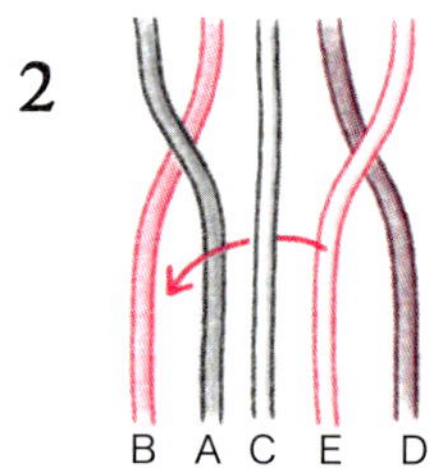

In der Mitte Faden E unter Faden C über Faden A legen.

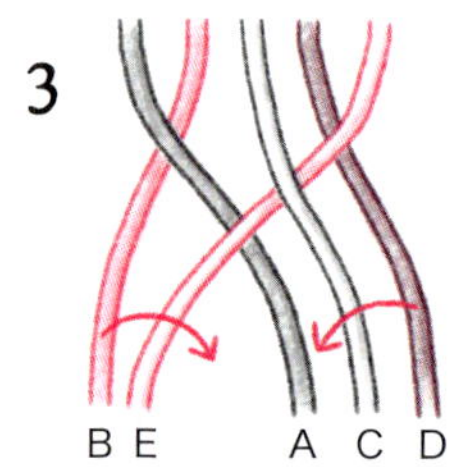

Faden B über Faden E legen und Faden D über Faden C.

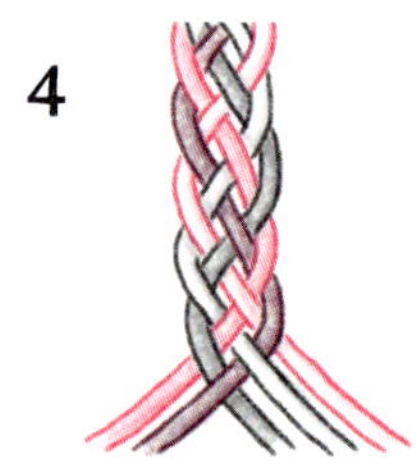

Schritte 2 und 3 wiederholen (und nicht vergessen: die Buchstabenbezeichnungen der Fäden gelten nach einem Flechtvorgang nicht mehr); beim Flechten die Fäden leicht festziehen.

04 Flechtstrang aus 6 Fäden

Auch wenn diese Technik komplexer ist, wirst du die einfache Logik beim Flechten schnell begreifen. Der Strang wird recht breit und ist damit ideal für Gürtel.

Foto Seite 32

1

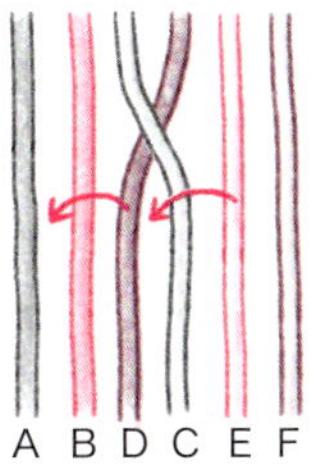

Faden D unter Faden C und dann über Faden B legen; Faden E über Faden C legen.

2

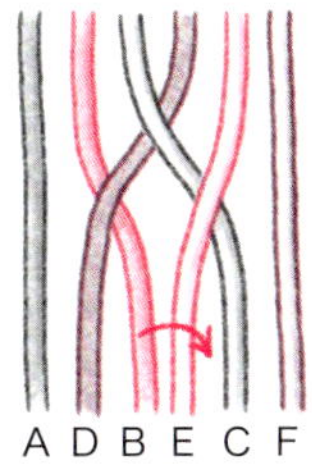

In der Mitte Faden B über Faden E legen.

3

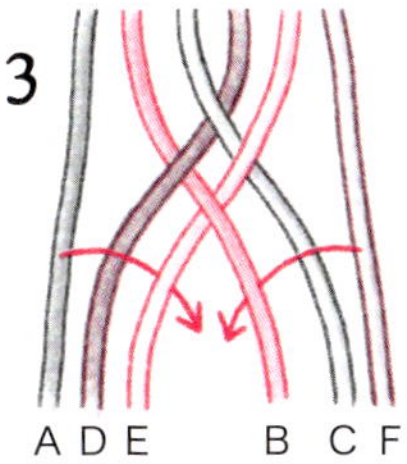

Die beiden äußeren Fäden (A und F) über, dann unter E bzw. B in die Mitte legen, wie die Pfeile zeigen.

4

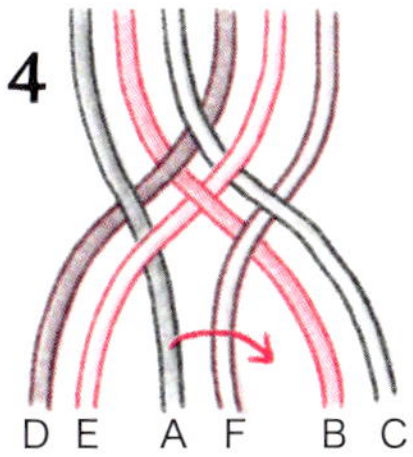

Die 2 Fäden in der Mitte (A und F) links über rechts legen.

5

Schritte 3 und 4 wiederholen (und nicht vergessen: die Buchstabenbezeichnungen der Fäden gelten nach einem Flechtvorgang nicht mehr); beim Flechten die Fäden leicht festziehen.

05 Kreuzknoten

Dies ist einer der grundlegenden Makramee-Knoten. Wenn mehrere Kreuzknoten nacheinander geknüpft werden, entsteht ein flacher Strang.

Foto Seite 33

Nach links gerichteter Kreuzknoten

Zunächst den linken Arbeitsfaden (A) von den anderen Fäden trennen.

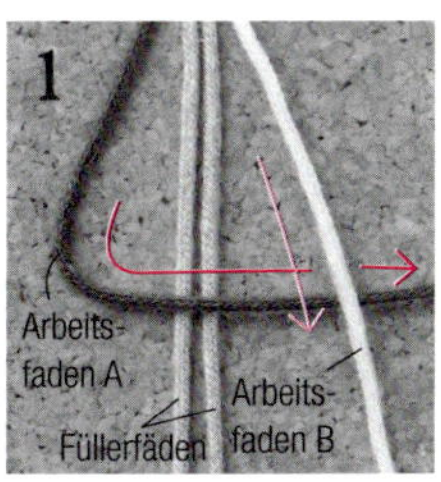

Faden A in einem Bogen über die Füllerfäden und unter Faden B legen.

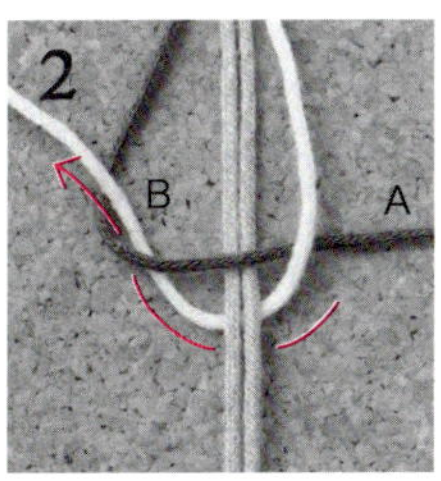

Faden B unter den Füllerfäden hindurch und durch die Schlinge von Faden A links führen.

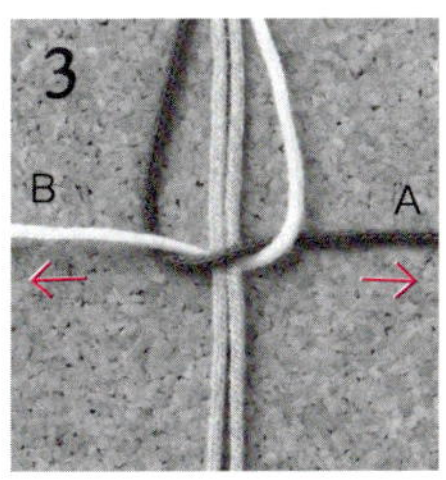

Die Fäden A und B nach rechts bzw. links ziehen. Jetzt ist ein halber Kreuzknoten fertig.

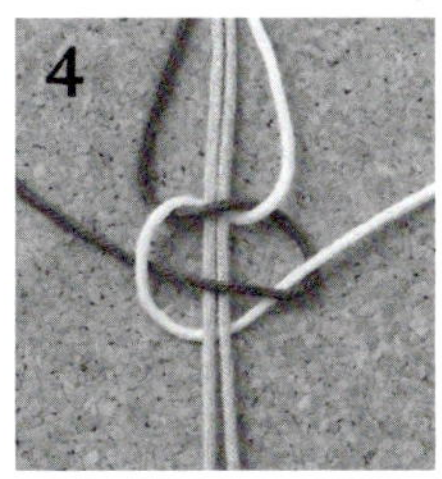

Schritt 1–3 wiederholen, jedoch die Fäden wie abgebildet andersherum führen.

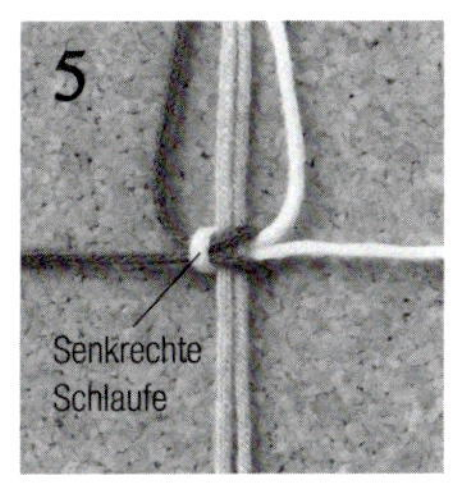

Den Knoten festziehen. Faden B bildet eine senkrechte Schlaufe an der linken Kante des Strangs.

Nach rechts gerichteter Kreuzknoten

Zunächst trennst du den rechten Arbeitsfaden (B) von den anderen Fäden.

1

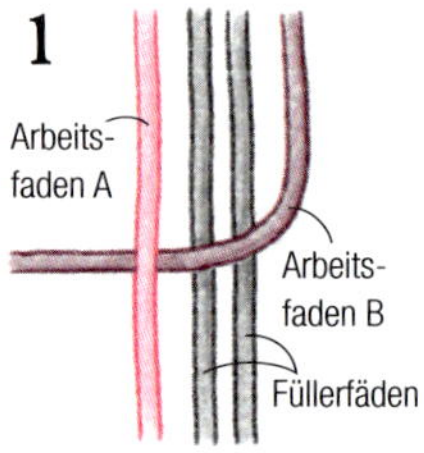

Faden B in einem Bogen über die Füllerfäden und unter Faden A legen.

2

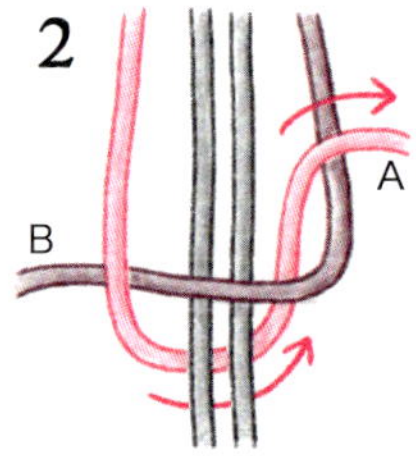

Faden A unter den Füllerfäden hindurch und durch die Schlinge von Faden B rechts führen.

3

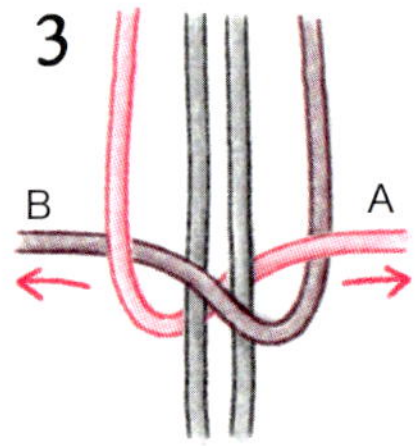

Die Fäden A und B nach rechts bzw. links ziehen. Jetzt ist ein halber Kreuzknoten fertig.

4

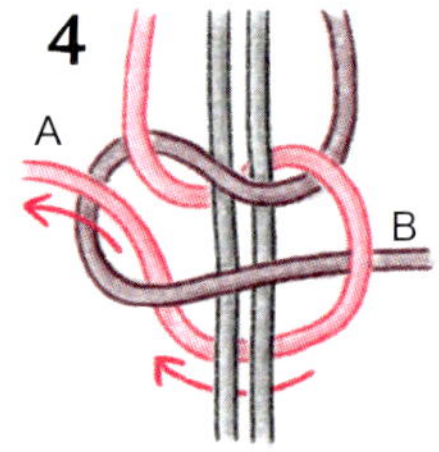

Schritt 1–3 wiederholen, jedoch die Fäden wie abgebildet andersherum führen.

5

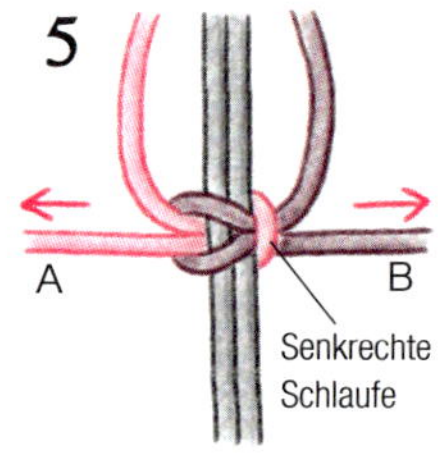

Den Knoten festziehen. Faden A bildet eine senkrechte Schlaufe an der rechten Kante des Strangs.

Tipp 1

Welcher Faden ist als nächster dran?

Egal, ob du mit einem nach links oder rechts gerichteten Kreuzknoten beginnst, in jeder Reihe aus Kreuzknoten entstehen senkrechte Schlaufen an beiden Kanten des Strangs. Da kannst du leicht vergessen, ob du gerade die erste oder zweite Hälfte deines Knotens geknüpft hast und welcher Faden als nächster dran ist. Hier ist eine kleine Eselsbrücke: Der Faden, der unter der letzten senkrechten Schlaufe herauskommt, muss als nächstes im Bogen über die Füllerfäden gelegt werden.

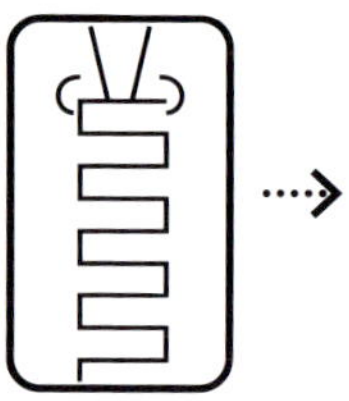

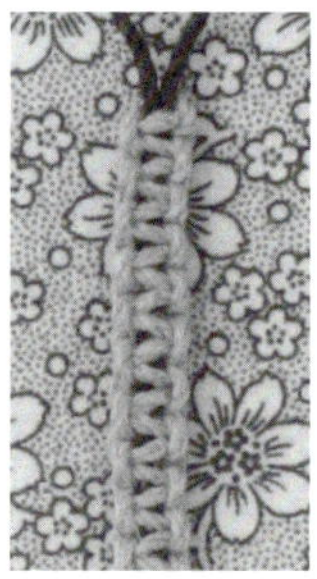

Tipp 2

Auch die Rückseite des Kreuzknotenstrangs soll gut aussehen

Bei Kreuzknotensträngen sehen die Vorder- und die Rückseite gleich aus, doch wenn die Arbeitsfäden verschiedene Farben haben, bildet einer die senkrechten Schlaufen an der Kante und der andere die Querfäden; auf der Rückseite ist dies genau umgekehrt. Das Foto zeigt die Rückseite von Strang b) auf S. 33.

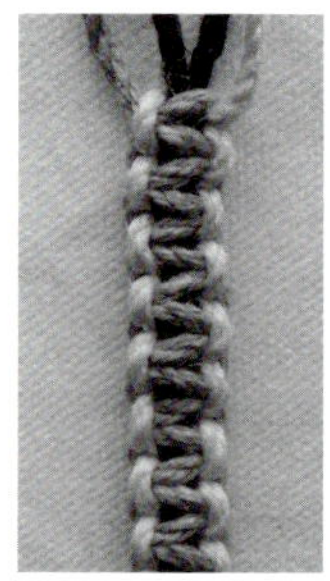

06 Versetzte Kreuzknoten

Dieses Muster wird aus 6 Fäden geknüpft, die nach jedem fertigen Knoten anders gruppiert werden. Aus den 4 linken Fäden werden nach links gerichtete Kreuzknoten geknüpft und aus den 4 rechten Fäden nach rechts gerichtete. Wenn die Fäden A und B verschiedene Farben haben, entsteht ein Muster wie in Beispiel d) auf S. 33.

Foto Seite 33

1

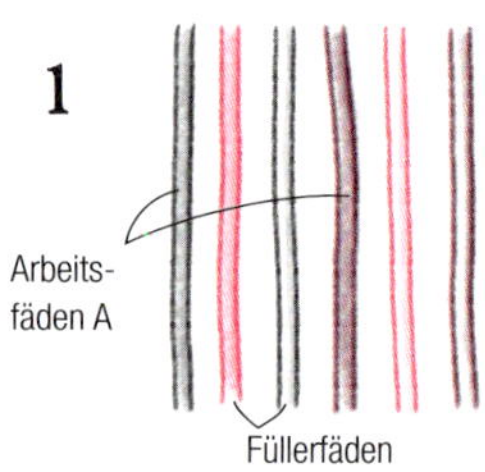

Mit den 4 linken Fäden beginnen. Die beiden mittleren Fäden sind die Füllerfäden, die beiden äußeren Fäden sind die Arbeitsfäden (A).

2

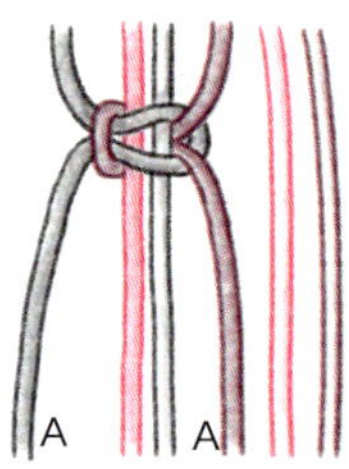

Einen nach links gerichteten Kreuzknoten mit den Fäden A knüpfen (siehe oben).

3

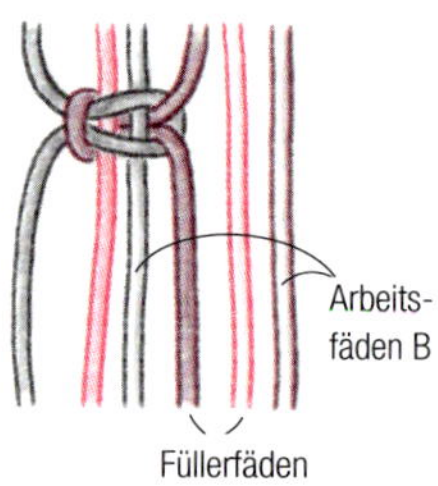

Weiter mit den 4 rechten Fäden, dabei sind die beiden mittleren Fäden die Füllerfäden, und die äußeren beiden Fäden die Arbeitsfäden (B).

4

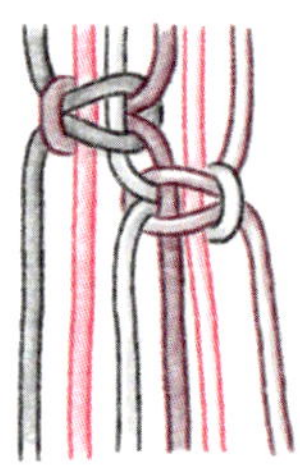

Einen nach rechts gerichteten Kreuzknoten mit den B-Fäden knüpfen. Ein Muster-Rapport ist fertig geknüpft. Diese 4 Schritte wiederholen.

(07) Spirale aus Rippenknoten

(08) Strang aus versetzten Rippenknoten

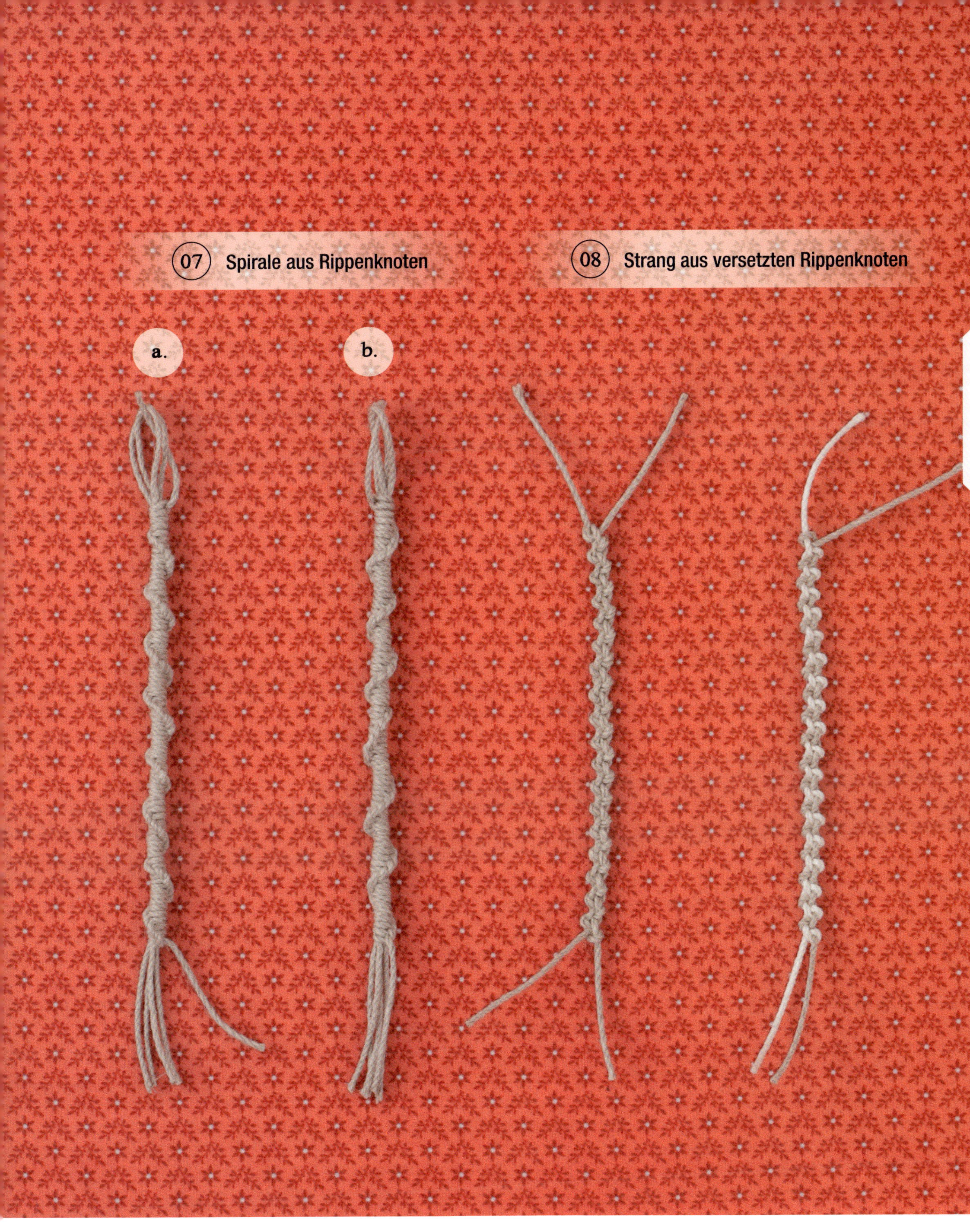

(07) **a)** Ein einfacher Knoten mit nur einem einzigen Arbeitsfaden. Wenn du den Arbeitsfaden von links knüpfst, entsteht eine Spirale aus nach links gerichteten Rippenknoten wie unter **a)**. Wenn du von rechts knüpfst, entsteht eine Spirale aus nach rechts gerichteten Rippenknoten wie unter **b)**.

(08) Ein deutlich strukturierter Strang aus 2 Fäden, die abwechselnd Füllerfaden und Arbeitsfaden sind. Nach links gerichtete Knoten, die mit einem Faden geknüpft werden, wechseln sich mit nach rechts gerichteten Knoten ab, die mit dem anderen Faden geknüpft werden.

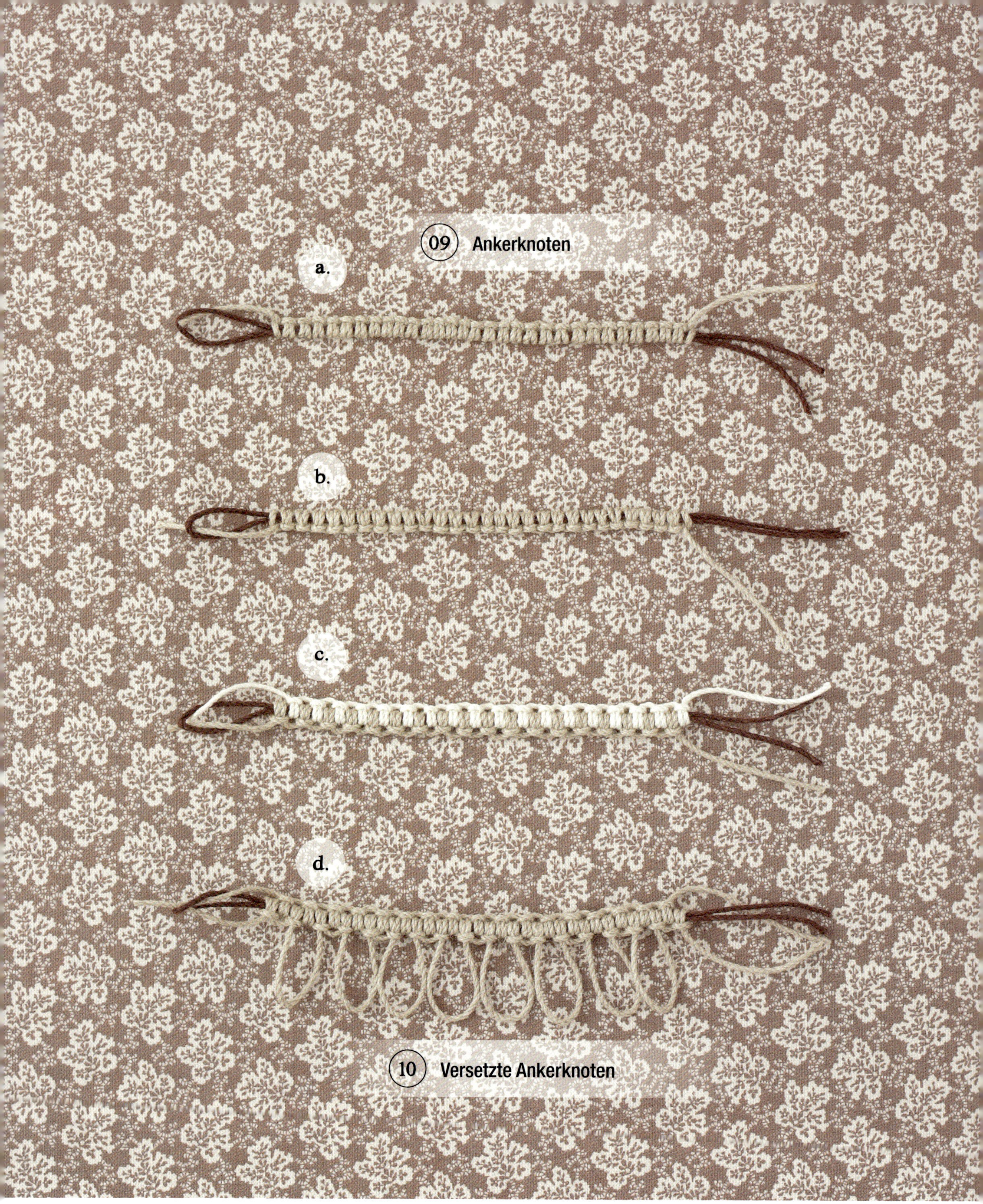

(09) **a)** Bei diesem Strang aus nach rechts gerichteten Ankerknoten entsteht eine senkrechte „Schlaufe“ an der rechten Kante.
b) Bei diesem Strang aus nach links gerichteten Ankerknoten entsteht eine senkrechte „Schlaufe“ an der linken Kante.

(10) **c)** Versetzte Ankerknoten, abwechselnd nach rechts und nach links gerichtet.
d) Versetzte Ankerknoten, abwechselnd nach rechts und nach links gerichtet, mit Picots an einer Seite.

07 Spirale aus Rippenknoten

Diese einfachen, direkt nebeneinander liegenden Knoten, die mit einem einzigen Arbeitsfaden um einen Füllerfaden (oder mehrere Füllerfäden) geknüpft werden, ergeben eine Spirale, da alle Knoten gleich ausgerichtet sind.

Foto Seite 37

Nach links gerichteter Rippenknoten

Der Arbeitsfaden wird über und dann von links unter die Füllerfäden geführt, sodass sich eine Kante spiralförmig gegen den Uhrzeigersinn um den Strang schraubt.

1

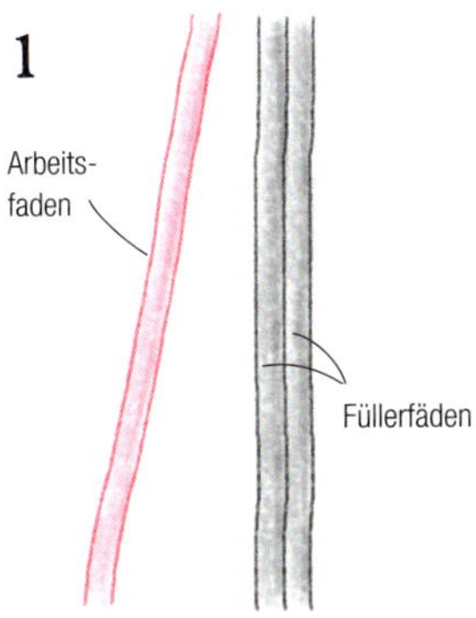

Der Arbeitsfaden muss 4–5 mal so lang sein wie der gewünschte fertige Strang, und er liegt links von den Füllerfäden.

2

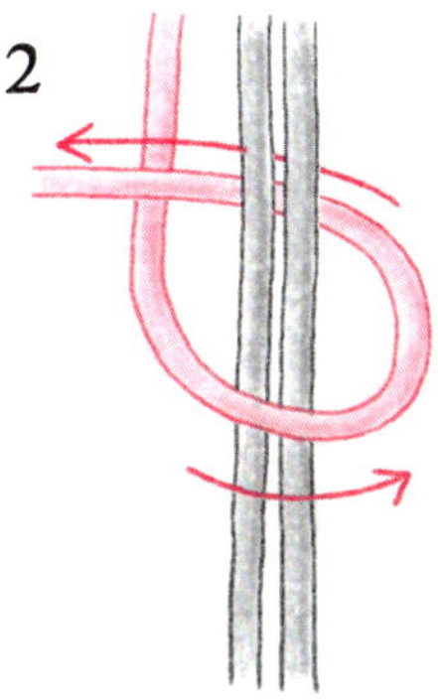

Den Arbeitsfaden erst über und dann unter die Füllerfäden legen; anschließend durch die Schlinge links führen.

3

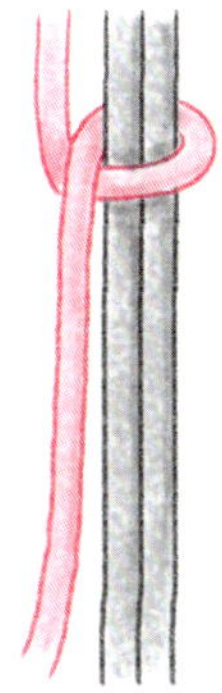

Das Ende des Arbeitsfadens nach unten ziehen, um den nach links gerichteten Rippenknoten festzuziehen.

4

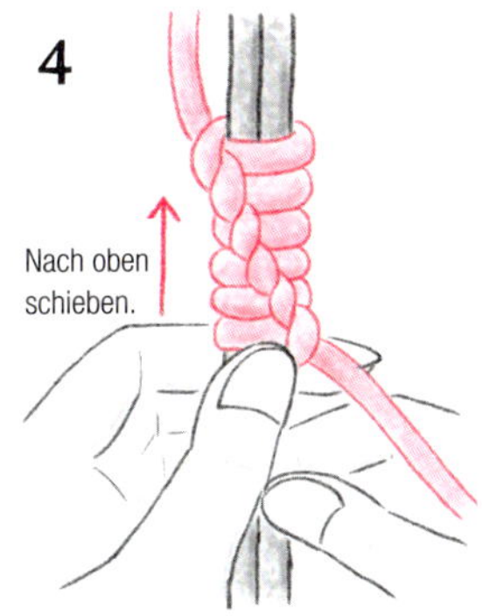

Sobald die Spirale aus Knoten ungefähr halb um die Füllerfäden reicht, die Knoten fest nach oben zusammenschieben.

Nach rechts gerichteter Rippenknoten

Der Arbeitsfaden wird über und dann von rechts unter die Füllerfäden geführt, sodass sich eine Kante spiralförmig im Uhrzeigersinn um den Strang schraubt.

1

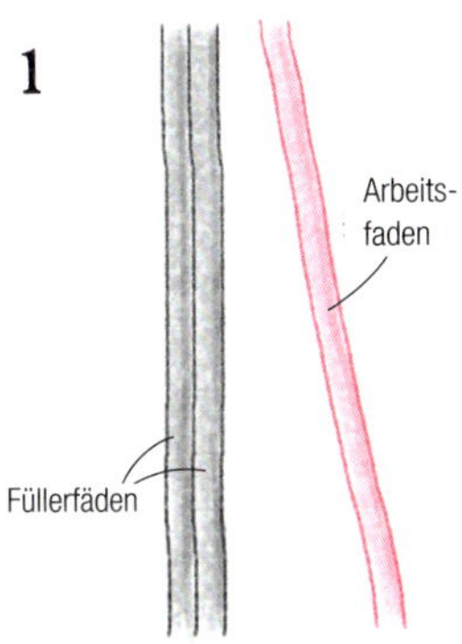

Der Arbeitsfaden muss 4–5 mal so lang sein wie der gewünschte fertige Strang, und er liegt rechts von den Füllerfäden.

2

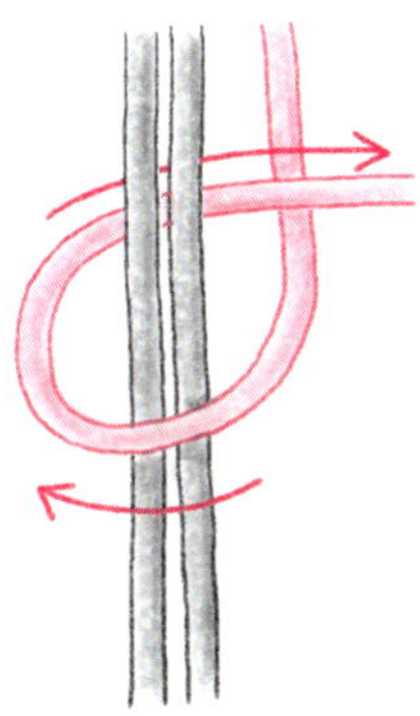

Den Arbeitsfaden erst über und dann unter die Füllerfäden legen; anschließend durch die Schlinge rechts führen.

3

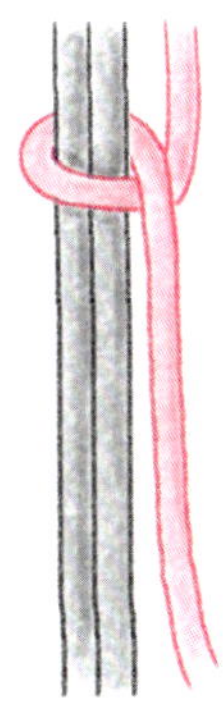

Das Ende des Arbeitsfadens nach unten ziehen, um den nach rechts gerichteten Rippenknoten festzuziehen.

4

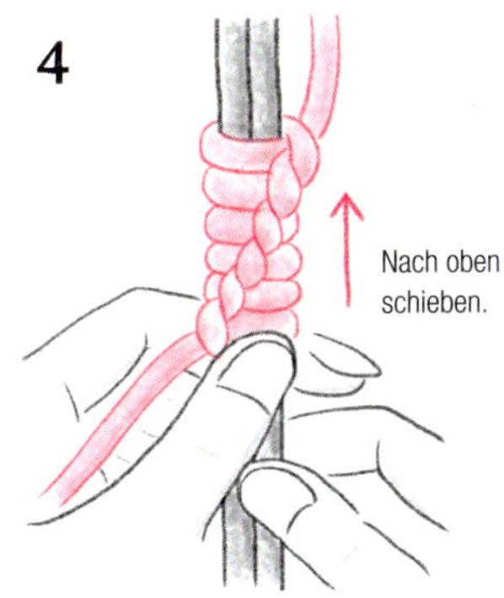

Sobald die Spirale aus Knoten ungefähr halb um die Füllerfäden reicht, die Knoten fest nach oben zusammenschieben.

08 Strang aus versetzten Rippenknoten

Dieser einfach strukturierte Rippenknoten-Strang besteht aus 2 Fäden, die abwechselnd Arbeitsfaden und Füllerfaden sind.

Foto Seite 37

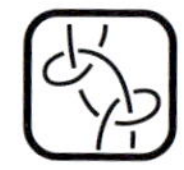

1

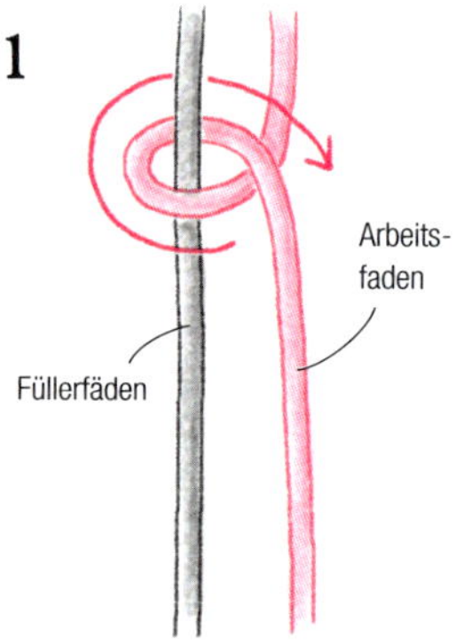

2

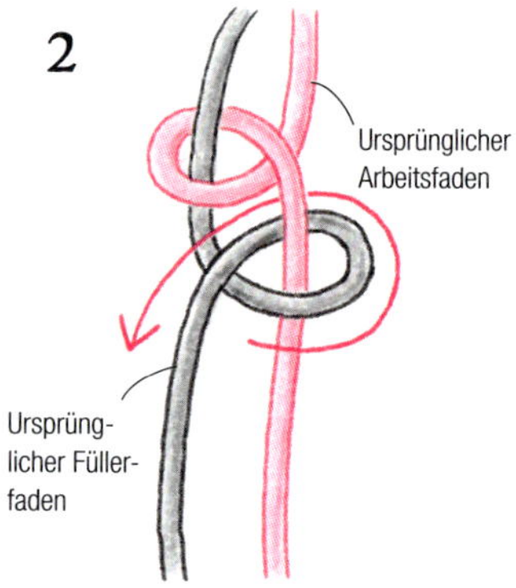

3

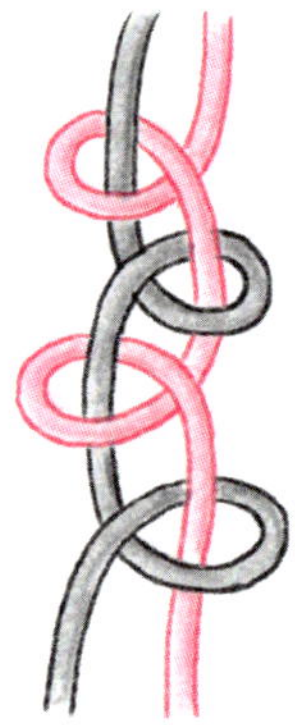

Zu Anfang ist der linke Faden der Füllerfaden. Mit dem rechten Faden einen nach rechts gerichteten Rippenknoten um den Füllerfaden knüpfen.

Jetzt mit dem ursprünglichen Füllerfaden einen nach links gerichteten Rippenknoten um den ursprünglichen Arbeitsfaden knüpfen.

Ein Muster-Rapport ist fertig geknüpft. Schritt 1 und 2 wiederholen, bis der Strang die gewünschte Länge hat.

Tipp

Das Symbol gibt an, in welche Richtung der erste Knoten zeigen soll.

In den Anleitungen links und im Symbol oben beginnt der Strang aus versetzten Rippenknoten an der rechten Seite mit einem nach rechts gerichteten Rippenknoten. Wenn du das unten abgebildete Symbol siehst, musst du an der linken Seite beginnen.

Symbol für einen Strang aus versetzten Rippenknoten, links beginnend.

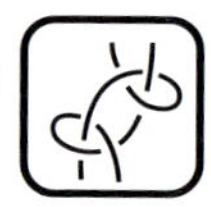

09 Senkrechte Ankerknoten

Senkrechte Ankerknoten werden manchmal auch als „doppelte Rippenknoten“ bezeichnet. Beachte, wie die senkrechte Schlaufe an der Kante mit beiden Enden des Arbeitsfadens abschließt.

Foto Seite 38

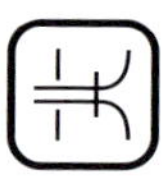

Senkrechter Ankerknoten, nach rechts gerichtet (a)

Der rechte Faden ist der Arbeitsfaden. Arbeite nach unten und setze jeden Knoten direkt unter den vorherigen.

1

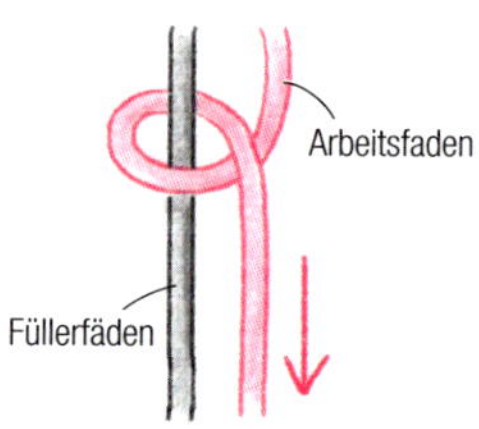

2

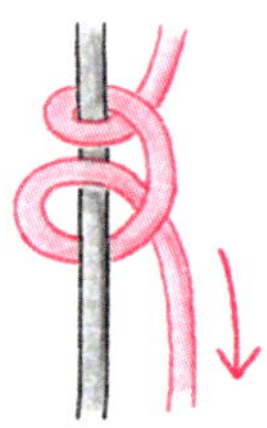

3

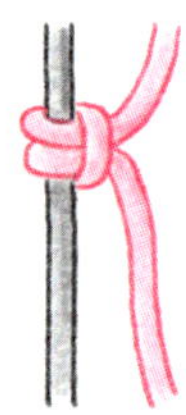

4

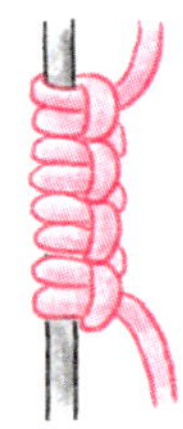

Den Arbeitsfaden erst über und dann unter den Füllerfaden legen; anschließend durch die Schlinge rechts führen.

Den Arbeitsfaden erst unter und dann über den Füllerfaden legen; anschließend durch die Schlinge rechts führen.

Den Arbeitsfaden festziehen und damit den Knoten fertigstellen.

Schritt 1–3 wiederholen, bis der Strang die gewünschte Länge hat.

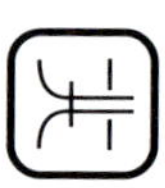

Senkrechter Ankerknoten, nach links gerichtet (b)

Der linke Faden ist der Arbeitsfaden. Arbeite nach unten und setze jeden Knoten direkt unter den vorherigen.

1

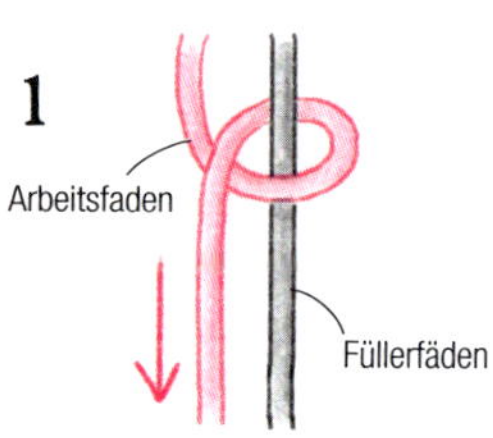

2

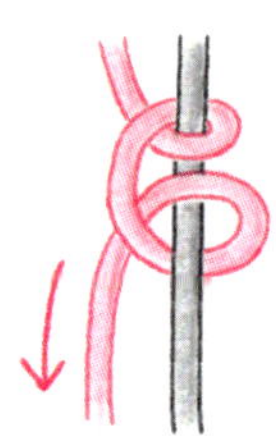

3

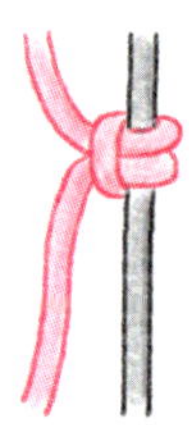

4

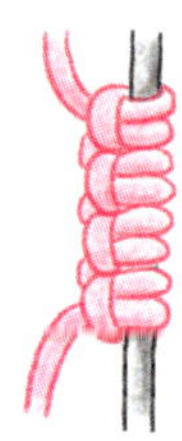

Den Arbeitsfaden erst über und dann unter den Füllerfaden legen; anschließend durch die Schlinge links führen.

Den Arbeitsfaden erst unter und dann über den Füllerfaden legen; anschließend durch die Schlinge links führen.

Den Arbeitsfaden festziehen und damit den Knoten fertigstellen.

Schritt 1–3 wiederholen, bis der Strang die gewünschte Länge hat.

(10) Versetzte Ankerknoten

Wenn du abwechselnd nach links und nach rechts gerichtete Ankerknoten knüpfst, entsteht eine Reihe aus kleinen senkrechten Schlaufen an beiden Seiten des Strangs.

Foto Seite 38

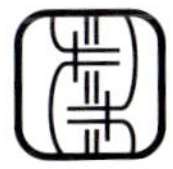

1

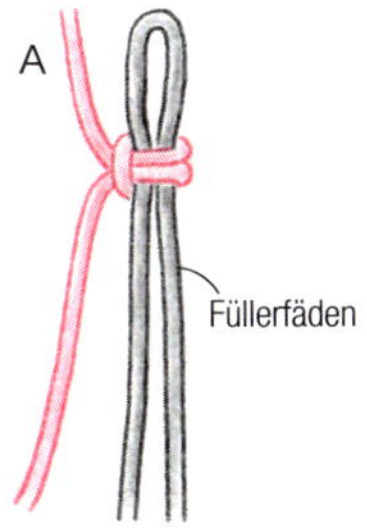

Mit Faden A einen nach links gerichteten Ankerknoten knüpfen.

2

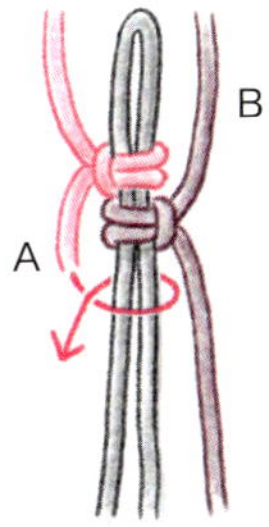

Mit Faden B einen nach rechts gerichteten Ankerknotenknüpfen. Danach mit Faden A direkt unter diesem Knoten einen weiteren nach links gerichteten Ankerknoten knüpfen.

3

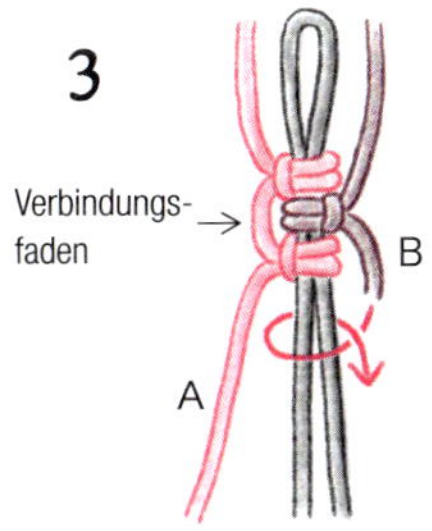

Der Verbindungsfaden A muss ganz flach liegen. Danach mit Faden B direkt unter diesem Knoten einen weiteren nach rechts gerichteten Ankerknotenknüpfen.

4

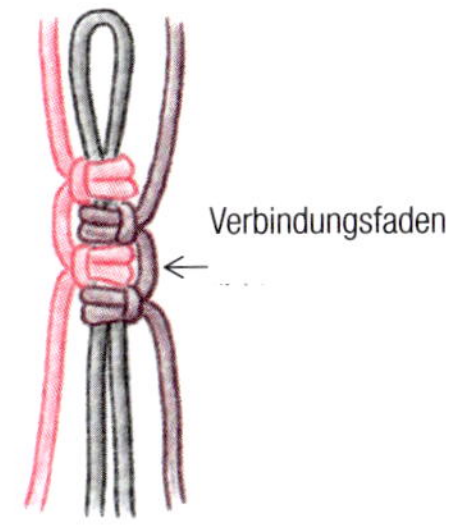

In dieser Reihenfolge weiterknüpfen und darauf achten, dass die Verbindungsfäden gleichmäßig eng an den Kanten anliegen.

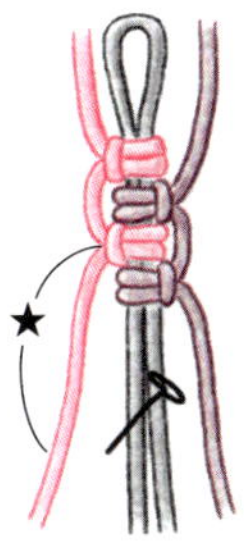

Den Faden mit einer Nadel so fixieren, dass der Faden doppelt so lang ist ★ wie der gewünschte Picot.

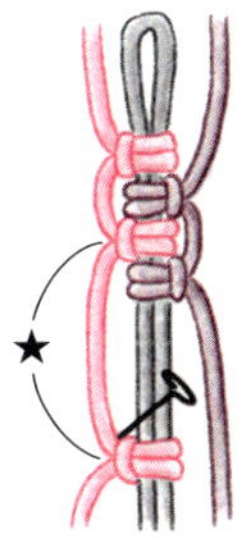

Einen nach links gerichteten Ankerknoten knüpfen.

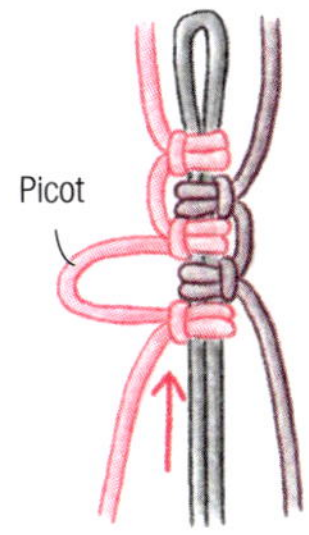

Die Nadel herausnehmen, die Füllerfäden festhalten und den Knoten nach oben schieben, sodass ein Picot entsteht.

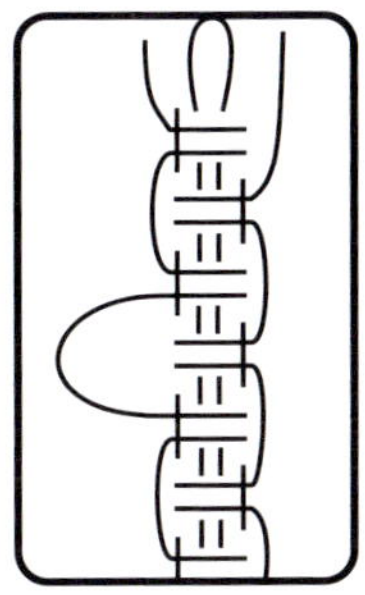

Versetzte Ankerknoten mit Picot an der linken Kante

Tipp

Knüpfe eine Kante mit kleinen Schlaufen (Picots)

Der Strang aus versetzten Ankerknoten, der unter **d)** auf S. 38 abgebildet ist, hat an einer Kante mehrere Schlaufen, die auch Picots genannt werden. Für ein Picot wird der Arbeitsfaden zwischen den Knoten (der in den Abbildungen oben als „Verbindungsfaden" bezeichnet wird) etwas länger und du schiebst den unteren Knoten fest nach oben, damit sich der Verbindungsfaden nach außen wölbt.

(11) Spiralknoten

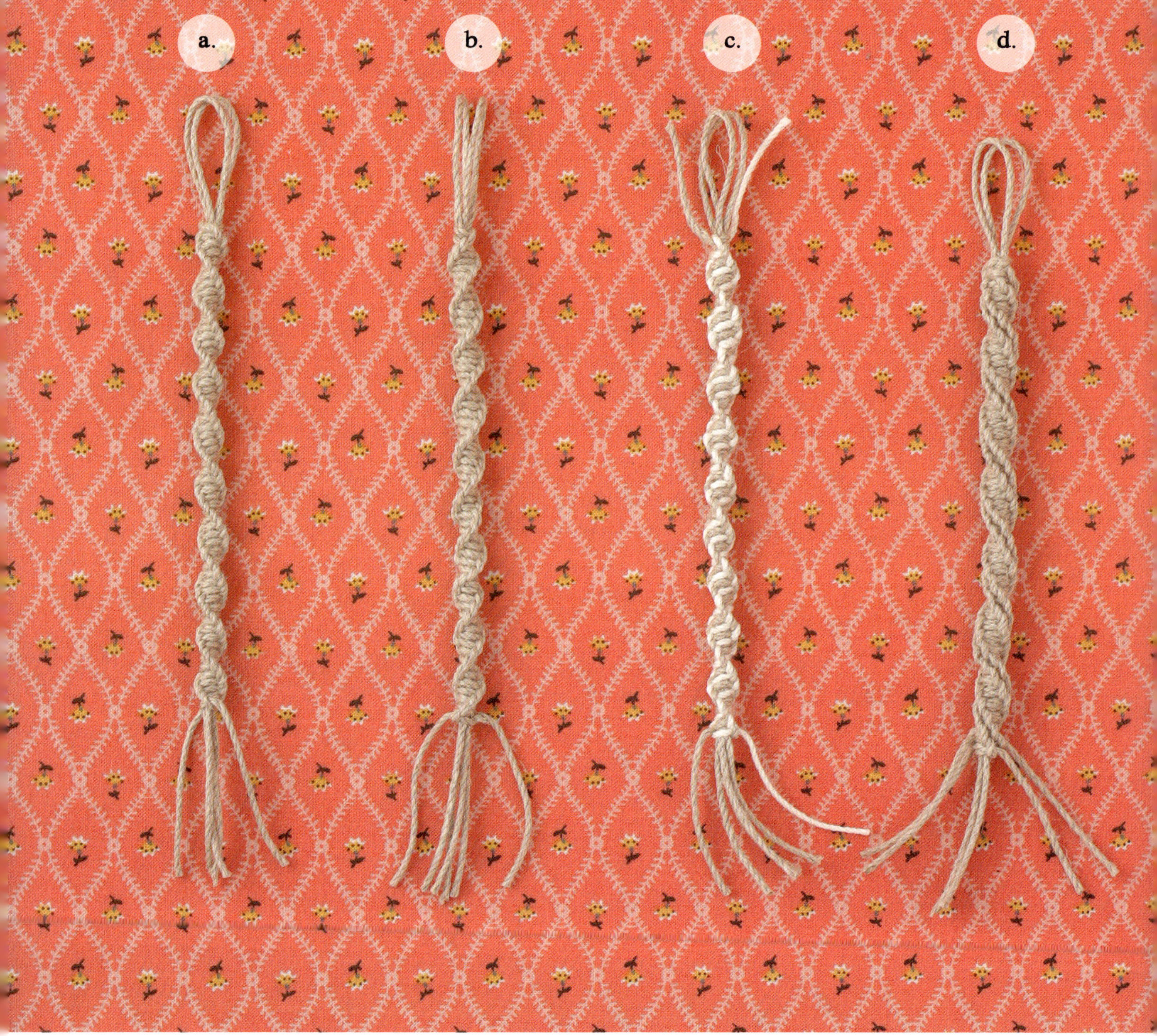

(11) **a)** Eine nach links gedrehte Spirale entsteht, wenn die erste Hälfte eines Kreuzknotens wiederholt geknüpft wird. **b)** Die nach rechts gedrehte Spirale entsteht aus der zweiten Hälfte eines Kreuzknotens. **c)** Arbeitsfäden in einer Kontrastfarbe lassen eine nach links gedrehte Spirale noch dekorativer wirken.

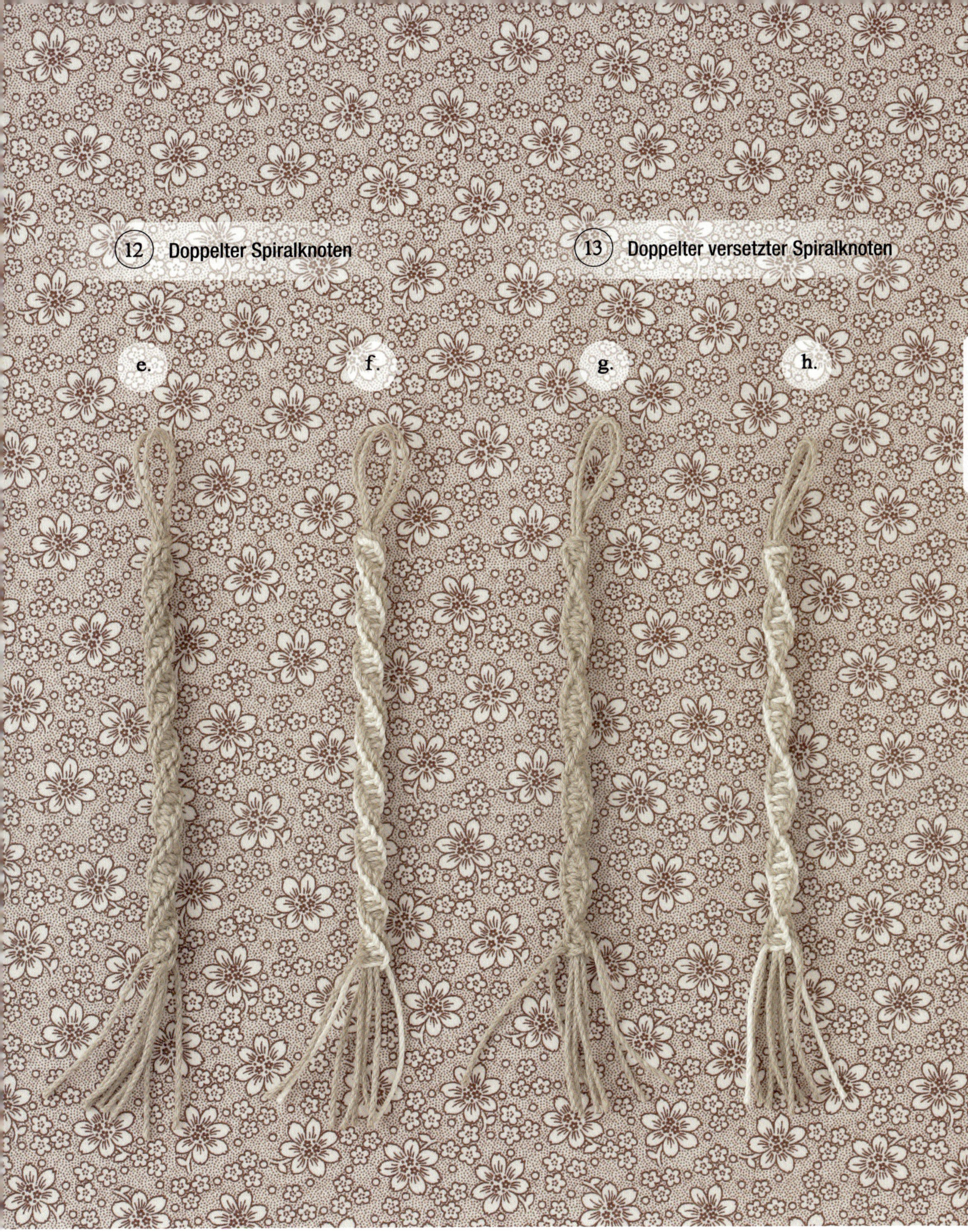

(12) Doppelte Spiralen werden mit 2 Arbeitsfäden geknüpft; **d)** nach links gedreht, **e)** nach rechts gedreht, **f)** mit Arbeitsfäden in Kontrastfarbe.

(13) **g)** Beim doppelt versetzten Spiralknoten, der aus nach links gedrehten und nach rechts gedrehten Spiralknoten geknüpft wird, bilden die Schlaufen an der Kante ein Rautenmuster. **h)** Mit Arbeitsfäden in Kontrastfarbe geknüpft.

11 Spiralknoten

Dieser verdrehte Strang entsteht, wenn nur eine Hälfte eines Kreuzknotens (→ S. 35) wiederholt geknüpft wird.

Foto Seite 42

Links gedrehter Spiralknoten

Wenn die erste Hälfte eines nach links gerichteten Kreuzknotens wiederholt geknüpft wird, ragen die senkrechten „Schlaufen“ des Knotens ein wenig hervor und bilden eine Spirale, die sich gegen den Uhrzeigersinn nach unten schraubt.

1

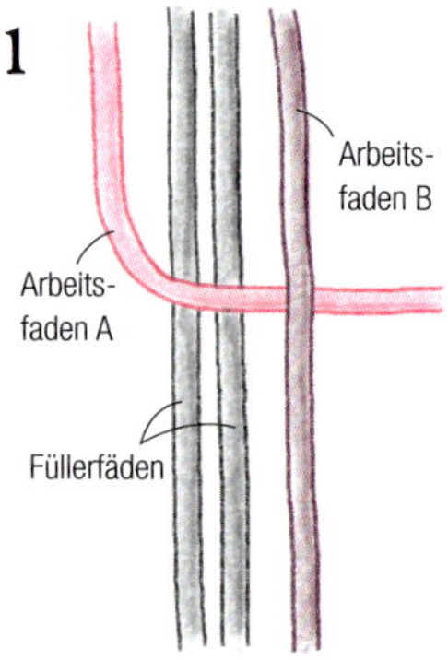

Faden A in einem Bogen über die Füllerfäden und unter Faden B legen.

2

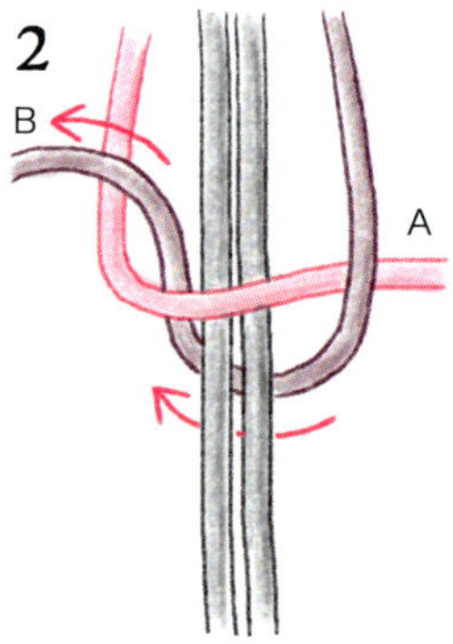

Faden B unter die Füllerfäden und durch die Schlinge von Faden A links führen.

3

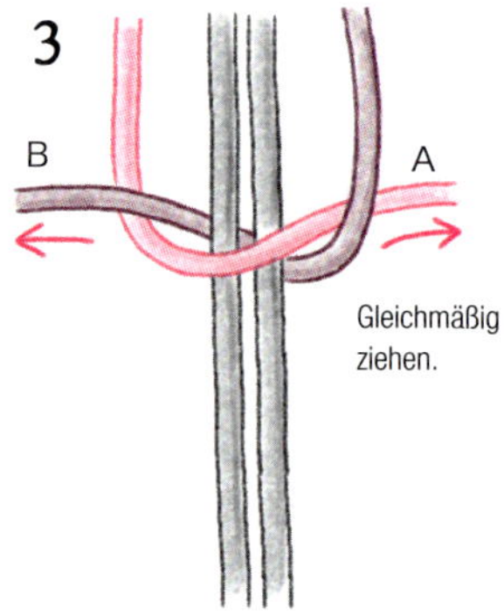

Die Fäden A und B nach rechts bzw. links ziehen. Ein Spiralknoten ist fertig.

4

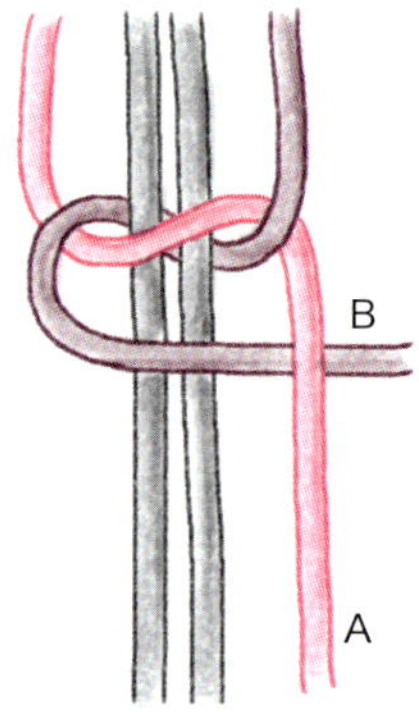

Faden B in einem Bogen über die Füllerfäden und unter Faden A legen.

5

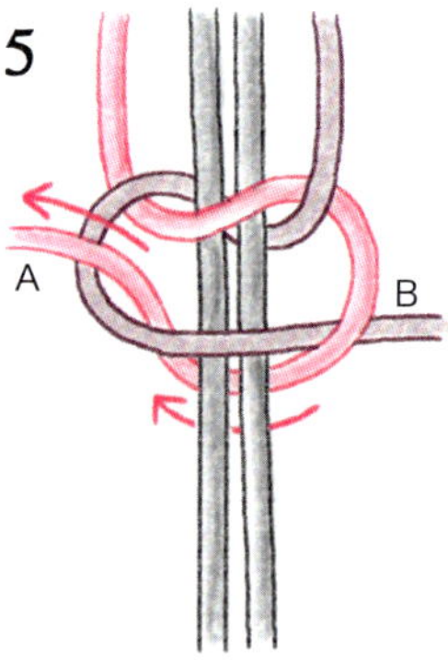

Faden A unter den Füllerfäden und durch die Schlinge von Faden B links führen.

6

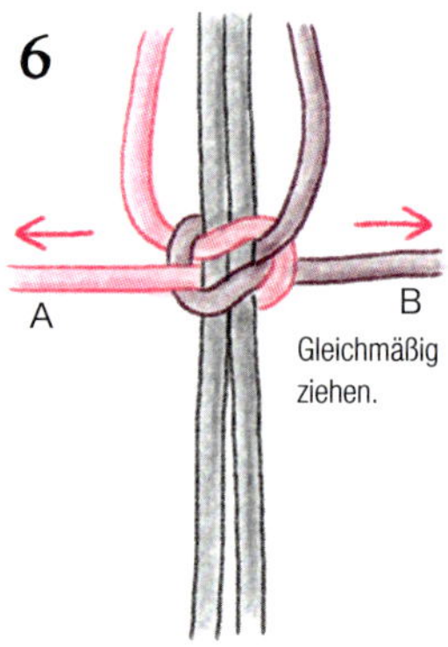

Die Fäden B und A nach rechts bzw. links ziehen. Der zweite Spiralknoten ist fertig.

7

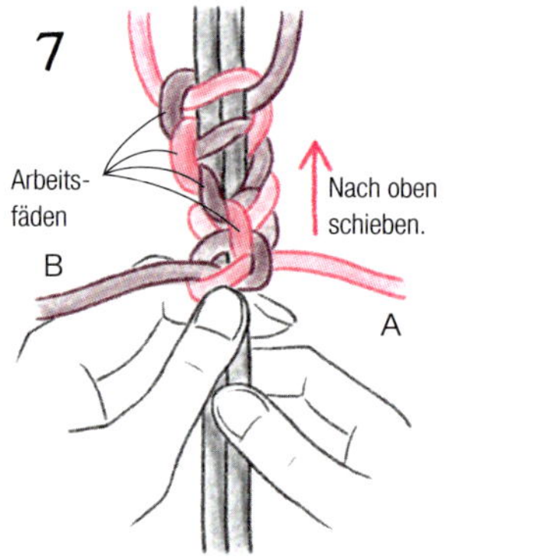

Schritt 1–6 wiederholen, bis der Strang die gewünschte Länge hat. Während die Spirale länger wird, darf sie sich verdrehen – der linke und rechte Arbeitsfaden wechseln automatisch ihre Position. Sobald mehrere Knoten geknüpft sind, diese fest nach oben schieben.

Tipp

Drehe die Arbeit, nicht den Kopf.

Dieser Knoten funktioniert von beiden Seiten, also kannst du weiterhin „links über rechts“ arbeiten, wenn sich die Arbeit dreht und die Fäden ihre Positionen tauschen – und die Arbeit wird gleichmäßiger, wenn du sie sich drehen lässt.

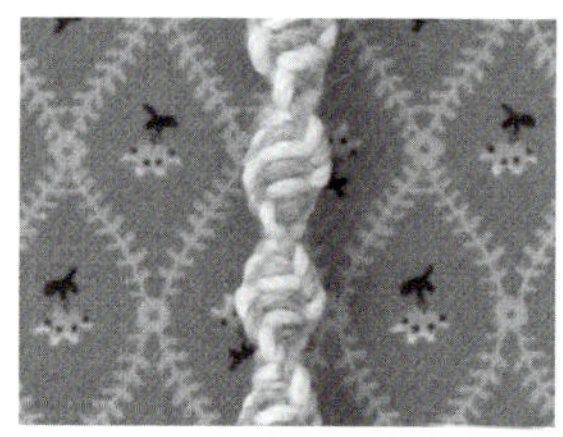

Rechts gedrehter Spiralknoten

Ähnlich wie der links gedrehte Spiralknoten wird dieser Knoten aus der ersten Hälfte des nach rechts gerichteten Kreuzknotens geknüpft und ergibt eine Spirale, die sich gegen den Uhrzeigersinn nach unten schraubt.

1

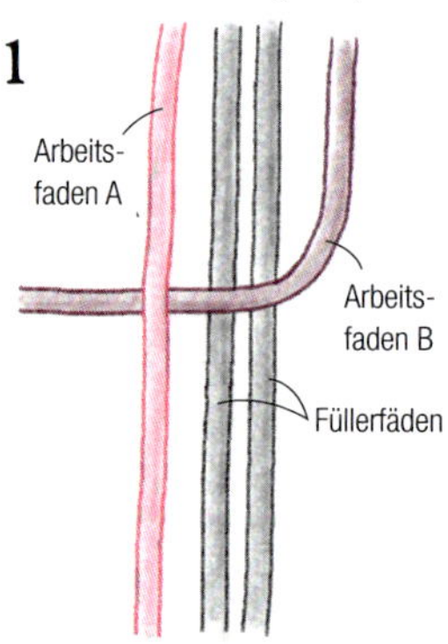

Faden B in einem Bogen über die Füllerfäden und unter Faden A legen.

2

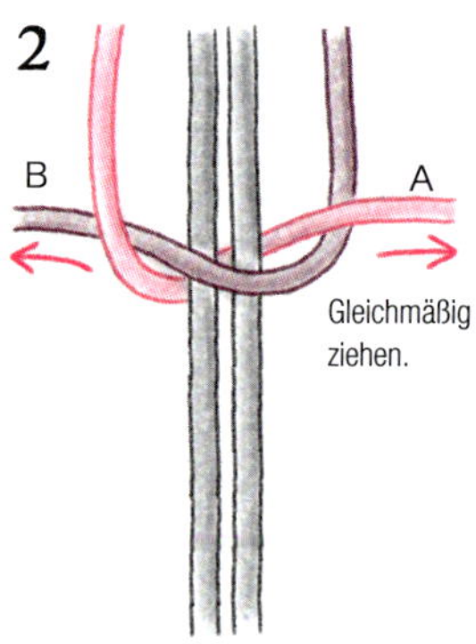

Faden A unter den Füllerfäden und durch die Schlinge von Faden B rechts führen. Fäden A und B gleichmäßig nach außen ziehen.

3

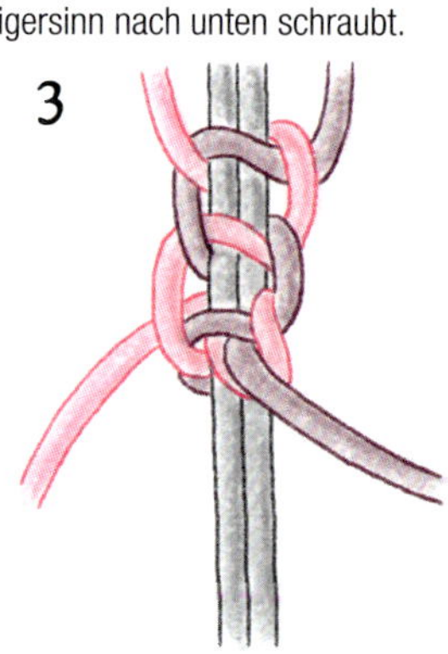

Schritt 1 und 2 wiederholen (und nicht vergessen: die Buchstabenbezeichnungen der Fäden gelten nach einem Flechtvorgang nicht mehr).

4

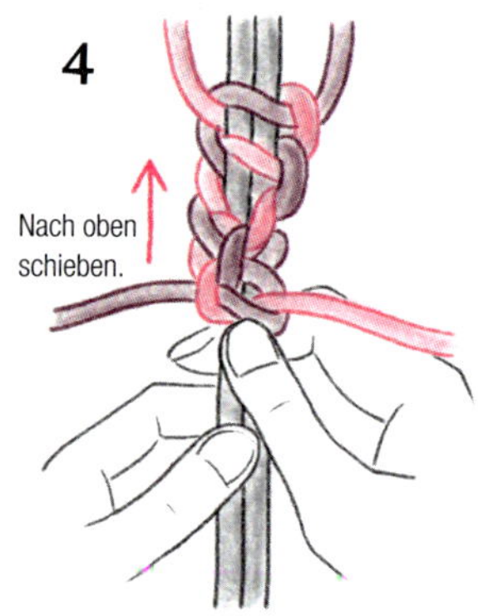

Während die Spirale länger wird, darf sie sich drehen – der linke und rechte Arbeitsfaden wechseln automatisch ihre Position (siehe Tipp oben). Sobald mehrere Knoten geknüpft sind, diese fest nach oben schieben.

(12) Doppelter links gedrehter Spiralknoten

Für diesen Knoten brauchst du 2 Paare Arbeitsfäden, mit denen du abwechselnd Spiralknoten knüpfst – zuerst mit dem ersten, dann mit dem zweiten Fadenpaar.

Foto Seite 42

1

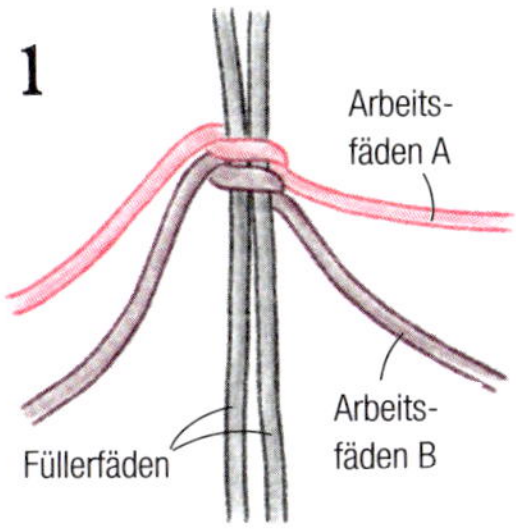

Faden A in der Mitte mit einem Überhandknoten an den Füllerfäden befestigen; ebenso Faden B befestigen. Die Knoten werden unter den Füllerfäden geknüpft.

2

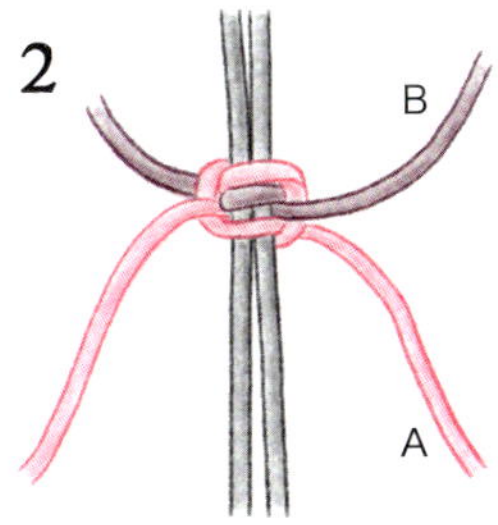

Faden B nach oben aus dem Weg legen, das rechte Ende vor Faden A und das linke Ende unter Faden A. Anschließend mit Faden A einen links gedrehten Spiralknoten knüpfen (→ S. 44).

3

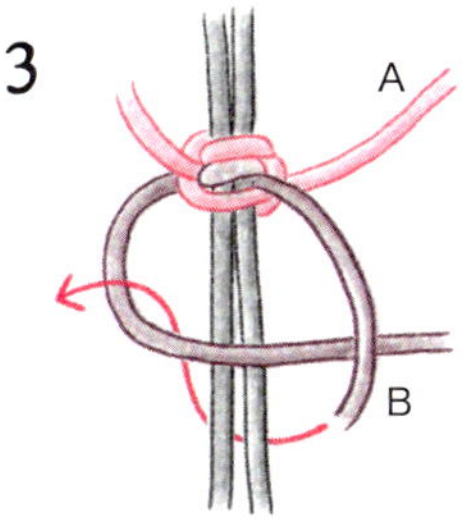

Schritt 2 wiederholen, jedoch Faden A nach oben aus dem Weg legen und den Knoten mit Faden B knüpfen.

4

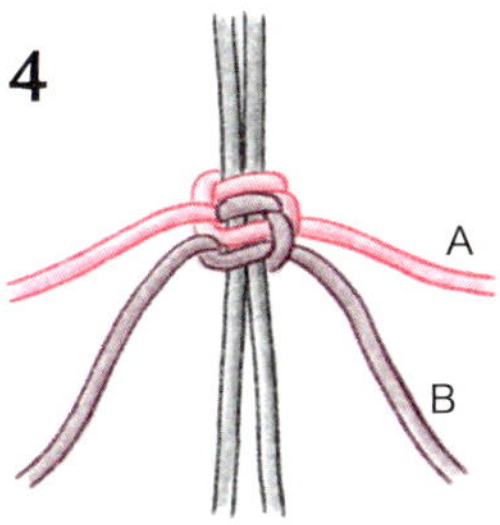

Ein doppelter Spiralknoten ist fertig. Schritt 2 und 3 wiederholen, bis der Strang die gewünschte Länge hat; beim Knüpfen darf sich die Arbeit verdrehen.

5

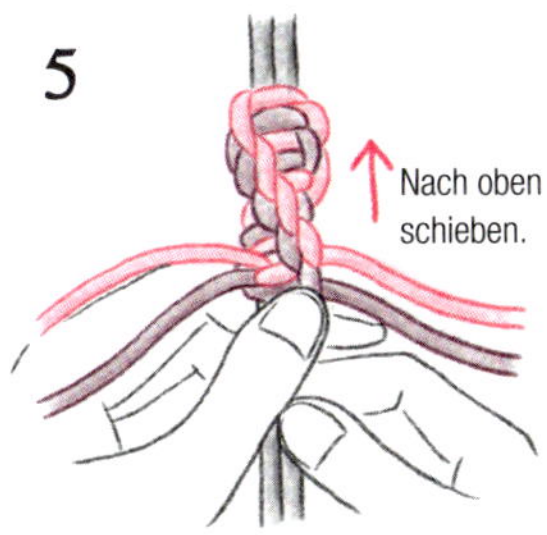

Nach 4 oder 5 doppelten Spiralknoten die Füllerfäden festhalten und die Knoten fest nach oben schieben.

Tipp

2 Farben ergeben ein spannenderes Muster

Strang **f)** auf S. 43 besteht aus doppelten Spiralknoten, wobei jedes Paar Arbeitsfäden eine andere Farbe hat. Das wirkt ausgesprochen hübsch und viel spannender, das Muster kommt besser zur Geltung. Zudem kannst du dir leichter merken, welcher Faden als nächster geknüpft werden muss, wenn die Fäden unterschiedlich Farben haben.

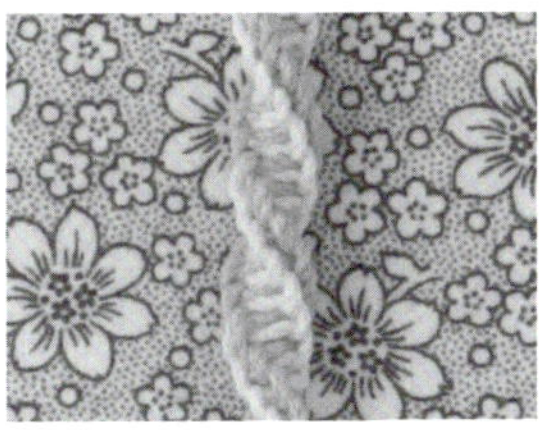

Doppelter rechts gedrehter Spiralknoten

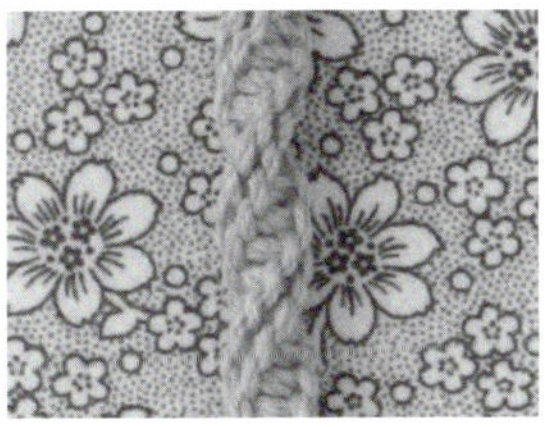

Damit sich der Strang gegen den Uhrzeigersinn dreht, arbeite nach den beschriebenen Schritten, knüpfe jedoch rechts gedrehte Spiralknoten (→ S. 44).

(13) Doppelter versetzter Spiralknoten

Für das Rautenmuster an diesem Strang knüpfst du abwechselnd rechts und links gedrehte Spiralknoten. So entsteht ein Muster aus 2 sich kreuzenden Spiralen.

Foto Seite 43

1

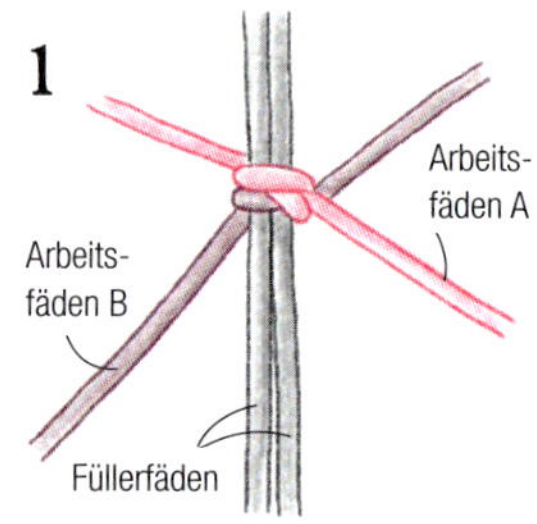

Die Arbeitsfäden A und B an den Füllerfäden befestigen. Lege die Fäden so, dass die beiden Arbeitsfäden diagonal liegen und ein X bilden.

2

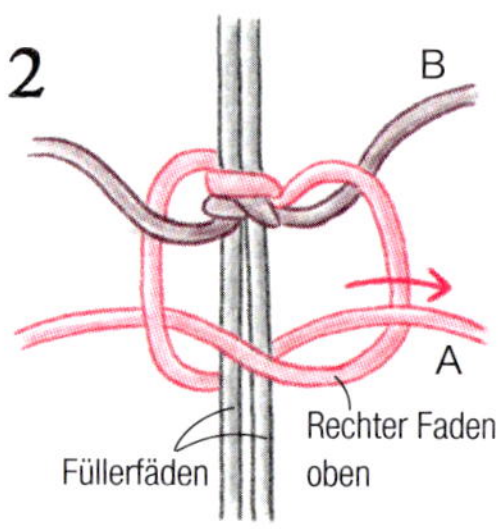

Einen rechts gedrehten Spiralknoten (→ S. 44) mit Faden A knüpfen.

3

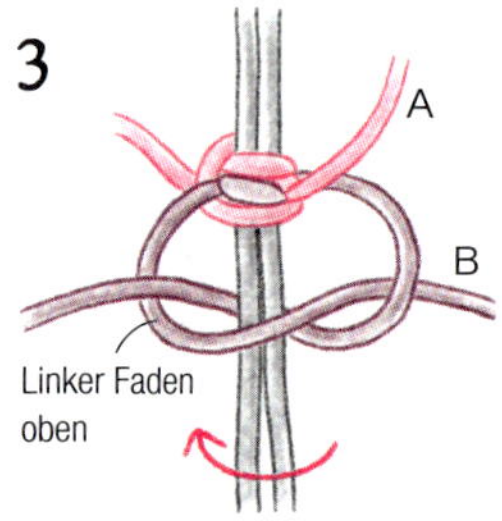

Den ganzen Knoten leicht nach links drehen und einen links gedrehten Spiralknoten mit Faden B knüpfen. Damit ist ein doppelter versetzter Spiralknoten fertig.

4

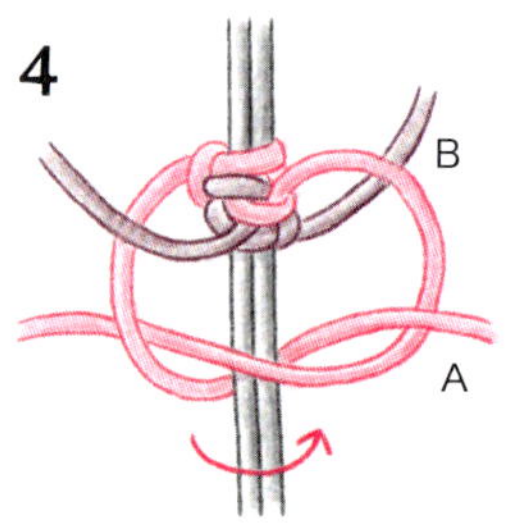

Den ganzen Knoten leicht nach rechts schieben und die Schritte 2 und 3 noch zwei Mal wiederholen. Die Fäden müssen genau so liegen wie abgebildet, wenn du von A zu B und wieder zu A wechselst.

5

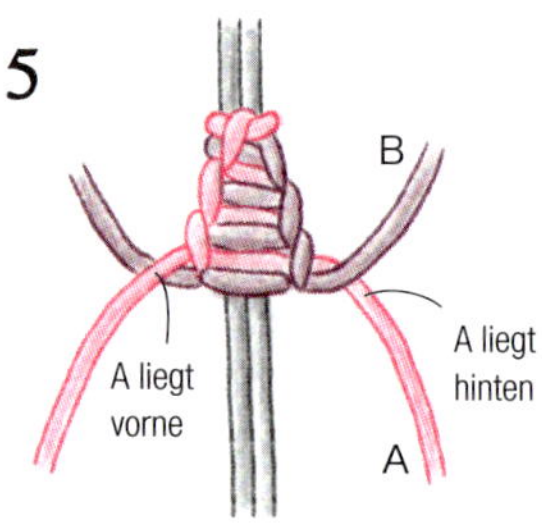

Wenn sich die Kantenschlaufen der Fäden A und B treffen (nach einem Knoten mit Faden B), muss sich die Arbeit drehen, bis die flache Seite nach vorne zeigt; die Ausrichtung der Fäden wie abgebildet ändern.

6

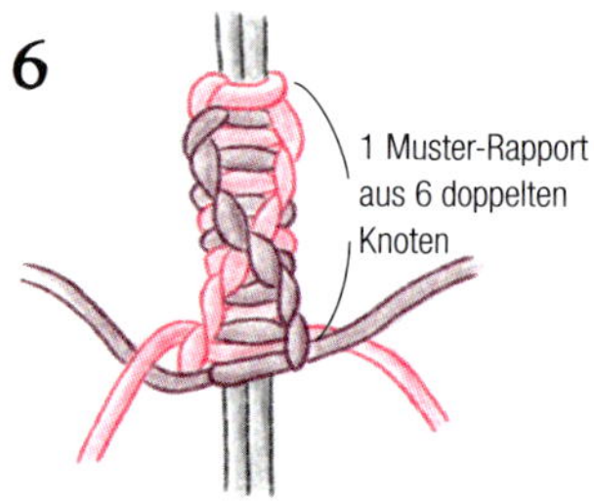

Jetzt Schritt 3 mit Faden A wiederholen und Schritt 2 mit B; zwei Mal wiederholen. Gelegentlich die Füllerfäden straff ziehen und die Knoten fest nach oben schieben. Schritte 2–6 wiederholen.

Tipp

3 vollständige doppelte Knoten abzählen

Damit die doppelten versetzten Spiralknoten einen gleichmäßigen Strang ergeben, müssen die Rauten ganz regelmäßig werden. Die Kantenschlaufen müssen sich abwechselnd an der Spitze oder am Seitenpunkt der Raute treffen, und zwar jedes Mal nach drei doppelten versetzten Spiralknoten. Am besten übst du diesen Strang mit Fäden in unterschiedlichen Farben!

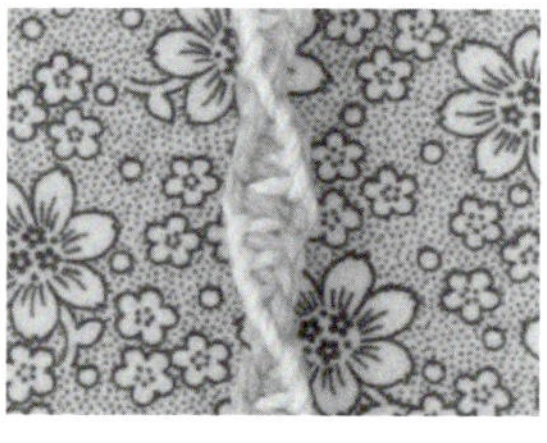

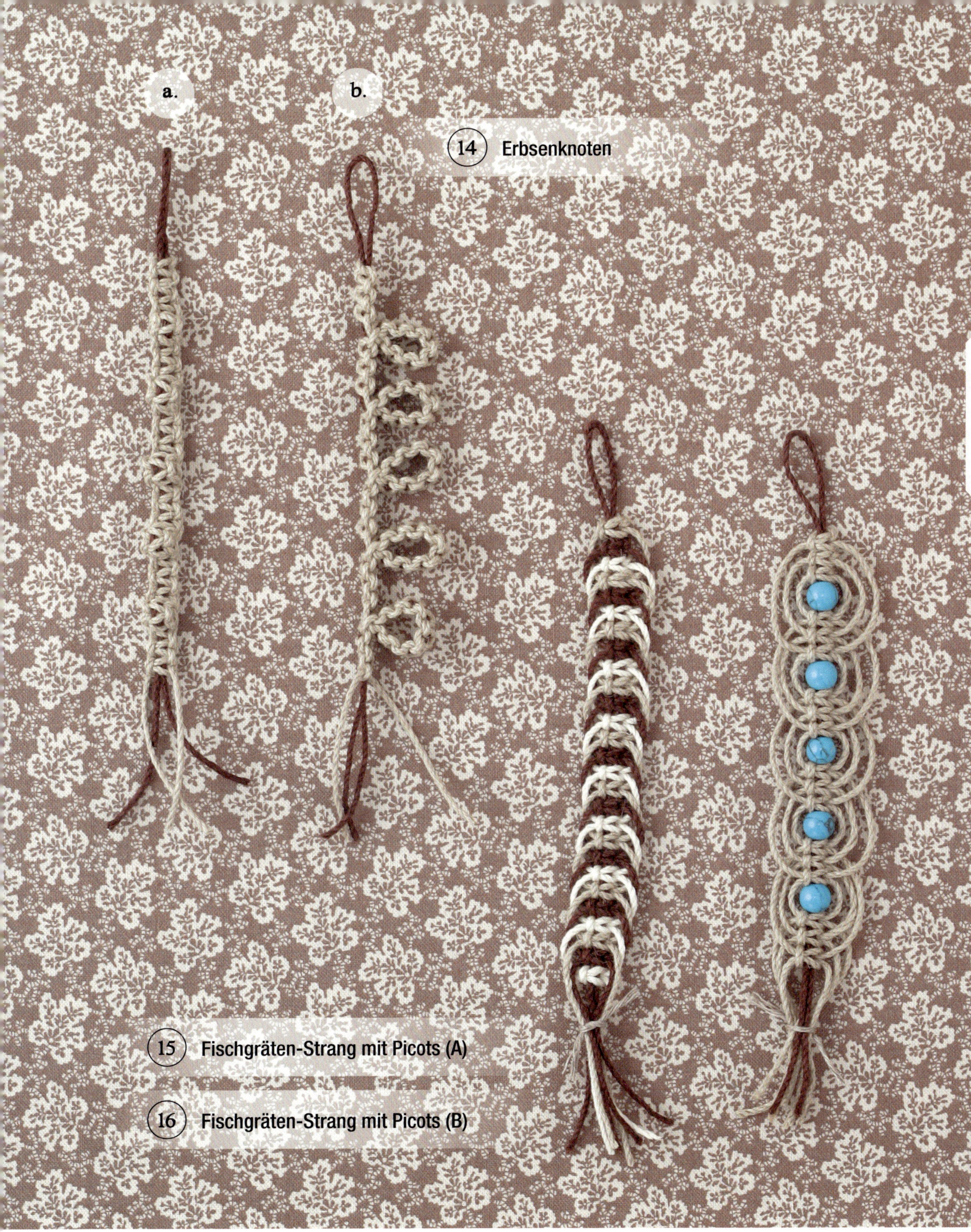

(14) **a)** Der Strang trägt in regelmäßigen Abständen kleine Knoten aus Kreuzknoten. Strang **b)**, hier im Profil, hat größere Schlaufen.

(15) und (16) sind Fischgräten-Stränge mit Picots, bei denen mehrere Arbeitsfäden in wiederholter Reihenfolge verknüpft werden, wobei die Arbeitsfäden stets eine halbrunde Schlaufe um den jeweils folgenden Knoten bilden.

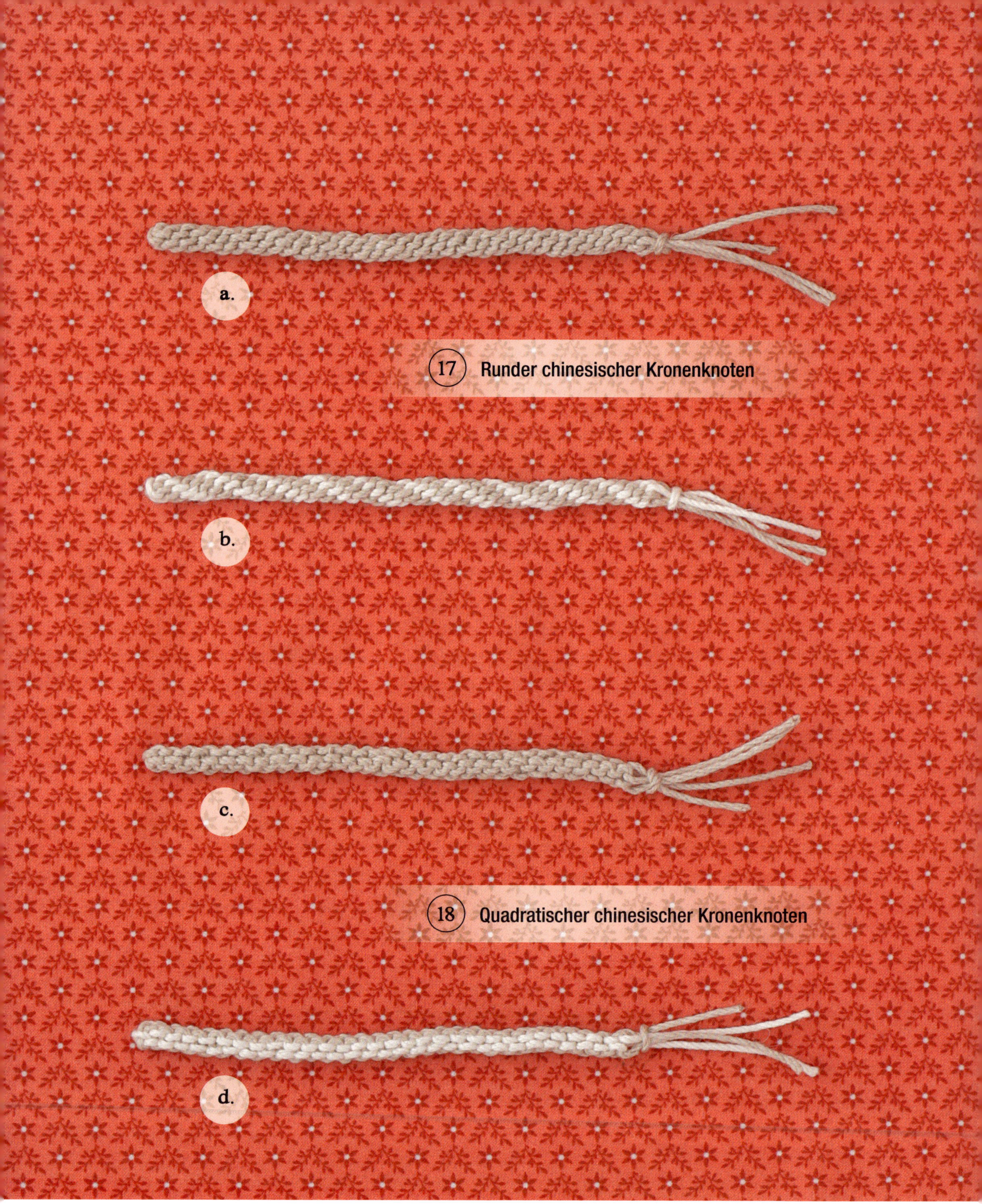

(17) Runde Schnüre wie **a)** und **b)** bestehen jeweils aus 4 Fäden. Wenn 2 Farben verwendet werden, wird der Strang diagonal gestreift.

(18) Eine kleine Veränderung beim Knüpfen führt zu einem quadratischen Strang wie bei **c)** und **d)**. Wenn hierbei 2 Farben verwendet werden, wird der Strang senkrecht gestreift.

14 Erbsenknoten

Die Vorderseite eines Strangs kannst du mit größeren Knoten verzieren: Beim Erbsenknoten werden mehrere Kreuzknoten geknüpft und aufgerollt. Anschließend wird mit den Fäden weitergearbeitet.

Foto Seite 47

1

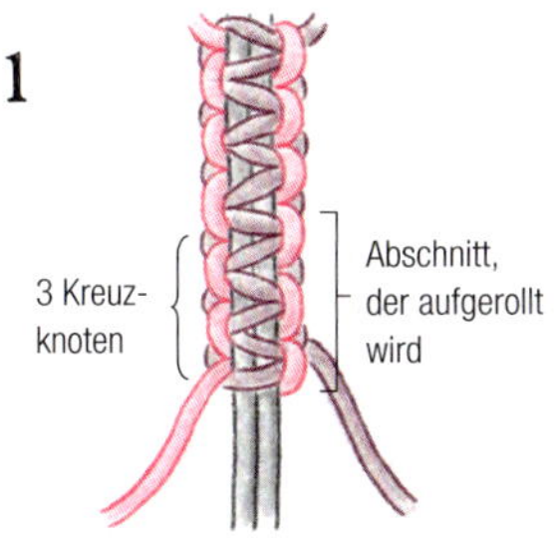

Drei Kreuzknoten unter der Stelle knüpfen, an der der Erbsenknoten sitzen soll (→ S. 35).

2

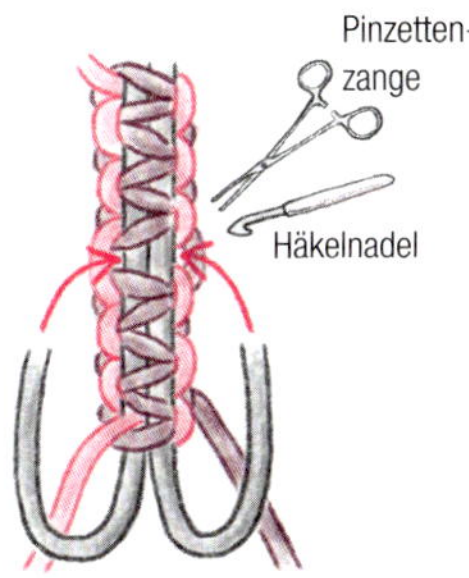

Die Enden der Füllerfäden nach oben führen und mit einer Pinzette und einer Häkelnadel wie abgebildet durch die Lücke zwischen den Füllerfäden und den Arbeitsfäden fädeln.

3

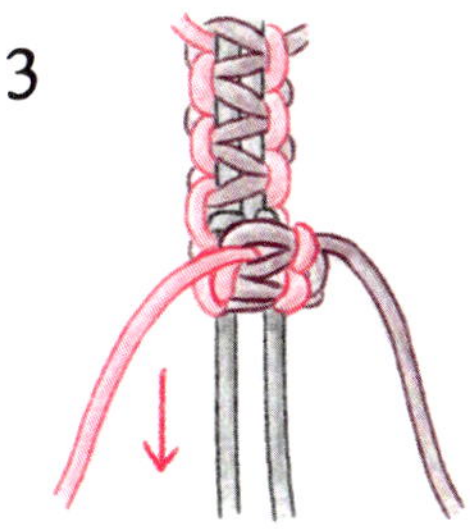

Die Füllerfäden nach unten ziehen, um den Abschnitt aus 3 Knoten aufzurollen.

4

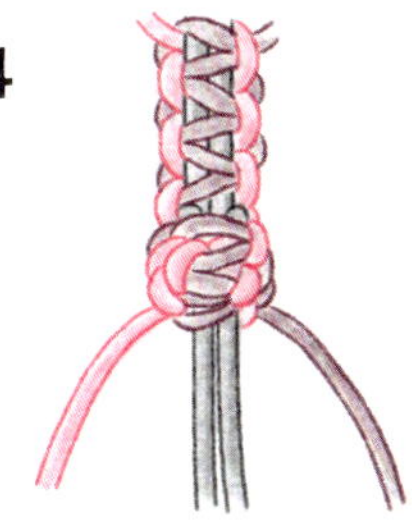

Unter dem Erbsenknoten einen weiteren Kreuzknoten knüpfen, um den Erbsenknoten zu sichern.

Tipp

Knüpfe eine Knotenschlinge aus mehreren Knoten

Damit auf der Vorderseite deiner Arbeit eine Knotenschlinge entsteht, knüpfst du mehrere Kreuzknoten und rollst sie auf. So besteht die Knotenschlinge auf dem Foto rechts aus 8 Kreuzknoten. Probiere selbst aus, wie viele Knoten du aufrollen musst, damit die Knotenschlinge die gewünschte Größe bekommt, oder richte dich nach der Ziffer in der Mitte des Symbols bei deinem Projekt. Das Diagramm zu dem Foto rechts zeigt 3 nach links gerichtete Kreuzknoten und danach eine geknüpfte Schlinge aus 8 Kreuzknoten.

5 – Symbol für eine Schlinge aus 5 Knoten

8 – Symbol für eine Schlinge aus 8 Knoten

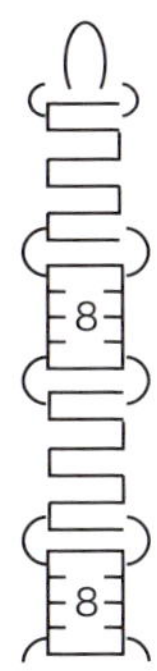

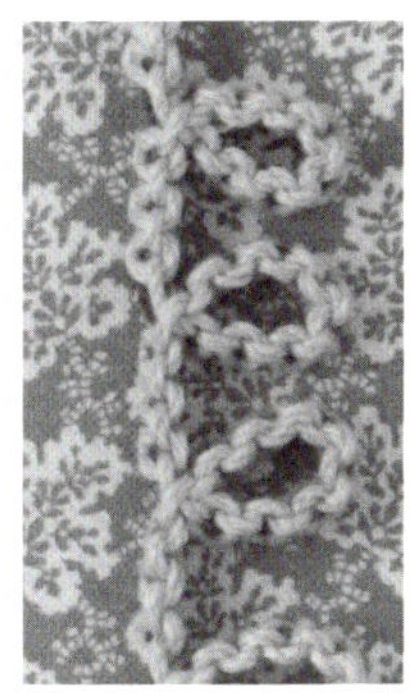

15 Fischgräten-Strang mit Picots (A)

Drei Paare Arbeitsfäden, die nacheinander zu Kreuzknoten geknüpft werden, ergeben einander überlappende, schön verlaufende Schlaufen an den Kanten der Arbeiten. Hierfür verwendest du am besten flexible Fäden.

Foto Seite 47

1

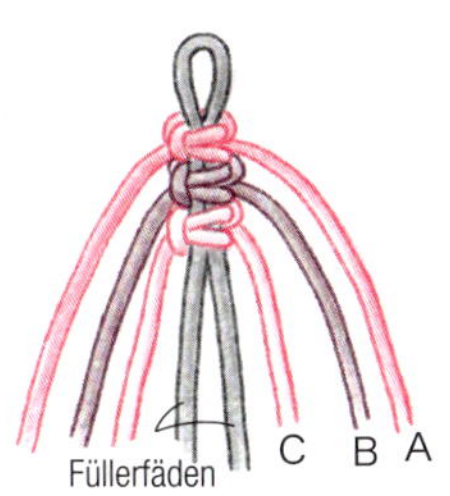

Einen Kreuzknoten (→ S. 35) mit den Fäden A, dann mit den Fäden B und anschließend mit den Fäden C knüpfen.

2

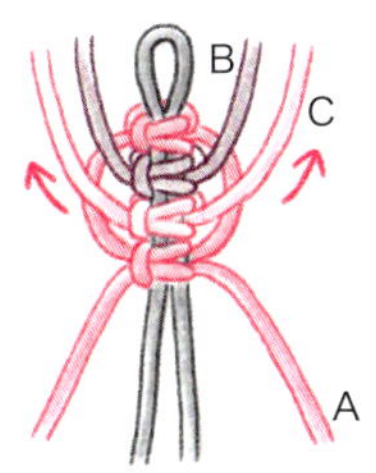

Die Fäden B und C nach oben zur Seite legen; Fäden A dahinter nach unten führen, sodass an beiden Kanten der Arbeit halbrunde Schlingen entstehen; mit den Fäden A einen Kreuzknoten knüpfen.

3

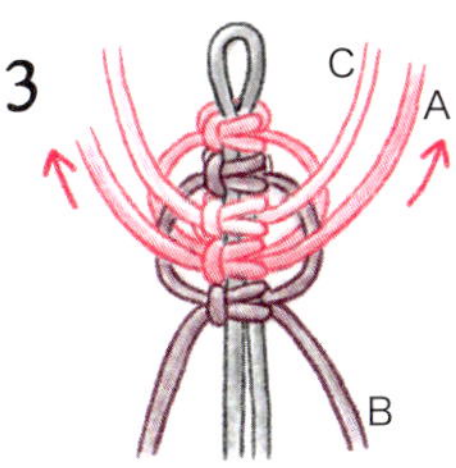

Die Fäden C und A nach oben zur Seite legen; Fäden B dahinter nach unten führen und damit einen Kreuzknoten knüpfen, dabei Schlingen wie in Schritt 2 legen.

4

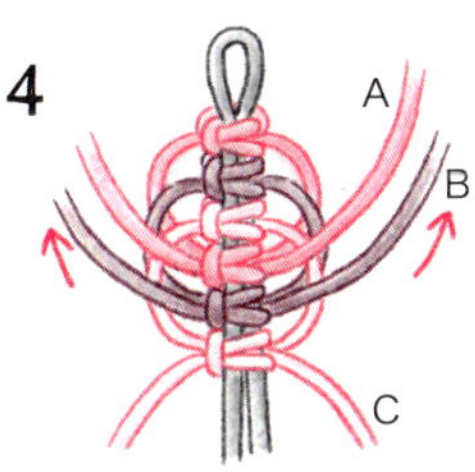

Die Fäden A und B nach oben zur Seite legen; Fäden C dahinter nach unten führen und damit einen Kreuzknoten knüpfen, dabei Schlingen wie in Schritt 2 legen. Schritt 2–4 wiederholen, bis der Strang die gewünschte Länge hat.

(16) Fischgräten-Strang mit Picots (B)

Bei diesem Strang werden die Fischgräten etwas anders geknüpft, sodass die Picots konzentrische Kreise ergeben. In die Mitte des Musters kannst du auch eine Perle einsetzen.

Foto Seite 47

1

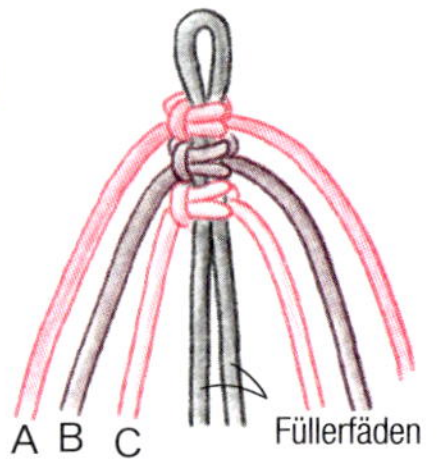

Einen Kreuzknoten (→ S. 35) mit den Fäden A, dann mit den Fäden B und anschließend mit den Fäden C knüpfen.

2

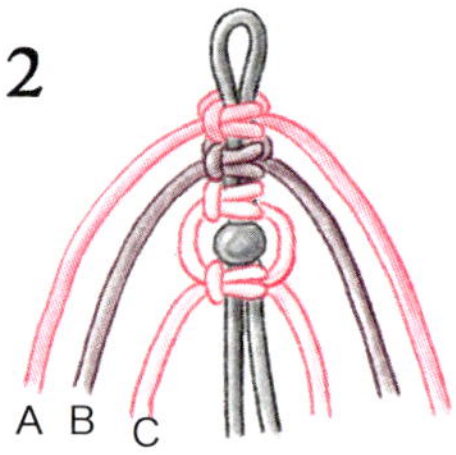

Eine Perle auf die Füllerfäden auffädeln. Die Fäden C nach unten legen, sodass eine kleine halbrunde Schlinge an beiden Kanten der Arbeiten entsteht, und einen Kreuzknoten knüpfen.

3

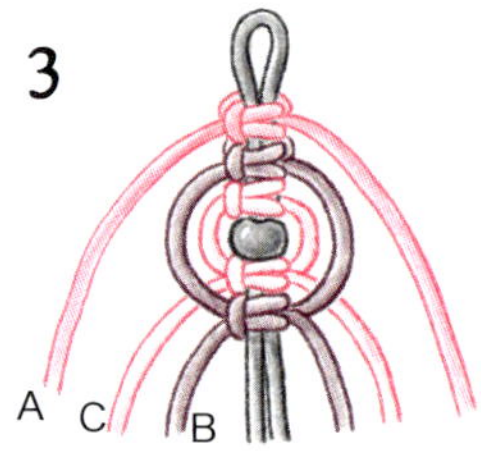

Die Fäden B vorne nach unten legen, sodass eine mittelgroße halbrunde Schlinge an beiden Kanten der Arbeiten entsteht, und einen Kreuzknoten knüpfen.

4

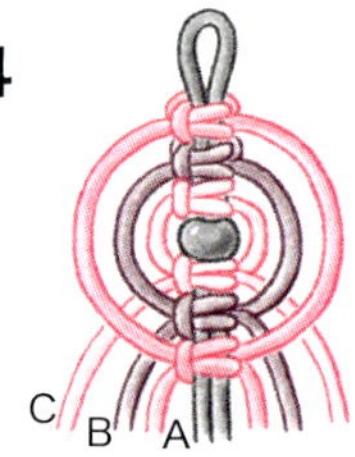

Die Fäden A vorne nach unten legen, sodass eine große halbrunde Schlinge an beiden Kanten der Arbeiten entsteht, und einen Kreuzknoten knüpfen.
Auf diese Weise weiterknüpfen, dabei den ersten Knoten jeweils mit den inneren Fäden knüpfen, nachdem eine Perle aufgefädelt wurde.

(17) Runder chinesischer Kronenknoten

Bei dieser Technik werden 4 Fäden nacheinander verknotet, sodass ein paralleles Kreuzmuster entsteht. Die Fäden werden immer auf die gleiche Weise überkreuzt: So entsteht an der Außenseite des Strangs ein diagonales Muster.

Foto Seite 48

1

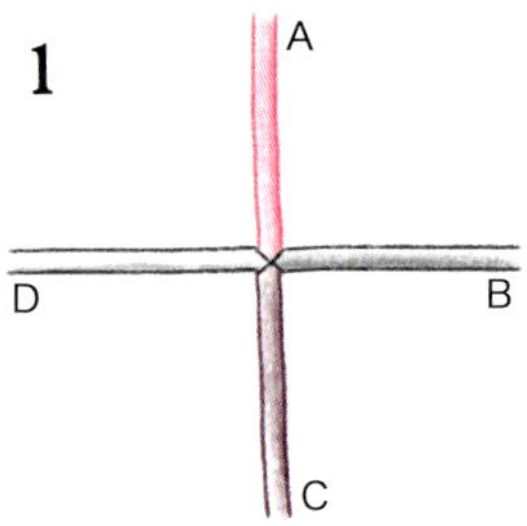

Mit 4 Fäden beginnen, die 4–5-mal länger als die Länge des fertigen Strangs sein müssen; die Enden der vier Fäden wie abgebildet in Kreuzform anordnen. (Du kannst auch 2 Fäden, die 10-mal länger sind als die Länge des fertigen Strangs, in Kreuzform anordnen.)

2

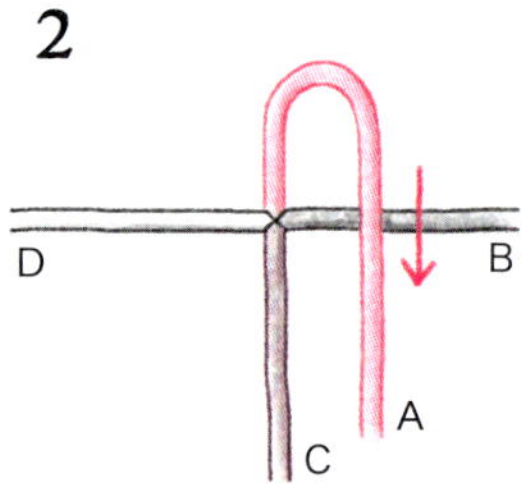

Faden A über Faden B legen.

3

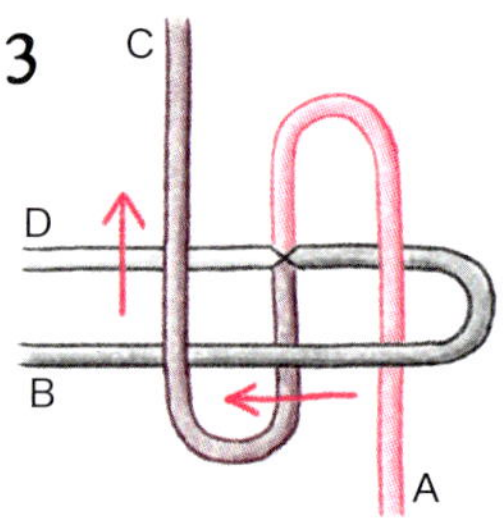

Faden B über Faden C legen, dann Faden C über die Fäden B und D.

4

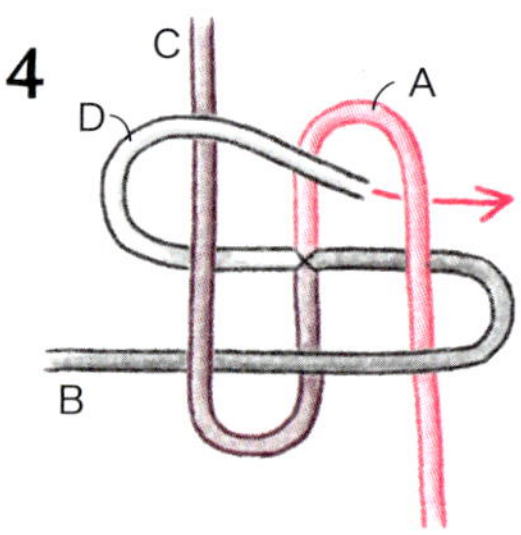

Faden D über Faden C und anschließend durch die Schlinge aus Faden A führen.

5

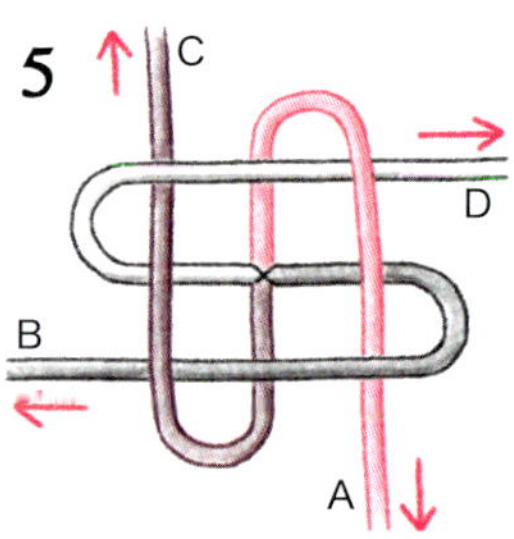

Nacheinander vorsichtig an den einzelnen Fäden ziehen, um den Knoten festzuziehen.

6

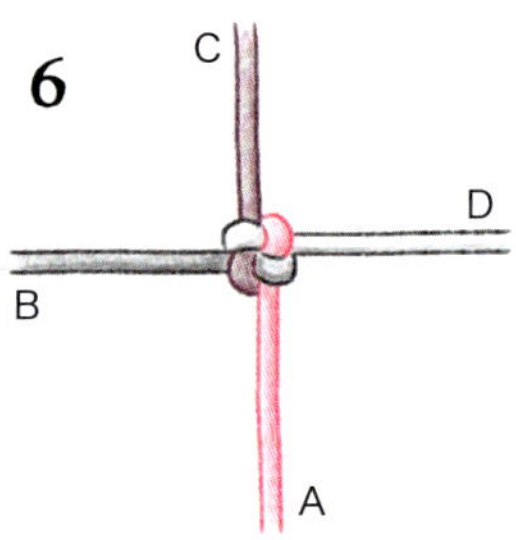

Schon ist ein runder chinesischer Kronenknoten fertig.

7

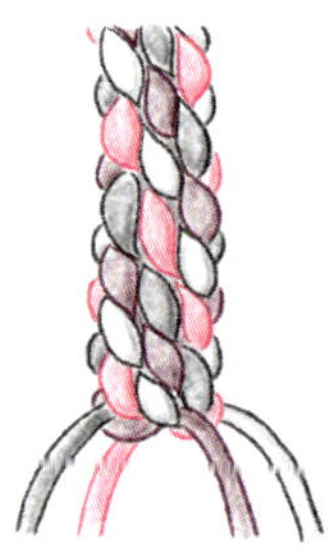

Schritt 2–5 wiederholen, bis der Strang die gewünschte Länge hat (beginne immer mit den Faden der nach oben zeigt; die Kennzeichnung der Fäden ändert sich, sobald sie verknotet werden).

Tipp

So entstehen diagonale Streifen

Bei Strang **b)** auf S. 47 sind die Fäden A und C beige, während die Fäden B und D weiß sind. Wenn du auf diese Weise mit 2 Farben knüpfst, entsteht ein diagonal gestreifter Strang.

18 Quadratischer chinesischer Kronenknoten

Dieser Strang wird ähnlich wie der runde Strang geknüpft, jedoch werden die Fäden nach jedem Knoten in jeweils umgekehrter Reihenfolge überkreuzt. So entsteht ein quadratischer Strang mit einem senkrechten Muster.

Foto Seite 48

1

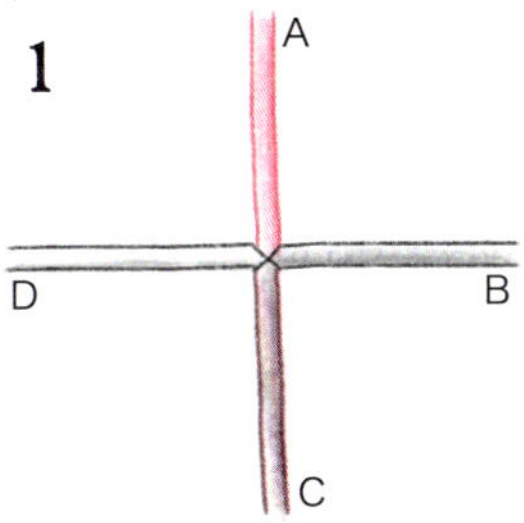

Mit 4 Fäden beginnen, die 4–5-mal länger als die Länge des fertigen Strangs sein müssen; die Enden der vier Fäden wie abgebildet in Kreuzform anordnen. (Du kannst auch 2 Fäden, die 10-mal länger sind als die Länge des fertigen Strangs, in Kreuzform anordnen.)

2

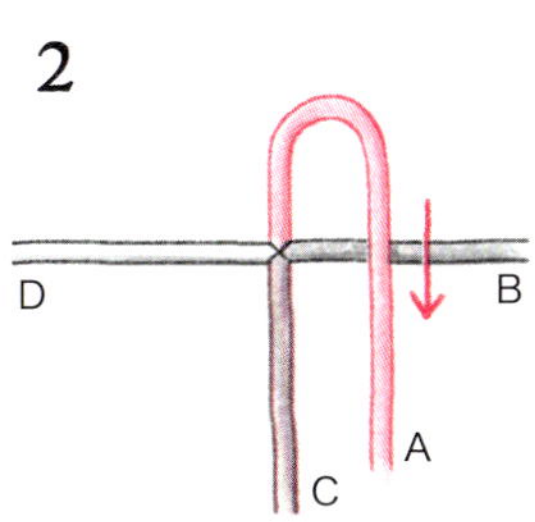

Den ersten Knoten so knüpfen, wie es in Schritt 2–5 für den runden chinesischen Kronenknoten (oben) beschrieben ist.

3

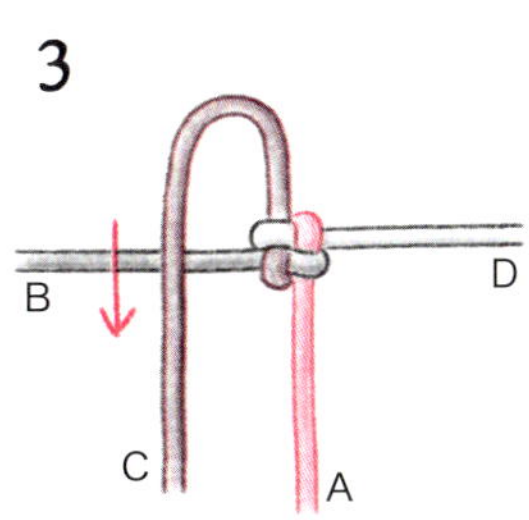

Beim zweiten Knoten wird die Reihenfolge umgedreht und Faden C über Faden B gelegt.

4

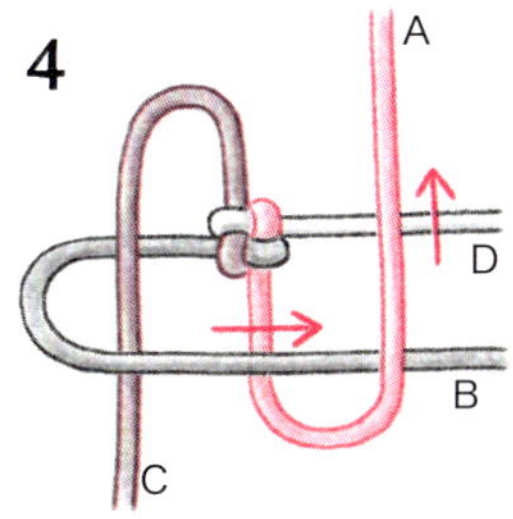

Faden B über Faden C legen, dann Faden A über die Fäden B und D.

5

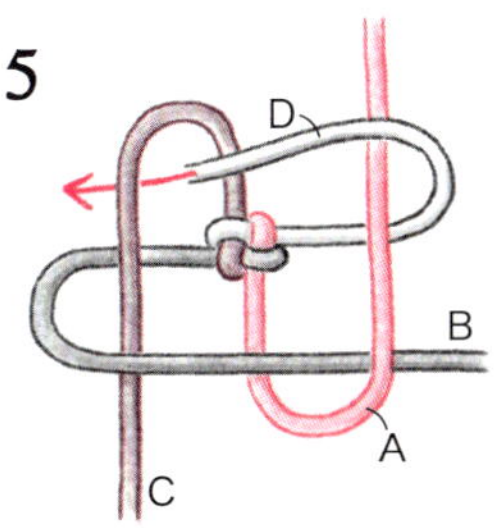

Faden D über Faden C und anschließend durch die Schlinge aus Faden C führen.

6

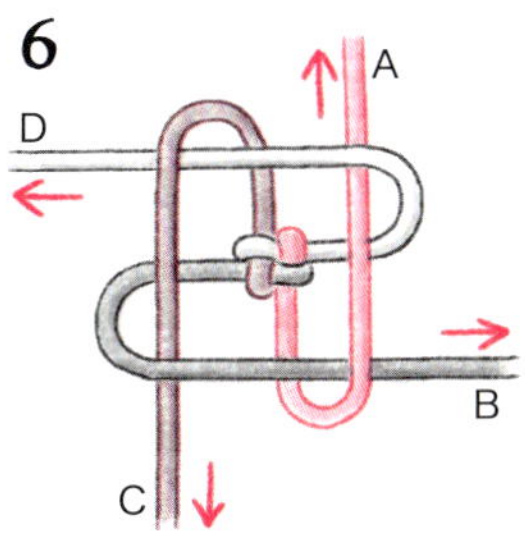

Nacheinander vorsichtig an den einzelnen Fäden ziehen, um den Knoten festzuziehen.

7

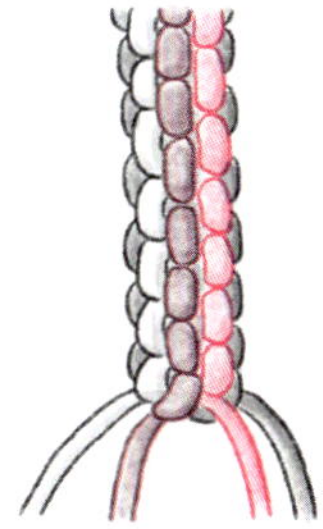

Schritt 2–6 wiederholen, bis der Strang die gewünschte Länge hat.

Tipp

So entstehen senkrechte Streifen

Bei Strang **d)** auf S. 48 sind die Fäden A und C beige, während die Fäden B und D weiß sind. Dies ist die gleiche Farbgebung wie bei Strang b), doch beim quadratischen chinesischen Kronenknoten ergeben die verknüpften Fäden senkrechte Streifen.

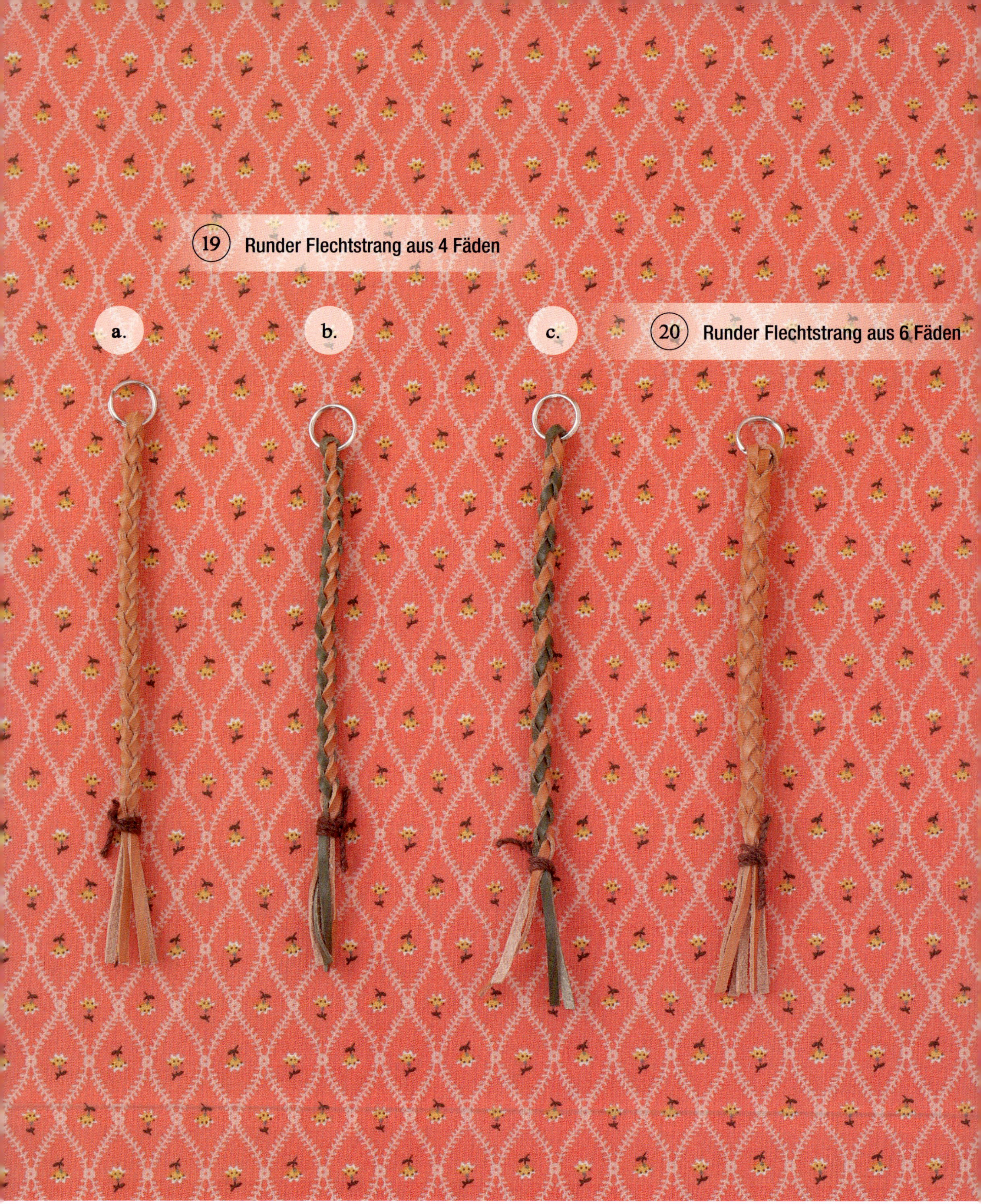

(19) Diese Flechtstränge aus mehreren Fäden wirken großartig, wenn sie mit Lederbändern geknüpft werden. Mit 2 Farben entstehen senkrechte Streifen wie bei **b)** oder diagonale Streifen wie bei **c)**.

(20) Sechs Fäden ergeben einen dickeren Strang. Mit einem runden Faden anstelle eines flachen erzielst du eine etwas andere Wirkung.

(21) Quadratischer Grätenstrang

(22) Japanischer Awaji-Knoten

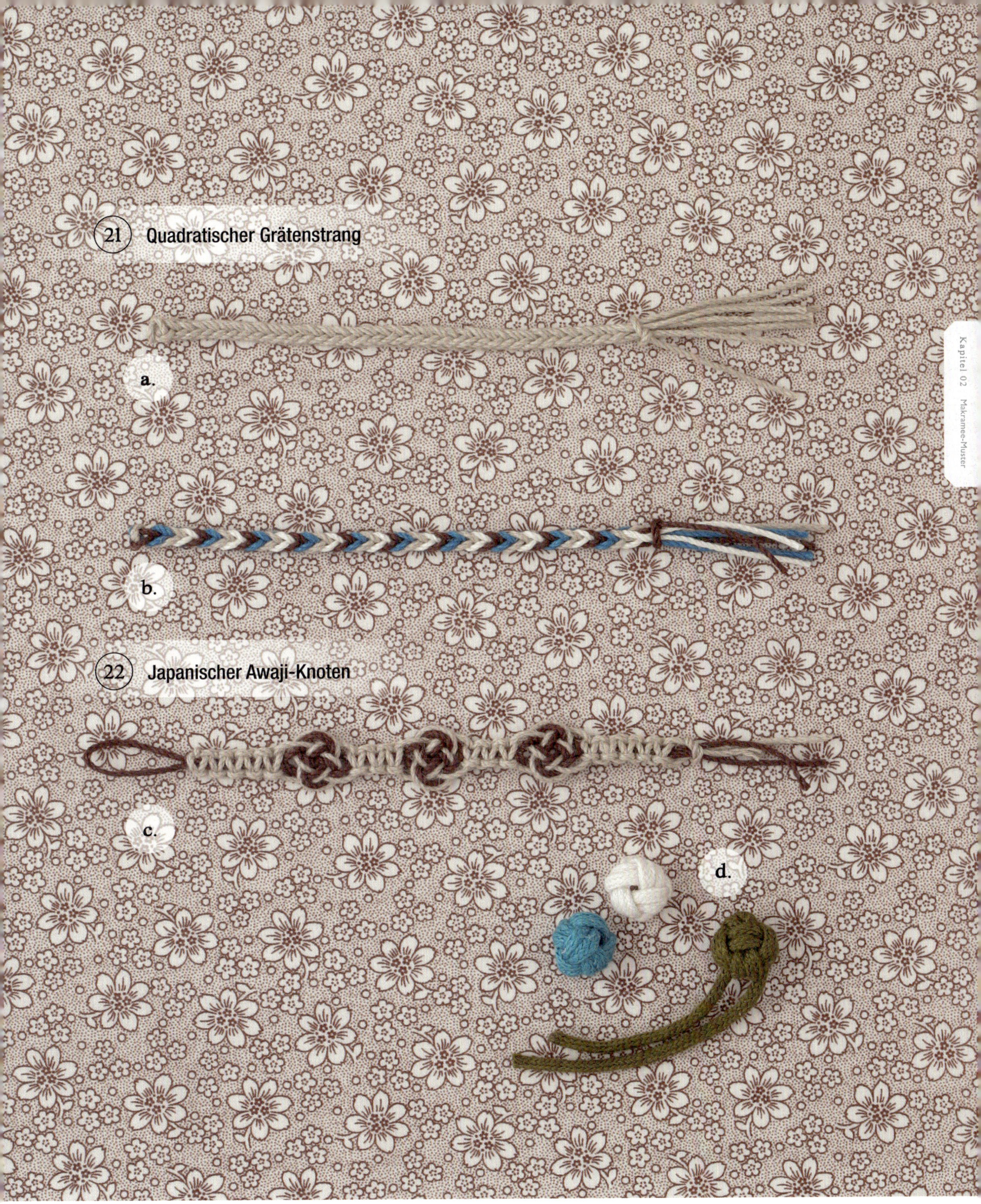

(21) Dieser feste Strang aus 8 Fäden hat ein ansprechendes V-Muster auf jeder Seite. Strang **b)** wurde mit jeweils 2 Fäden in 4 verschiedenen Farben geknüpft.

(22) Hier wurde ein dekorativer Awaji-Knoten aus zwei Fäden in regelmäßigen Abständen in einen Kreuzknotenstrang eingearbeitet. Der gleiche Knoten, jedoch nur aus 1 Faden wurde bei **d)** zu einer Kugel geknüpft.

(19) Runder Flechtstrang aus 4 Fäden

Für diese Flechttechnik mit 4 Fäden legst du die äußeren Fäden abwechselnd um die beiden inneren Fäden. Kleiner Tipp: Du arbeitest immer mit dem gerade nicht verwendeten Faden weiter.

Foto Seite 52

1

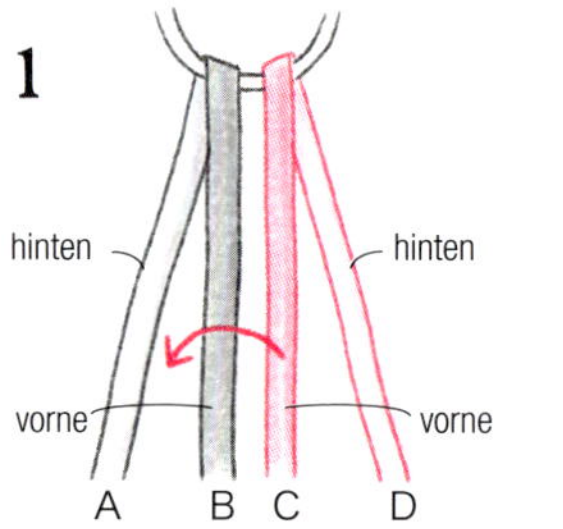

Mit 2 Fäden beginnen, die jeweils 2 1/2-mal so lang wie der fertige Strang sind. Die Fäden in der Mitte durch einen Ring führen und dabei doppelt legen. (Du kannst auch mit 4 Fäden arbeiten, die etwa 1 1/4-mal so lang sind wie der fertige Strang.) Faden C über Faden B legen.

2

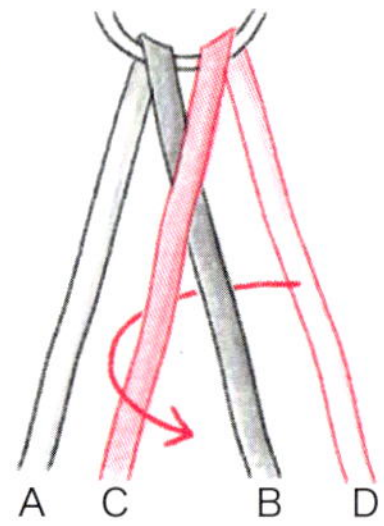

Faden D in Pfeilrichtung unter die Fäden B und C legen, dann Faden D nach vorne zwischen B und C führen.

3

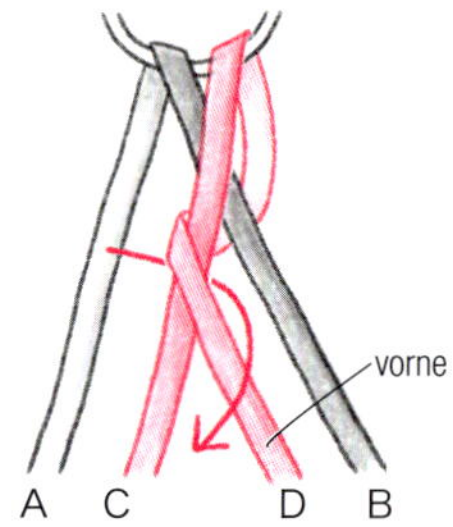

Faden A in Pfeilrichtung unter die Fäden C und D legen, dann Faden A nach vorne zwischen C und D führen.

4

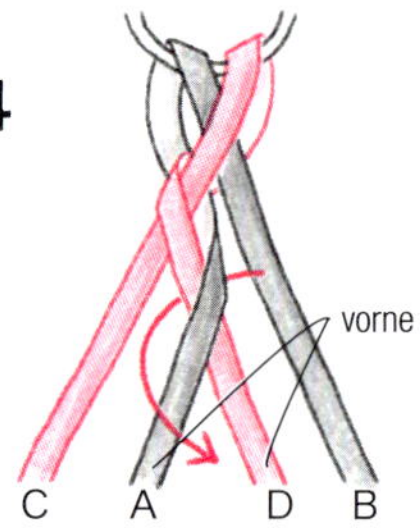

Faden B in Pfeilrichtung unter die Fäden D und A legen, dann Faden B nach vorne zwischen D und A führen.

5

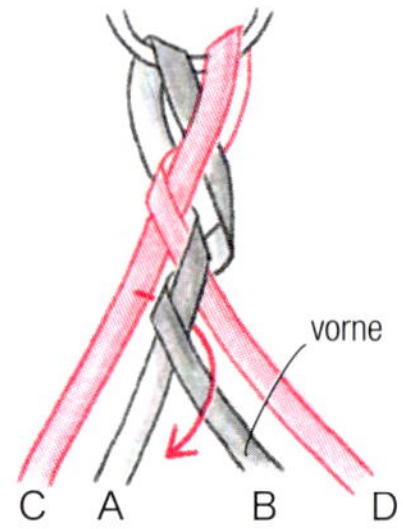

Faden C in Pfeilrichtung unter die Fäden A und B legen, dann Faden C nach vorne zwischen A und B führen.

6

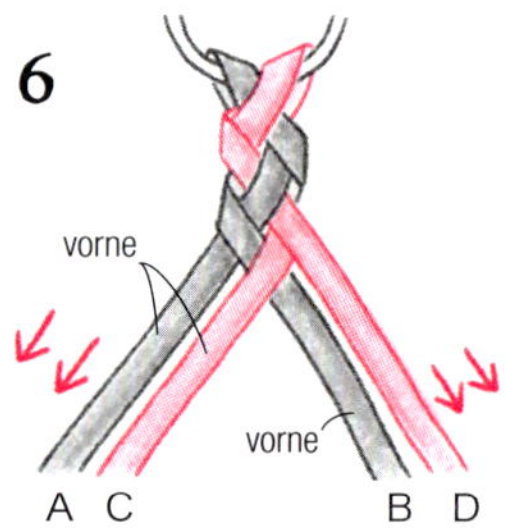

Den gesamten Strang fest anziehen. Wenn die Fäden eine Vorder- und eine Rückseite haben, achte darauf, dass die Vorderseite immer nach vorne zeigt.

7

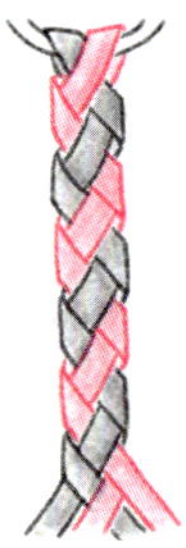

Schritt 2–6 wiederholen (und nicht vergessen: die Kennzeichnungen der Fäden gelten nach einem Flechtvorgang nicht mehr).

Tipp

Mit 2 Farben erzeugst du einen tollen Effekt

Dieser Flechtstrang aus 4 Fäden bekommt ein diagonales Streifenmuster, wenn die Fäden A und B die gleiche Farbe haben, während C und D eine andere Farbe haben. So entsteht das Muster von Strang **c)** auf S. 52. Wenn A und C die gleiche Farbe haben, während B und D eine andere Farbe haben, bekommt der Flechtstrang gerade, senkrechte Streifen wie Strang **b)** auf S. 52.

(20) Runder Flechtstrang aus 6 Fäden

Bei dieser Variante des Flechtstrangs aus 4 Fäden brauchst du 6 Fäden. Es ist etwas komplizierter, doch im Prinzip legst du wie beim Strang aus 4 Fäden immer die äußeren Fäden in die Mitte.

Foto Seite 52

1

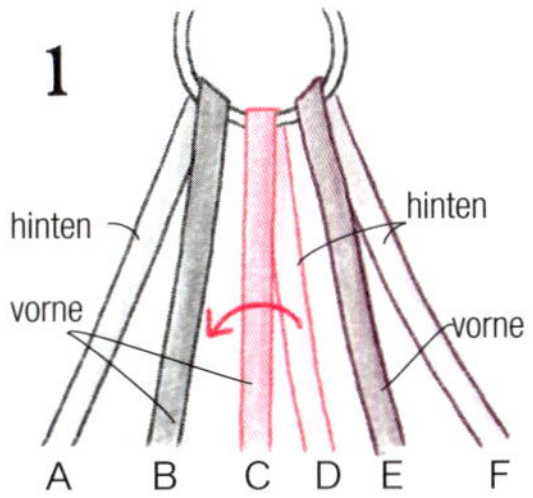

Mit 3 Fäden beginnen, die jeweils 2 ½-mal so lang wie der fertige Strang sind. Die Fäden in der Mitte durch einen Ring führen und dabei doppelt legen. (Du kannst auch mit 6 Fäden arbeiten, die etwa 1 ¼-mal so lang sind wie der fertige Strang.) Faden C über Faden D legen.

2

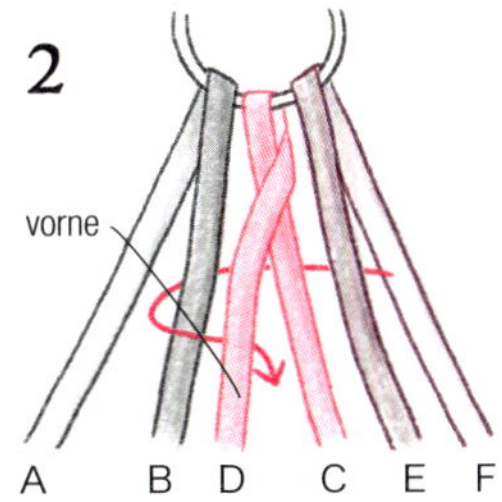

Faden F in Pfeilrichtung unter die Fäden E, C, D und B legen, dann Faden F nach vorne um B, unter D und zwischen D und C führen.

3

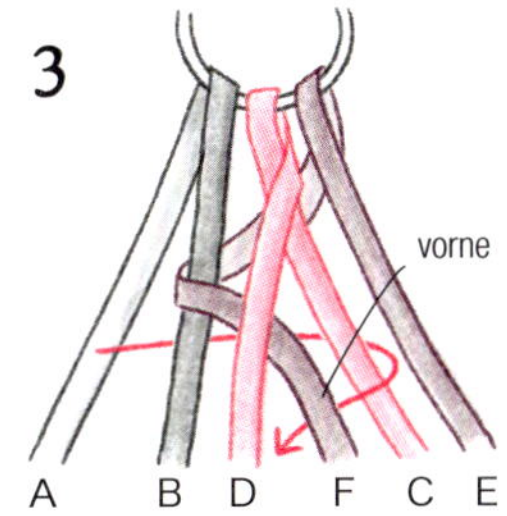

Faden A in Pfeilrichtung unter die Fäden B, D, F und C legen, dann Faden A nach vorne um C, unter F und zwischen D und F führen.

4

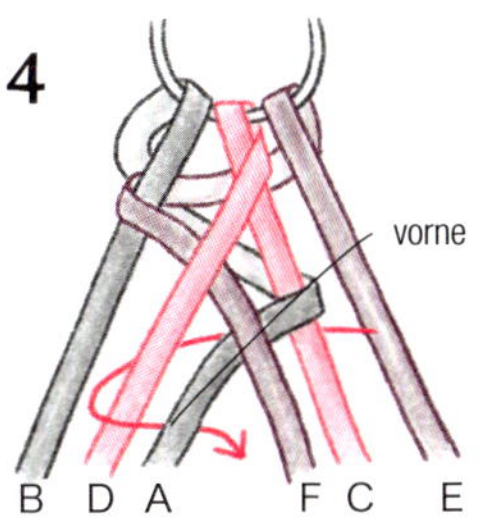

Faden E in Pfeilrichtung flechten.

5

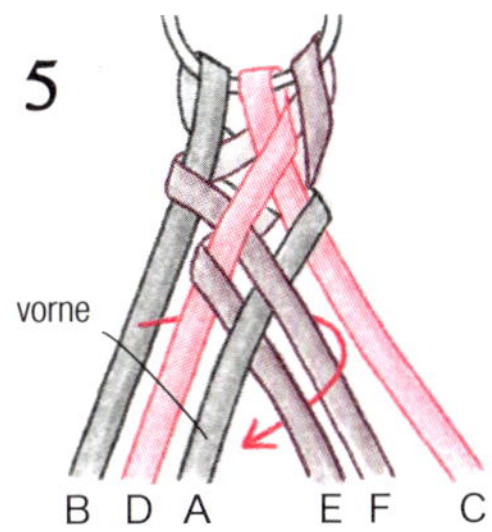

Faden B in Pfeilrichtung flechten.

6

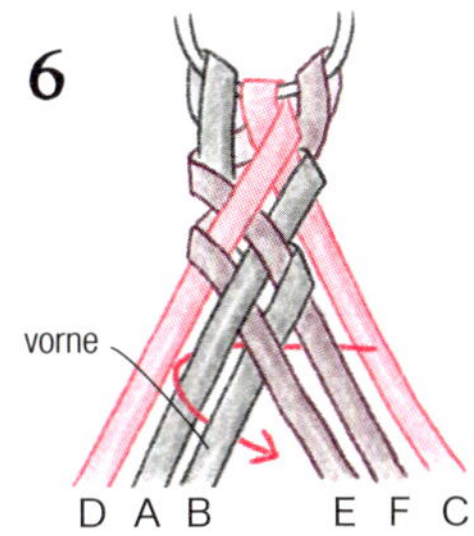

Faden C in Pfeilrichtung flechten.

7

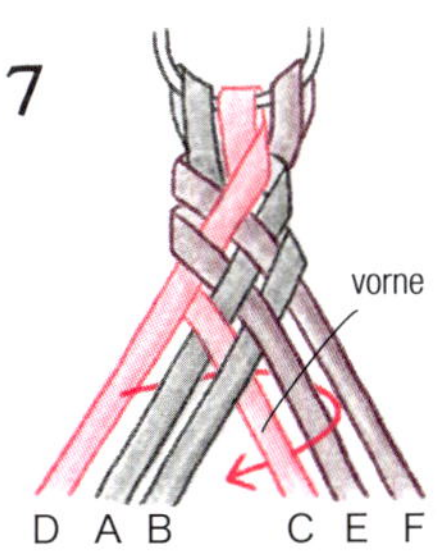

Faden D in Pfeilrichtung flechten.

8

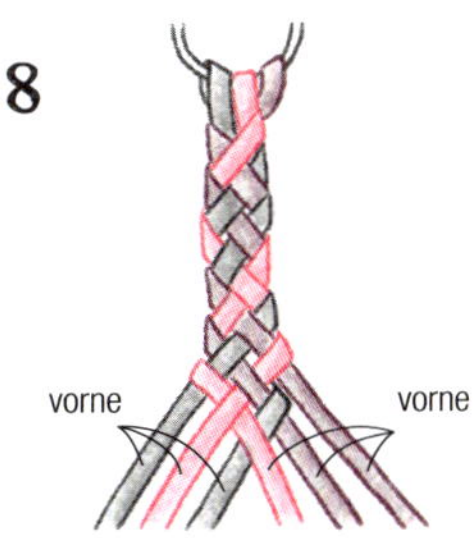

Den gesamten Strang fest anziehen. Wenn die Fäden eine Vorder- und eine Rückseite haben, achte darauf, dass die Vorderseite immer nach vorne zeigt. Schritt 2–7 wiederholen, bis der Strang die gewünschte Länge hat.

21 Quadratischer Grätenstrang

Beim Flechten dieser 8 Fäden entsteht ein quadratischer Strang, bei dem an der Vorder- und Rückseite ein Muster aus eng aneinander liegenden V-Formen entsteht; an den Seiten liegt das V-Muster genau andersherum. Markiere die Fadenenden, damit du nicht durcheinander kommst.

Foto Seite 53

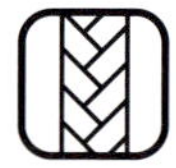

1

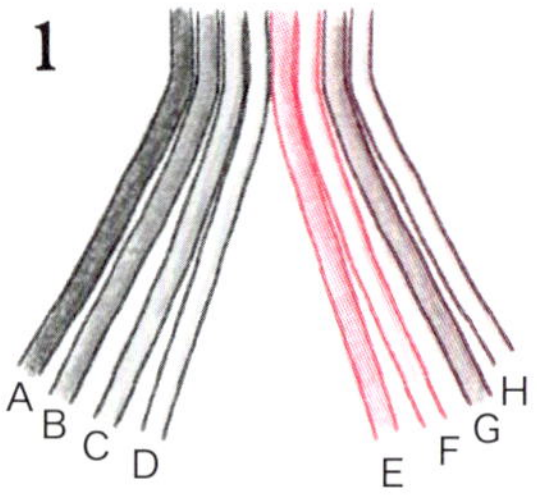

Zuerst 8 Fäden nebeneinander legen: eine Gruppe aus 4 Fäden liegt links, die Gruppe aus den anderen 4 Fäden liegt rechts.

2

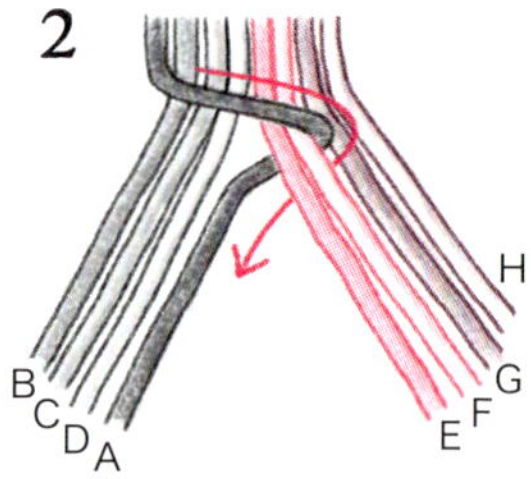

Faden A in Pfeilrichtung über und dann unter die Fäden F und E führen, rechts neben Faden D ablegen. Fest anziehen.

3

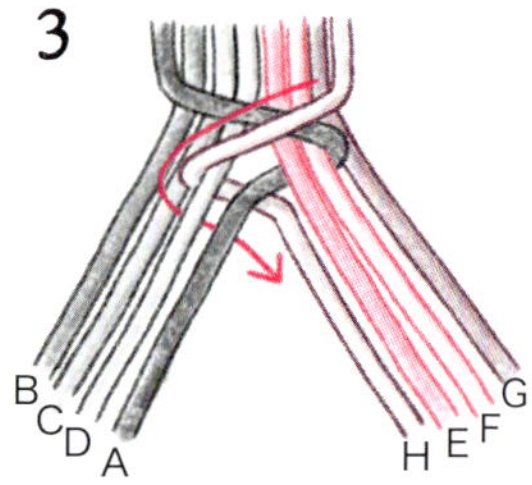

Faden H in Pfeilrichtung über und dann unter die Fäden D und A führen, links neben Faden E ablegen. Fest anziehen.

4

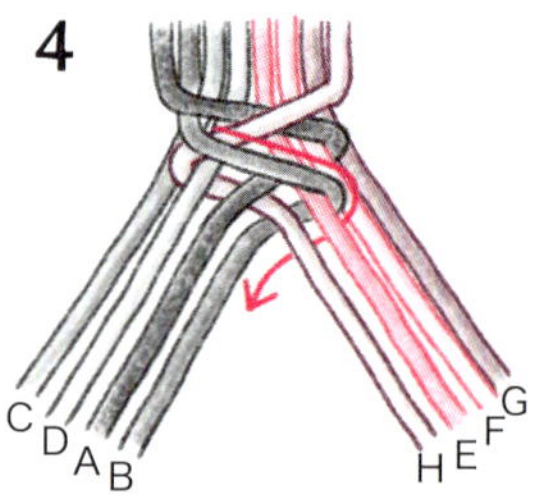

Faden B über und dann unter die Fäden H und E führen, rechts neben Faden A ablegen. Fest anziehen.

5

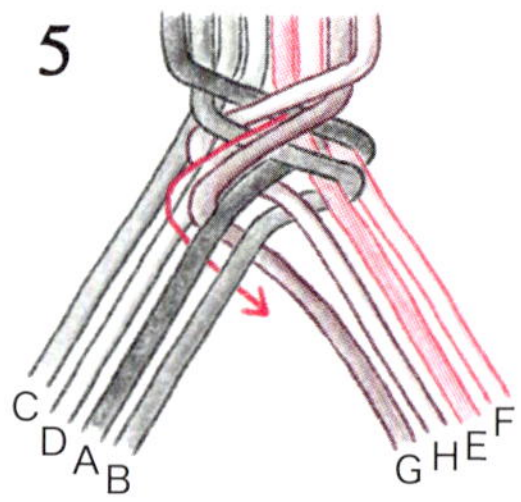

Faden G über und dann unter die Fäden A und B führen, links neben Faden H ablegen. Fest anziehen.

6

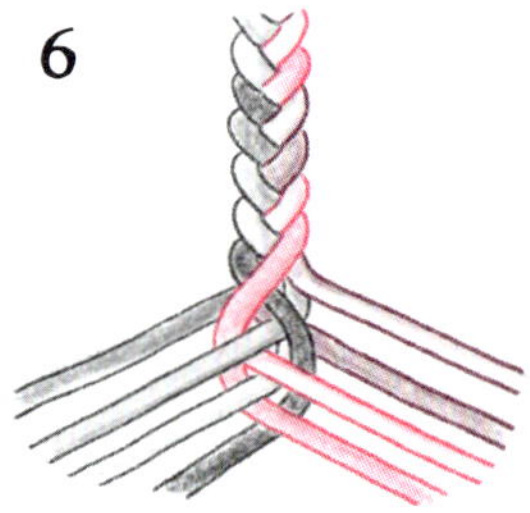

Abwechselnd von beiden Seiten aus weiterflechten, dabei immer den Faden von 1 Seite zwischen den 2. und 3. der anderen Gruppe flechten.

7

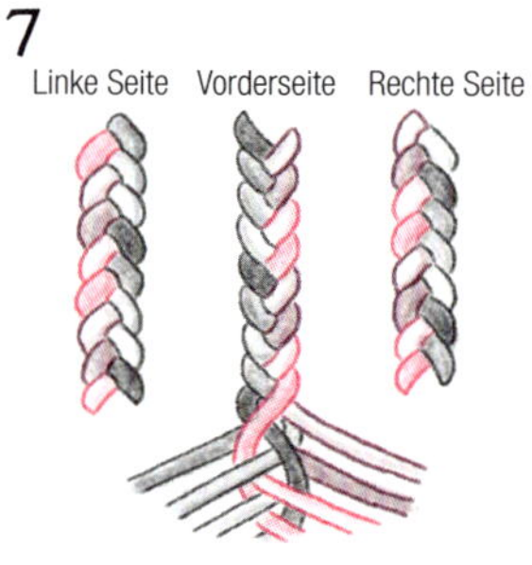

So bekommt der gesamte Strang einen quadratischen Querschnitt, die eng aneinander liegenden V-Formen zeigen an den Seiten entweder nach oben oder nach unten.

Tipp

4 Farben ergeben ein faszinierendes Muster

Der quadratische Grätenstrang **b)** auf Seite 53 wurde aus 4 Farben geknüpft, die folgendermaßen angeordnet waren: A und H, B und G, C und F, D und E: Auf diese Weise haben wir ein faszinierendes Muster erzeugt. Probiere dieses Muster in deinen Lieblingsfarben aus.

(22) Japanischer Awaji-Knoten

Dieser dekorative Knoten wird auch als Doppelter Münzknoten bezeichnet. Er kann aus einem einzigen Faden geknotet werden, sieht aus 2 parallelen Fäden jedoch noch schöner aus.

Foto Seite 53

1

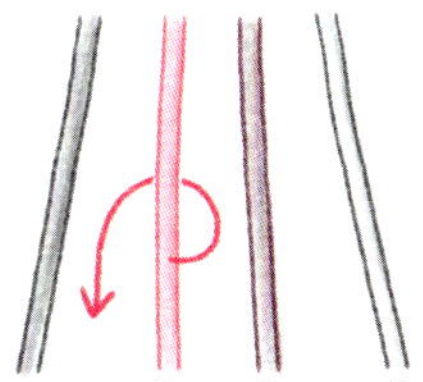

Faden B in Pfeilrichtung zu einer lockeren Schlinge legen.

2

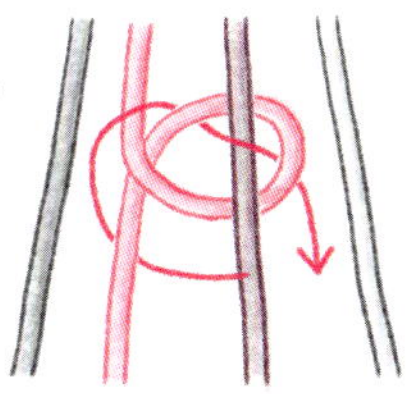

Faden C in Pfeilrichtung ebenfalls zu einer Schlinge legen, dabei Faden C wie auf der Abbildung unter und über Faden B sowie durch die Schlinge von Faden B führen.

3

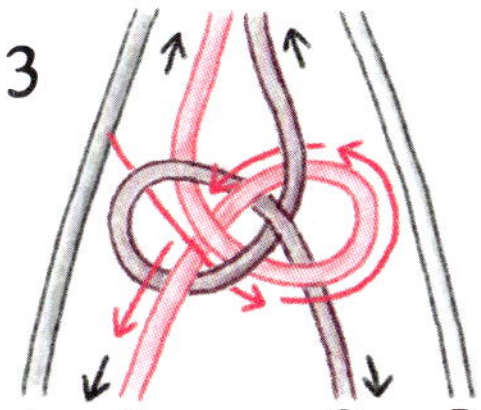

Die Schlingen in eine ansprechende Form bringen, jedoch die Fäden nicht festziehen. Jetzt Faden A entlang von Faden B durch den Knoten führen.

4

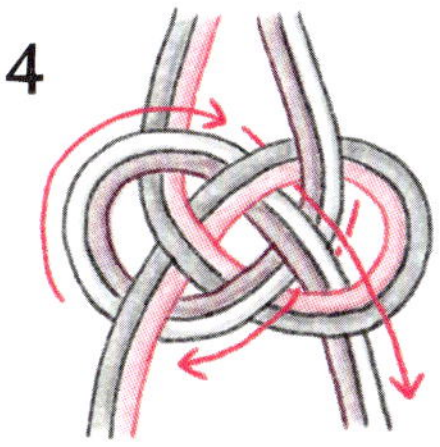

Faden D entlang von Faden C einflechten. Den Knoten in eine schöne Form bringen, sodass die Fäden glatt nebeneinander liegen.

Tipp

So knüpfst du eine Kugel aus einem Awaji-Knoten

Wenn du mit einem einzigen Faden den Weg durch den Awaji-Knoten zwei Mal knüpfst, und den Faden dann festziehst, entsteht eine hübsche Kugel wie in Beispiel **d)** auf S. 53. Diese Kugel kannst du als Knopf oder Perle verwenden.

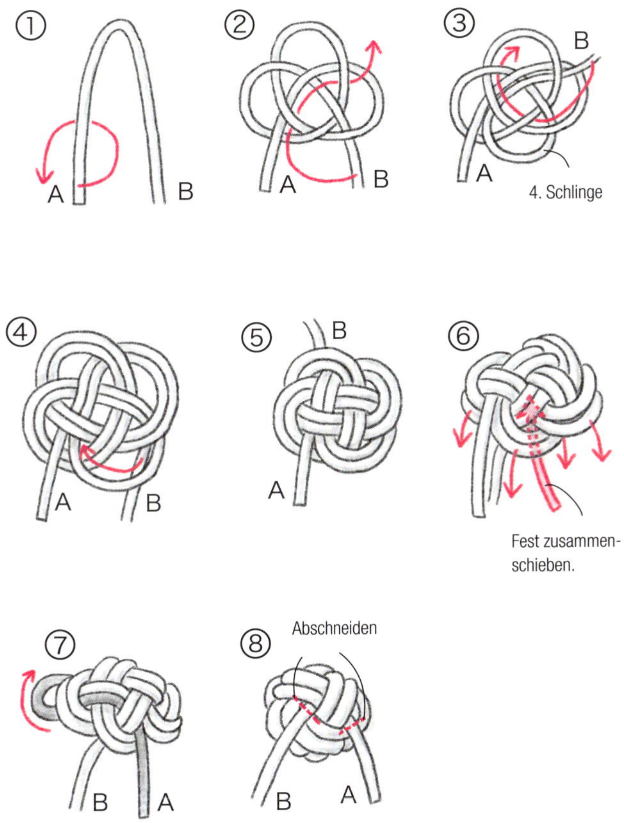

① Einen Faden locker doppelt legen und Schritt 1–3 des Awaji-Knotens (oben) knüpfen.

②③ Jetzt das zweite Ende von Faden B erneut durch den Faden flechten, dabei unten eine 4. Schlinge legen und dann Faden B entlang des vorherigen Fadens führen.

④ Jetzt das zweite Ende des Fadens in Pfeilrichtung von der Vorderseite des Knotens zur Rückseite führen.

⑤ Beide Fadenenden festziehen, bis der Knoten von Anfang bis Ende fest wird und keine Lücken mehr zu sehen sind.

⑥ Die Mitte des Knotens mit den Fingern nach oben schieben, damit eine Kugel entsteht.

⑦ Die Fadenenden schrittweise festziehen, damit die Kugel auch innen richtig fest wird, und dabei weiterhin zu einer Kugel formen.

⑧ Sobald die Kugel gleichmäßig fest und rund ist, die Fadenenden direkt an der Oberfläche der Kugel abschneiden und mit Klebstoff fixieren.

Knöpfe und Kugeln aus 1 Knoten

Hübsche Verzierungen mit nur einem Knoten

Es gibt viele Zierknoten wie den Awaji-Knoten (→ S. 53), aus denen sich Kugeln oder blütenähnliche Motive knüpfen lassen. Damit kannst du Gurte oder Schlüsselanhänger verzieren oder Fadenenden so verarbeiten, dass Knöpfe oder Broschen entstehen, mit denen du Kleidungsstücke und Taschen verzieren kannst – ganz nach deinem Geschmack. Oder du knüpfst viele bunte Kugeln und verbindest sie zu einer Halskette oder einem Armband.

Jetzt musst du nur noch Fäden und Farben aussuchen und los geht's!

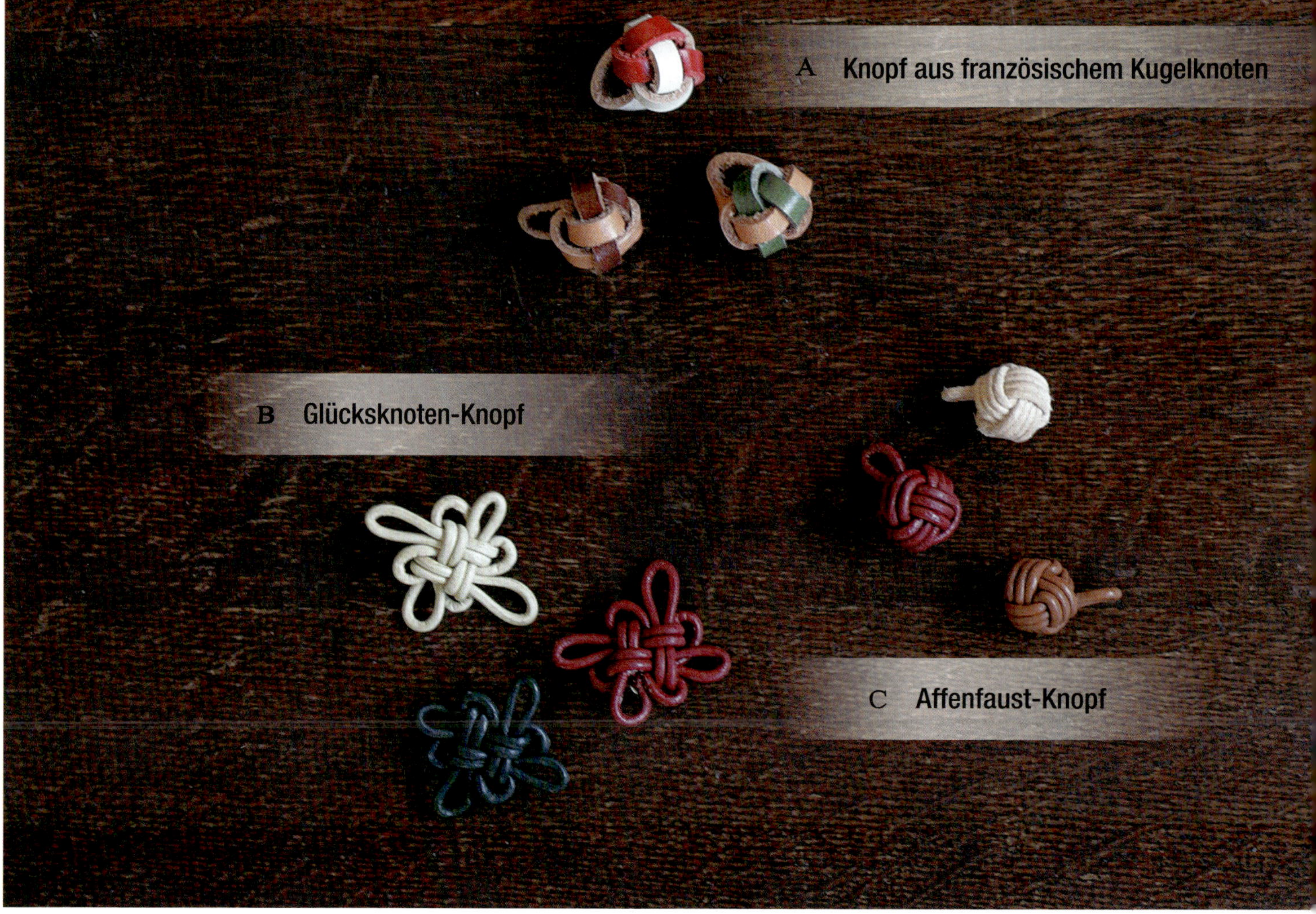

A Knopf aus französischem Kugelknoten

B Glücksknoten-Knopf

C Affenfaust-Knopf

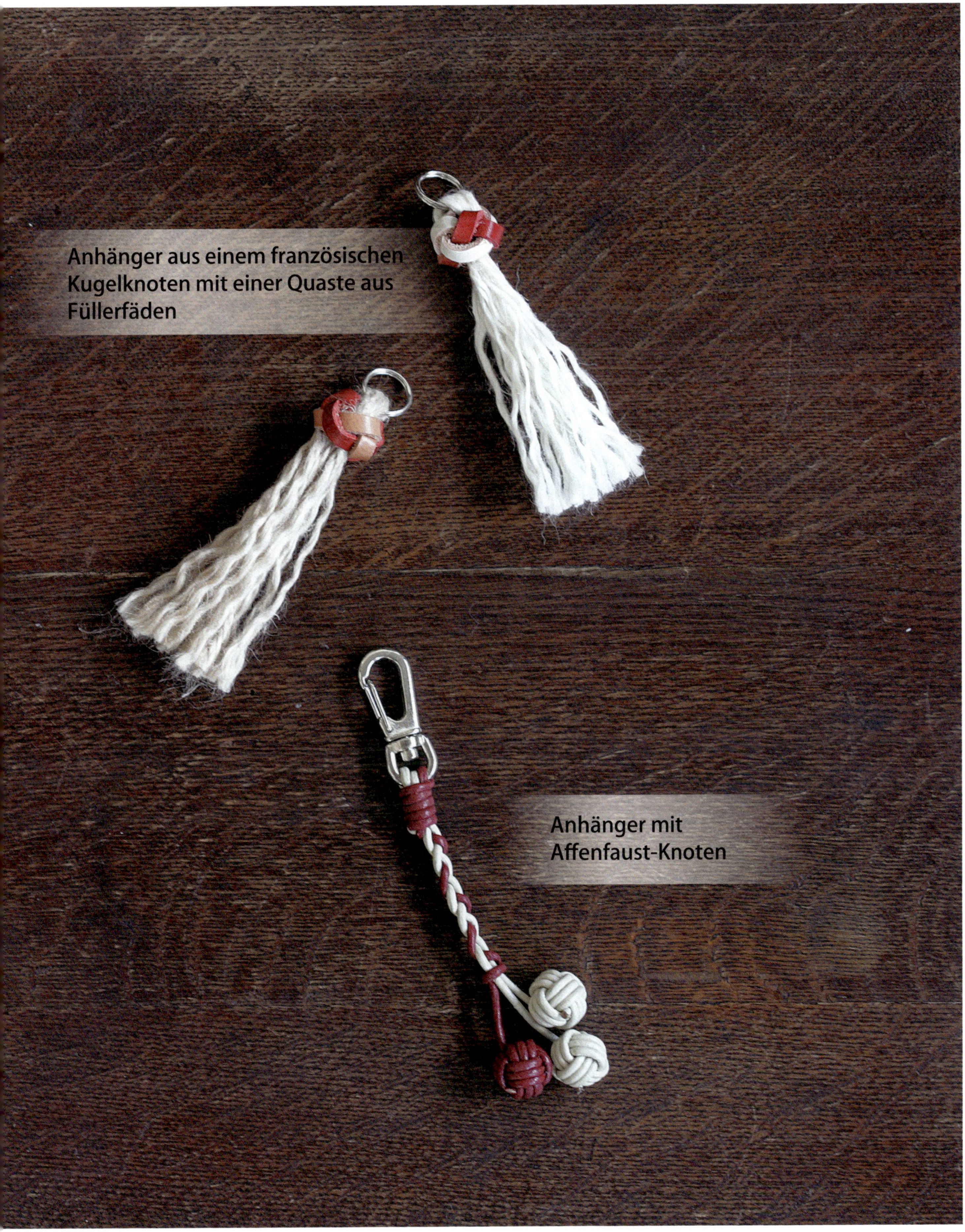

Anhänger aus einem französischen Kugelknoten mit einer Quaste aus Füllerfäden

Anhänger mit Affenfaust-Knoten

So knüpfst du Knöpfe und Kugeln

Französischer Kugelknoten aus 4 Fäden

Der französische Kugelknoten kann als dekoratives Ende an einem Flechtstrang geknüpft werden und wird häufig als Schmuckelement eingesetzt.

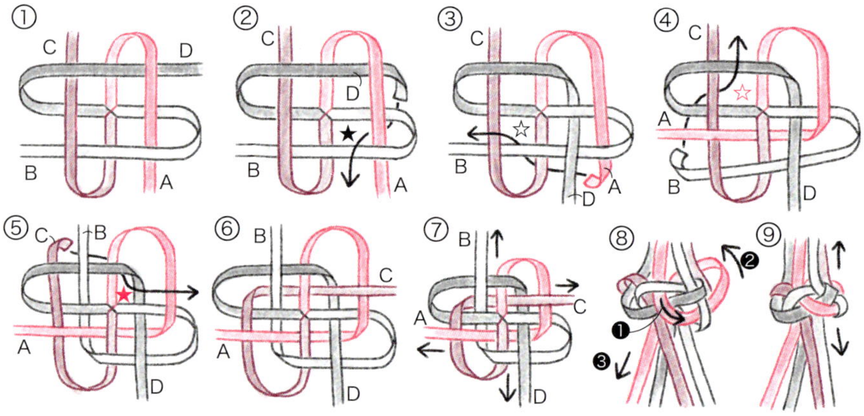

① Die ersten 4 Schritten eines runden Flechtstrangs aus 4 Fäden knüpfen (→ S. 54).

② Faden D von hinten nach vorne durch die Schlinge ★ führen.

③ Faden A von hinten nach vorne durch die Schlinge ☆ führen.

④ Faden B von hinten nach vorne durch die Schlinge ☆ führen.

⑤ Faden C von hinten nach vorne durch die Schlinge ★ führen.

⑥ Alle Fäden müssen in der Mitte herauskommen und nach oben zeigen.

⑦ Nacheinander vorsichtig an den einzelnen Fäden ziehen, um den Knoten festzuziehen.

⑧ Mit einer Ahle die Fäden von der Mitte bis zu den Enden gleichmäßig lockern und den Knoten erneut festziehen.

⑨ Die einzelnen Fäden nach oben bzw. unten ziehen, damit der Knoten eine schöne Form bekommt.

Affenfaust

Dieser beliebte Knoten erinnert an die Faust eines Affen, daher stammt auch sein Name. Wenn du eine kleine Kugel oder Perle in die Mitte legst, gelingt es leichter, diesen Knoten in eine schönc Form zu bringen.

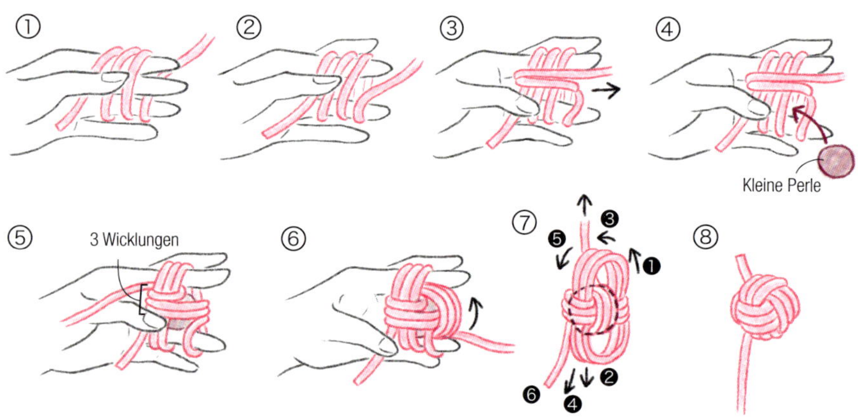

① Einen Faden 3-mal um drei Finger einer Hand wickeln.

② Den Mittelfinger herausziehen.

3 Das Ende des Fadens wie abgebildet 2-mal zwischen den verbleibenden Fingern um die 3 senkrechten Fäden wickeln. Das geht leichter, wenn du eine Sticknadel verwendest.

④ Eine kleine Kugel, Perle oder aufgerollte Alufolie in die Mitte der Kugel schieben.

⑤ Das Ende des Fadens noch einmal um die 3 senkrechten Fäden wickeln.

⑥ Das Ende des Fadens noch 3-mal senkrecht um die 3 waagrechten Fäden wickeln.

⑦ Alle Fäden von den Fingern ziehen. Die Fäden wie abgebildet nacheinander festziehen.

⑧ Jetzt ist die Affenfaust fertig.

Glücksknoten

Wie der Name schon sagt, gilt dieser dekorative Knoten in Asien als Glücksbringer. Seine Form bekommt er durch Schlingen, die oben und unten, links und rechts herausragen.

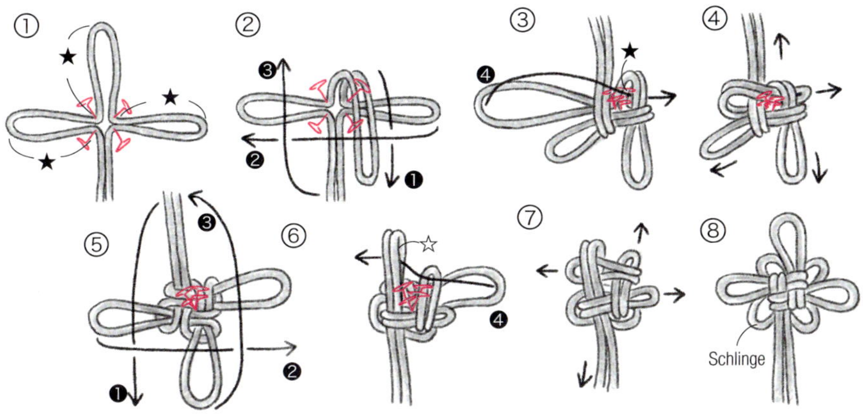

① Einen Faden doppelt legen und in der Mitte wie abgebildet drei Schlingen legen. Mit einer Stecknadel in der Mitte fixieren. Das mit ★ gekennzeichnete Maß legst du im Voraus fest.

② Die Schlingen und Fäden in der angegebenen Reihenfolge verknoten.
3 Schlinge 4 doppelt legen und durch die mit ★ markierte Schlinge ziehen.

④ Um die Mitte festzuziehen, die Schlingen in Richtung der Pfeile nacheinander vorsichtig festziehen.

⑤ Die Schlingen und Fäden in der angegebenen Reihenfolge verknoten (umgekehrte Reihenfolge von Schritt 2).

⑥ Schlinge 4 doppelt legen und durch die mit ☆ markierte Schlinge ziehen.

⑦ Die Stecknadeln herausziehen und die Schlingen in Richtung der Pfeile nacheinander vorsichtig festziehen.

⑧ Jetzt die kleinen Schlingen herausziehen und den Knoten in eine schöne Form bringen.

Knöpfe aus 1 Knoten (Fotos auf Seite 58)

Materialien

A Knopf aus französischem Kugelknoten

Für jeden Knopf: 2 flache Lederbänder, ø 5 mm, jeweils 30 cm lang

(oben) jeweils 1 Band in Rot und Weiß
(links) jeweils 1 Band in Natur und Braun
(rechts) jeweils 1 Band in Natur und Grün

[A Anleitung]

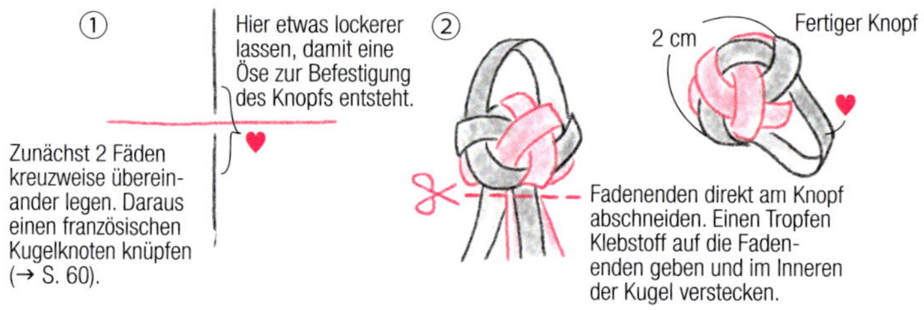

B Glücksknoten-Knopf

Für jeden Knopf: 1 rundes Lederband, ø 2 mm, 75 cm lang

(oben) Sand
(rechts) Dunkelrot
(unten) Dunkelgrün

1 kleiner Metallring als Öse zur Befestigung des Knopfs

[B Anleitung]

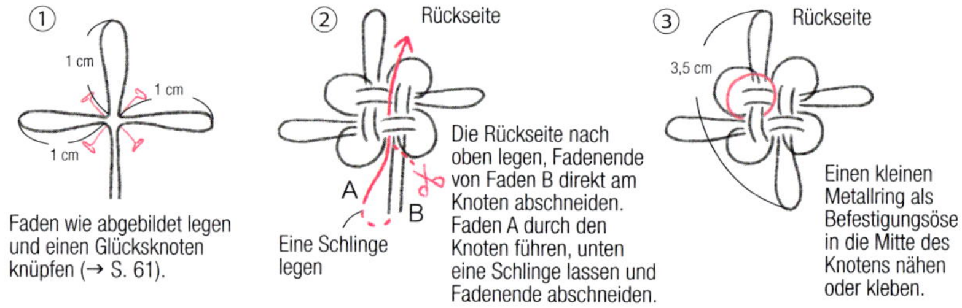

C Affenfaust-Knoten

Für jeden Knopf: 1 rundes Lederband, ø 2 mm, 70 cm lang

(oben) Gebrochenes Weiß
(links) Dunkelrot
(rechts) Karamell

1 runde Holzperle, ø 8 mm, für das Innere des Knopfs

[C Anleitung]

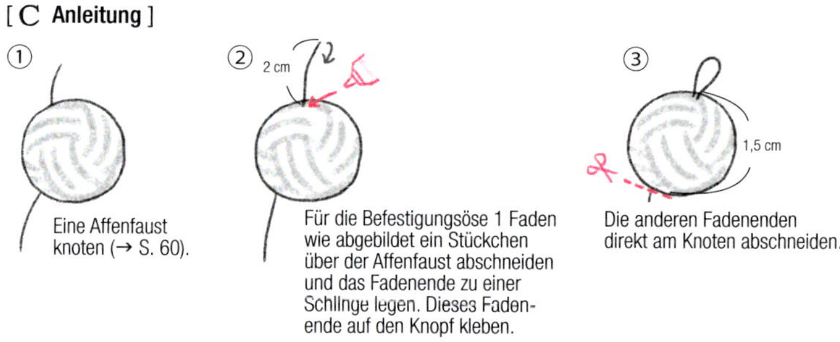

Anhänger aus einem französischen Kugelknoten (Foto S. 59)

Materialien

(für einen Anhänger)

2 flache Lederbänder, ø 5 mm, jeweils 30 cm lang
  (links) jeweils 1 Band in Natur und Rot
  (rechts) jeweils 1 Band in Rot und Weiß

5 Jute-Ramie-Fäden, jeweils 25 cm lang
  (links) Natur
  (rechts) Weiß

Schlüsselring aus Metall

[Anleitung]

① Die 5 Jute-Ramie-Fäden durch den Schlüsselring führen und doppelt legen, so dass 10 Fäden entstehen.

② Aus 2 Lederbändern einen französischen Kugelknoten (→ S. 60) um die Jutefäden knüpfen. Die Enden der Lederbänder abschneiden und mit Klebstoff fixieren.

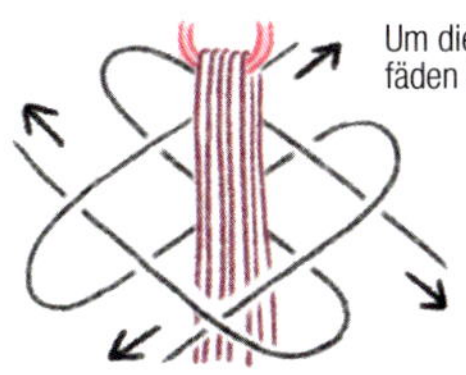

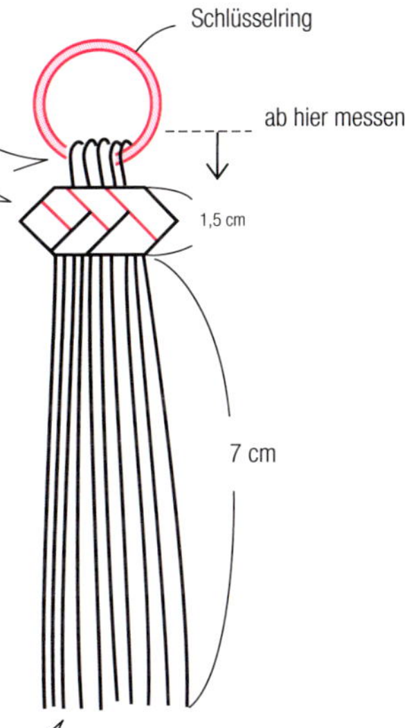

③ Die Fadenenden der Jutequaste gleichmäßig kürzen.

Anhänger mit Affenfaust-Knoten (Foto S. 59)

Materialien

Rundes Lederband, ø 2 mm
  2 Bänder in Sand, je 70 cm lang
  1 Band in Dunkelrot, 80 cm lang

1 kleiner Karabinerhaken als Schlüsselanhänger

3 runde Holzperlen, ø 8 mm, für das Innere der Knöpfe

[Anleitung]

④ Die Fadenenden durch den Ring unter dem Karabinerhaken führen und mit dem Flechtstrang überlappen lassen.

⑤ Die Fäden mit der roten Schnur mit einem Wickelknoten sichern (→ S. 25). Die Enden der Fäden direkt am Wickelknoten abschneiden.

③ Ab dem Abschlussknoten einen etwa 7 cm langen Flechtstrang aus 3 Fäden (→ S. 34) flechten.

② Die 3 Schnüre nebeneinander legen und mit der roten Schnur zusammenbinden.

① Aus jedem Faden eine Affenfaust knoten (→ S. 60); das kürzere Fadenende direkt am Knoten abschneiden.

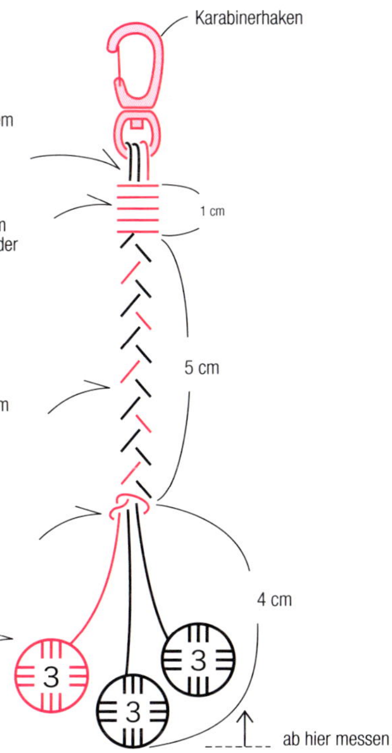

Muster für flächige Arbeiten

Klassische Netzmuster

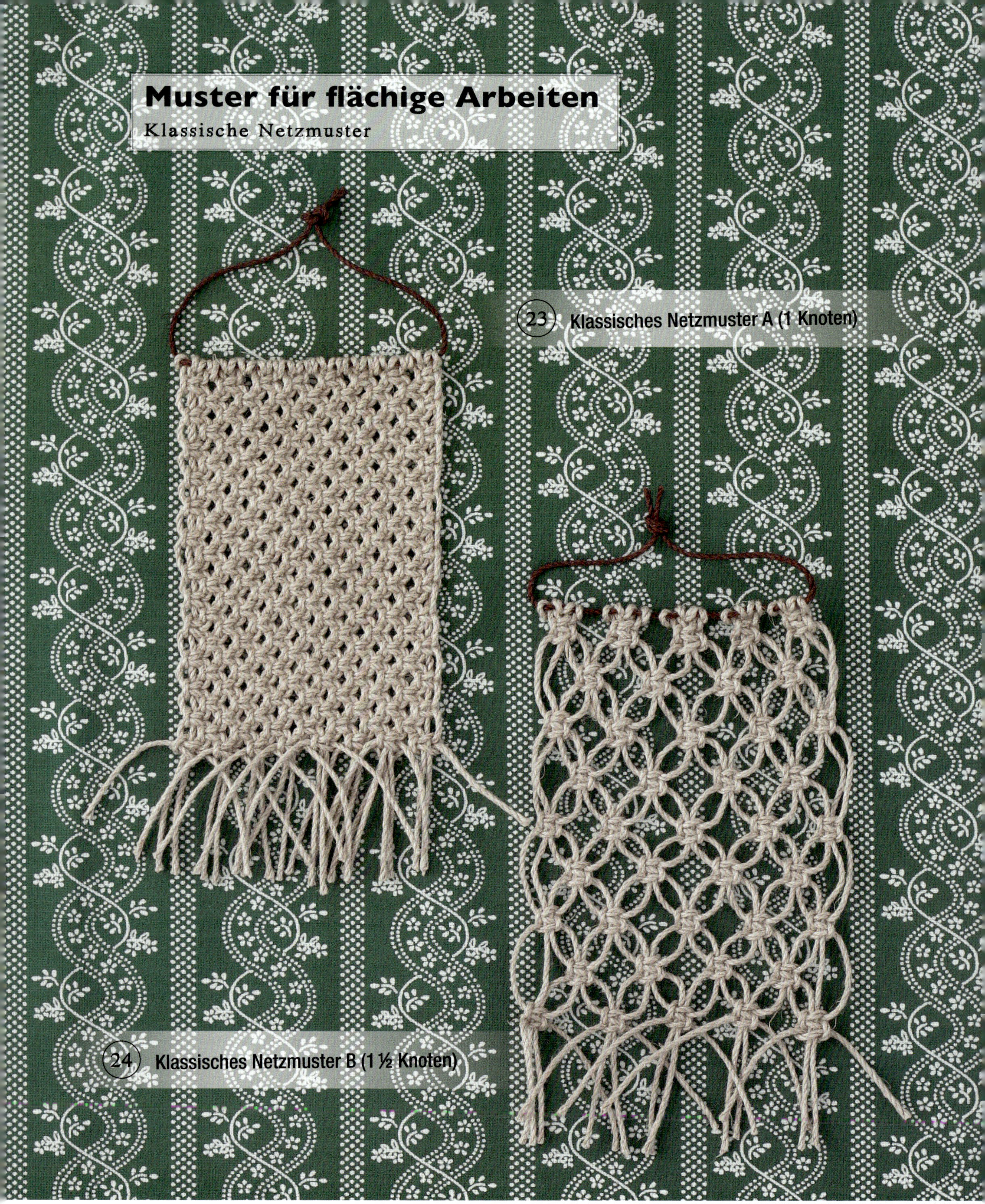

(23) Klassisches Netzmuster A (1 Knoten)

(24) Klassisches Netzmuster B (1 ½ Knoten)

(23) Ein festes Netz aus einfachen Kreuzknoten, die in Reihen versetzt geknüpft werden.

(24) Dieses offene Netz ähnelt dem ersten, ist jedoch jeweils mit 1 1/2 Kreuzknoten geknüpft. Das Muster ähnelt einem traditionellen asiatischen Muster aus einander überlappenden Münzenmotiven und soll Glück bringen.

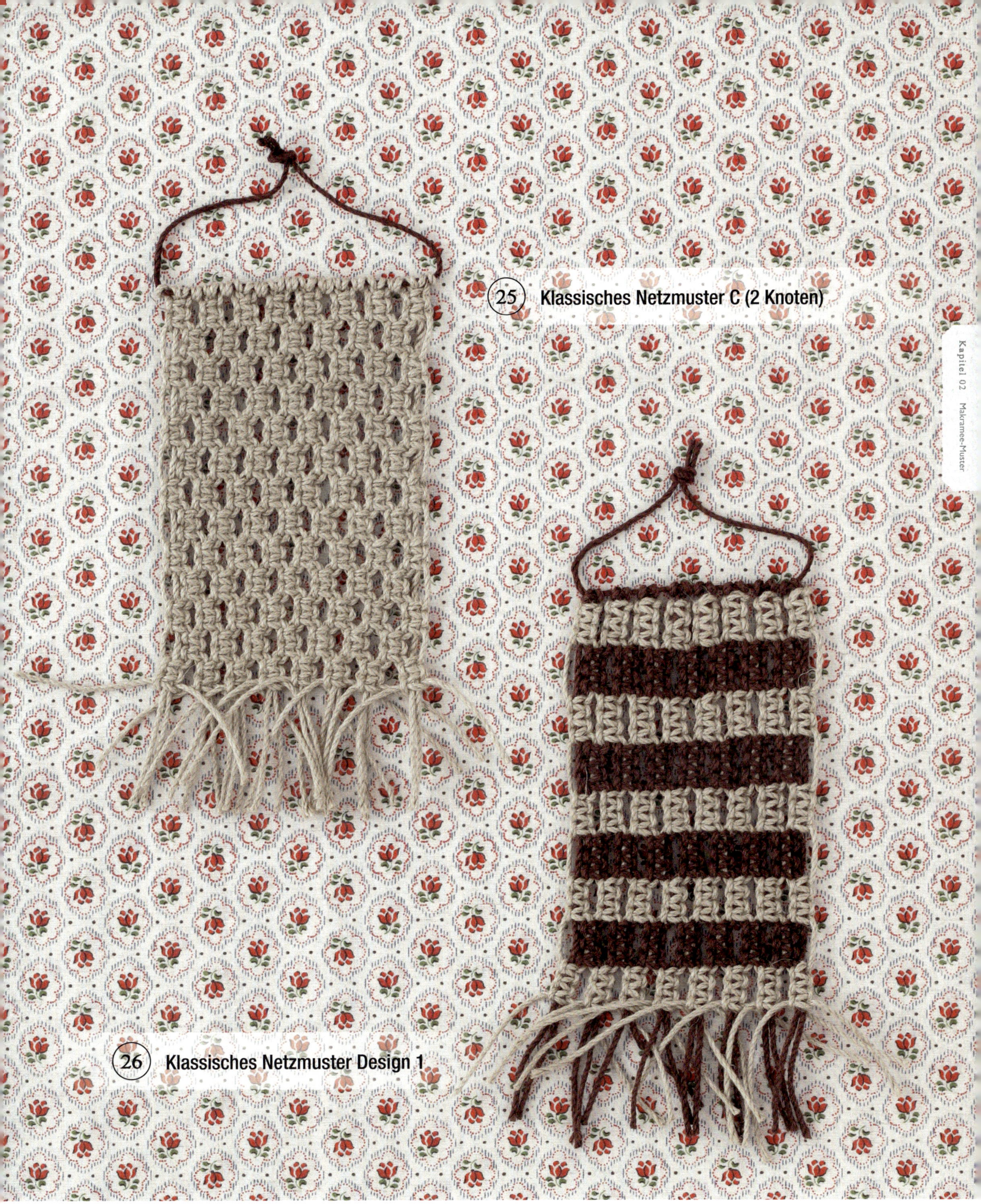

(25) Klassisches Netzmuster C (2 Knoten)

(26) Klassisches Netzmuster Design 1

(25) Wenn noch mehr Kreuzknoten direkt aneinander geknüpft werden, bekommen die Löcher des Netzes eine längliche Sechseckform.

(26) Wenn die Arbeitsfäden 2 verschiedene Farben haben und abwechselnd in Reihen geknüpft werden, entsteht ein Muster mit waagrechten Streifen.

㉓ Klassisches Netzmuster A (1 Knoten)

Bei diesem einfachen klassischen Netzmuster werden Kreuzknoten nebeneinander wiederholt und in den nächsten Reihen jeweils um 2 Fäden versetzt.

Foto Seite 64

Knüpfdiagramm

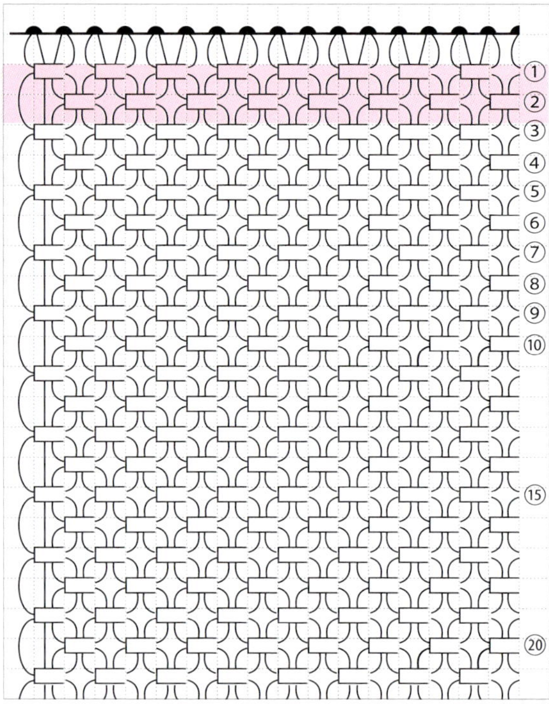

Knüpftechnik

Nach links gerichteter Kreuzknoten → Seite 35

Diagramm

1

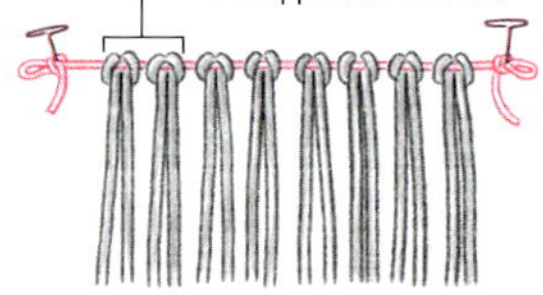

Die Arbeitsfäden in Vierergruppen (4 einfache Fäden oder 2 doppelt gelegte Fäden) am Trägerfaden befestigen.

2

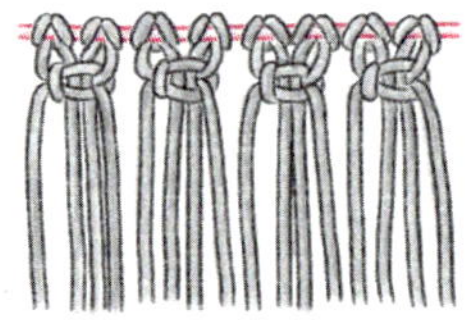

In der 1. R aus jeder Vierergruppe einen Kreuzknoten knüpfen.

3

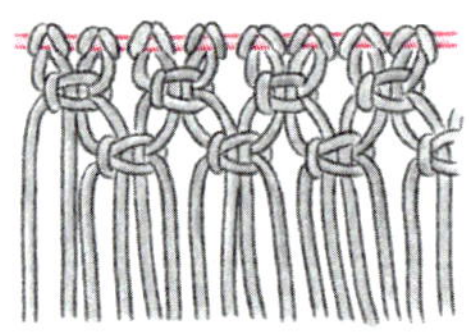

In der 2. R die ersten beiden Fäden überspringen und mit jeder folgenden Vierergruppe einen Kreuzknoten knüpfen.

4

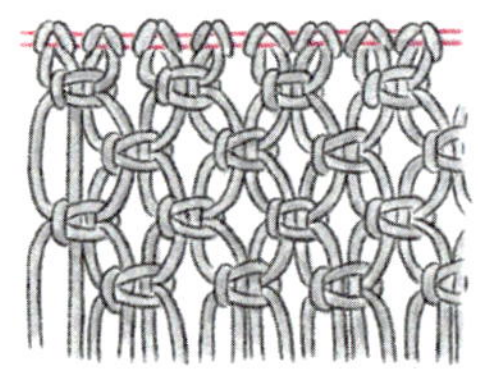

Schritte 1–2 wiederholen, bis die Arbeit die gewünschte Länge hat. Mit der 1. R enden, damit die Fäden an den Kanten verknotet sind.

㉔ Klassisches Netzmuster B (1 ½ Knoten)

Ähnelt Muster ㉓ oben. Lasse etwas Platz zwischen jeder Vierergruppe und knüpfe an jeder Stelle 1 ½ Kreuzknoten. Zwischen den einzelnen Reihen solltest du ebenfalls auf einen gleichmäßigen Abstand achten.

Foto Seite 64

Knüpfdiagramm

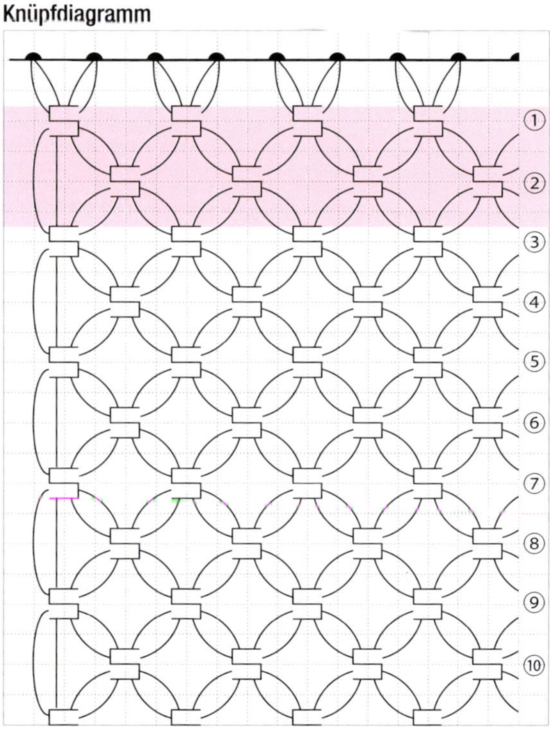

Knüpftechnik

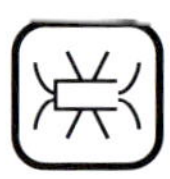

Nach links gerichteter Kreuzknoten → Seite 35

Tipp

So wird das Netzmuster gleichmäßig

Dieses klassische Netzmuster lehnt sich an traditionelle Shippo-Muster aus sich überkreuzenden Kreisen an, wie sie in der Sashiko-Sticktechnik eingesetzt werden. Entscheidend bei diesen Makramee-Mustern sind ausgewogene und gleichmäßige Abstände. Damit die Abstände zwischen den Reihen gleichmäßig werden, befestigst du deine Arbeit wie rechts abgebildet auf einem Makramee-Brett. Bei offenen Netzmustern wie diesem können sich die Kreuzknoten lockern, daher musst du gut auf die Fadenspannung achten, damit die Knoten schön gleichmäßig werden.

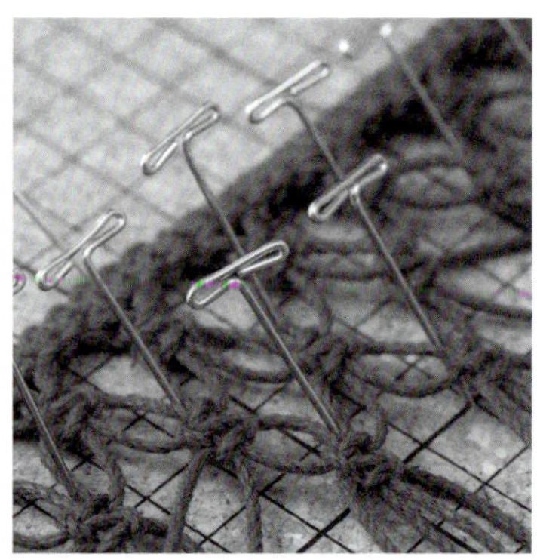

(25) Klassisches Netzmuster C (2 Knoten)

Ähnelt ebenfalls dem Muster ㉓ links, jedoch werden immer 2 Kreuzknoten geknüpft. Achte auf eine sehr feste Fadenspannung.

Foto Seite 65

Knüpfdiagramm

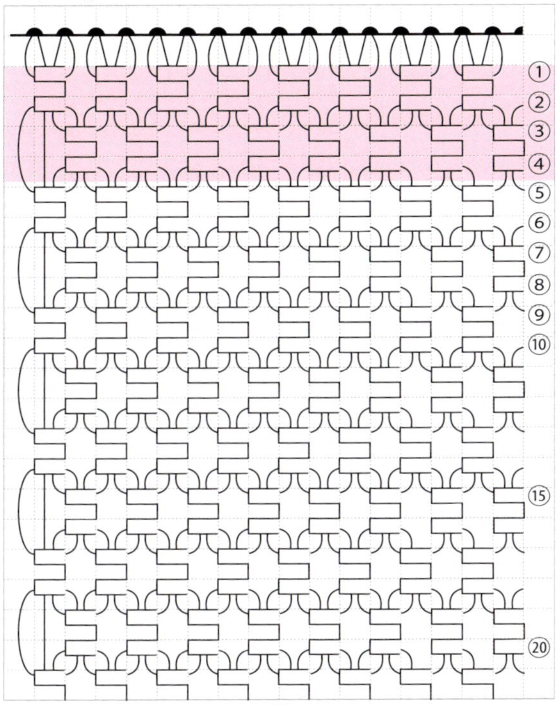

Knüpftechnik

Nach links gerichteter Kreuzknoten → Seite 35

Tipp

Die Kreuzknoten müssen stets in die gleiche Richtung zeigen

Bei den in diesem Buch vorgestellten klassischen Netzmustern haben wir immer nach links gerichtete Kreuzknoten gewählt. Wenn du nach rechts gerichtete Kreuzknoten verwenden möchtest, entsteht ein praktisch identisches Muster, wie rechts abgebildet.
Du musst jedoch in der gesamten Arbeit die Kreuzknoten immer gleich ausrichten, damit das Muster gelingt. Entscheide dich für die Richtung, die dir am besten gefällt.

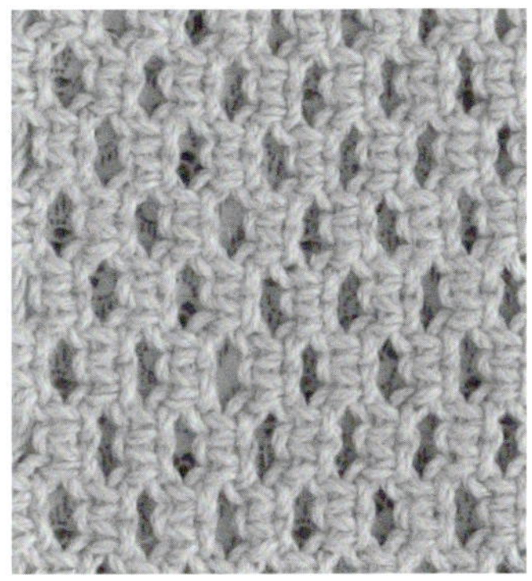

(26) Klassisches Netzmuster Design 1

Hier besteht jede Gruppe aus 4 Fäden jeweils aus 2 Kontrastfarben (im Tipp unten findest du Hinweise, wie du am besten beginnst). Es werden jeweils drei Kreuzknoten nacheinander geknüpft. Wechsele die Farbe der Knoten alle 3 Reihen.

Foto Seite 65

Knüpfdiagramm

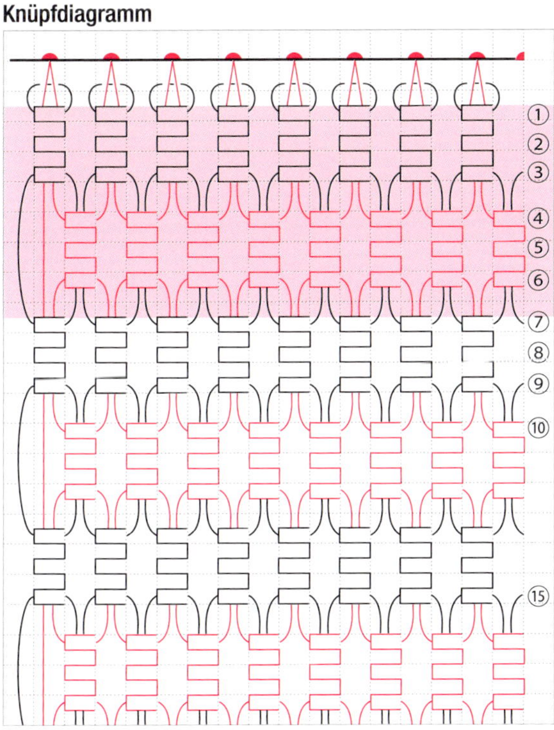

Knüpftechnik

Nach links gerichteter Kreuzknoten → Seite 35

Tipp

So befestigst du die Fäden, wenn du 2 Farben verwendest

Damit du Vierergruppen aus 2 Farben bekommst, befestigst du zunächst 2 Fäden einer Farbe am Trägerfaden, diese bilden dann die 2 inneren Fäden der Gruppe in der ersten Knotenreihe. Wiederhole dies am gesamten Trägerfaden entlang. Dann knüpfst du 2 Fäden der zweiten Farbe zu jeder Gruppe, wie abgebildet direkt unter dem Trägerfaden (das sieht am besten aus, wenn du 1 langen Faden verwendest und diesen in der Mitte befestigst.)

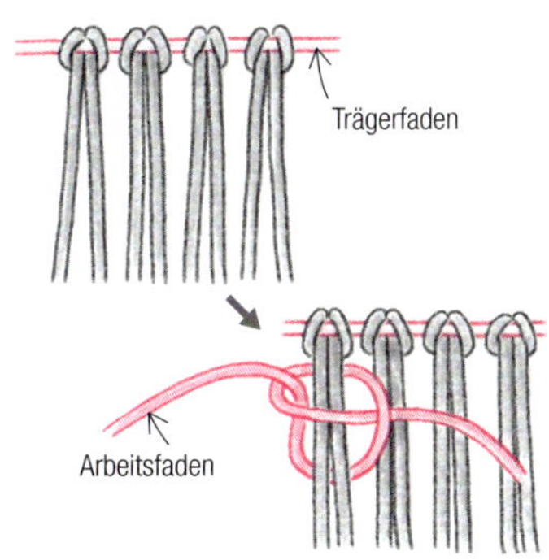

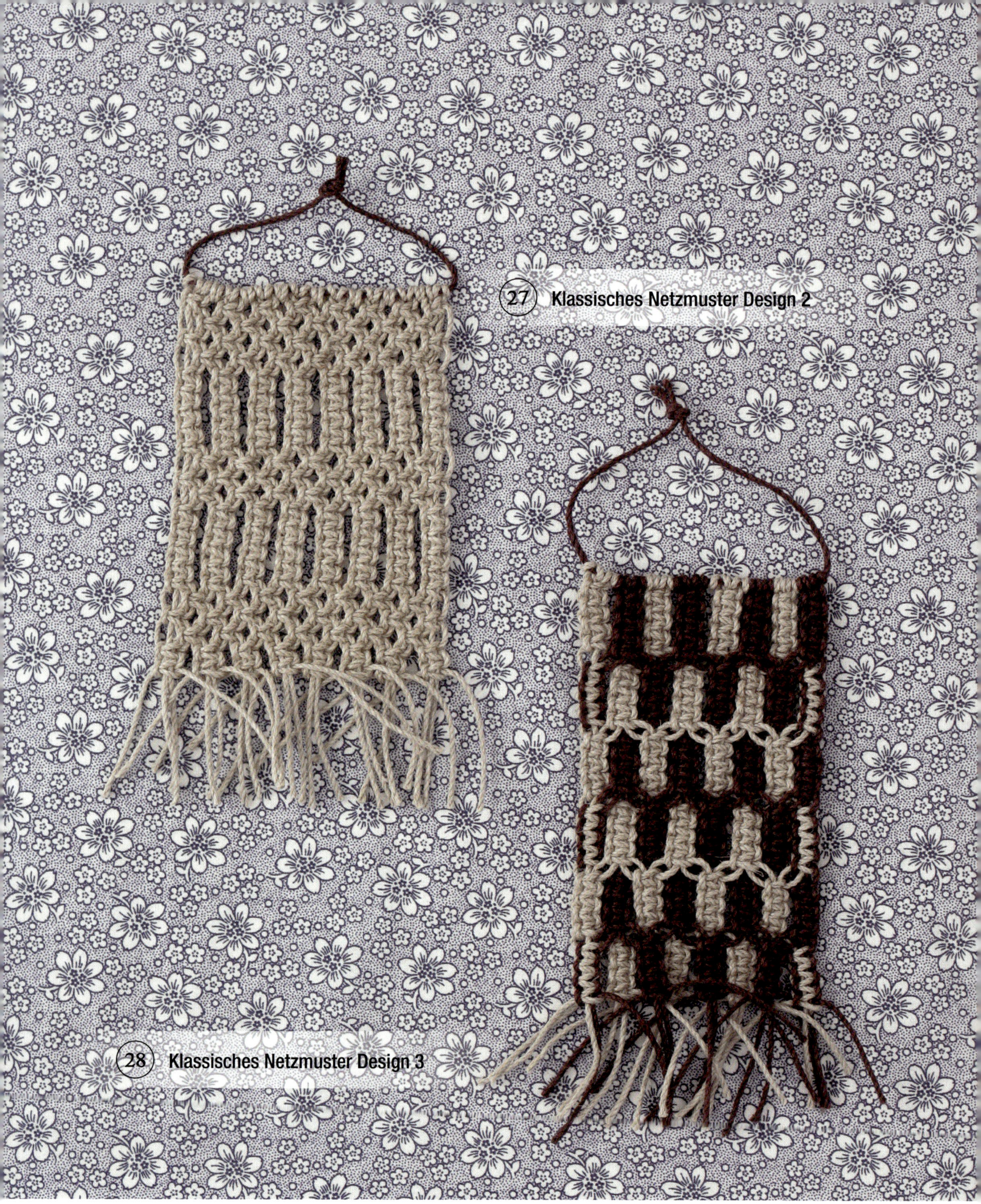

(27) Wenn du möchtest, kannst du bunte Bänder durch die länglichen Lücken zwischen den Kreuzknotensträngen fädeln.

(28) Dieses Muster sieht schwierig aus, besteht aber nur aus Kreuzknotensträngen. Gerade weil solche Muster ganz einfach sind, ist Makramee einfach eine wundervolle Technik!

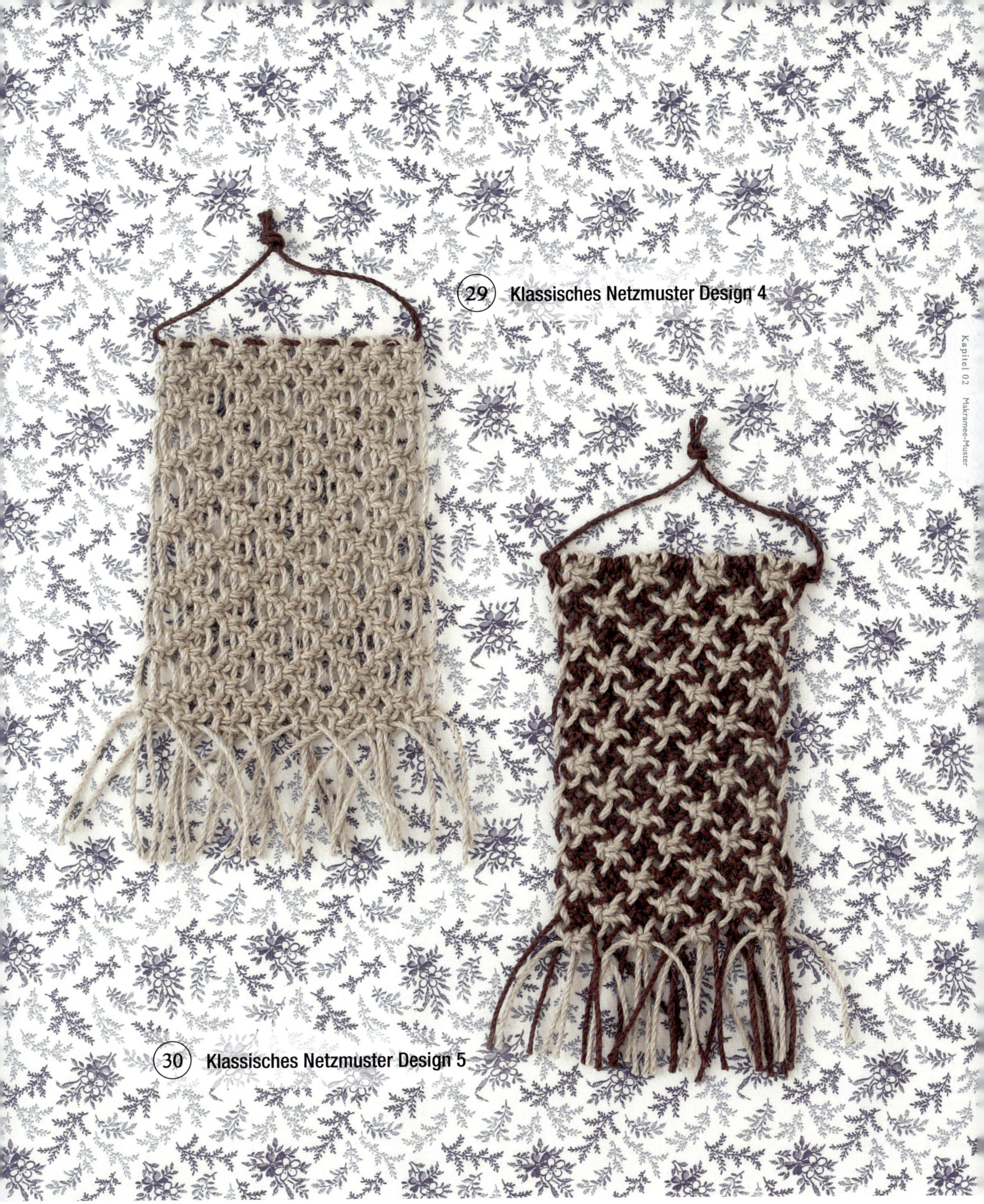

(29) Klassisches Netzmuster Design 4

(30) Klassisches Netzmuster Design 5

(29) Diese Variation des klassischen Netzmusters A (23) ist offener, weil in jeder zweiten Reihe die Hälfte der Knoten übersprungen wird.

(30) Bei diesem Design wird 1 Farbe wie beim offenen klassischen Netzmuster A geknüpft, während die zweite Farbe diagonal durch das Netz geflochten wird.

27 Klassisches Netzmuster Design 2

Bei diesem Muster wechseln sich mehrere Reihen eines klassischen Netzmusters mit mehreren Reihen aus Kreuzknotensträngen zu einem neuen Muster ab.

Foto Seite 68

Knüpfdiagramm

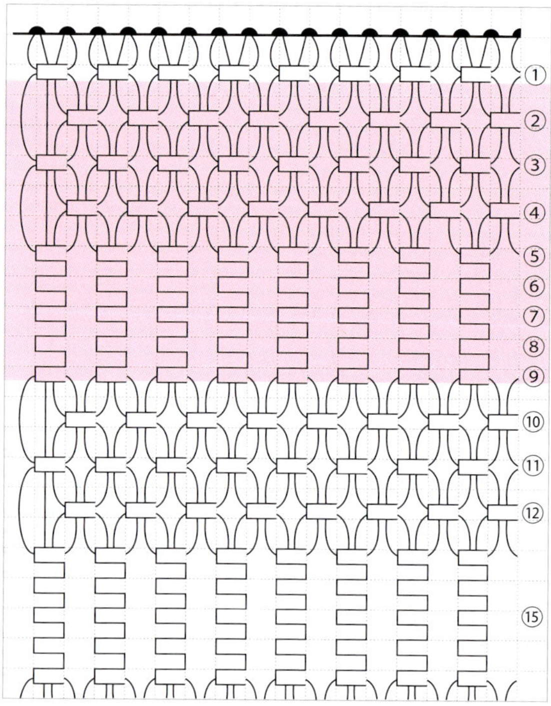

Knüpftechnik

Nach links gerichteter Kreuzknoten → Seite 35

Tipp

Fädele Zierbänder zwischen die Stränge

Die in diesem Muster verwendeten Kreuzknotenstränge sehen nicht nur toll aus, sondern sind auch praktisch. So kannst du beispielsweise Bänder oder Schnüre durch die Zwischenräume fädeln – als Verzierung oder sogar als Zugband. Passe die Anzahl der Kreuzknotenreihen in den Strängen an das Band oder die Schnur an, die du dazu verwenden möchtest.

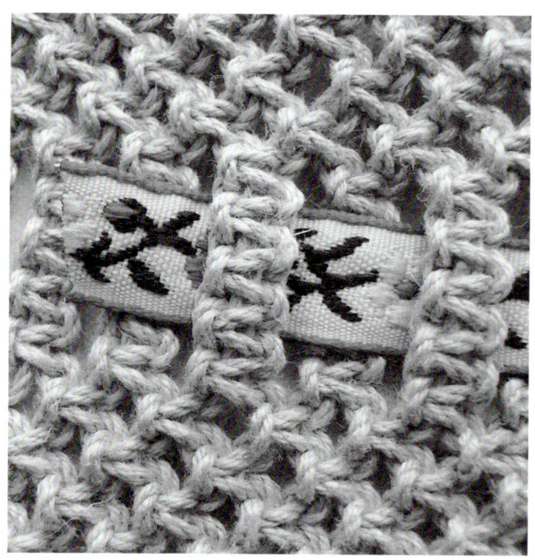

28 Klassisches Netzmuster Design 3

Bei diesem Netz aus vierreihigen Kreuzknotensträngen werden die Arbeitsfäden immer wieder überkreuzt. Bei den Strängen haben wir abwechselnd 2 Farben verknüpft.

Foto Seite 68

Knüpfdiagramm

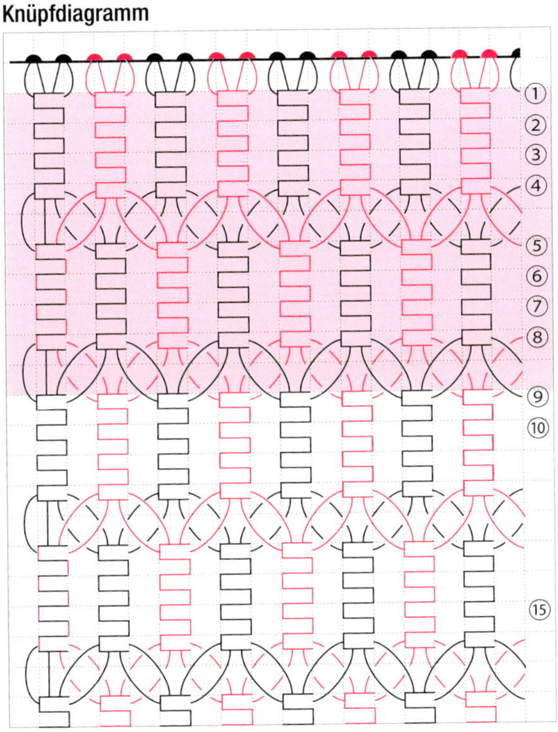

Knüpftechnik

Nach links gerichteter Kreuzknoten → Seite 35

Anleitung

1

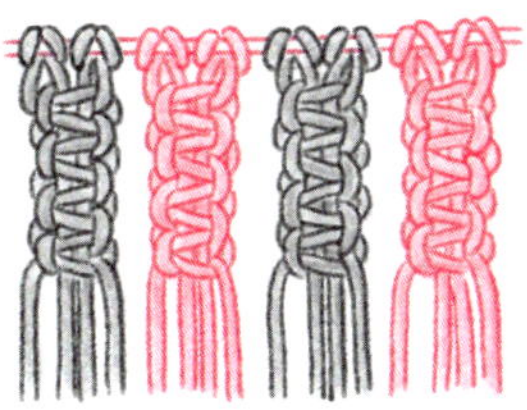

Die Arbeitsfäden in Vierergruppen anordnen, dabei von Gruppe zu Gruppe die Farbe wechseln. In jeder Gruppe einen Strang aus 4 nach links gerichteten Kreuzknoten knüpfen.

2

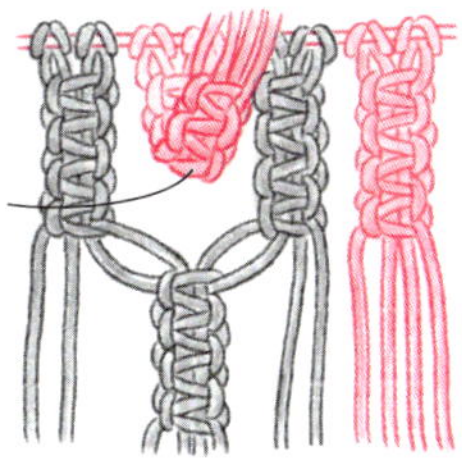

Den zweiten Strang zur Seite legen. Mit den 2 rechten Fäden des ersten Strangs und den 2 linken Fäden des dritten Strangs einen neuen Kreuzknotenstrang knüpfen.

3

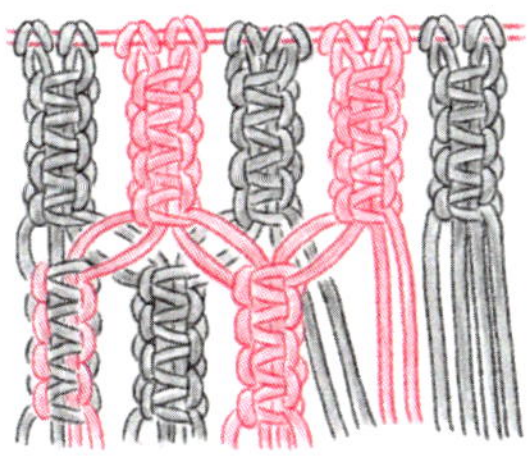

Weiter mit dem beiseitegelegten Strang: Die Fäden teilen, ebenso die Fäden des vierten Strangs in der ersten Reihe teilen. Wie abgebildet 2 neue Kreuzknotenstränge knüpfen.

4

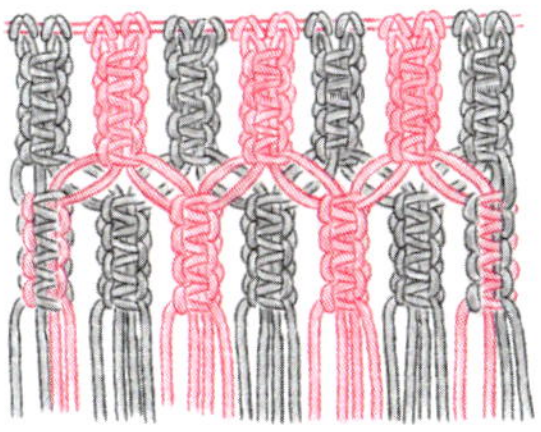

Auf diese Weise die ganze Arbeit knüpfen. Schritt 2–4 wiederholen, bis die Arbeit die gewünschte Länge hat.

(29) Klassisches Netzmuster Design 4

In diesem Muster werden alle Reihen aus Kreuzknoten geknüpft, jedoch werden die Knoten in den einzelnen Reihen versetzt geknüpft und jede zweite Vierergruppe wird übersprungen, sodass ein diagonales Muster entsteht. Das Muster wiederholt sich alle 4 Reihen.

Foto Seite 69

Knüpfdiagramm

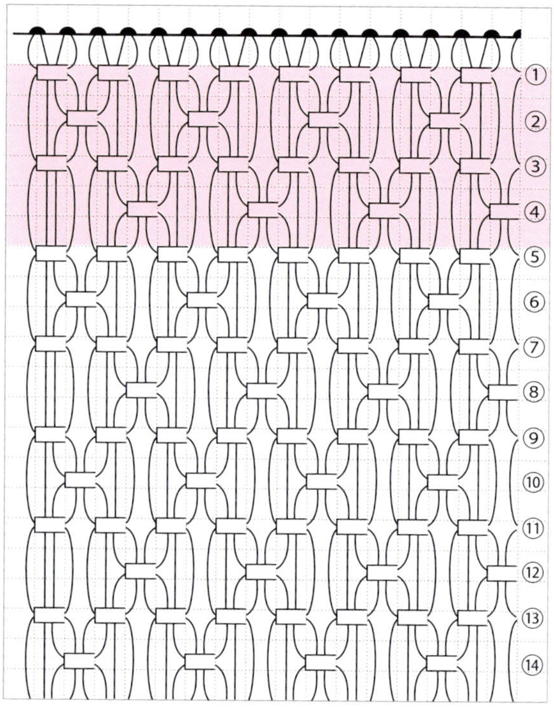

Knüpftechnik

Nach links gerichteter Kreuzknoten → Seite 35

Anleitung

1

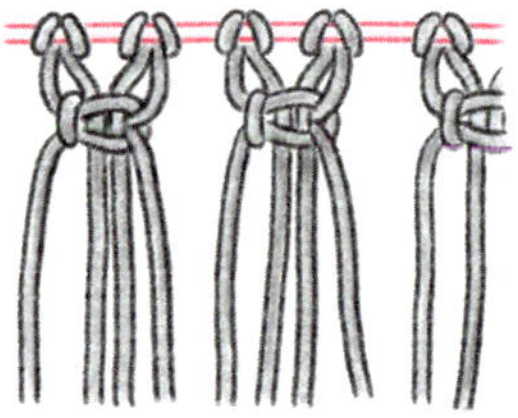

Die Arbeitsfäden in Vierergruppen zusammenfassen. In der 1. R mit jeder Vierergruppe einen Kreuzknoten knüpfen.

2

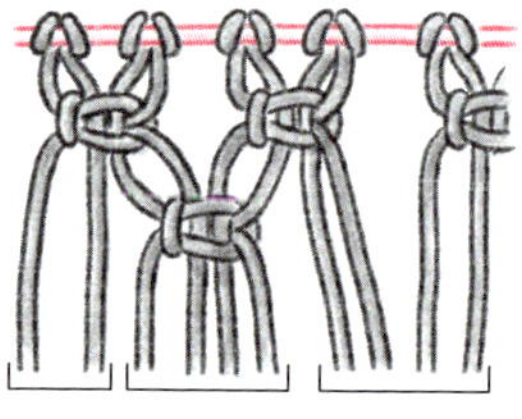

In der 2. R die 2 Fäden an der linken Kante überspringen. Mit den nächsten 4 Fäden einen Kreuzknoten knüpfen, dann 4 Fäden überspringen und mit den nächsten 4 Fäden wieder einen Kreuzknoten knüpfen.

3

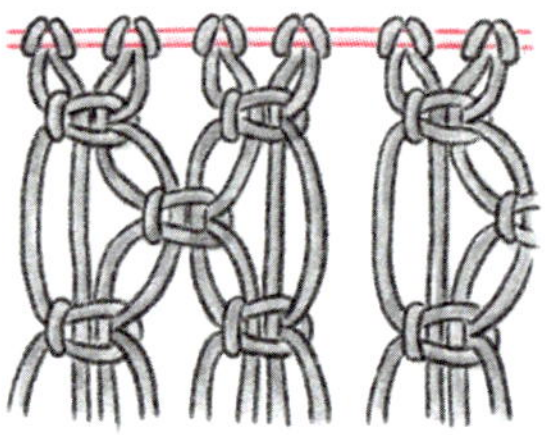

In der 3. R an der Kante beginnen und mit jeder Vierergruppe einen Kreuzknoten knüpfen (wie in der 1. R).

4

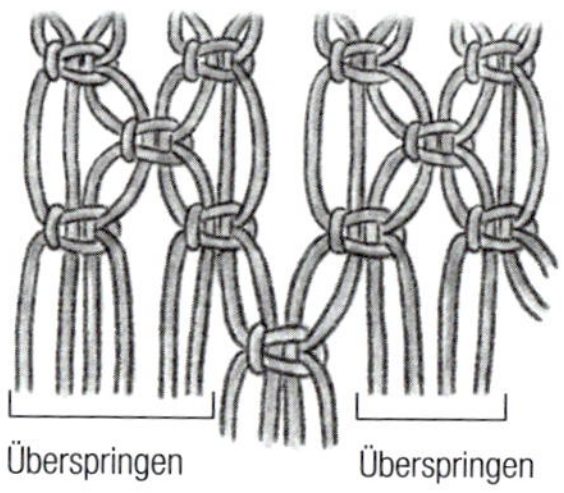

In der 4. R die ersten 6 Fäden überspringen. Mit den nächsten 4 Fäden einen Kreuzknoten knüpfen, dann 4 Fäden überspringen und mit den nächsten 4 Fäden wieder einen Kreuzknoten knüpfen. Schritte 1–4 wiederholen, bis die Arbeit die gewünschte Länge hat.

(30) Klassisches Netzmuster Design 5

Das lockere Netz dieses Musters ist das gleiche wie in Beispiel 23, wird jedoch in wechselnden Vierergruppen geknüpft. Danach werden die nicht geknüpften Fäden diagonal durch das Netzmuster geführt, sodass ein Muster entsteht, das an fliegende Vögel erinnert. Ganz wichtig: Wähle für dieses Muster starke Kontrastfarben.

Foto Seite 69

Knüpfdiagramm

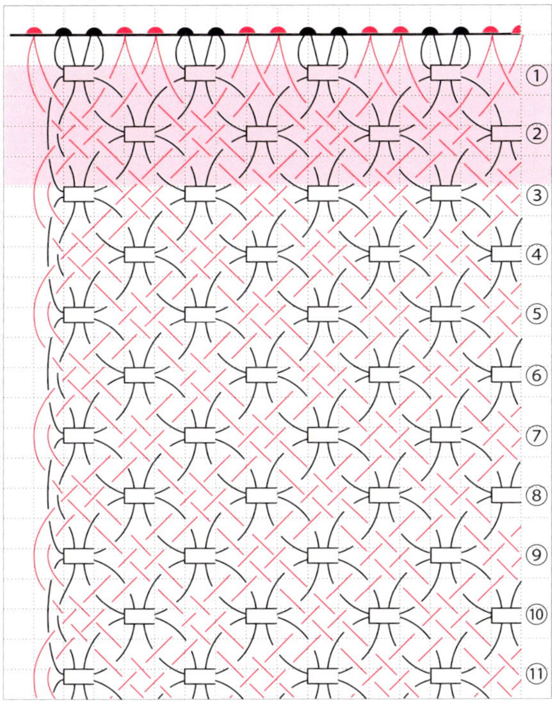

Knüpftechnik

Nach links gerichteter Kreuzknoten → Seite 35

Anleitung

1

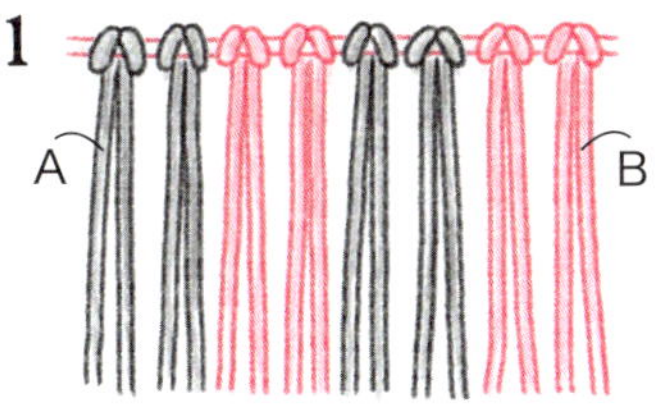

Die Arbeitsfäden in Vierergruppen zusammenfassen, wobei die Gruppen abwechselnd die Farben A und B haben (beginne und ende stets mit einer Gruppe aus 2 Fäden in Farbe B).

2

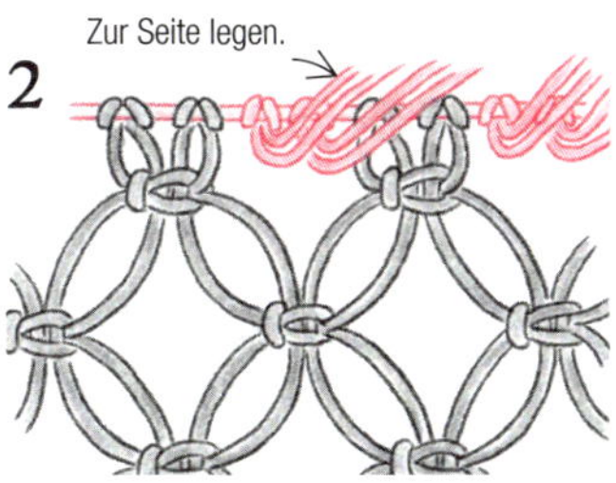

Alle Fäden in Farbe B zur Seite legen. Wie abgebildet 1 Reihe Kreuzknoten mit den Fäden in Farbe A knüpfen. Jetzt die Fäden neu anordnen und wie abgebildet in der nächsten Reihe die Knoten versetzt knüpfen. Wiederholen, bis die Arbeit die gewünschte Länge hat.

3

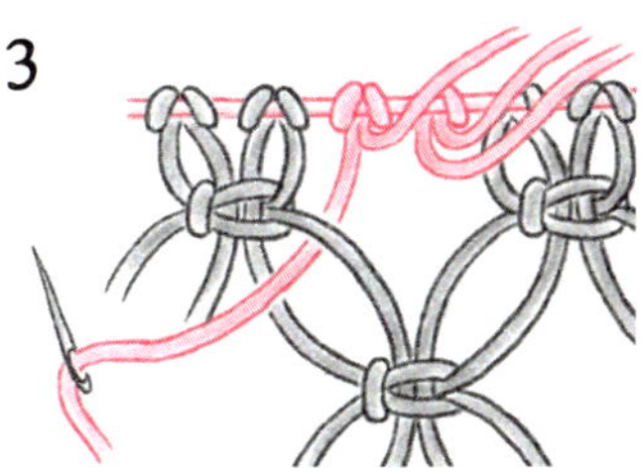

Wie im Knüpfdiagramm angegeben, die Fäden in Farbe B mit einer dicken Sticknadel durch das Netz weben.

4

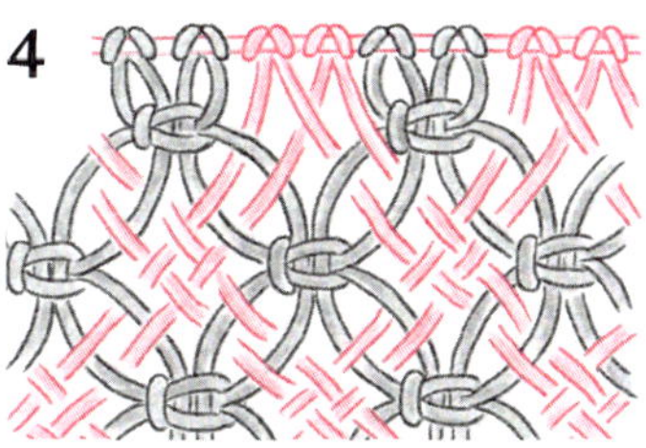

Je nach Größe der Arbeit kannst du erst alle Knoten knüpfen und dann die Fäden einflechten, oder immer abwechselnd einige Knoten knüpfen und dann Fäden einflechten.

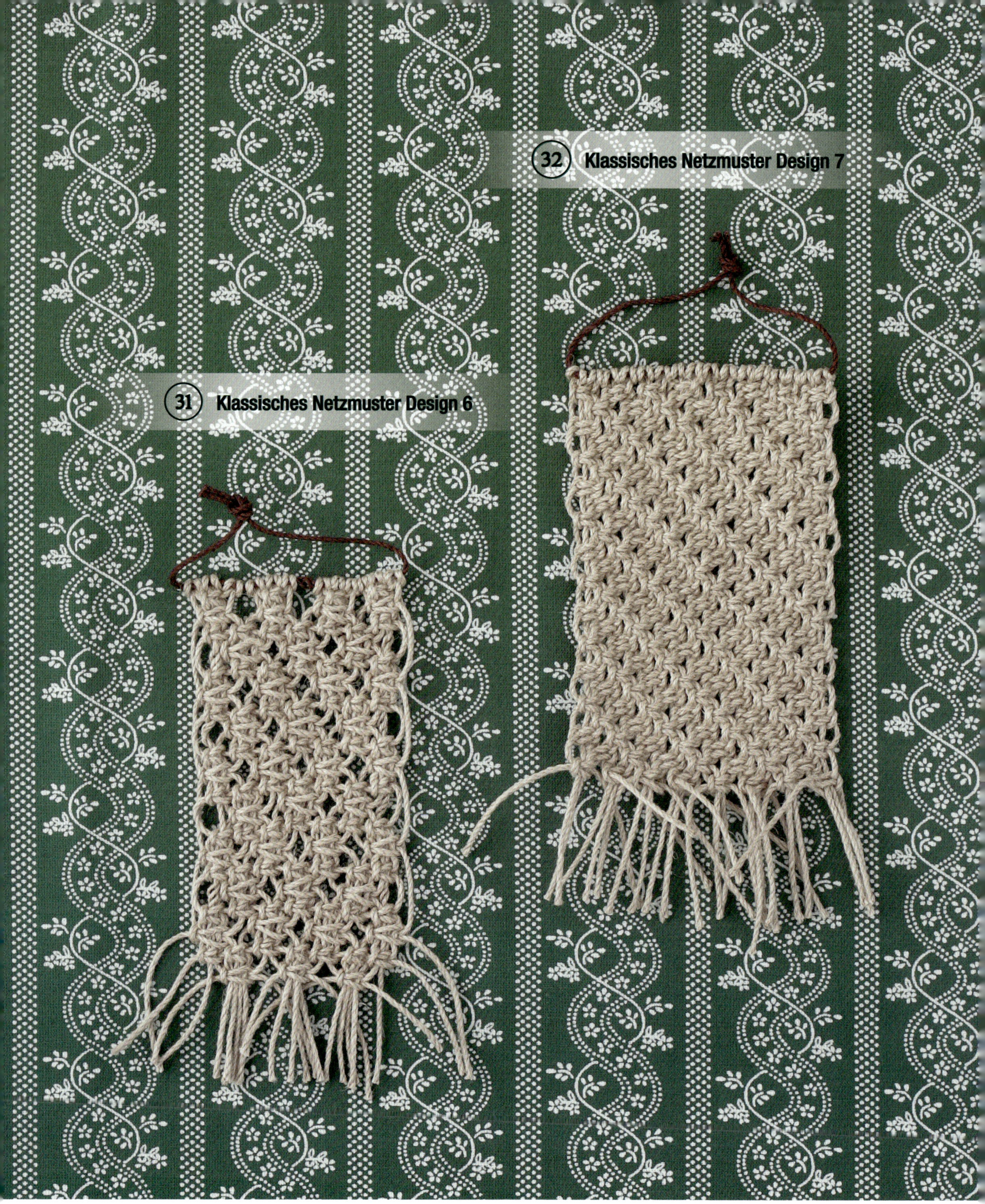

(31) Dieses rustikale Netzmuster wird aus Fäden in Sechsergruppen in Kreuzknoten über zunächst 2, dann 4 und dann wieder 2 Füllerfäden geknüpft.

(32) Bei diesem Netzmuster wechseln sich in jeder Reihe Spiralknoten mit Kreuzknoten ab.

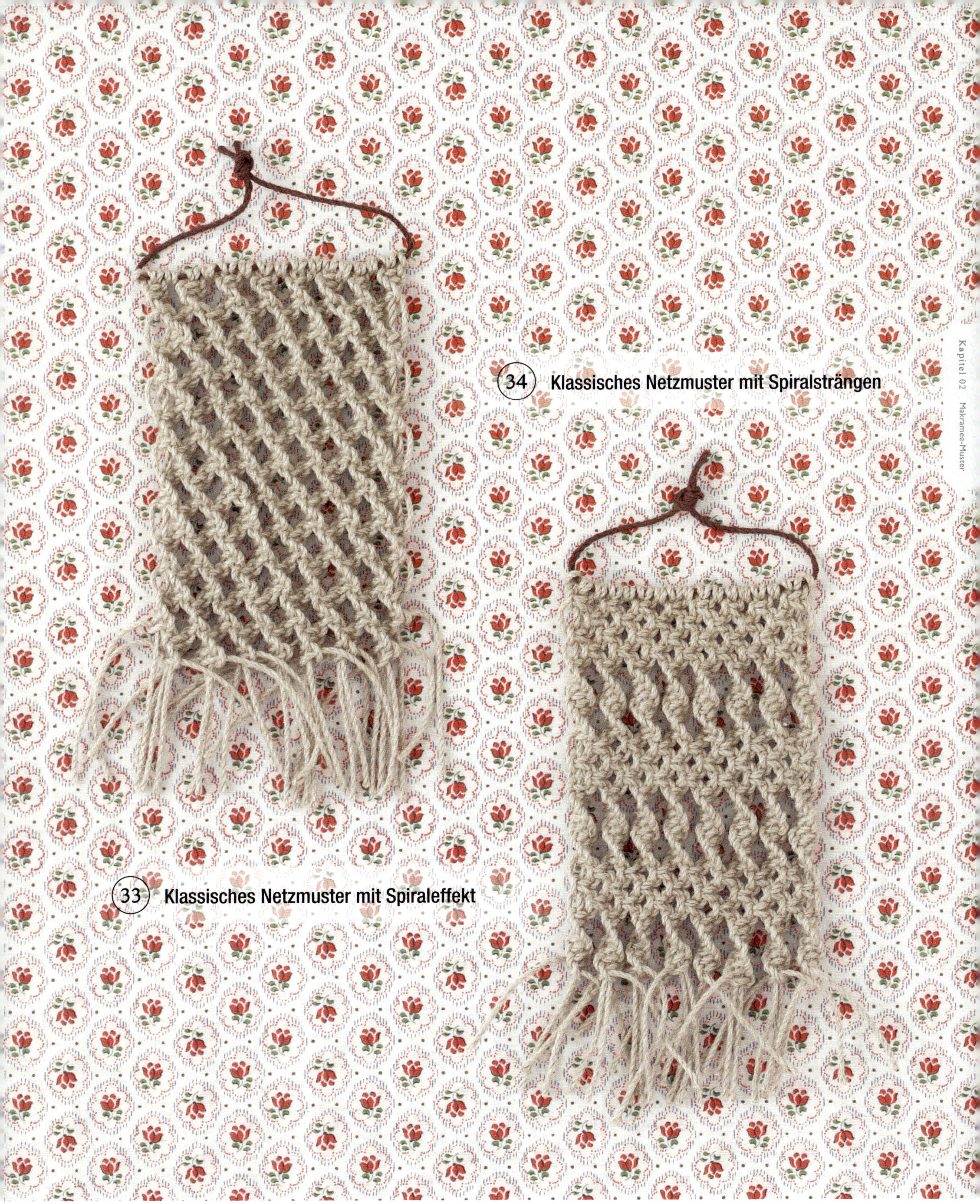

(34) **Klassisches Netzmuster mit Spiralsträngen**

(33) **Klassisches Netzmuster mit Spiraleffekt**

(33) Bei dieser Version eines Klassischen Netzmusters knüpfst du Spiralknoten anstellen von Kreuzknoten.

(34) Dieses Beispiel ähnelt dem Klassischen Netzmuster Design 2 (Beispiel ㉗), jedoch werden die separaten Stränge mit Spiralknoten geknüpft, sodass ein Welleneffekt entsteht.

31 Klassisches Netzmuster Design 6

Wenn du die Knoten über eine sich regelmäßig ändernde Anzahl an Füllerfäden knüpfst, entsteht ein ungewöhnlich strukturiertes Netz. Beginne die Arbeit mit Gruppen aus 6 Fäden.

Foto Seite 74

Knüpfdiagramm

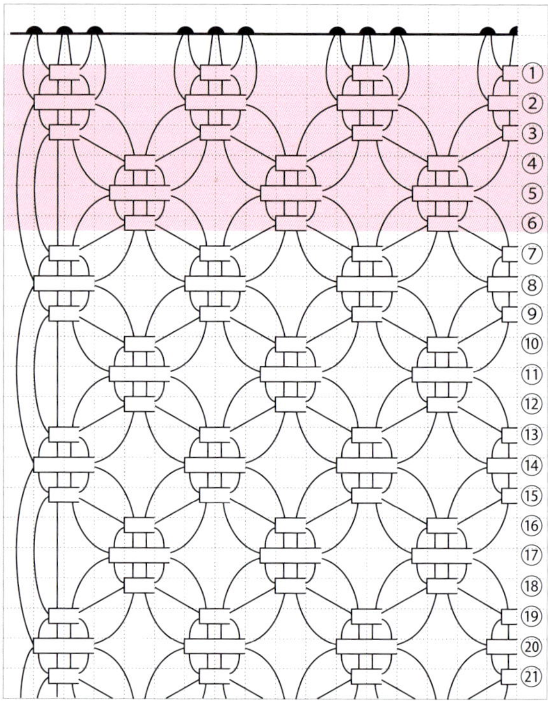

Knüpftechnik

Nach links gerichteter Kreuzknoten → Seite 35

Anleitung

1

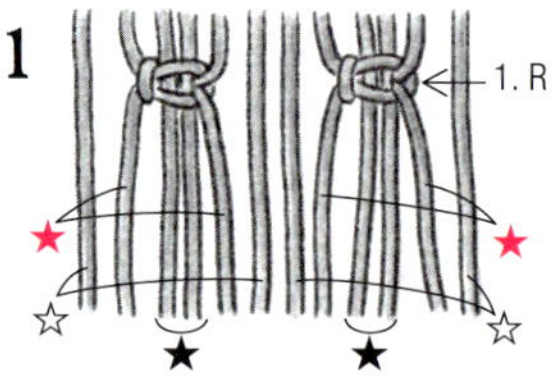

In der 1. und 3. R die mit ★ markierten Fäden in jeder Sechsergruppe über die Fäden knüpfen, die mit ★ markiert sind. In der 2. R mit den Fäden, die mit ☆ markiert sind, über alle 4 mittleren Fäden knüpfen.

2

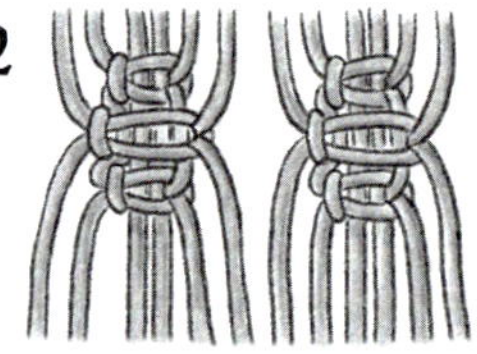

So sieht der fertige Rapport aus:

3

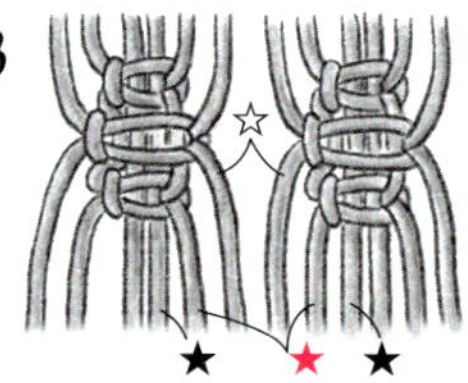

Diesen Rapport wiederholen, jedoch die Knoten versetzt knüpfen: In der 4. und 6. R zunächst mit den ★ markierten Fäden wie abgebildet über die daneben liegenden Fäden ☆ knüpfen; die 5. R mit den mit ★ markierten Fäden knüpfen.

4

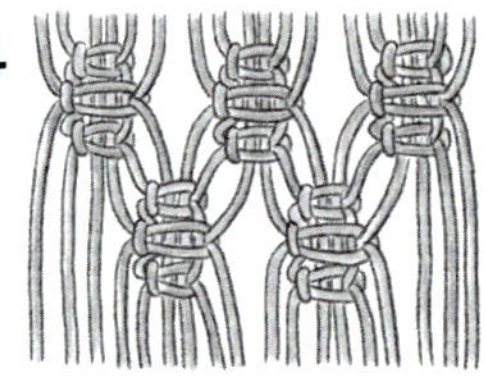

Schritt 1–3 wiederholen, bis die Arbeit die gewünschte Länge hat.

32 Klassisches Netzmuster Design 7

Die Arbeitsfäden in Vierergruppen zusammenfassen. In der ersten Gruppe knüpfst du einen Kreuzknoten, dann 2 Spiralknoten in der zweiten Gruppe. In jeder Reihe wiederholen, dabei jede zweite Reihe wie abgebildet versetzt arbeiten.

Foto Seite 74

Knüpfdiagramm

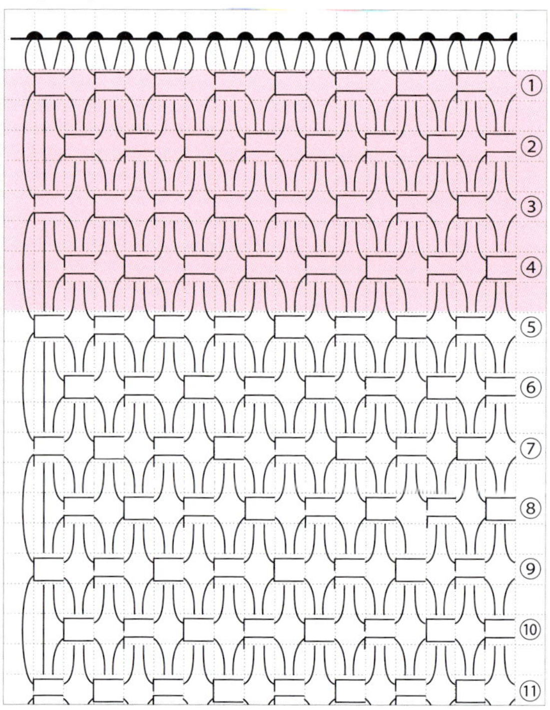

Knüpftechnik

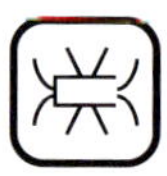

Nach links gerichteter Kreuzknoten → Seite 35

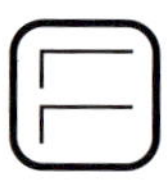

Nach links gerichteter Spiralknoten → Seite 44

(33) Klassisches Netzmuster mit Spiraleffekt

Wenn du alle Kreuzknoten des klassischen Netzmusters durch Spiralknoten ersetzt, entsteht ein dichtes Gewebe, das sich perfekt für Matten eignet.

Foto Seite 75

Knüpfdiagramm

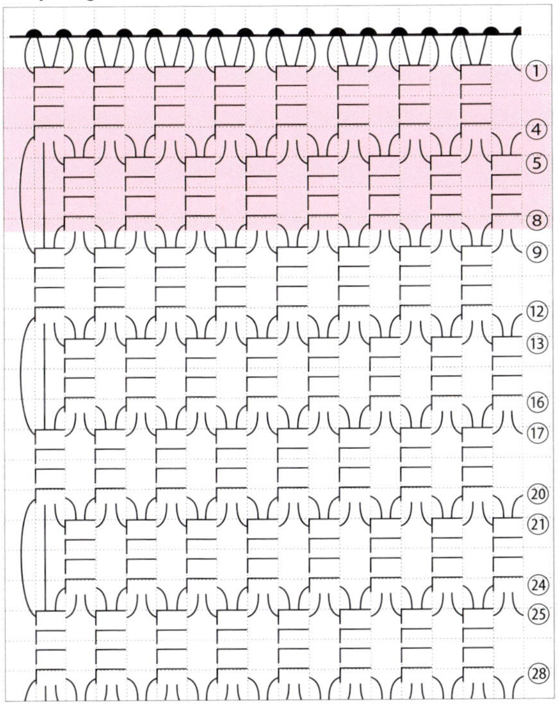

Knüpftechnik

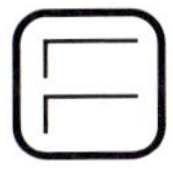
Nach links gerichteter Spiralknoten → Seite 45

Tipp

Knüpfe das Netz entweder recht locker oder ganz fest

Die Größe der Lücken in diesem Netzmuster hängt von der Anzahl der Spiralknoten ab, die mit jeder Fadengruppe in jeder Reihe geknüpft wird. Das Diagramm links zeigt Stränge aus 4 Spiralknoten, die in jeder Reihe mit jeder Fadengruppe geknüpft werden. Du kannst mehr oder weniger Spiralknoten knüpfen. Wenn es jedoch zu wenige sind, entstehen keine richtigen Spiralen und die Fläche wirkt merkwürdig verdreht und nicht sehr stabil. Der Trick besteht darin, genügend Spiralknoten für eine halbe oder eine ganze Drehung zu knüpfen.

(34) Klassisches Netzmuster mit Spiralsträngen

Bei dieser Arbeit werden Stränge des klassischen Netzmusters A mit Spiralknoten-Strängen abgewechselt. Du kannst die Länge der Spiralknoten-Stränge ganz nach Wunsch variieren.

Foto Seite 75

Knüpfdiagramm

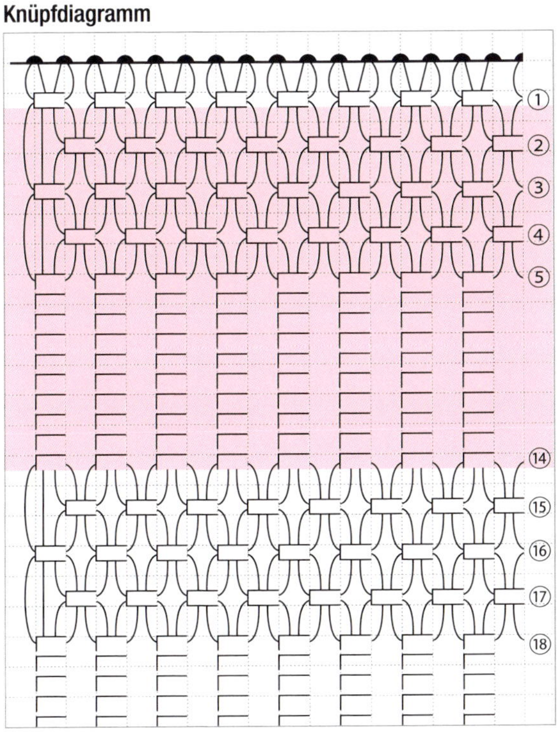

Knüpftechnik

Nach links gerichteter Kreuzknoten → Seite 35

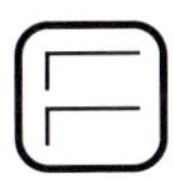
Nach links gerichteter Spiralknoten → Seite 44

Tipp

Für Spiralknoten brauchst du längere Arbeitsfäden

Beim Befestigen der Fäden musst du darauf achten, dass die Fäden, mit denen du die Spiralknoten-Stränge knüpfst, anderthalb mal so lang sind wie die Füllerfäden – das ist im nebenstehenden Diagramm links dargestellt. Hier siehst du, dass der erste und vierte Faden (B) in jeder Vierergruppe 1 ½-mal länger als der zweite und dritte Faden (A) sind.

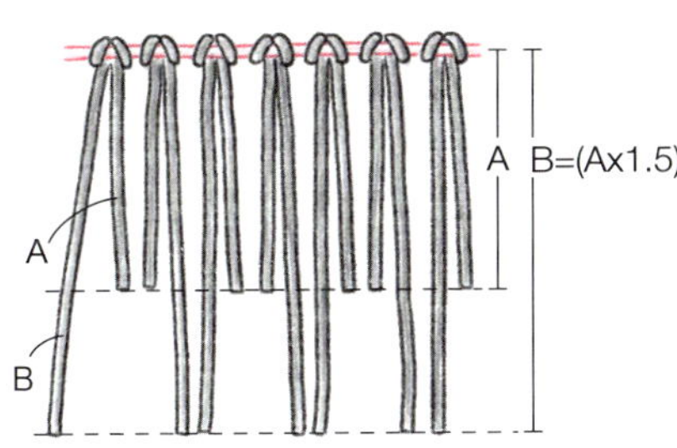

Vielseitige Muster aus Mastwürfen

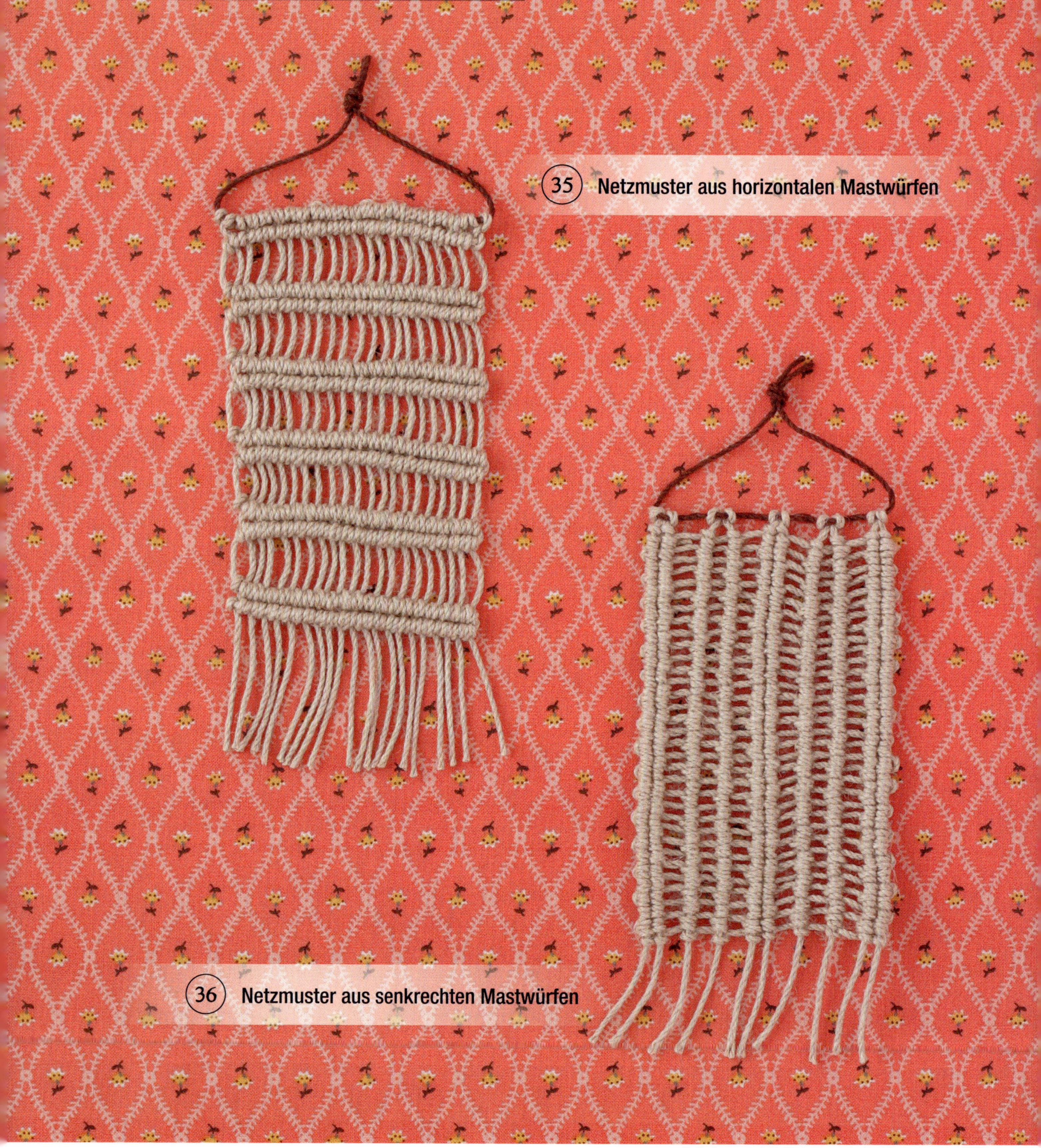

(35) Reihen aus nebeneinander angeordneten Mastwürfen werden über einen waagrechten Füllerfaden gearbeitet und wechseln sich mit einfachen senkrechten Fäden ab.

(36) Hier werden die Knoten über senkrechte Füllerfäden gearbeitet, das Netz besteht aus den Arbeitsfäden, die über die Arbeit geführt werden.

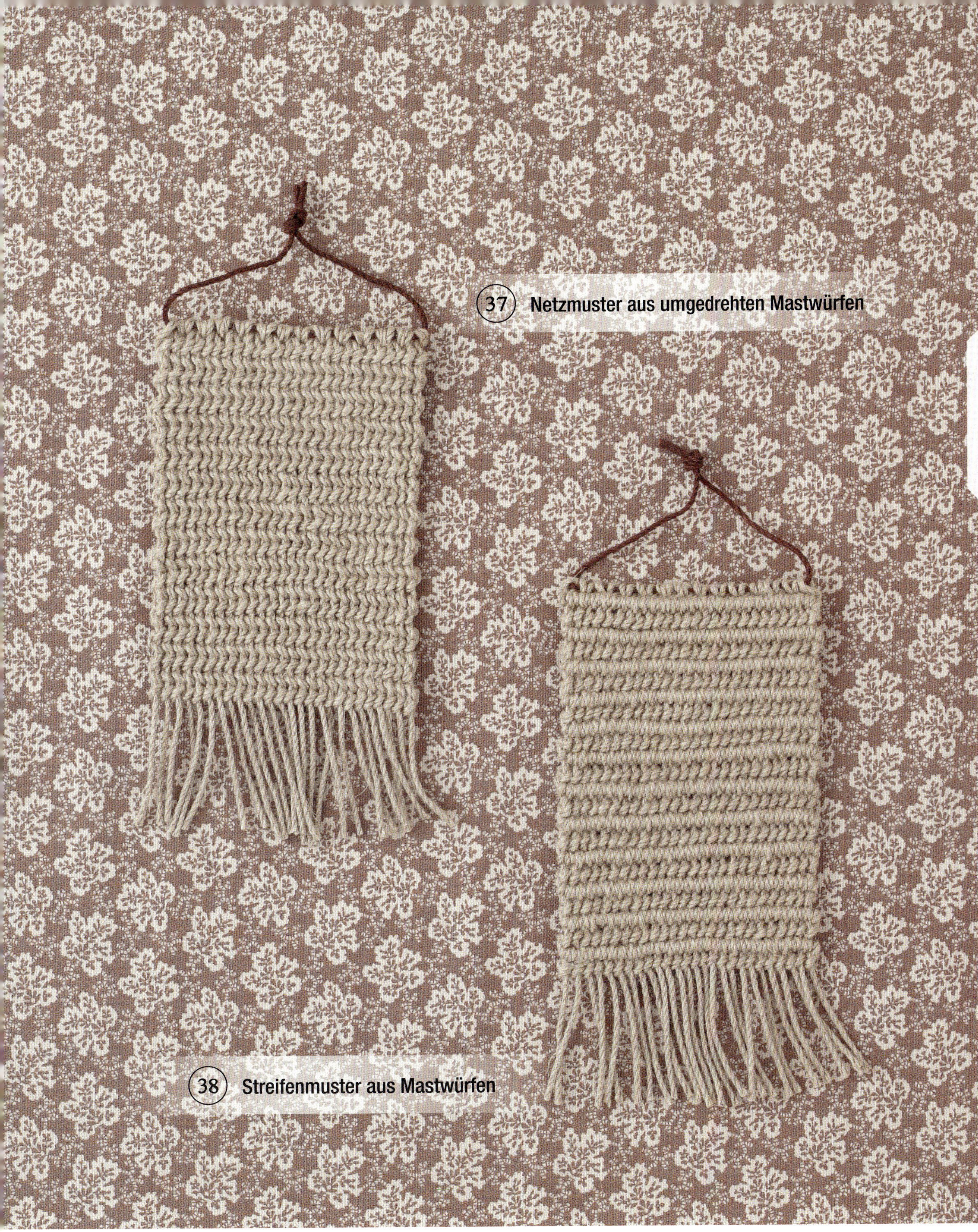

(37) Netzmuster aus umgedrehten Mastwürfen

(38) Streifenmuster aus Mastwürfen

(37) Die „Rückseite“ eines Mastwurfes ergibt ebenfalls ein interessantes Muster, insbesondere, wenn die Knoten abwechselnd in unterschiedlichen Richtungen gearbeitet werden.

(38) Diese Rippenstruktur entsteht aus abwechselnden Reihen aus horizontalen Mastwürfen und umgedrehten Mastwürfen.

Knoten-Knowhow

Mastwürfe

Ein Mastwurf wird auch als „Webleinstek“ bezeichnet. Die Schlingen dieses Knotens können waagrecht, senkrecht, diagonal oder „umgedreht“ angeordnet werden. Alle diese Knoten werden auf die gleiche Weise geknüpft und alle können von links nach rechts oder von rechts nach links geknüpft werden. Beim Symbol stellt die Linie, die am Mittelpunkt unterbrochen ist, den Arbeitsfaden dar. Die Begriffe sind verwirrend, daher folgst du einfach den Anweisungen, um die einzelnen Varianten zu erlernen.

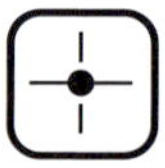

Horizontaler Mastwurf

Bei diesem Knoten werden mehrere Arbeitsfäden einzeln über einen einzigen Füllerfaden geknotet, der sich in der Arbeit nach hinten und vorne wölbt, je nachdem, welche Knotenreihe geknüpft wurde. Jeder Knoten ergibt 2 Schlingen, die nebeneinander über dem horizontalen Füllerfaden liegen.

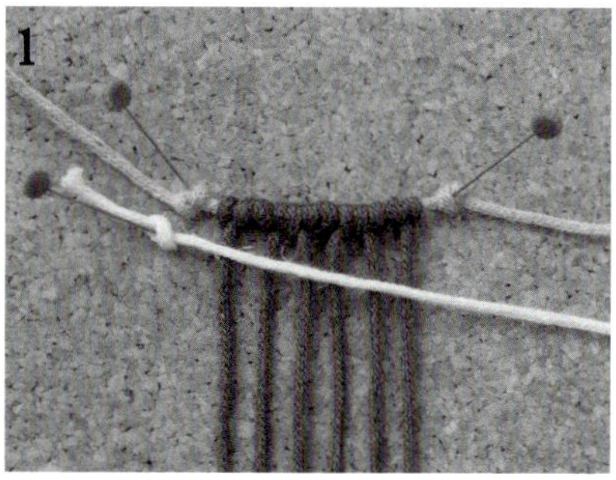

Senkrechte Fäden an einem Trägerfaden befestigen. Einen horizontalen Füllerfaden wie abgebildet an der linken Kante befestigen.

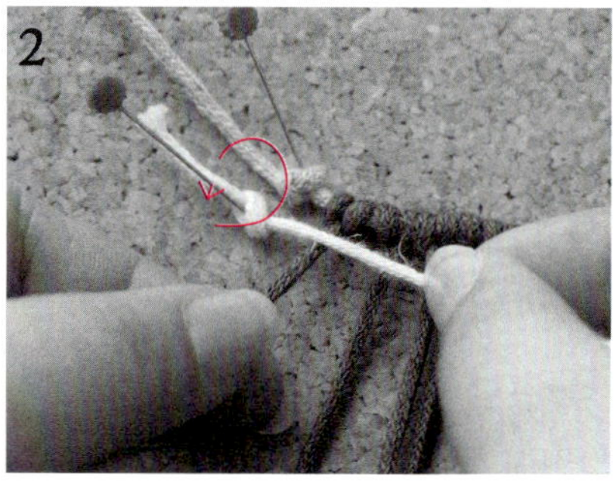

Den Füllerfaden mit der rechten Hand halten. Den senkrechten Faden an der linken Kante in Pfeilrichtung über den Füllerfaden führen.

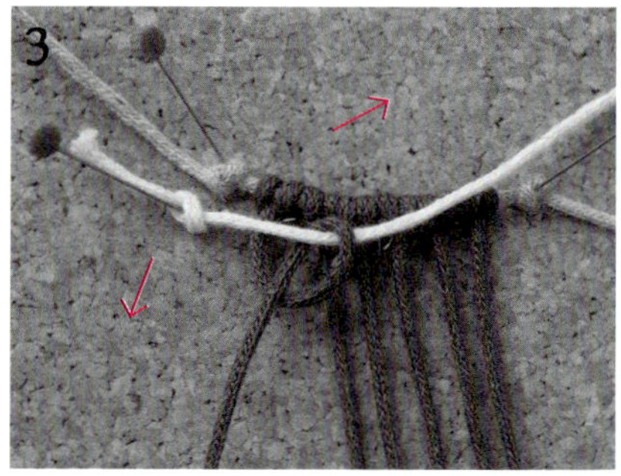

Den Füllerfaden leicht anheben und den senkrechten Faden festziehen.

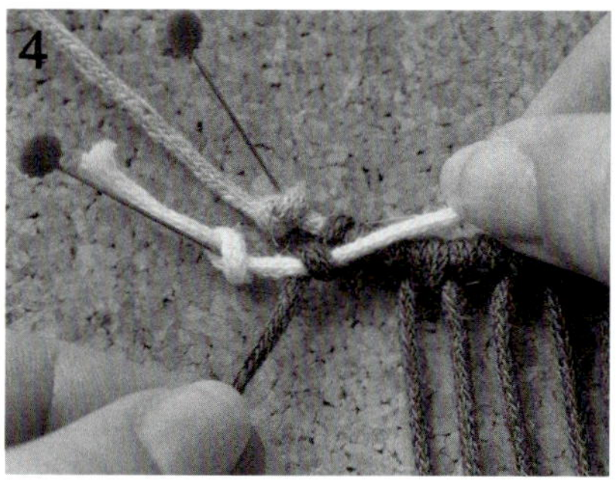

Die Hälfte eines Mastwurfes ist fertig.

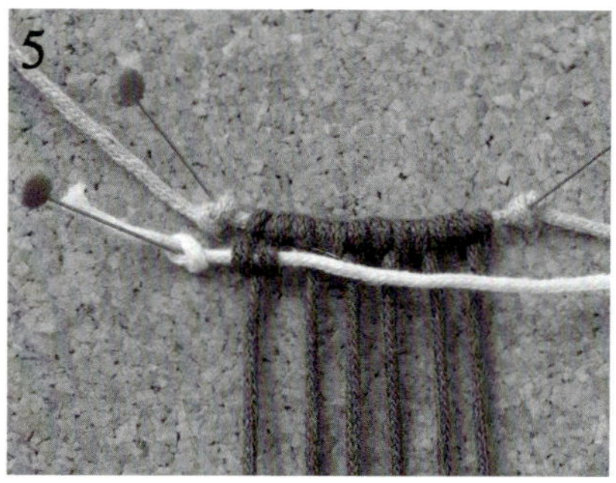

Schritt 2 und 3 mit demselben senkrechten Faden wiederholen. Er muss von hinten nach vorn durch die waagrechte Schlinge führen, die er selbst unter dem Trägerfaden gebildet hat. Jetzt von links nach rechts Schritt 2, 3 und 5 mit jedem der restlichen senkrechten Fäden wiederholen.

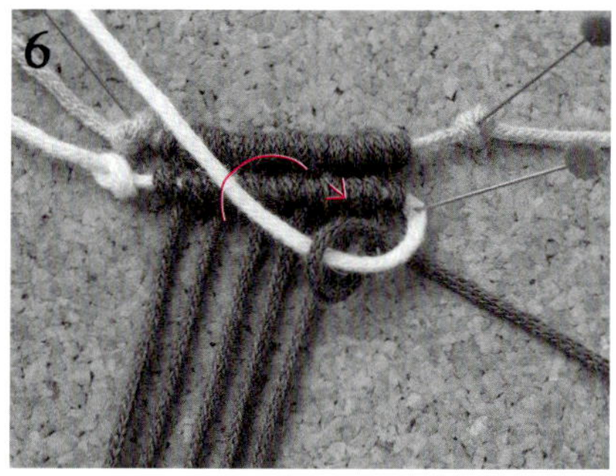

Am Ende der Reihe den Füllerfaden wie abgebildet über die Arbeit legen und am Knick mit einer Stecknadel fixieren. Die erste Hälfte eines Mastwurfes mit dem senkrechten Faden in Pfeilrichtung an der rechten Kante arbeiten (dabei in umgekehrter Richtung als in der ersten Reihe knüpfen).

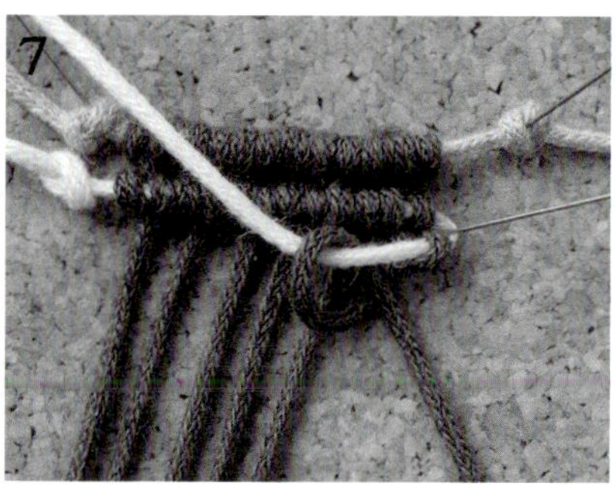

Schritt 6 mit demselben Faden wiederholen. Er muss dabei von hinten nach vorn durch die waagrechte Schlinge führen, die er selbst unter dem Trägerfaden gebildet hat. Den Faden festziehen.

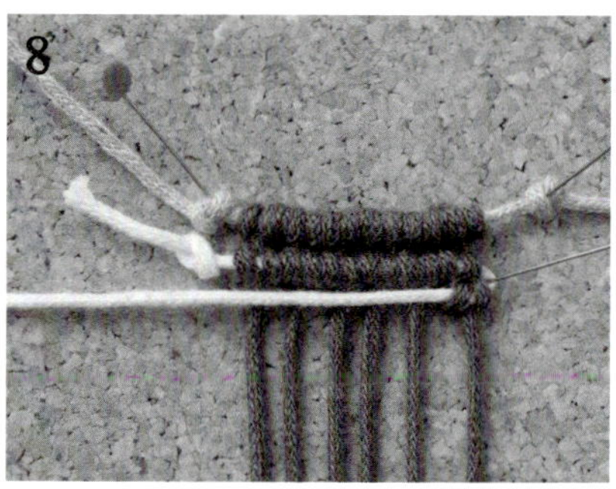

An der rechten Kante der zweiten Reihe ist jetzt ein Mastwurf fertig. Von rechts nach links arbeiten, dabei die Knoten wie in Schritt 6 und 7 einzeln mit den restlichen senkrechten Fäden knüpfen.

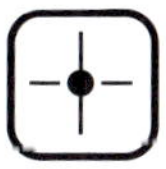

Senkrechter Mastwurf

Bei diesem Knoten wird ein einziger Arbeitsfaden über mehrere senkrechte Füllerfäden geknüpft, wobei sich am Ende jeder Reihe die Arbeitsrichtung ändert. Jeder Knoten erzeugt zwei übereinander liegende Schlingen über dem senkrechten Füllerfaden.

1

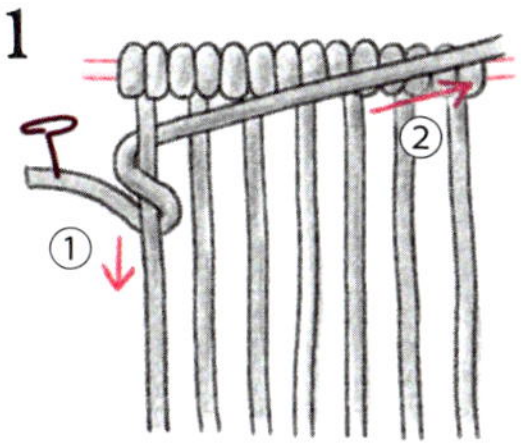

Senkrechte Füllerfäden an einem Trägerfaden befestigen. Einen Arbeitsfaden mit einer Stecknadel an der linken Kante befestigen und wie abgebildet um den ersten Füllerfaden führen.

2

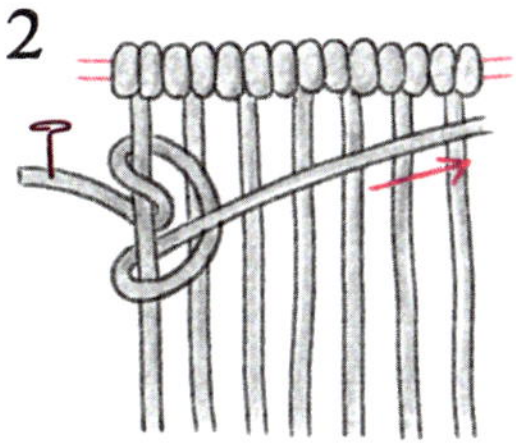

Den Arbeitsfaden erneut um denselben Füllerfaden führen, er muss wie abgebildet von hinten nach vorne durch die senkrechte Schlinge führen, die er selbst gebildet hat. Festziehen.

3

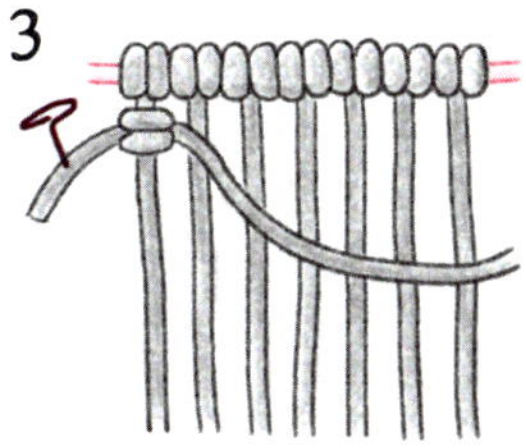

Ein senkrechter Mastwurf ist fertig.

4

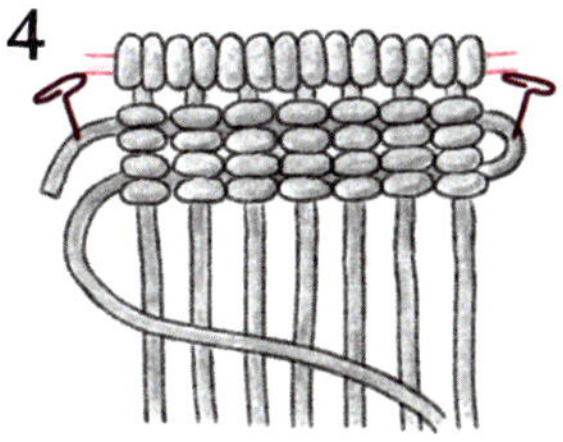

An jedem Füllerfaden einen Mastwurf wie in den Schritten 1 und 2 arbeiten. Am Ende der Reihe den Arbeitsfaden über die Arbeit legen und am Knick mit einer Stecknadel befestigen. Eine weitere Reihe von rechts nach links arbeiten, dabei die Knoten in umgekehrter Richtung knüpfen.

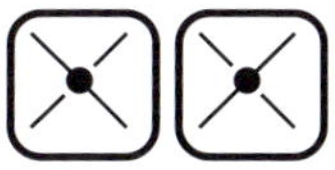

Diagonaler Mastwurf

Eine Variation des horizontalen Mastwurfes

1

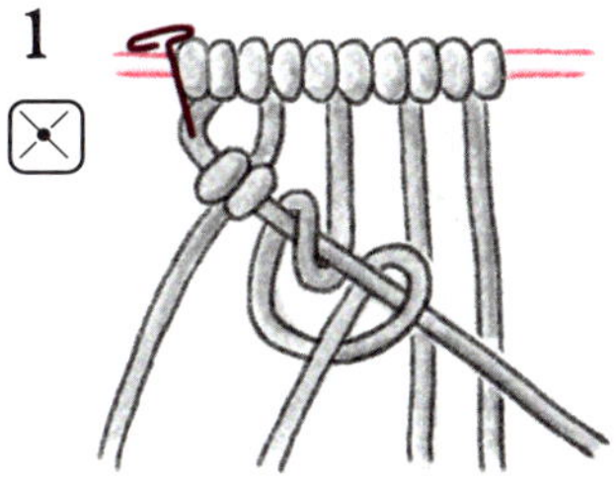

Den ersten senkrechten Faden als Füllerfaden verwenden. Knüpfe horizontale Mastwürfe wie abgebildet, achte jedoch darauf, jeden Knoten ein wenig tiefer (oder höher) als den vorherigen Knoten zu knüpfen, sodass eine Diagonale entsteht.

2

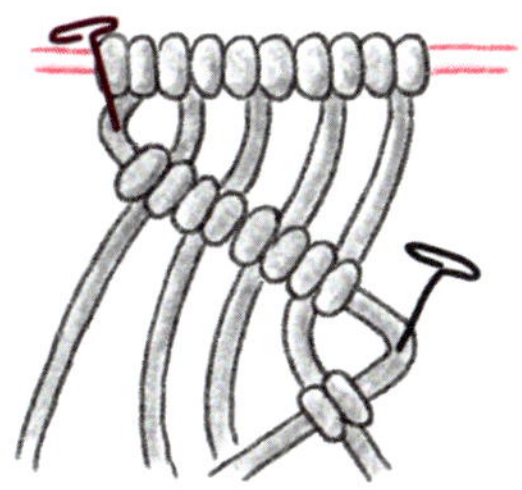

Am Ende der Reihe den Füllerfaden wie abgebildet abknicken. Damit die Richtung, in der die Schlingen geneigt sind, umgedreht gelingt, muss der Arbeitsfaden in umgekehrter Richtung geführt werden.

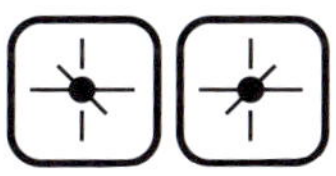

Umgedrehter Mastwurf

Bei diesem Knoten zeigt die „Rückseite“ nach vorne.

1

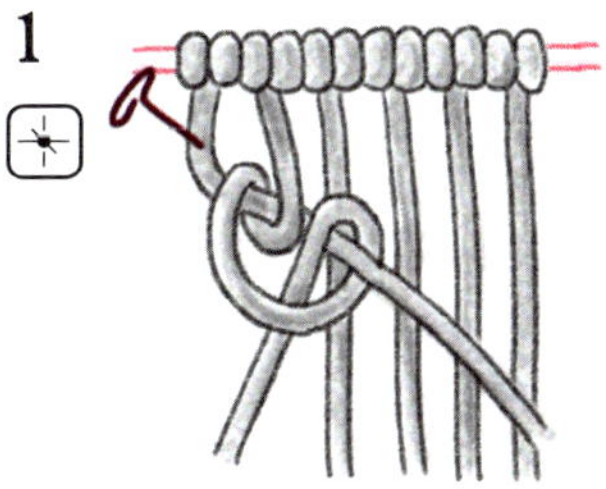

Den ersten senkrechten Faden als Füllerfaden verwenden. Wie abgebildet den zweiten senkrechten Faden darüber knüpfen (erst über und um den Füllerfaden, dann unter und um ihn herum führen).

2

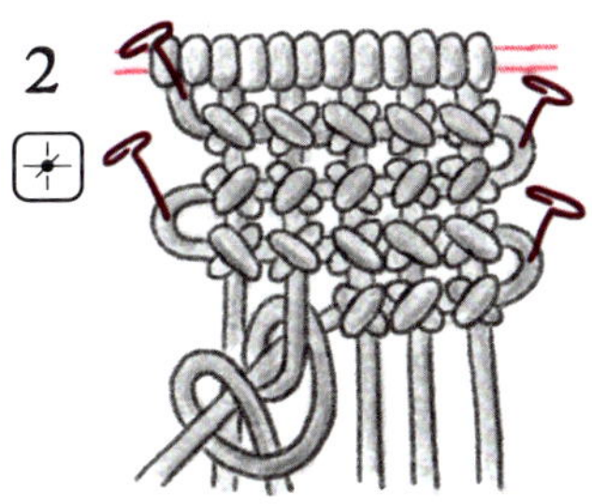

Die nächste Reihe in der entgegengesetzten Richtung (wie oben abgebildet) knüpfen, damit die obere „Schlinge“ der Knoten in jeder Reihe in die entgegen gesetzte Richtung der vorherigen Reihe zeigt.

35 Netzmuster aus horizontalen Mastwürfen

Nach jeweils 2 Reihen aus horizontalen Mastwürfen muss der Abstand zur nächsten Reihe etwas größer sein. Dabei läuft auch der Füllerfaden frei an der Kante entlang, bevor er wieder eingearbeitet wird.

Foto Seite 78

Knüpfdiagramm

← Füllerfaden befestigen.

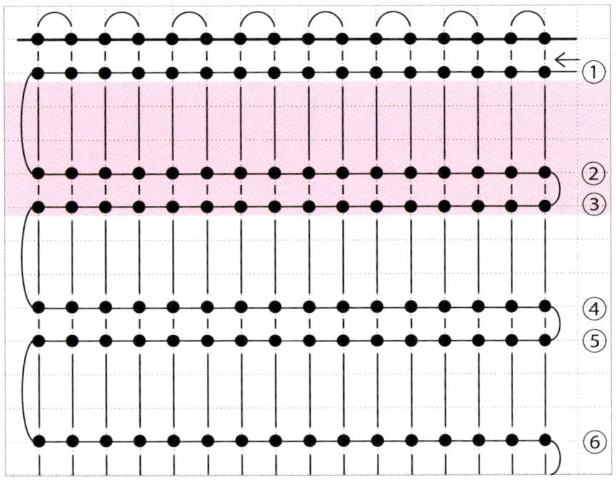

Knüpftechnik

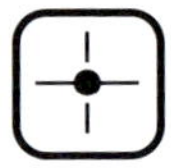

Horizontaler Mastwurf → Seite 80

36 Netzmuster aus senkrechten Mastwürfen

Die senkrechten Fäden werden paarweise befestigt. Beachte die Abstände zwischen den Fäden. Je größer die Abstände zwischen den Fadenpaaren sind, umso breiter werden die offenen Bereiche der Arbeit.

Foto Seite 78

Knüpfdiagramm

← Füllerfaden befestigen.

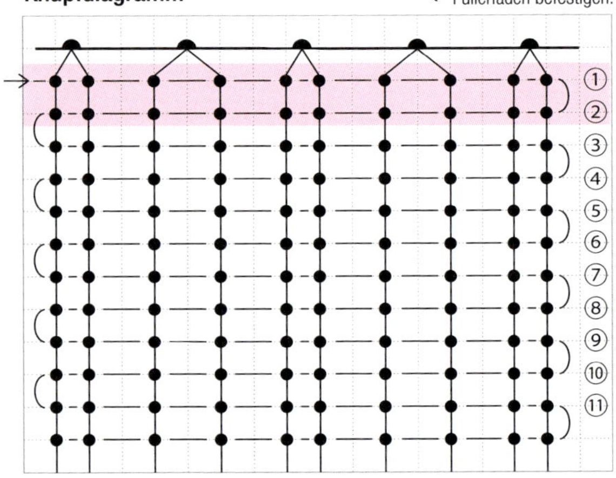

Knüpftechnik

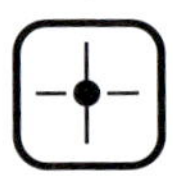

Senkrechter Mastwurf → Seite 81

37 Netzmuster aus umgedrehten Mastwürfen

Die überkreuzten Fäden der umgedrehten Mastwürfe, die in waagrechten Reihen geknüpft wurden, ergeben eine seitliche Fischgrätenstruktur.

Foto Seite 79

Knüpfdiagramm

← Füllerfaden befestigen.

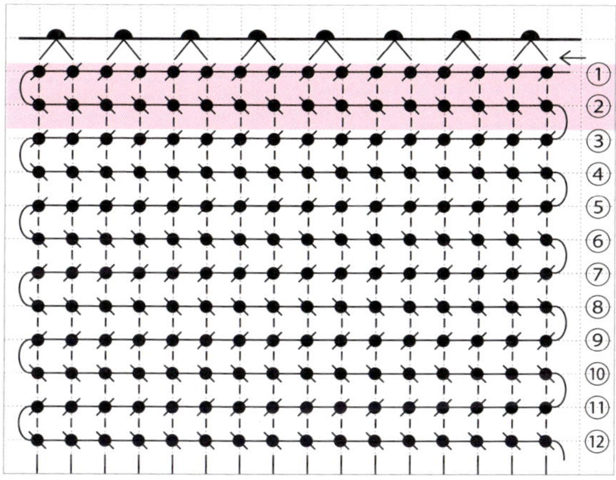

Knüpftechnik

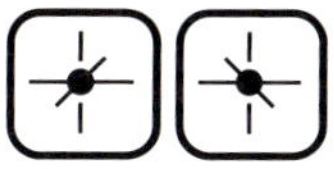

Umgedrehter Mastwurf → Seite 81

38 Streifenmuster aus Mastwürfen

Diese Rippenstruktur erinnert an ein Ottomangewebe: Es entsteht, wenn sich Reihen aus horizontalen Mastwürfen mit Reihen aus umgedrehten Mastwürfen abwechseln.

Foto Seite 79

Knüpfdiagramm

← Füllerfaden befestigen.

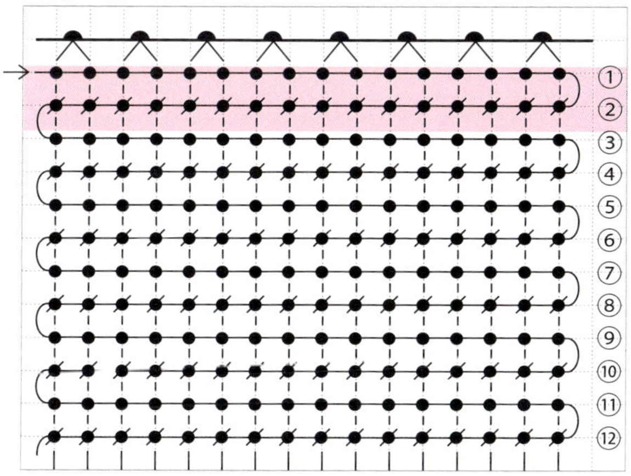

Knüpftechnik

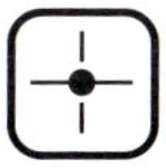

Horizontaler Mastwurf → Seite 80

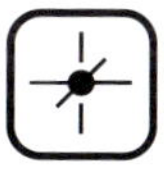

Umgedrehter Mastwurf → Seite 81

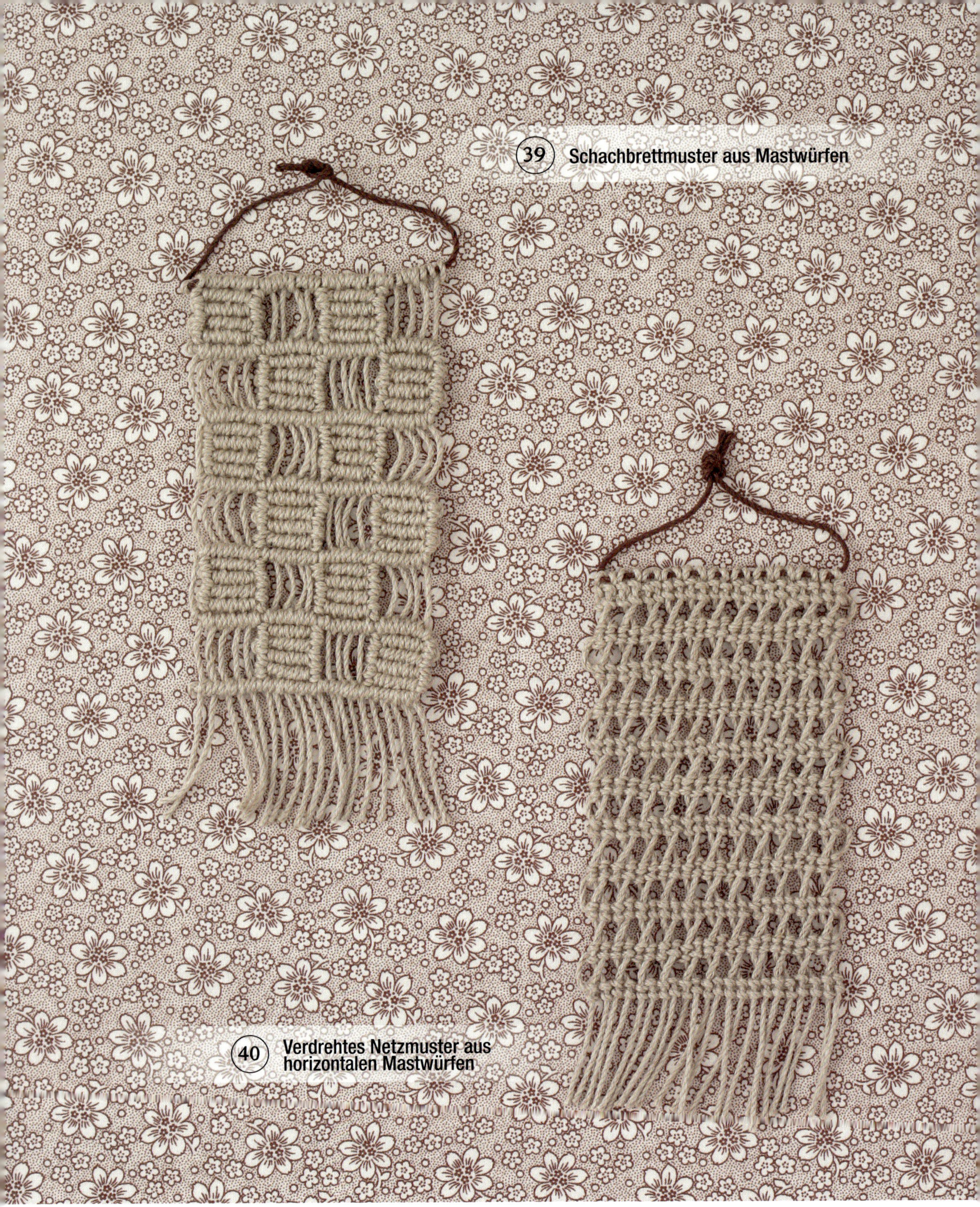

39 Schachbrettmuster aus Mastwürfen

40 Verdrehtes Netzmuster aus horizontalen Mastwürfen

(39) Quadrate aus senkrechten und horizontalen Mastwürfen wechseln sich mit Netzstrukturen aus senkrechten Fäden ab.

(40) Quadrate aus senkrechten und horizontalen Mastwürfen wechseln sich mit Netzstrukturen aus senkrechten Fäden ab.

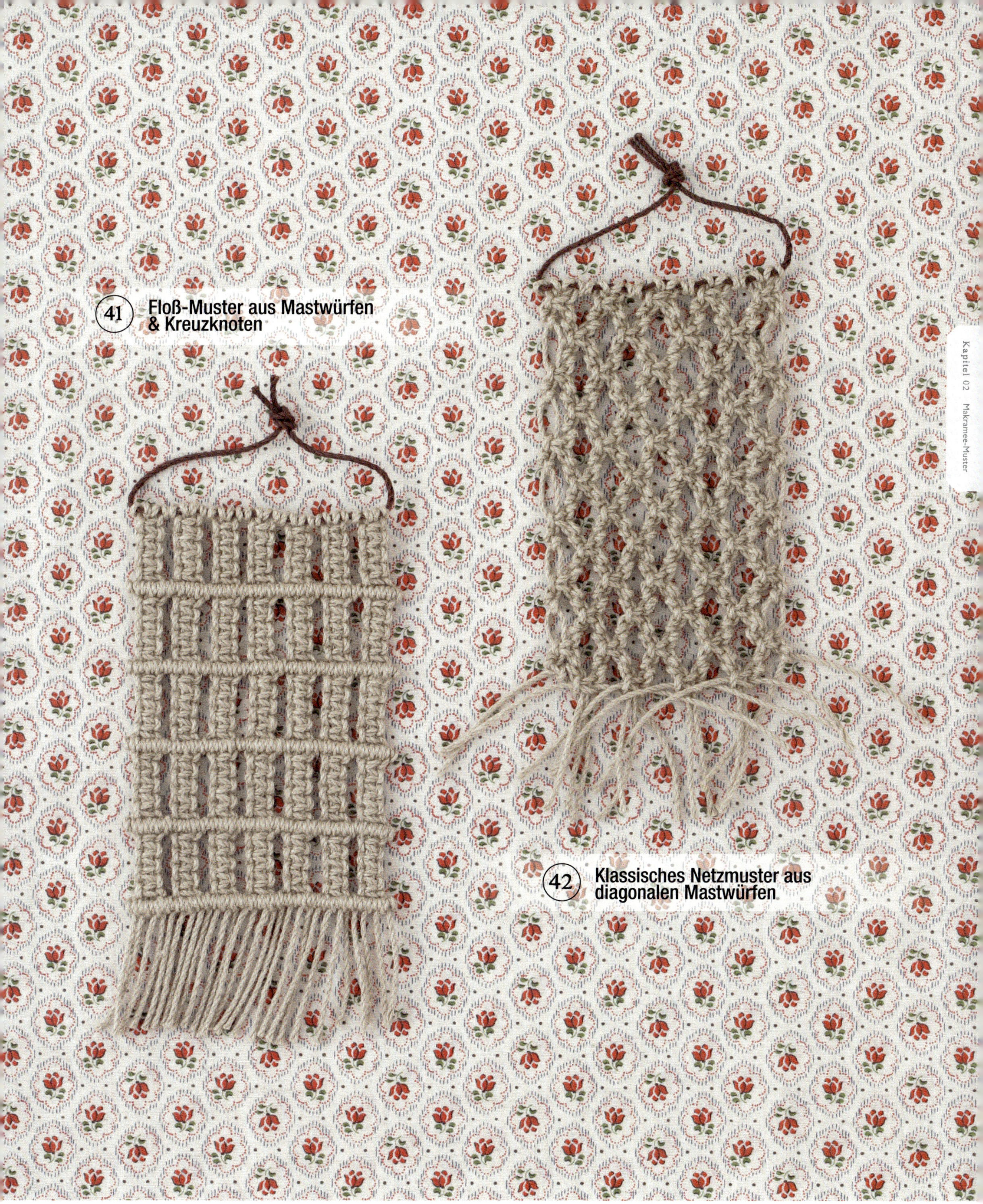

(41) Floß-Muster aus Mastwürfen & Kreuzknoten

(42) Klassisches Netzmuster aus diagonalen Mastwürfen

(41) Hier unterbrechen einzelne Reihen aus horizontalen Mastwürfen kurze Bänder aus Kreuzknotensträngen.

(42) Diagonale Mastwürfe sehen auf flächigen Arbeiten toll aus, hier in einem einfachen klassischen Netzmuster.

39 Schachbrettmuster aus Mastwürfen

Die Quadrate dieses Musters werden sowohl aus horizontalen als auch aus senkrechten Mastwürfen geknüpft. Am besten misst du regelmäßig nach, ob die offenen und geknoteten Quadrate wirklich gleich groß sind.

Foto Seite 84

Knüpfdiagramm

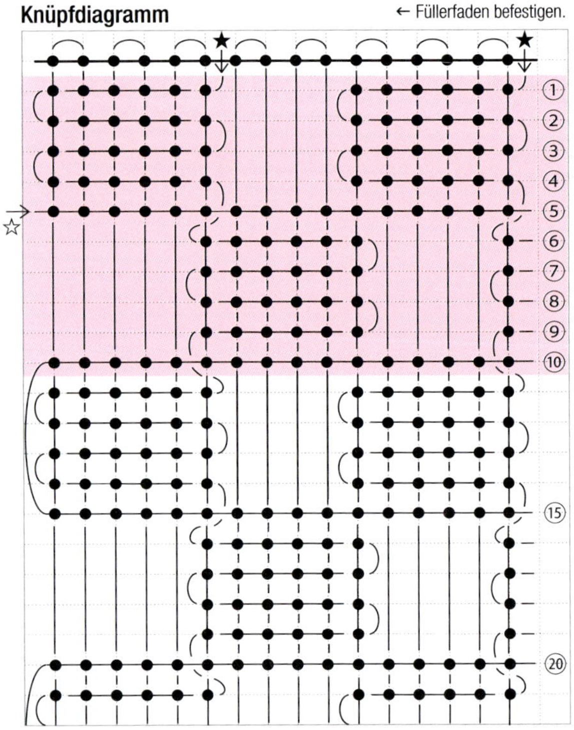

Knüpftechnik

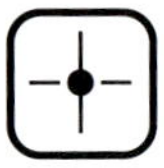
Senkrechter Mastwurf
→ Seite 81

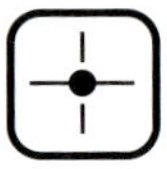
Horizontaler Mastwurf
→ Seite 80

Anleitung

1

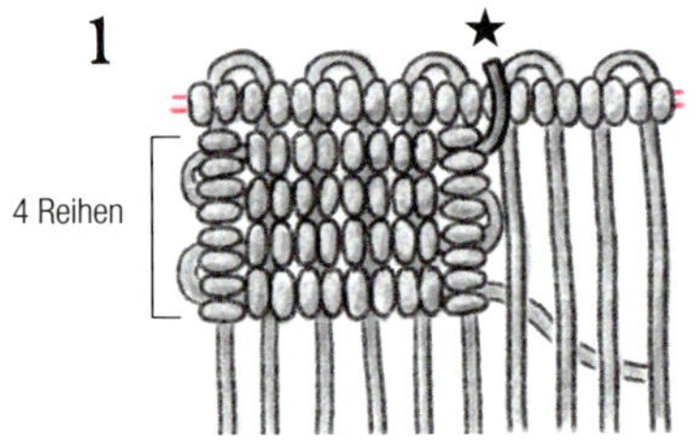

Für die 1. bis 4. R einen Faden an der mit ★ markierten Stelle befestigen (für jedes ausgefüllte Quadrat) und als Arbeits- oder Füllerfaden verwenden, wie es in den Knoten im Diagramm angegeben ist.

2

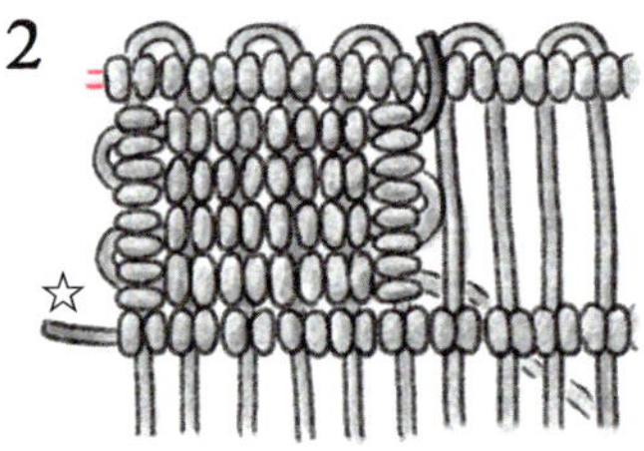

Für die 5. R einen Füllerfaden an der mit ★ markierten Stelle befestigen und über die gesamte R horizontale Mastwürfe arbeiten.

3

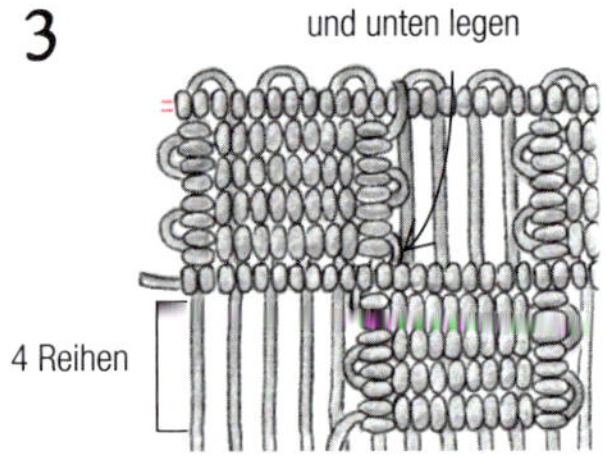

Alle mit ☆ markierten Fäden unter die Knoten der 5. R legen und ab der linken Kante die 6. bis 9. R mit den nächsten (versetzten) Quadraten arbeiten.

4

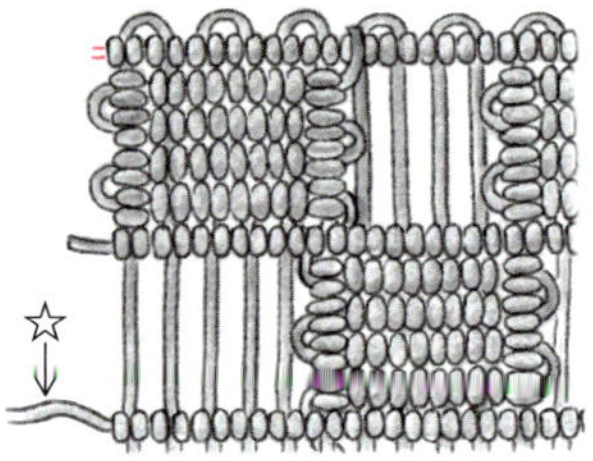

Den mit ☆ markierten Faden an der rechten Kante der Arbeit entlang führen und als Füllerfaden für die 10. R verwenden. Die 1.–10. R wiederholen, bis die Arbeit die gewünschte Länge hat.

40 Verdrehtes Netzmuster aus horizontalen Mastwürfen

Bei diesem Netzmuster verdrehst du jedes senkrechte Fadenpaar nach jeder Knotenreihe, sodass der linke Faden rechts liegt.

Foto Seite 84

Knüpfdiagramm

← Füllerfaden befestigen.

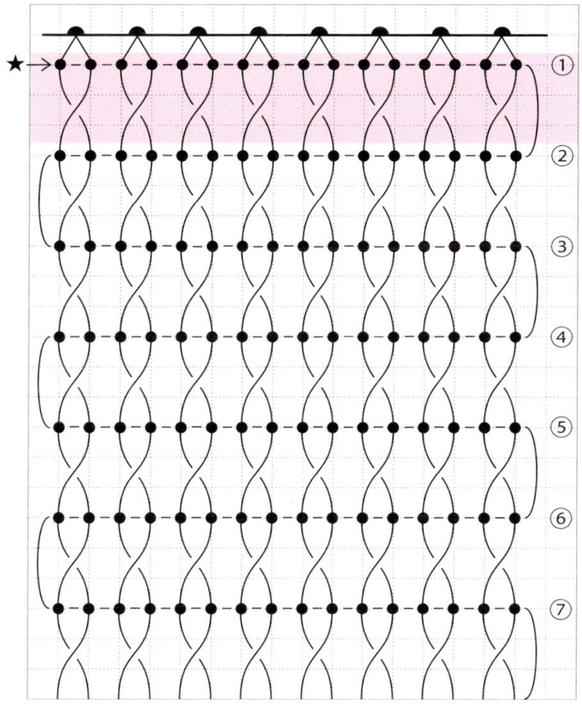

Knüpftechnik

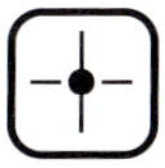
Senkrechter Mastwurf → Seite 81

Anleitung

1

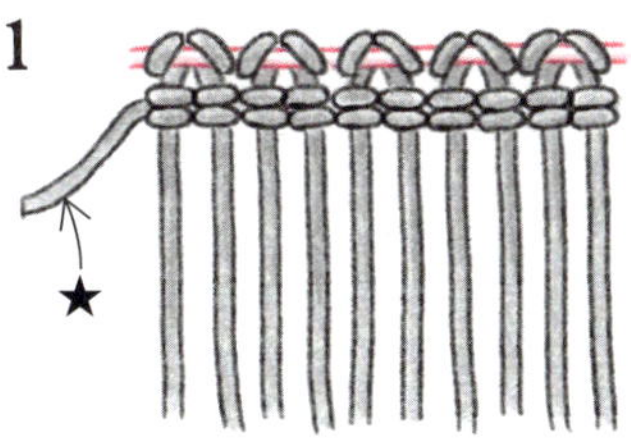

Den Arbeitsfaden ★ an der linken Kante befestigen und 1 Reihe senkrechte Mastwürfe knüpfen.

2

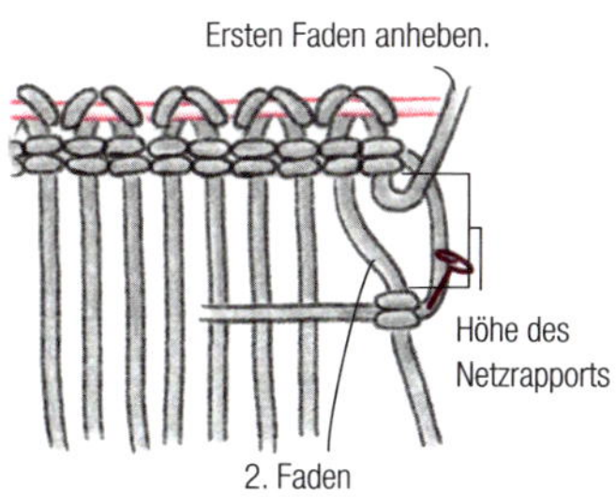

Den ersten senkrechten Faden zur Seite legen. Den Arbeitsfaden nach unten führen, einen Abstand in Höhe des Netzrapports einhalten und einen senkrechten Mastwurf am zweiten senkrechten Faden knüpfen.

3

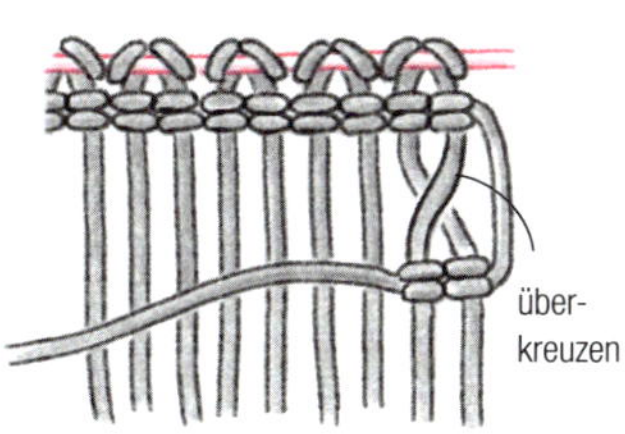

Den ersten senkrechten Faden nach unten führen und über den Faden mit dem Knoten führen, dann einen weiteren Knoten damit knüpfen.

4

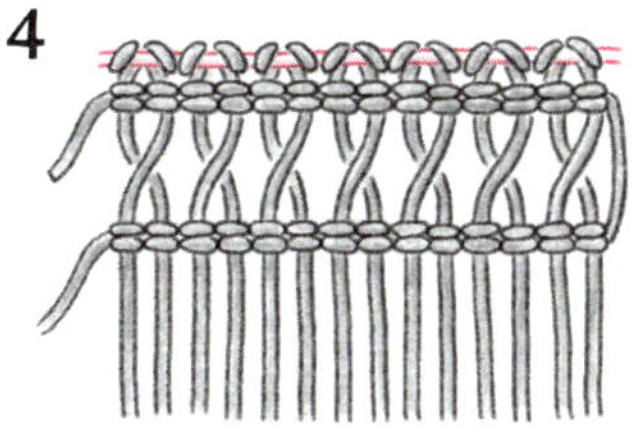

Auf diese Weise in der gesamten Reihe jedes Fadenpaar überkreuzen. Schritt 2–4 wiederholen, bis die Arbeit die gewünschte Länge hat.

41 Floß-Muster aus Mastwürfen & Kreuzknoten

Hier wechseln sich Kreuzknotenstränge über 4 Reihen mit einer Reihe aus einfachen horizontalen Mastwürfen ab, sodass ein geometrisches Netzmuster entsteht.

Foto Seite 85

Knüpfdiagramm

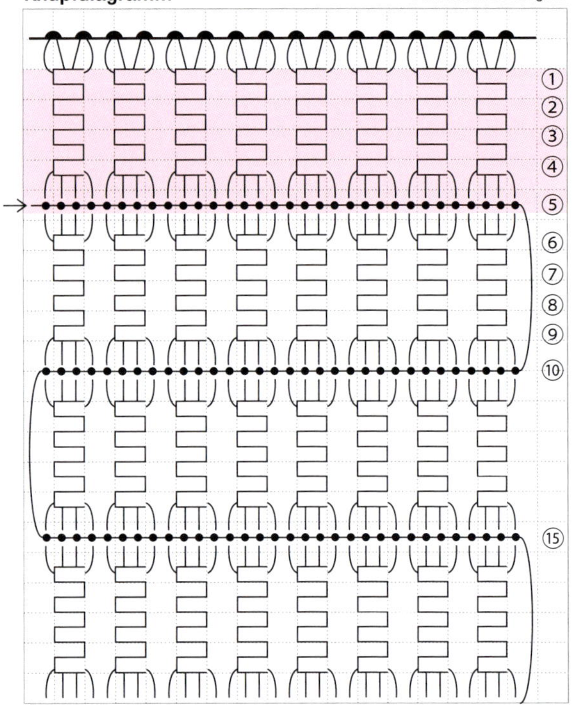

Knüpftechnik

Nach links gerichteter Kreuzknoten → Seite 35

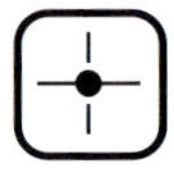
Horizontaler Mastwurf → Seite 80

Tipp

So planst du die richtige Fadenlänge

Die Grundlage dieses Musters sind Kreuzknotenstränge, die jeweils mit einer Gruppe aus 4 senkrechten Fäden geknüpft werden. In jeder Gruppe sind die beiden äußeren Fäden die Arbeitsfäden, die 4-mal länger sein sollten als die beiden inneren Füllerfäden, über die sie geknotet werden. Die Mastwürfe werden mit einem zusätzlichen Füllerfaden geknüpft.

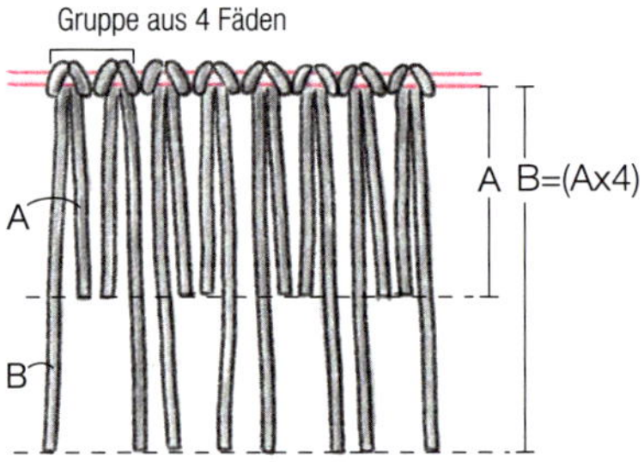

42 Klassisches Netzmuster aus diagonalen Mastwürfen

Bei dieser Variation des klassischen Netzmusters 23 werden diagonale Mastwürfe an die Fäden geknüpft, die die versetzten Kreuzknoten miteinander verbinden.

Foto Seite 85

Knüpfdiagramm

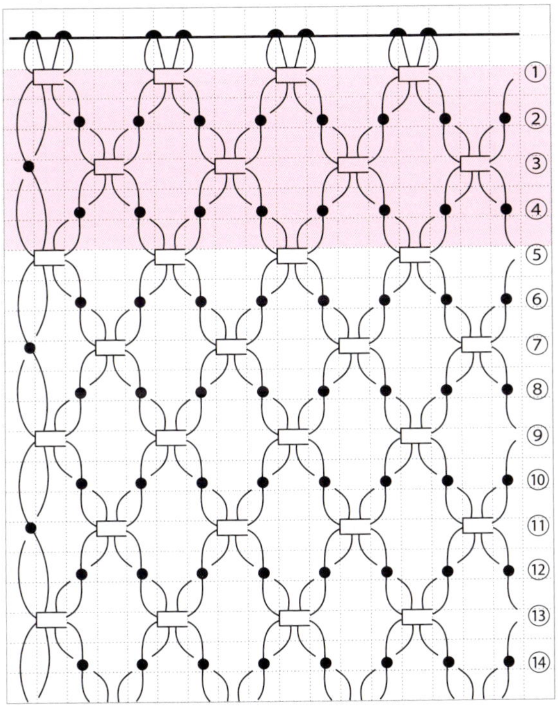

Knüpftechnik

Nach links gerichteter Kreuzknoten → Seite 35

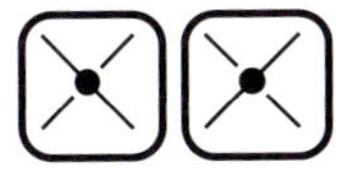
Diagonaler Mastwurf → Seite 81

Anleitung

1

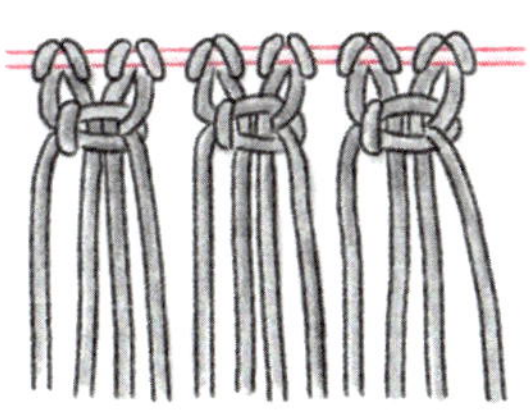

In der 1. R mit jeder Gruppe aus 4 senkrechten Fäden einen Kreuzknoten knüpfen.

2

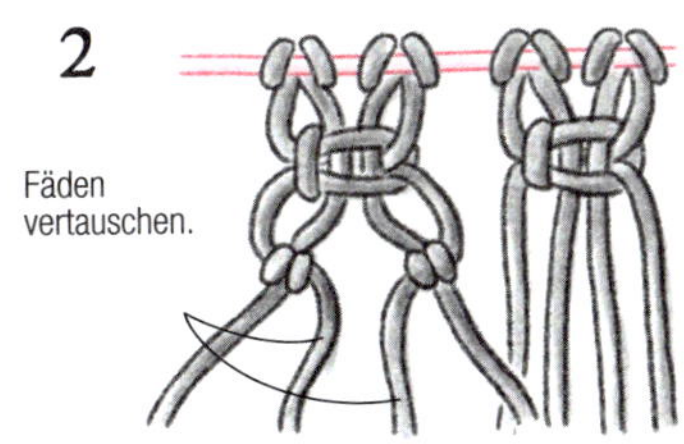

In der 2. R mit den 2 Fäden, die die Füllerfäden des Kreuzknotens waren, jeweils mit dem Arbeitsfaden rechts oder links einen diagonalen Mastwurf knüpfen.

3

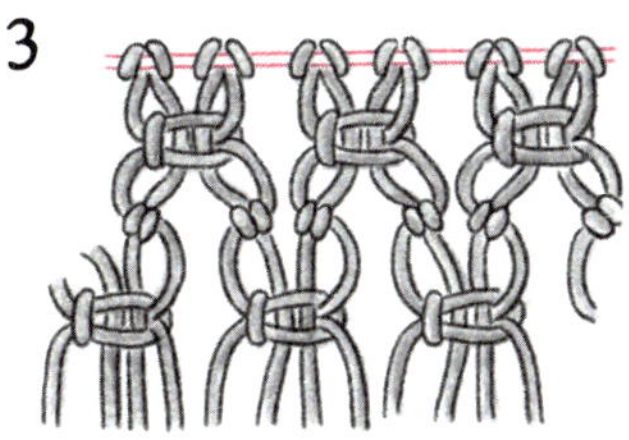

In der 3. R die beiden Fäden an der linken Kante überspringen und einen Kreuzknoten mit jeder folgenden Gruppe aus 4 senkrechten Fäden knüpfen.

4

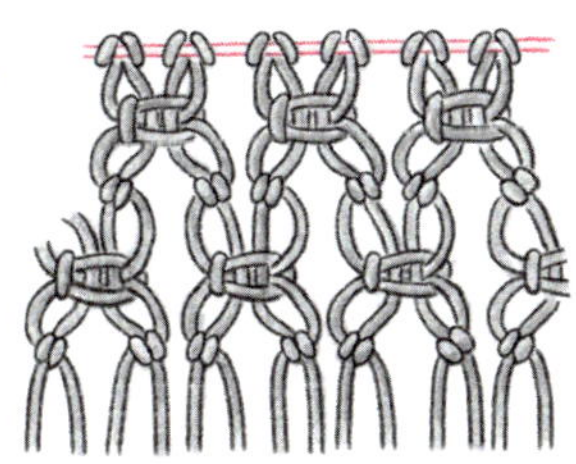

In der 4. R die 2. R wiederholen. Die 1.–4. R wiederholen, bis die Arbeit die gewünschte Länge hat.

Die Vielfalt von Mustern aus diagonalen Mastwürfen

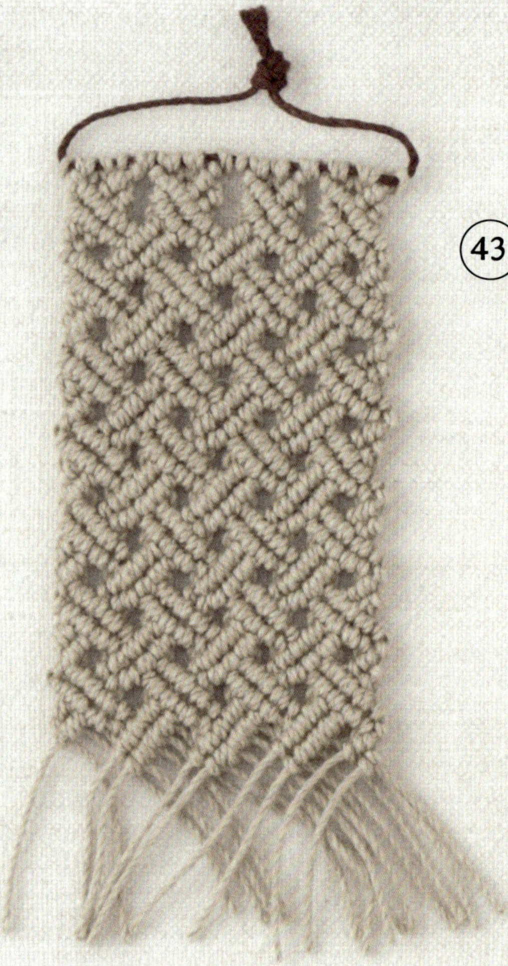

(43) **Flechtmuster aus diagonalen Mastwürfen**

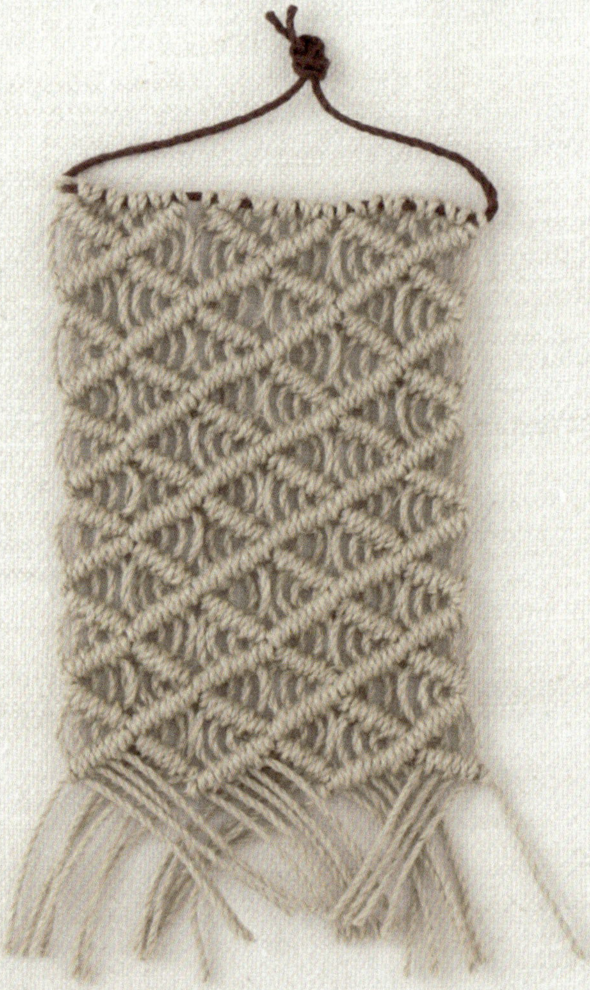

(44) **Rautenmuster aus diagonalen Mastwürfen**

(43) Dieses Flechtmuster aus diagonalen Mastwürfenist eine gute Wahl für Taschen und Körbe.

(44) Dieses offene Rautenmuster lässt sich leicht verändern, wenn die Knoten in einem steileren Winkel geknüpft werden.

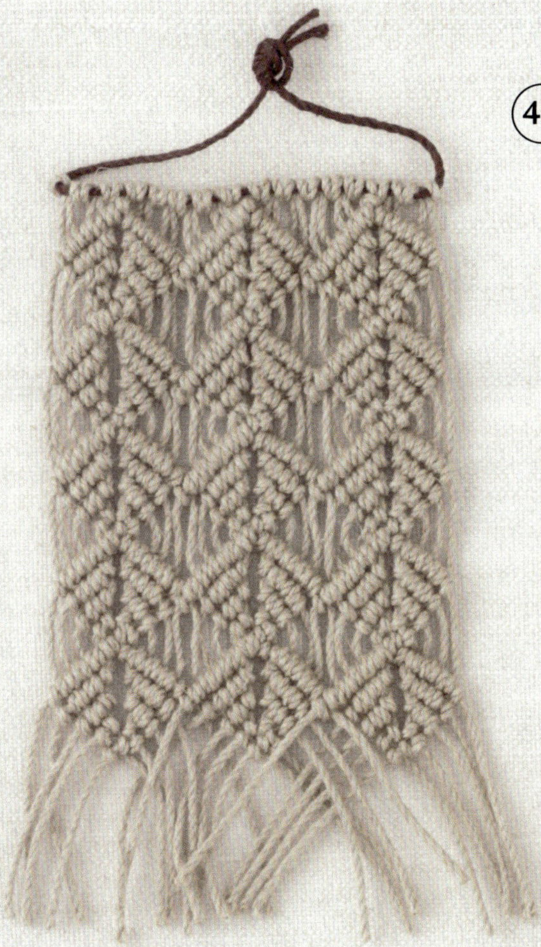

(45) **Muster mit Holzmaserung aus diagonalen Mastwürfen**

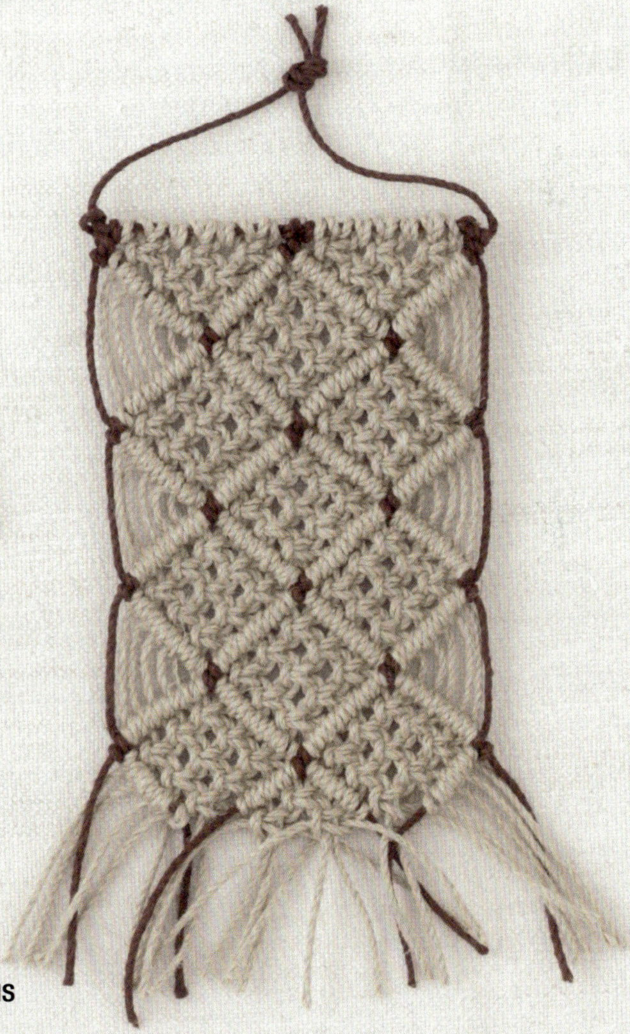

(46) **Zweifarbiges Rautenmuster aus diagonalen Mastwürfen**

(45) Dieses Muster erinnert an keltische Strickmuster und Kreuzstickerei in Nord- und Osteuropa.

(46) Diese Rauten mit dem klassischen Netzmuster (23) sind von diagonalen Mastwürfen umrahmt.

43 Flechtmuster aus diagonalen Mastwürfen

Achte genau auf die Symbole, wie die Fäden geführt werden und sich die Knüpfrichtung ändert (von links nach rechts oder von rechts nach links), damit du dieses Muster aus 6 Fäden und 6 Reihen ganz gleichmäßig knüpfst.

Foto Seite 90

Knüpfdiagramm

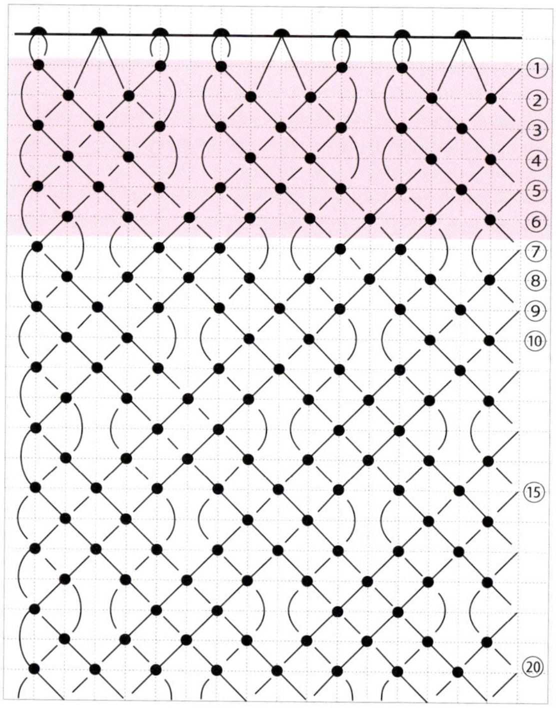

Knüpftechnik

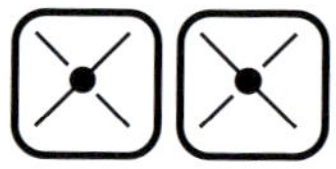

Diagonaler Mastwurf → Seite 81

Tipp

So planst du die richtige Fadenlänge

Die Grundlage dieses Musters ist das X-Muster, das entsteht, wenn 6 Reihen aus 6 Fäden geknüpft werden. In jeder Gruppe sind die beiden mittleren Fäden die Arbeitsfäden (B in der Zeichnung rechts) und sie müssen etwa 1 ¾-mal so lang sein wie die Füllerfäden (A).

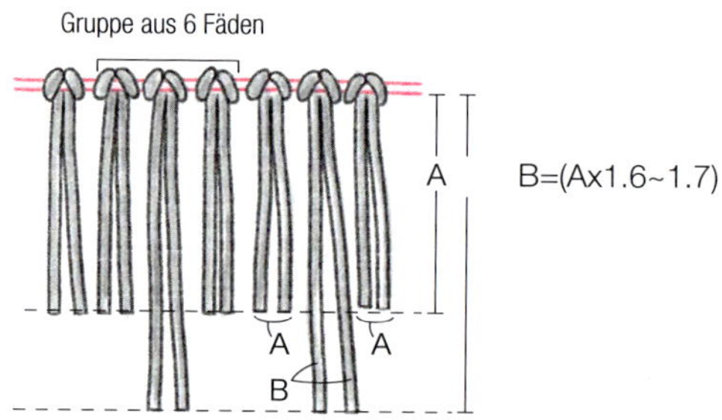

44 Rautenmuster aus diagonalen Mastwürfen

Schaue dir das Foto und die Symbole genau an und knüpfe die Knoten in regelmäßigen Abständen, damit bei diesem Muster aus 10 Fäden und 10 Reihen gleichmäßige Rauten entstehen.

Foto Seite 90

Knüpfdiagramm

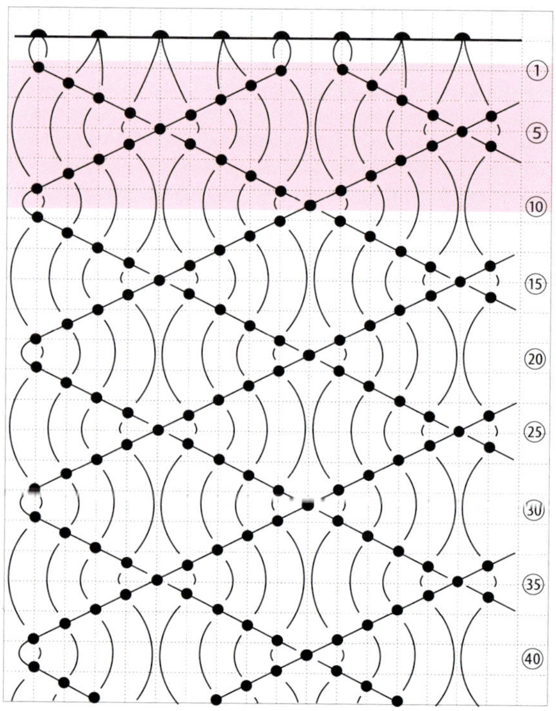

Knüpftechnik

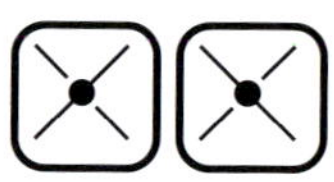

Diagonaler Mastwurf → Seite 81

Tipp

So verbindest du die Spitzen der Rauten

Jedes Mal, wenn du die Stelle erreichst, an der sich die diagonalen Linien zu einer Raute schließen, knotest du den linken Füllerfaden wie abgebildet an den rechten. Auf diese Weise entsteht eine Linie, die gerade von rechts oben nach links unten verläuft.

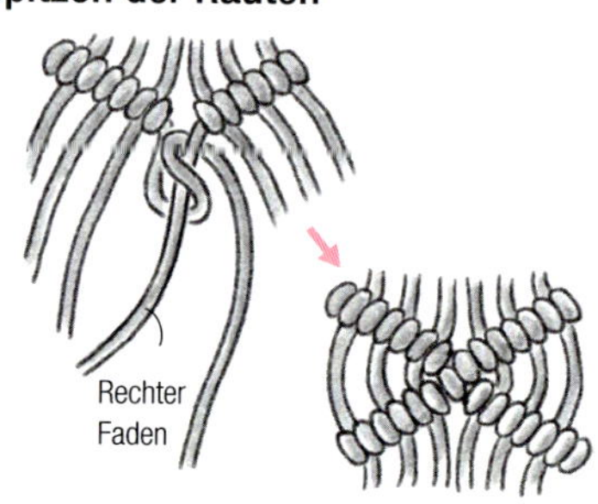

45 Muster mit Holzmaserung aus diagonalen Mastwürfen

Weil die Kreuzungspunkte in diesem Muster aus 10 Fäden und 8 Reihen versetzt sind, müssen die Kreuzungspunkte fest angezogen werden.

Foto Seite 91

Knüpfdiagramm

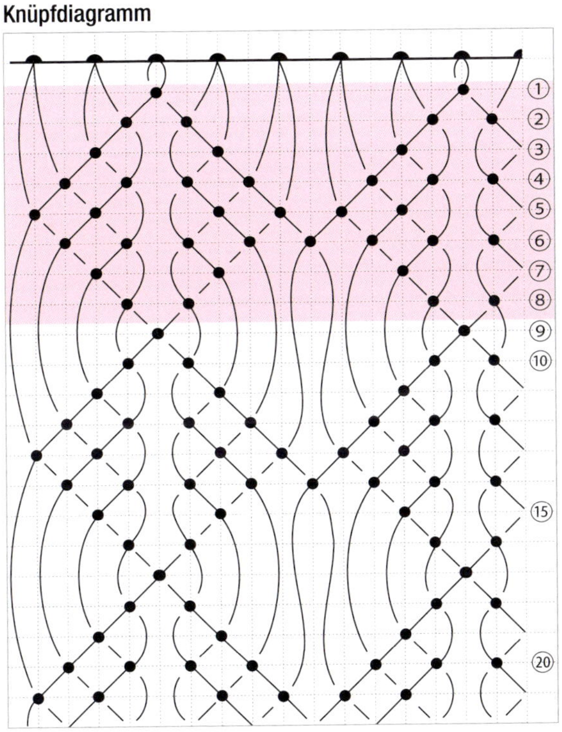

Knüpftechnik

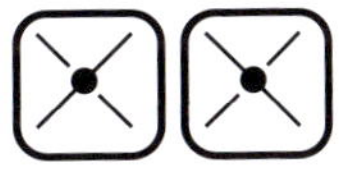
Nach links gerichteter Kreuzknoten → Seite 35

Tipp

So planst du die richtige Fadenlänge

Durch jeden Abschnitt dieses Muster ziehen sich 10 Fäden. Nutze die folgende Faustregel, damit deine Fäden die richtige Länge haben: Schneide jeden Faden auf das 10-fache der gewünschten Länge deiner Arbeit zu (das 20-fache, wenn du mit 5 doppelt gelegten Fäden beginnst). Am Ende bleiben unterschiedliche Fadenlängen übrig, aber mit der 10-fachen Länge bist du auf der sicheren Seite.

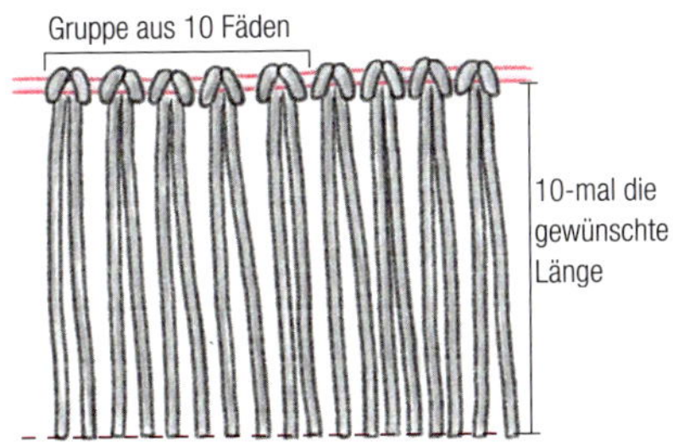

46 Zweifarbiges Rautenmuster aus diagonalen Mastwürfen

Die Rauten umrahmen das klassische Netzmuster. Am besten knüpfst du bei diesem Muster aus 12 Fäden und 14 Reihen zunächst das Netz und dann die Umrandungen aus doppelten halben Schlägen.

Foto Seite 91

Knüpfdiagramm

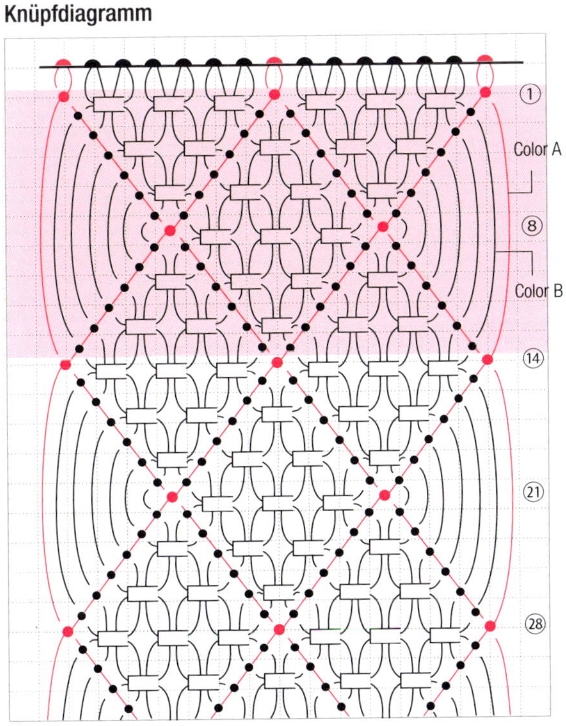

Knüpftechnik

Nach links gerichteter Kreuzknoten → Seite 35

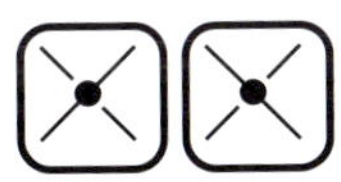
Diagonaler Mastwurf → Seite 81

Tipp

So legst du die richtige Fadenanzahl fest

Für eine Raute brauchst du 14 senkrechte Fäden. Damit das Muster ausgewogen aussieht, brauchst du noch einen zusätzlichen Faden an beiden Kanten deiner Arbeit. Entscheide, wie viele Rauten du knüpfen möchtest (das Knüpfdiagramm zeigt 2 Rauten), multipliziere diese Zahl mit 14 und ergänze 2 weitere Fäden. Wir haben ein Beispiel aus 12 Fäden in einer Farbe zwischen 2 Fäden einer Kontrastfarbe geknüpft und 1 zusätzlichen Faden in Kontrastfarbe an jeder Kante ergänzt.

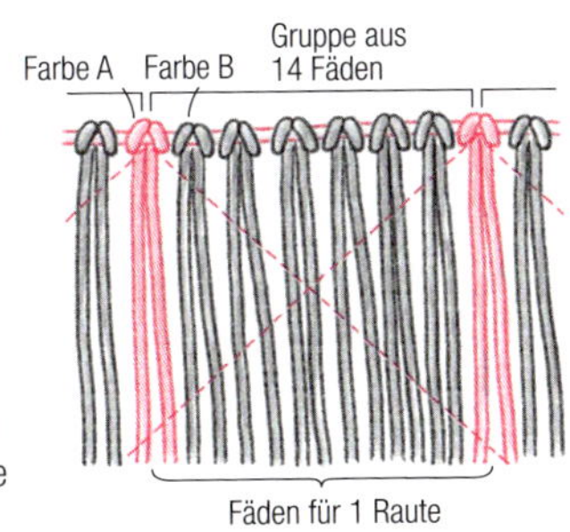

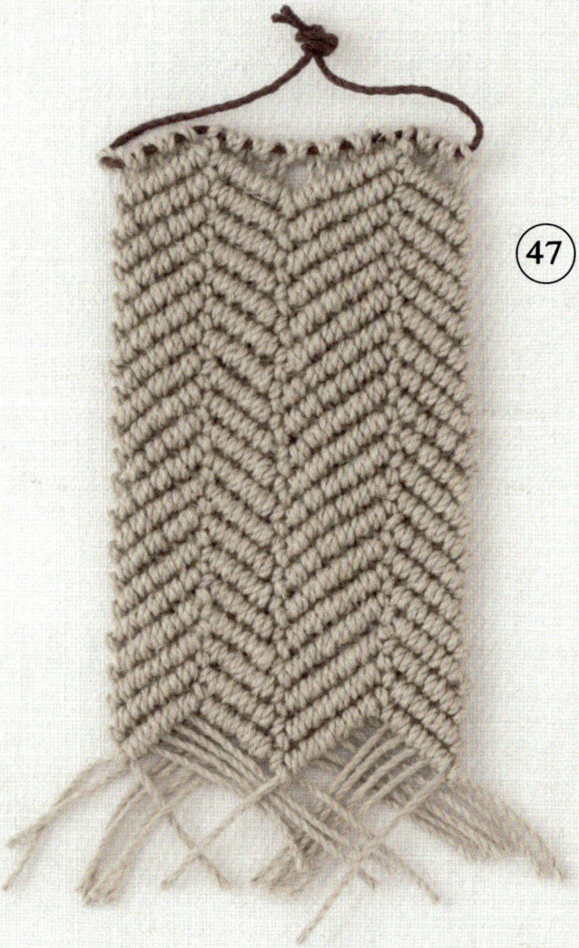

(47) Winkelmuster aus diagonalen Mastwürfen

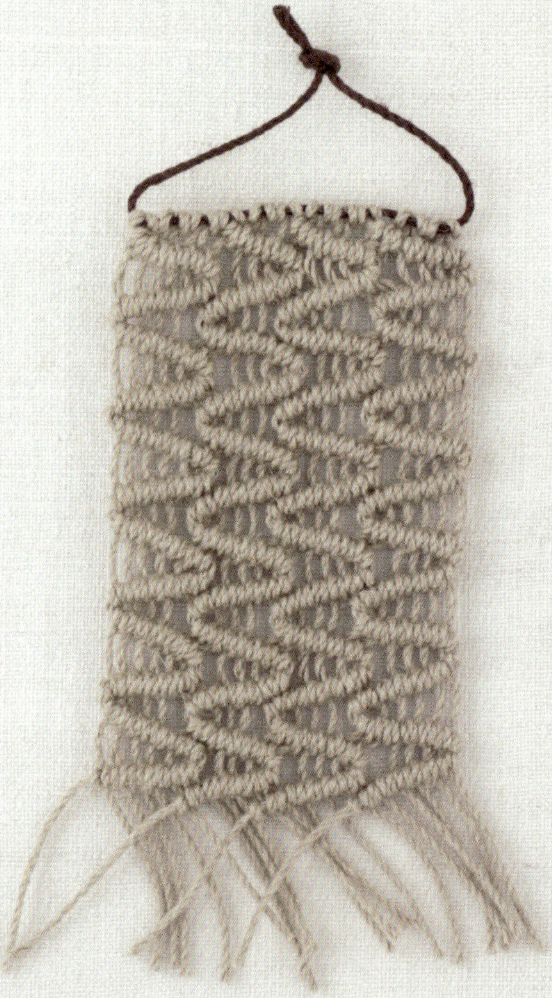

(48) Serpentinenmuster aus diagonalen Mastwürfen

(47) Dieses Winkelmuster ist dicht und fest und erinnert an eine Strickarbeit. Viele, viele Knoten!

(48) Dieses Netzmuster zeigt ineinander greifende Serpentinen, die sich in einem regelmäßigen und sehr einfachen Muster über die Arbeit schlängeln.

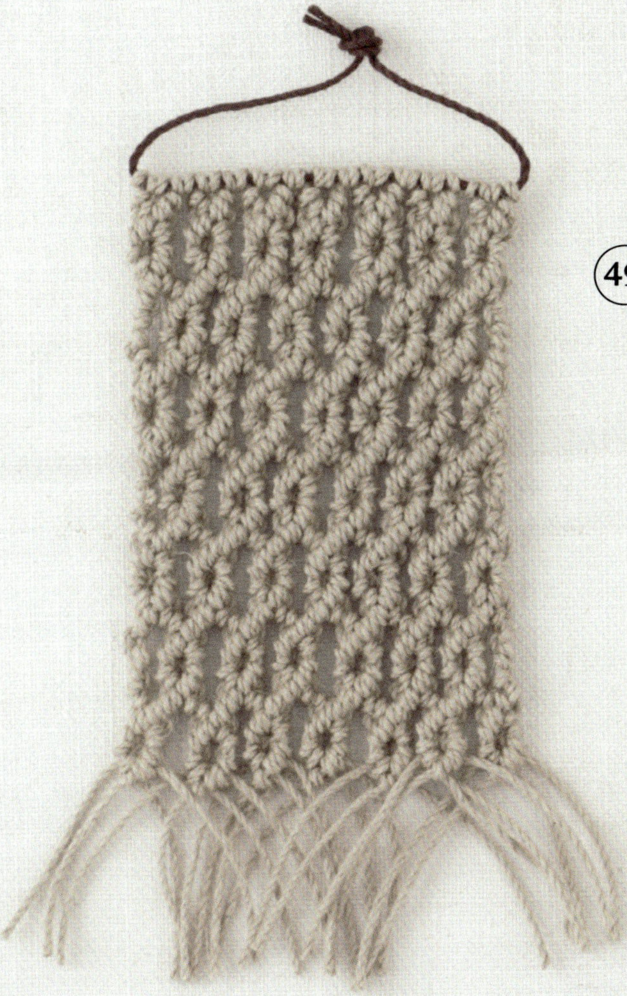

(49) **Blütenmuster aus diagonalen Mastwürfen**

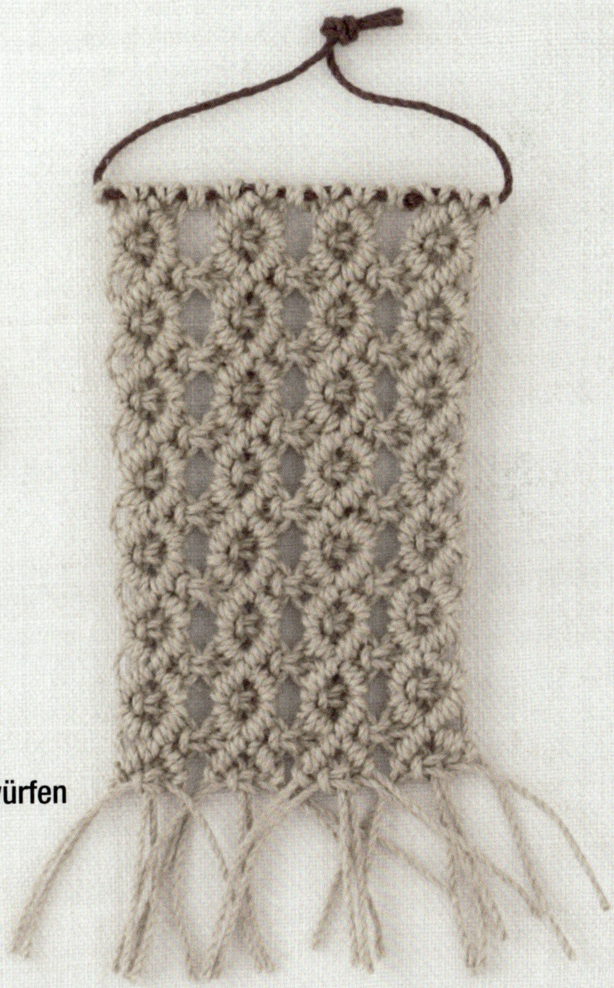

(50) **Margeritenmuster aus diagonalen Mastwürfen**

(49) Bei diesem attraktiven Netzmuster sind blütenähnliche Lücken in Reihen versetzt angeordnet. Durch die größeren Lücken kannst du auch hübsche Bänder fädeln.

(50) Das Motiv dieses Netzmusters erinnert an Margeritenblüten, die mit Kreuzknoten zusammengehalten werden; das Muster erinnert an bestickte Lochmusterstoffe.

(47) Winkelmuster aus diagonalen Mastwürfen

Hier entsteht eine feste, dichte Arbeit. Für jeden Winkel brauchst du 12 senkrechte Fäden (das Foto zeigt 2 Winkel, das Knüpfdiagramm 1 1/2 Winkel).

Foto Seite 94

Knüpfdiagramm

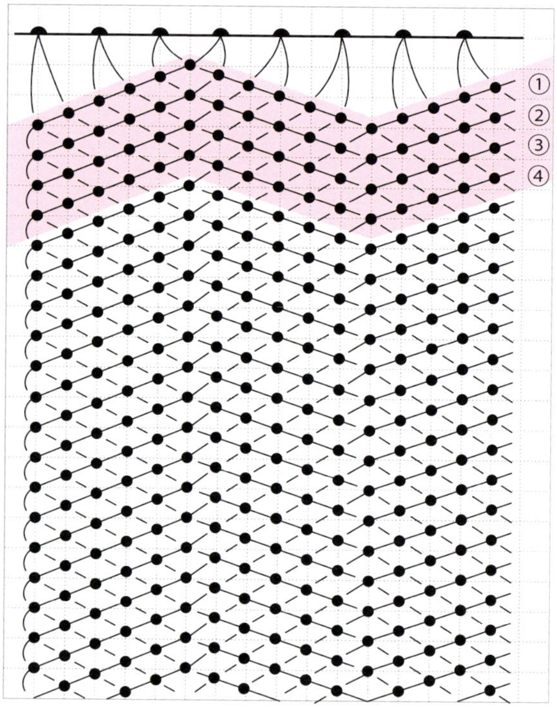

Knüpftechnik

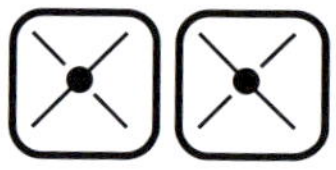

Diagonaler Mastwurf → Seite 81

Tipp

So kannst du die unteren offenen Winkel ausfüllen

Da dieses Muster vollständig aus diagonalen Mastwürfen besteht, hat die untere Kante der Arbeit einen gezackten Rand. Wenn der Rand gerade werden soll, kannst du oben und unten weitere Knoten einsetzen, ohne das Winkelmuster zu stören – in der Abbildung sind diese zusätzlichen Knoten in Rosa dargestellt.

Obere Kante

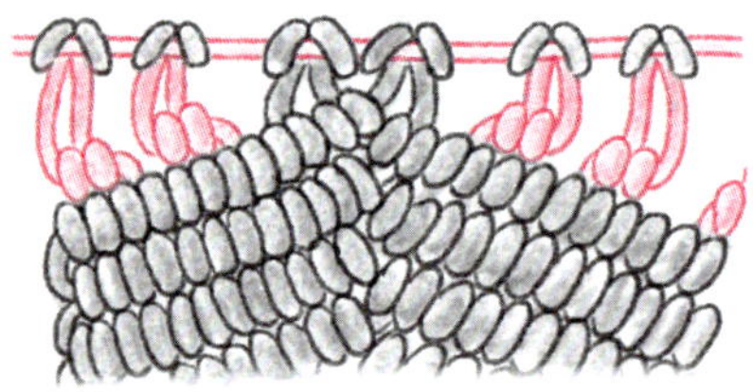

Untere Kante

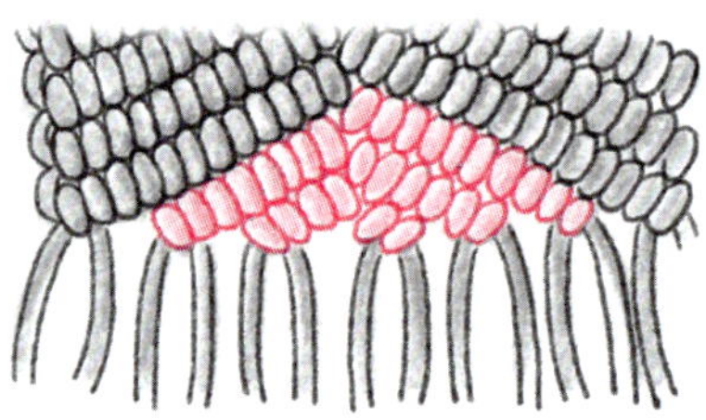

(48) Serpentinenmuster aus diagonalen Mastwürfen

Achte im Knüpfdiagramm aufmerksam darauf, wie die Serpentinen ineinander liegen – du beginnst am oberen Ende jeder einzelnen Linie und endest am unteren Ende der Linie darunter.

Foto Seite 94

Knüpfdiagramm

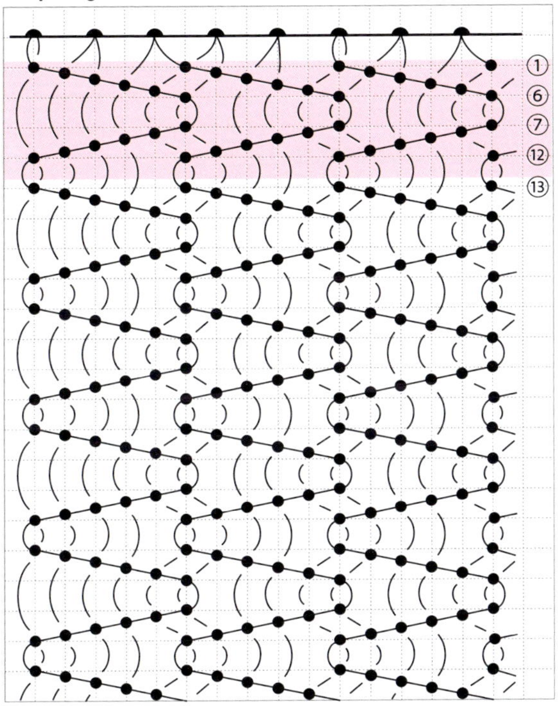

Knüpftechnik

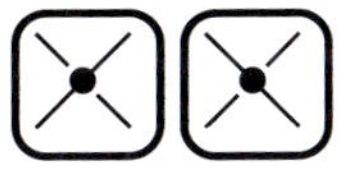

Diagonaler Mastwurf → Seite 81

Anleitung

1

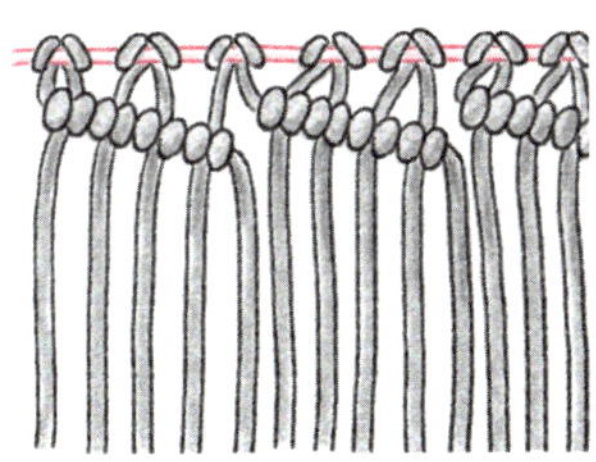

Mit einem Vielfachen von 6 senkrechten Fäden beginnen. An der linken Kante beginnend 4 diagonale doppelte halbe Schläge mit allen 5 Fäden wie abgebildet knüpfen; an der rechten Kante sitzt der letzte Knoten einer Knoten-Sechsergruppe.

2

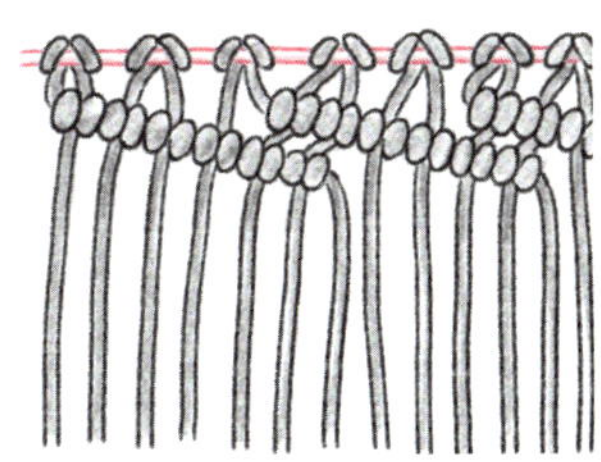

Am linken Ende jeder Linie aus 4 Knoten noch 2 weitere Knoten wie abgebildet knüpfen.

3

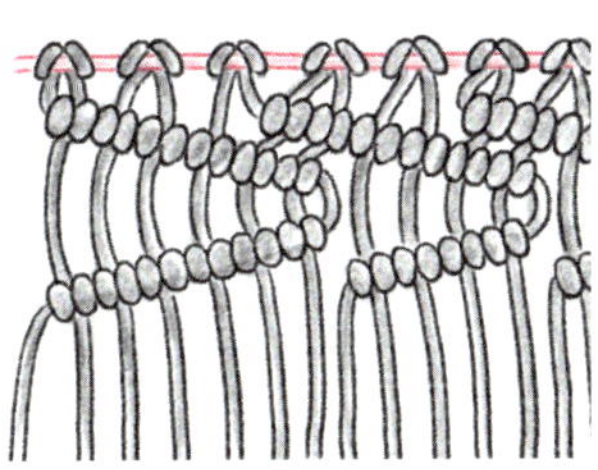

Alle Füllerfäden nach links legen und die ersten 4 Knoten der zweiten Linie knüpfen; direkt an der linken Kante sitzt der letzte Knoten einer Knoten-Sechsergruppe.

4

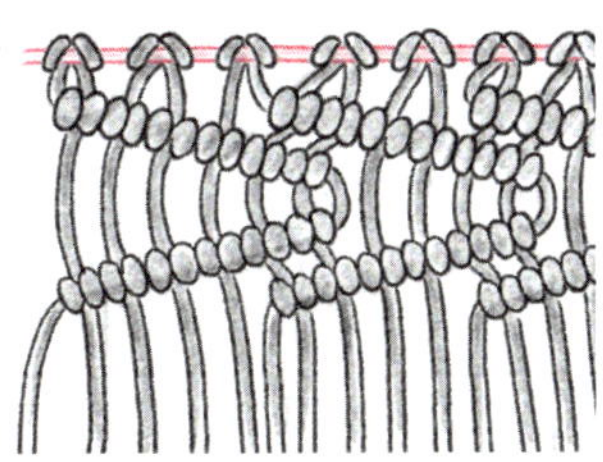

Am linken Ende jeder Linie aus 4 Knoten noch 2 weitere Knoten wie abgebildet knüpfen. Die Knüpfsequenz in Schritt 1–4 wiederholen, bis die Arbeit die gewünschte Länge hat.

(49) Blütenmuster aus diagonalen Mastwürfen

Dieses attraktive Netzmuster aus versetzten Lücken besteht aus 8 Fäden und 10 Reihen.

Foto Seite 95

Knüpfdiagramm

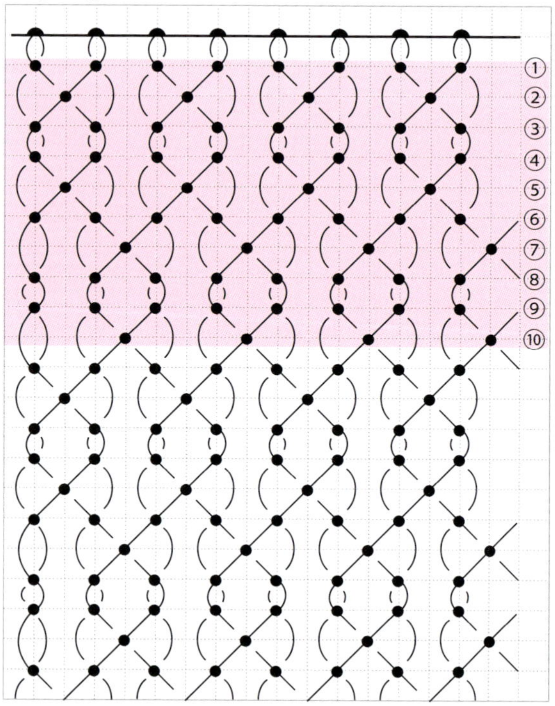

Knüpftechnik

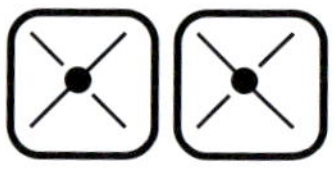

Diagonaler Mastwurf → Seite 81

Tipp

So werden die Kanten schön

Im Knüpfdiagramm (links) kannst du sehen, dass an der linken Kante der Arbeit die beiden ersten Fäden in der 7. und 10. R anders geknüpft werden: So werden die Kanten des Musters schön gleichmäßig auch an den Stellen, an denen die sich kreuzenden Linien nicht fortgeführt werden können. An der rechten Kante der Arbeit knüpfst du diese Reihen ebenso. Das Detail rechts zeigt, wie dies bei 8 Fäden funktioniert; mit weniger als 8 Fäden kann dieses Muster nicht geknüpft werden.

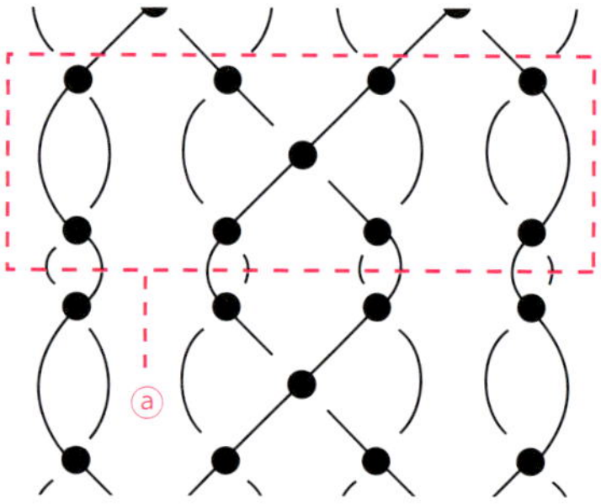

50 Margeritenmuster aus diagonalen Mastwürfen

Diese runden Motive werden mit Kreuzknoten miteinander verbunden, auch werden Kreuzknoten in der Mitte von jedem Musterelement geknüpft. Dieses Muster besteht aus 6 Fäden und 5 Reihen. Achte darauf, dass die 1. R anders geknüpft wird: Wiederhole nur die 2. bis 6. R.

Foto Seite 95

Knüpfdiagramm

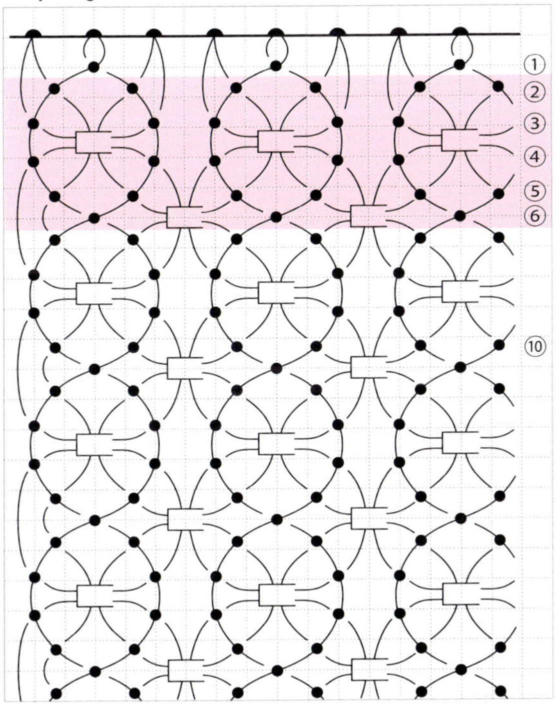

Knüpftechnik

Nach links gerichteter Kreuzknoten → Seite 35

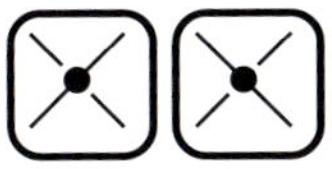

Diagonaler Mastwurf → Seite 84

Anleitung

1

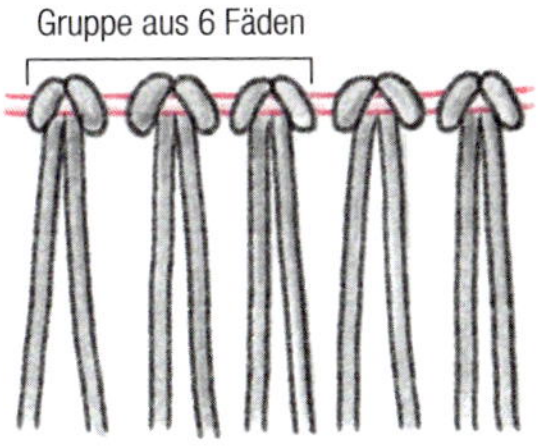

Mit einem Vielfachen von 6 senkrechten Fäden beginnen.

2

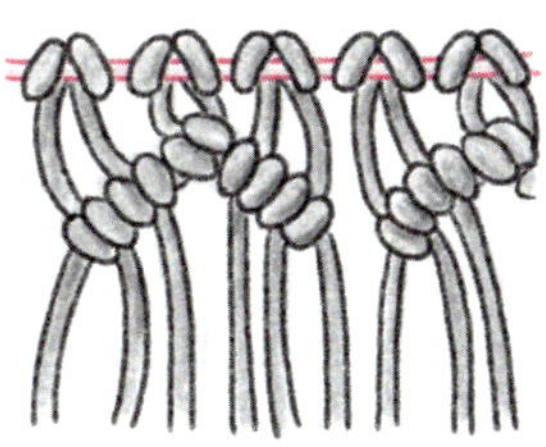

Wie im Knüpfdiagramm die diagonalen Mastwürfe in der 1. bis 3. R knüpfen (in der 1. R werden die 2 mittleren Fäden jeder Gruppe verknüpft).

3

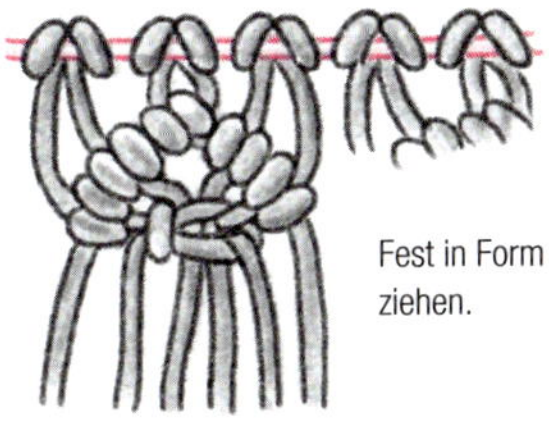

Jetzt die 3. R mit einem Kreuzknoten über die 4 Fäden in der Mitte jeder Gruppe knüpfen. Die Knoten so verschieben, dass ein Halbkreis entsteht.

4

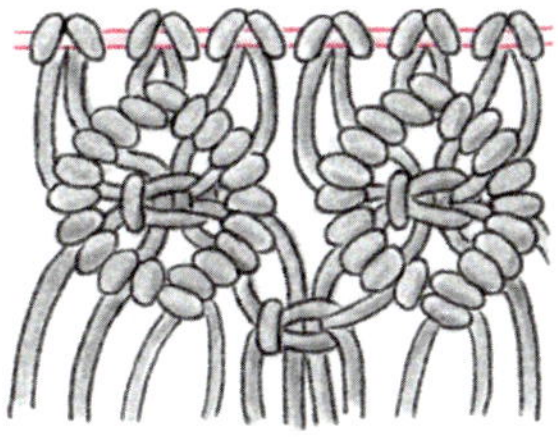

Die 4. bis 6. R nach dem Knüpfdiagramm arbeiten, wobei erst alle Mastwürfe geknüpft werden und danach die Kreuzknoten. Die 2.–6. R wiederholen, bis die Arbeit die gewünschte Länge hat.

(51) Blattmuster aus diagonalen Mastwürfen

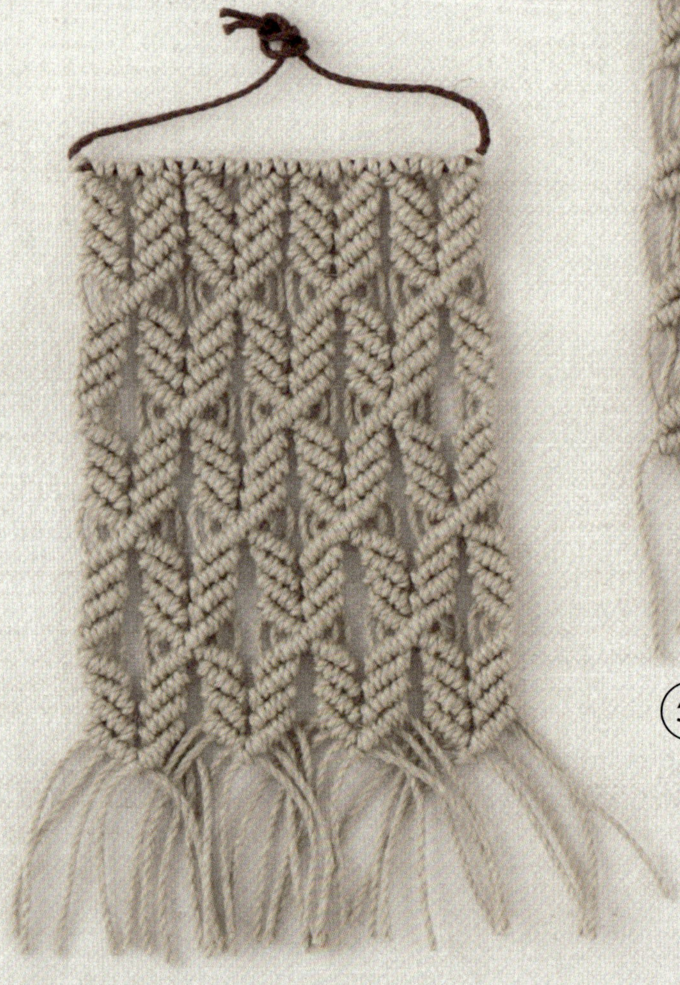

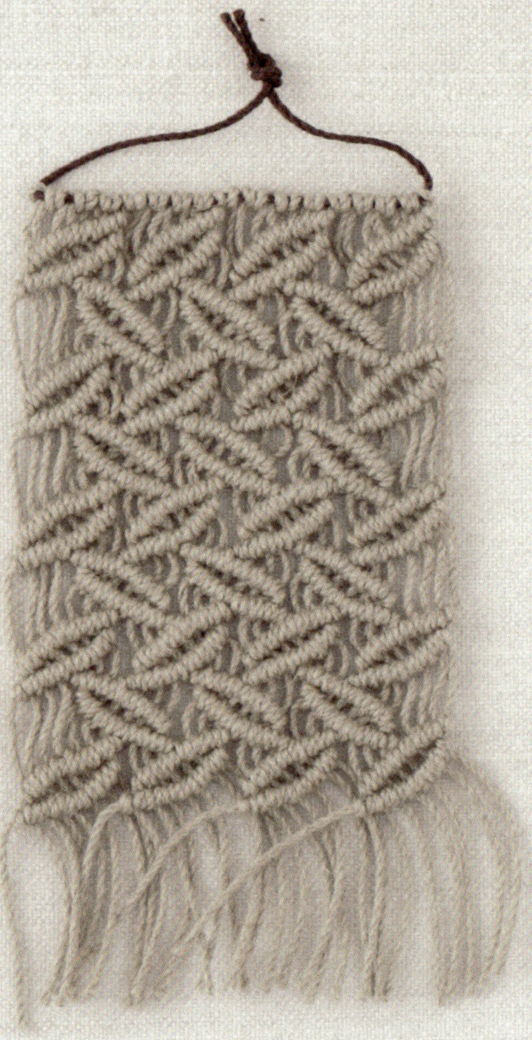

(52) Muster mit fallenden Blättern aus diagonalen Mastwürfen

(51) Dieses fortlaufende Muster erinnert an junge Blätter; es sieht wunderschön aus und ist ein toller senkrecht verlaufender Einsatz.

(52) Ein einfaches Muster für eine größere Fläche. Du kannst es auch in verschiedenen Naturtönen knüpfen, so dass es noch deutlicher an fallende Blätter im Herbst erinnert.

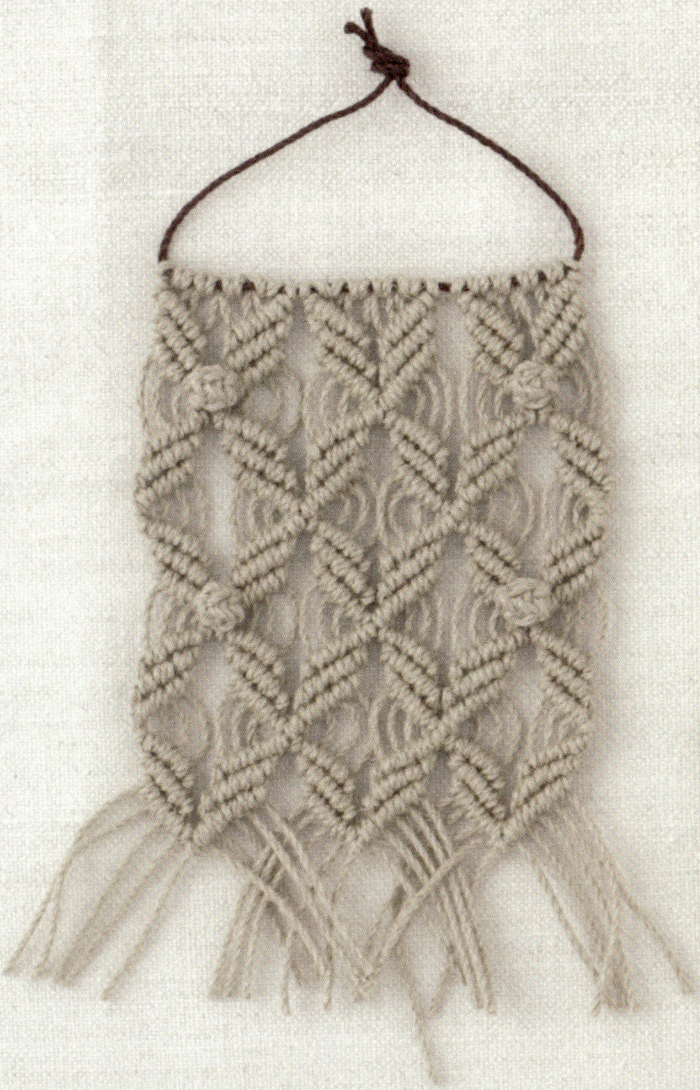

(53) **Blätter- und Knospenmuster aus diagonalen Mastwürfen**

(54) **Lilienmuster aus diagonalen Mastwürfen**

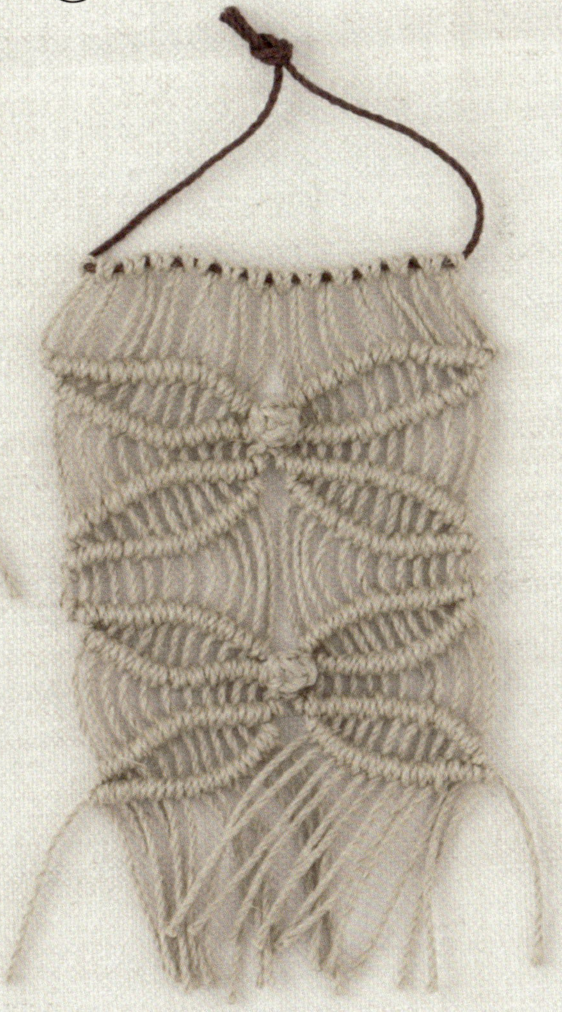

(53) Kleine Blättergruppen formen sich zu kleinen Blüten, wobei der Mittelpunkt aus Kreuzknoten besteht.

(54) Ein einfaches Motiv aus 4 Blütenblättern ergibt ein spannendes, ausdrucksstarkes Netzmuster, wenn es öfter wiederholt wird.

(51) Blattmuster aus diagonalen Mastwürfen

Da es in diesem Muster sehr wenige Kreuzungspunkte gibt, kannst du einige leere Bereich mit Perlen auffüllen, um das Muster zu verschönern und es spannender zu machen. Ein Rapport erstreckt sich über 20 Reihen.

Foto Seite 100

Knüpfdiagramm

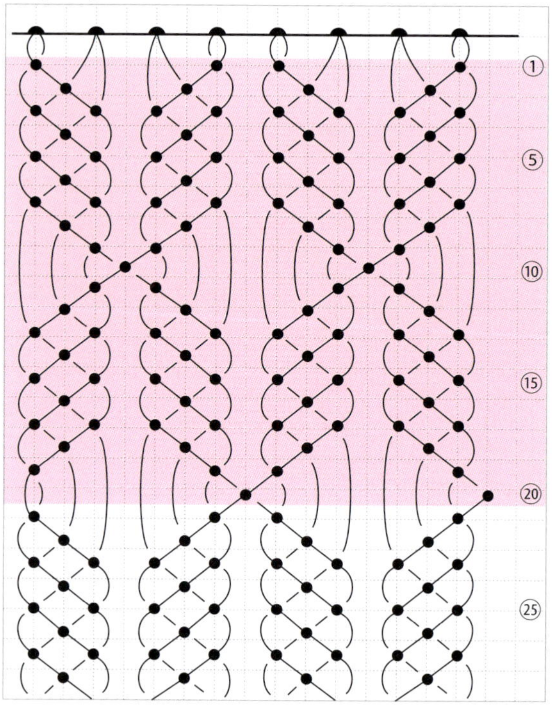

Knüpftechnik

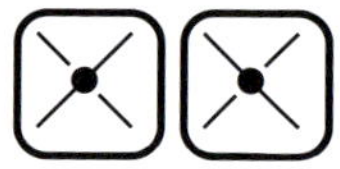

Diagonaler Mastwurf → Seite 81

Tipp

Arbeite mit einem Vielfachen von 4 Fäden

Für das gesamte Muster musst du mit mindestens 16 Fäden beginnen. Dennoch basiert das Muster auf einem Rapport aus 4 Fäden, der vorwärts und rückwärts über die gesamte Fläche gearbeitet wird, sodass du mit jedem Vielfachen von 4 genau die Breite erzielen kannst, die deine Arbeit haben soll. An der linken Kante der 20. R siehst du, wie du das Muster erneut beginnen lässt.

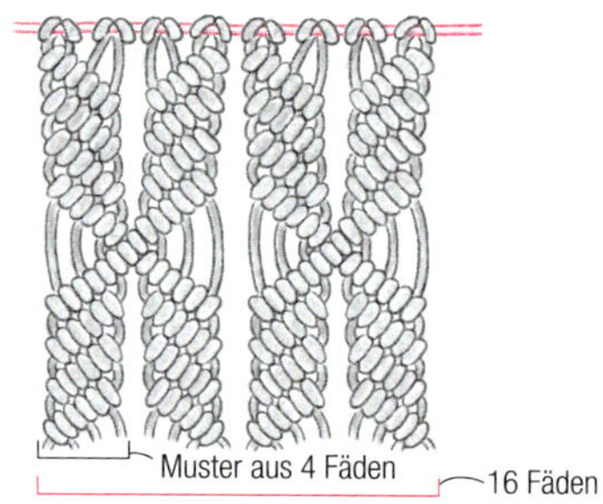

(52) Muster mit fallenden Blättern aus diagonalen Mastwürfen

Beginne deine Arbeit mit einem Vielfachen von 16 Fäden. Für das gesamte Muster benötigst du mindestens 32 Fäden und arbeitest nach dem Knüpfdiagramm.

Foto Seite 100

Knüpfdiagramm

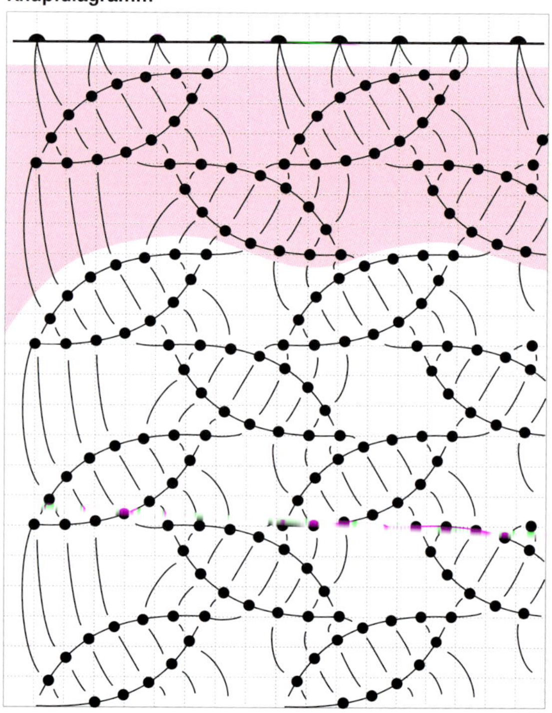

Knüpftechnik

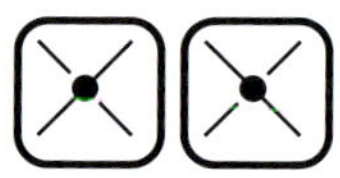

Diagonaler Mastwurf → Seite 81

Tipp

Nur die Spitzen der Blätter berühren die Kante

Da die Blattmotive dieses Muster in jeder senkrechten Wiederholung umgedreht werden, bestehen die Kanten der Arbeit zumeist aus langen, nicht geknoteten „frei hängenden" Fäden. Achte gut auf die Fadenspannung, damit sich die Kanten weder zusammenziehen noch zu locker hängen.

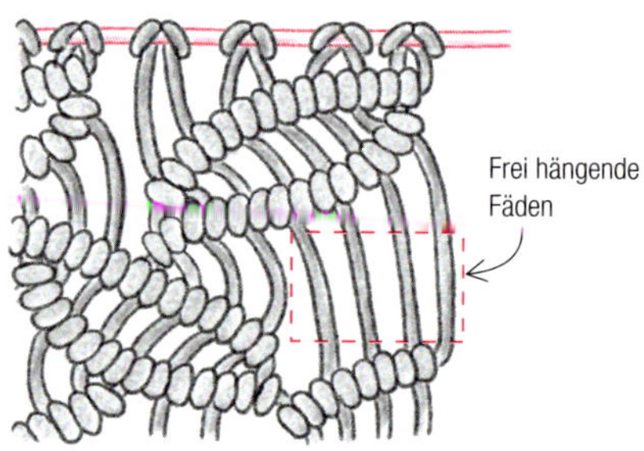

53 Blätter- und Knospenmuster aus diagonalen Mastwürfen

Dies ist eine Variation des Blattmusters ⑤①. An den Kreuzungspunkten der Blätter kannst du eine kleine Knospe aus einem Erbsenknoten ⑭ einsetzen.

Foto Seite 101

Knüpfdiagramm

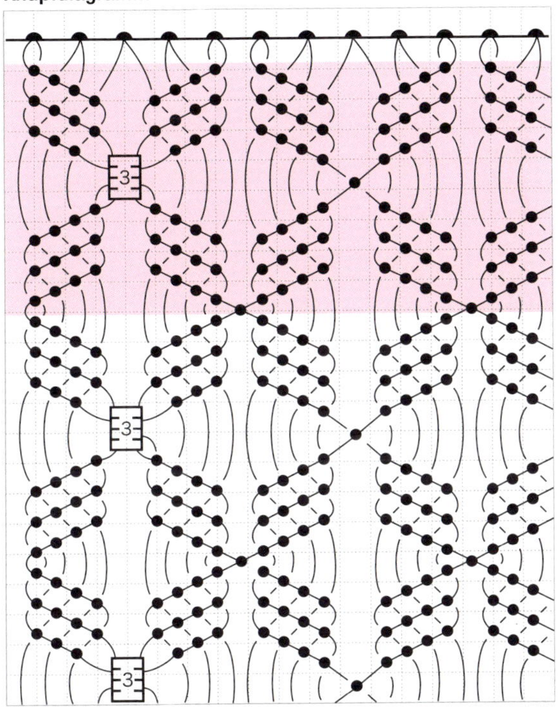

Knüpftechnik

Erbsenknoten
→ Seite 44

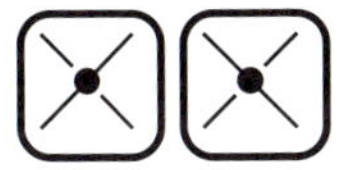

Diagonaler Mastwurf
→ Seite 81

Anleitung (für Blätter mit Knospe)

1

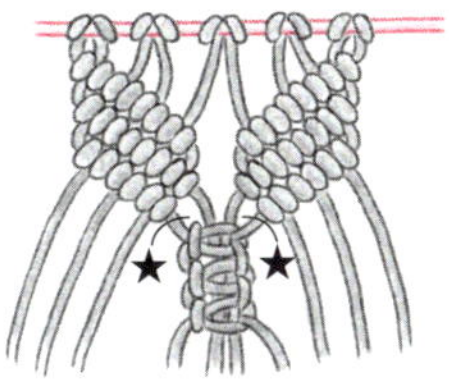

Mit 8 senkrechten Fäden 3 Reihen aus diagonalen Mastwürfen knüpfen und dann mit den mittleren 4 Fäden 3 Kreuzknoten knüpfen.

2

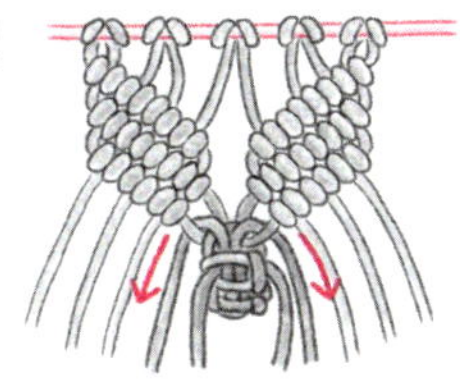

Die 2 Füllerfäden der Kreuzknoten von vorne nach hinten durch die mit ★ markierten Lücken aus Schritt 1 fädeln. Festziehen und einen weiteren Kreuzknoten knüpfen.

3

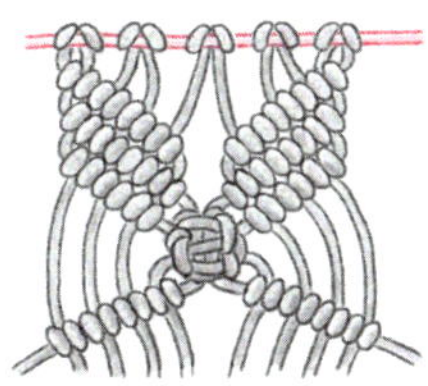

Die 2 Füllerfäden der Kreuzknoten als Trägerfäden für die nächste Reihe aus diagonalen Mastwürfen verwenden.

4

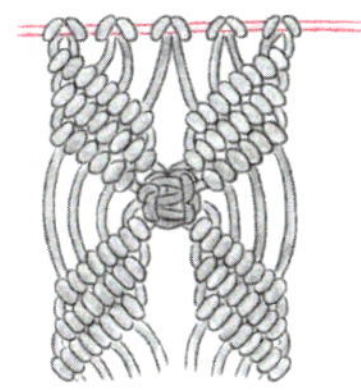

Unter den Kreuzknoten noch 3 weitere Reihen aus diagonalen Mastwürfen knüpfen, dann ist das Motiv fertig.

54 Lilienmuster aus diagonalen Mastwürfen

Ein Muster aus einfachen Blüten mit erhabenen Mittelpunkten erstreckt sich über die gesamte Arbeit und ergibt ein stabiles, symmetrisches Netzmuster. Die Konturen der Blütenblätter solltest du möglichst gleichmäßig knüpfen.

Foto Seite 101

Knüpfdiagramm

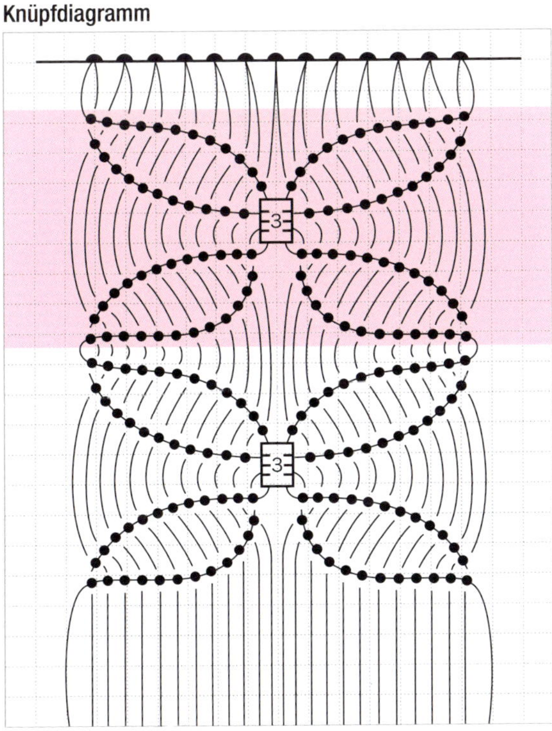

Knüpftechnik

Erbsenknoten
→ Seite 44

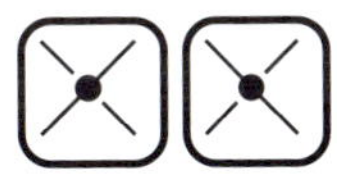

Diagonaler Mastwurf
→ Seite 81

Tipp

Knüpfe die Blüten nach deinem Geschmack

Die Breite der Blüten hängt von der Anzahl der Fäden ab. Das Knüpfdiagramm und das Foto auf Seite 81 zeigen eine Blüte, die breiter als hoch ist und aus 26 senkrechten Fäden geknüpft wurde. Das Muster rechts wurde aus nur 14 Fäden geknüpft und ist daher quadratischer. Probiere einfach aus, in welcher Größe dir dieses Muster am besten gefällt.

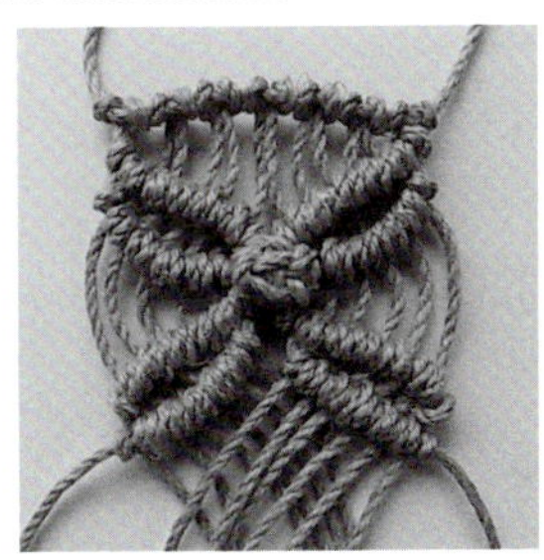

Strukturmuster mit Früchten und Nüssen

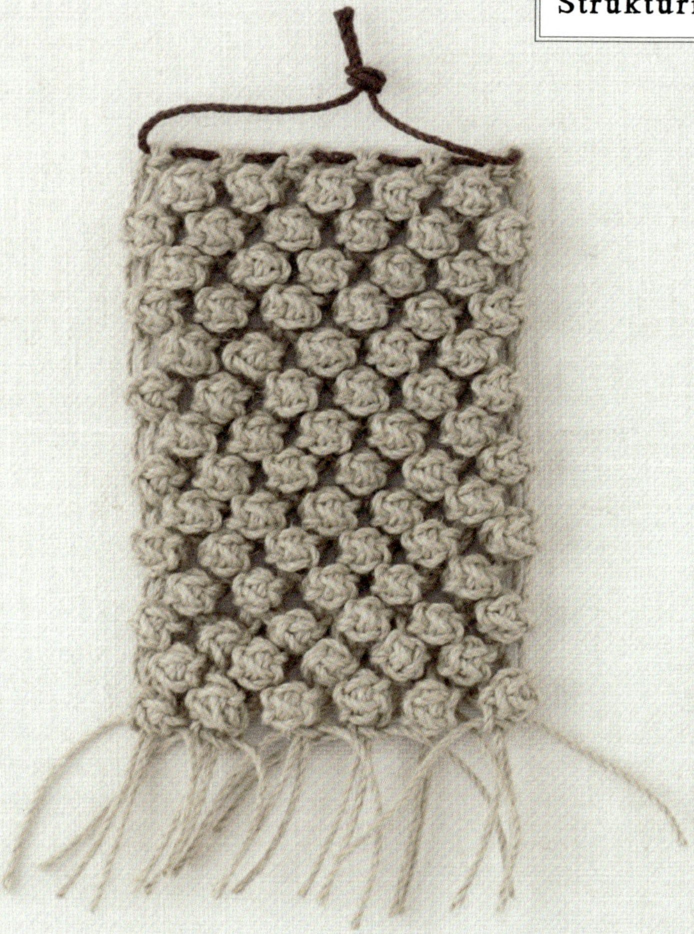

(55) **Macadamia-Muster**

(56) **Walnuss-Muster**

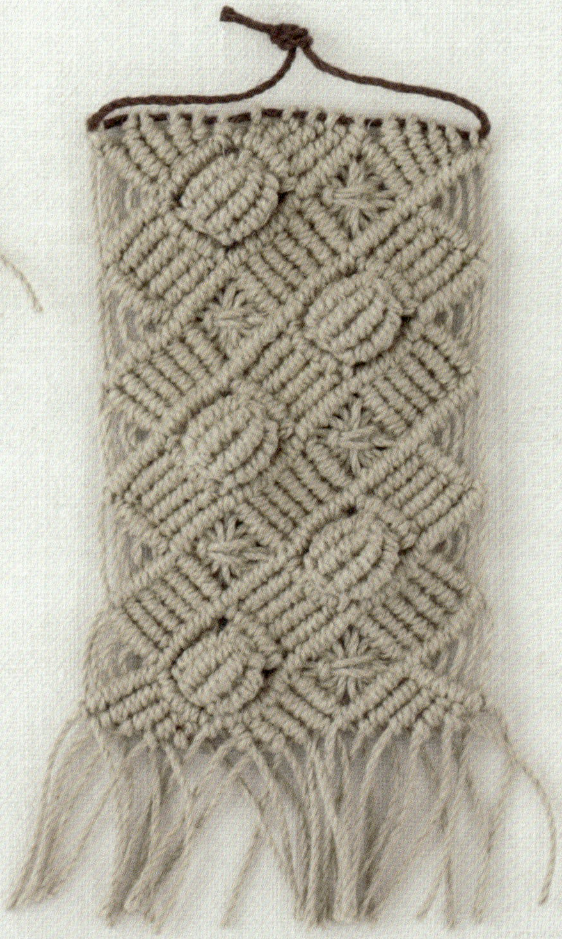

(55) Dieses Netz besteht aus Erbsenknoten, die jeweils aus 3 Kreuzknoten bestehen. Das deutlich strukturierte Muster hat dennoch eine ebene Oberfläche und sieht toll bei Matten oder Körben aus.

(56) Das Spannende an diesem Muster sind die gerippten Kugeln, die ein wenig an Walnussschalen erinnern.

(57) Muster mit verstreuten Nüssen

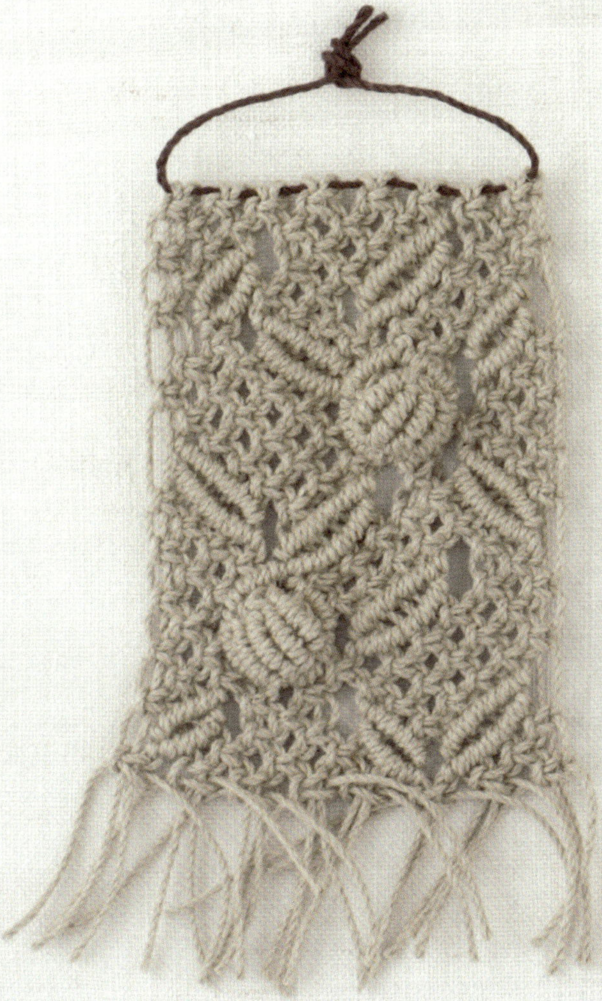

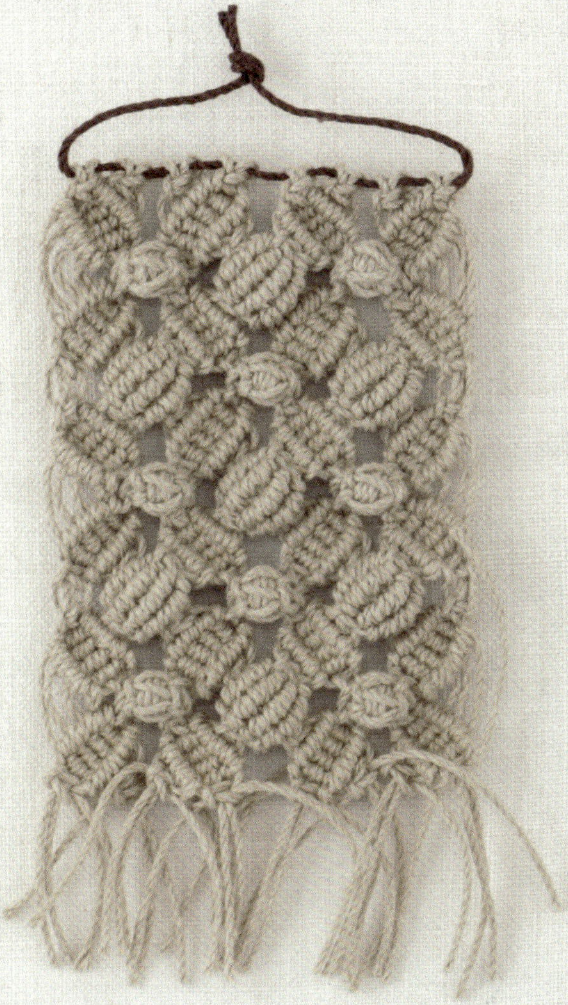

(58) Muster mit Nüssen und Blüten

(57) Ein schönes und recht anspruchsvolles Muster mit „Nüssen", die über ein klassisches Netzmuster verstreut sind.

(58) Dieses ansprechende Muster aus Blüten und Nüssen eignet sich gut für Taschen und Beutel.

55 Macadamia-Muster

Dies ist eine deutlicher strukturierte Variante des klassischen Netzmusters 23: Nach der ersten Reihe wird an jedem Kreuzungspunkt ein Erbsenknoten (14) aus 3 Kreuzknoten geknüpft.

Foto Seite 104

Knüpfdiagramm

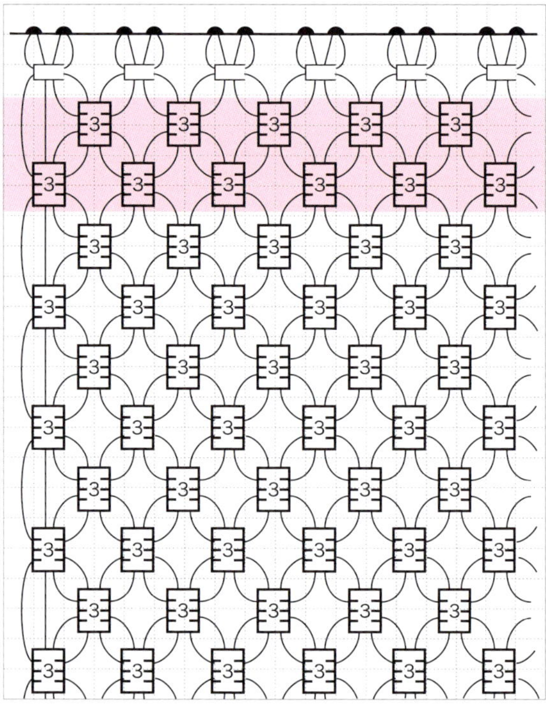

Knüpftechnik

Erbsenknoten → Seite 44

Nach links gerichteter Kreuzknoten → Seite 35

Anleitung

1

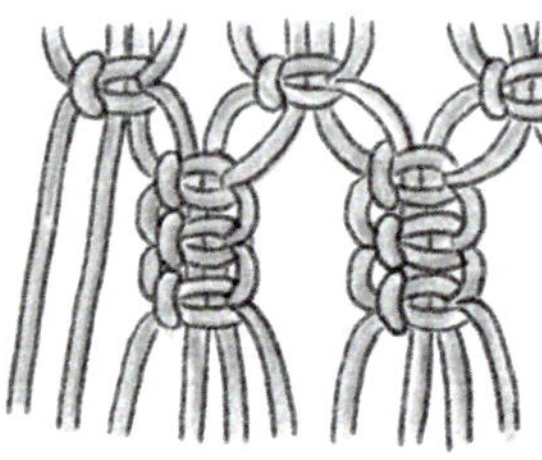

Wie im Knüpfdiagramm 1 Reihe Kreuzknoten knüpfen. Alle folgenden Reihen aus Erbsenknoten aus 3 Kreuzknoten knüpfen: Am Anfang jeder Reihe zunächst 3 Kreuzknoten an jeder Position knüpfen.

2

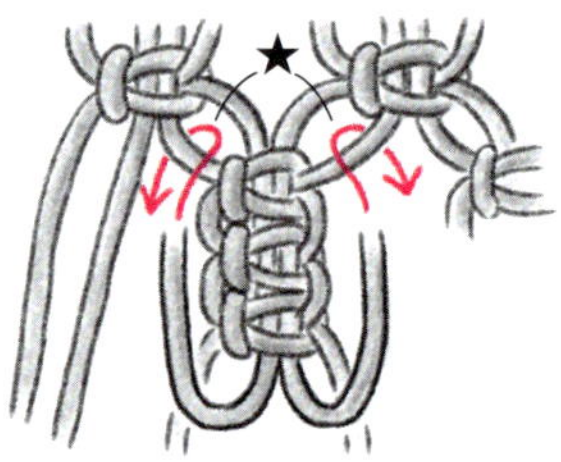

Die 2 Füllerfäden der Kreuzknoten von vorne nach hinten durch die mit ★ markierten Lücken fädeln.

3

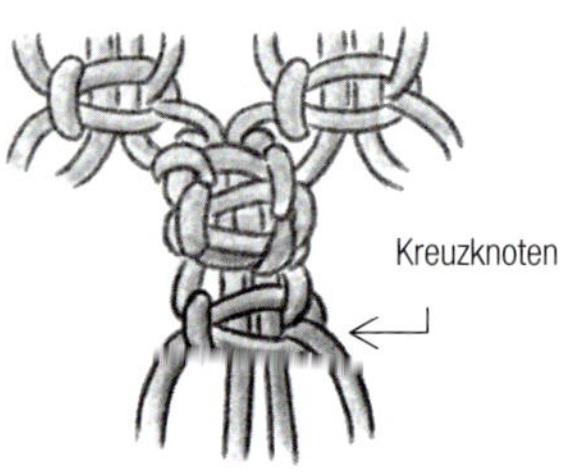

Festziehen und einen weiteren Kreuzknoten knüpfen.

4

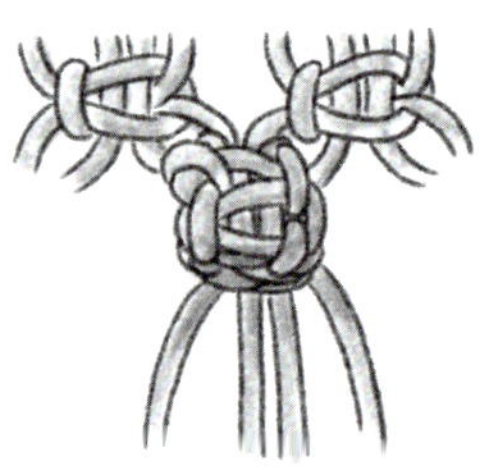

Ein Erbsenknoten ist fertig geknüpft. Über die gesamte Reihe wiederholen. Wie abgebildet weiterknüpfen, dabei die Erbsenknoten in den folgenden Reihen versetzt anordnen.

56 Walnuss-Muster

Bei diesem Muster aus 20 Fäden und 10 Reihen wechseln sich Rauten mit „Walnüssen" und kleinen Sternmustern aus Kreuzknoten ab, die über 6 Füllerfäden geknotet werden.

Foto Seite 104

Knüpfdiagramm

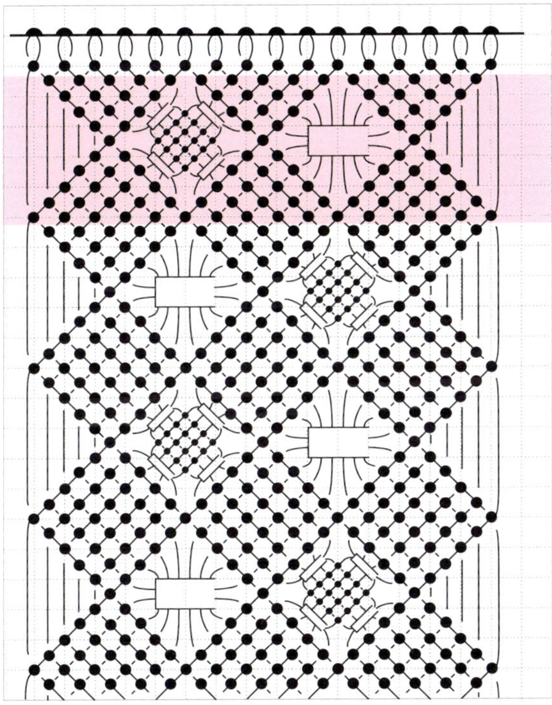

Knüpftechnik

Kreuzknoten
→ Seite 35

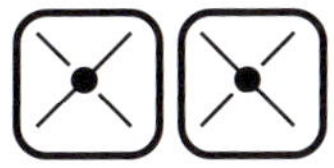

Diagonaler Mastwurf
→ Seite 81

Anleitung (für die „Walnüsse")

1

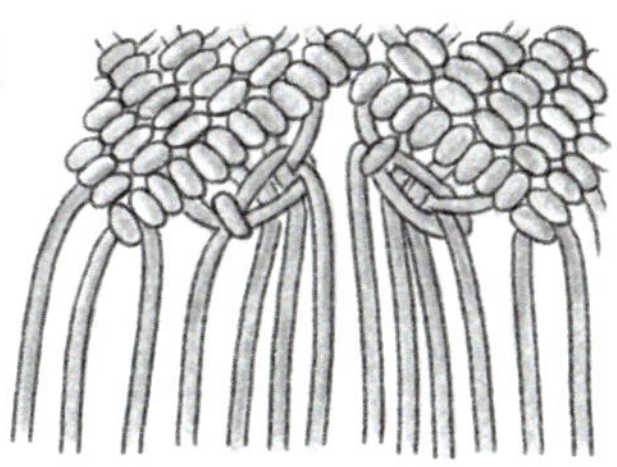

Die halben Rauten aus diagonalen Mastwürfen wie abgebildet knüpfen. An jeder Kante der halben Raute einen Kreuzknoten (mit den 4 oberen Fäden) knüpfen; festziehen.

2

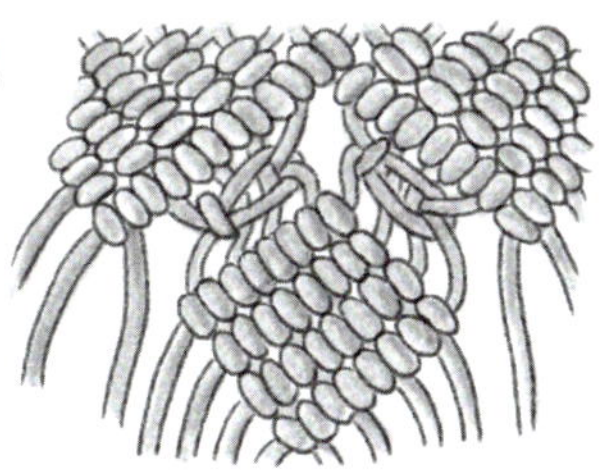

Die Fäden des rechten Kreuzknotens als Füllerfäden verwenden und wie abgebildet 4 Reihen aus diagonalen Mastwürfen knüpfen.

3

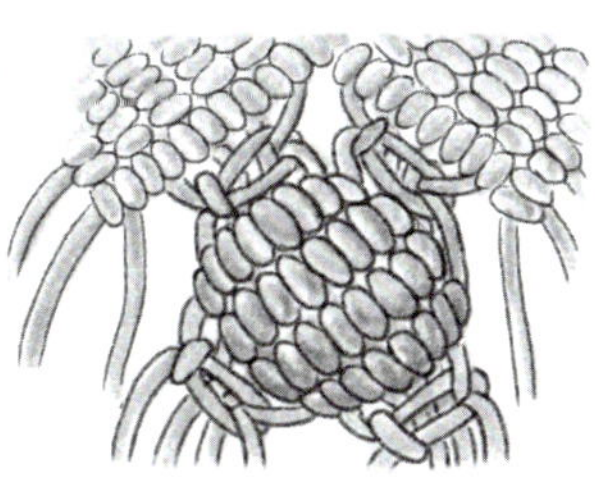

Wie abgebildet an jeder Kante der Raute einen Kreuzknoten knüpfen. Die Knoten fest anziehen, damit sich die „Nuss" nach oben wölbt.

4

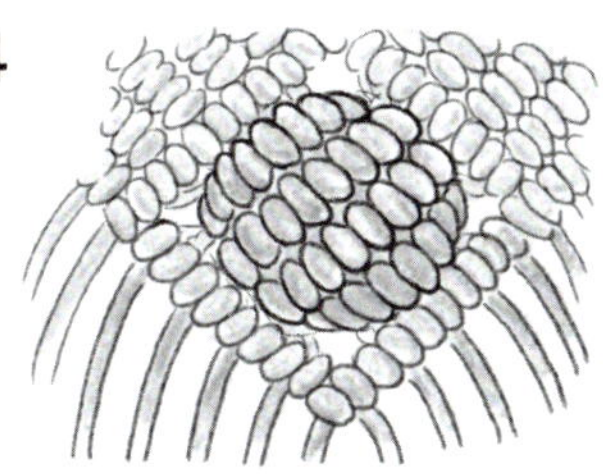

Zum Abschluss des Musters eine Einfassung aus diagonalen Mastwürfen knüpfen und damit die nächste Raute beginnen.

57 Muster mit verstreuten Nüssen

Die Nussmotive sind in ein Klassisches Netzmuster eingestreut und von „Blättern“ aus diagonalen Mastwürfen umgeben. Das Muster ist ein recht kompliziert – wenn du eine breitere Arbeit knüpfen möchtest, zeichnest du dir am besten ein komplettes Knüpfdiagramm.

Foto Seite 105

Knüpfdiagramm

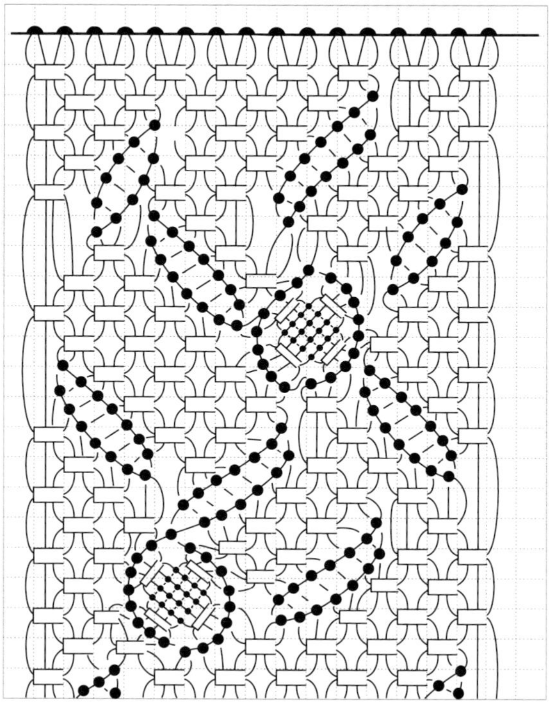

Knüpftechnik

Kreuzknoten → Seite 35

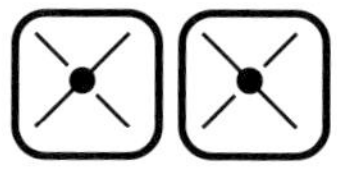
Diagonaler Mastwurf → Seite 81

Anleitung (für gerippte „Nüsse“)

1 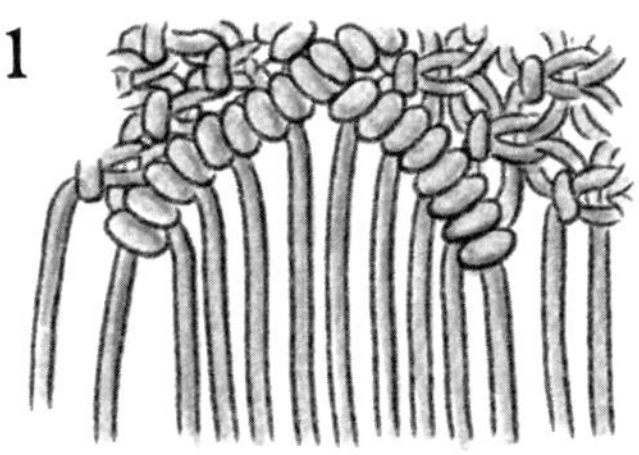

Nach dem Knüpfdiagramm arbeiten, bis die obere Hälfte der Einfassung einer „Nuss“ aus 5 diagonalen Mastwürfen links und 4 rechts geknüpft ist.

2 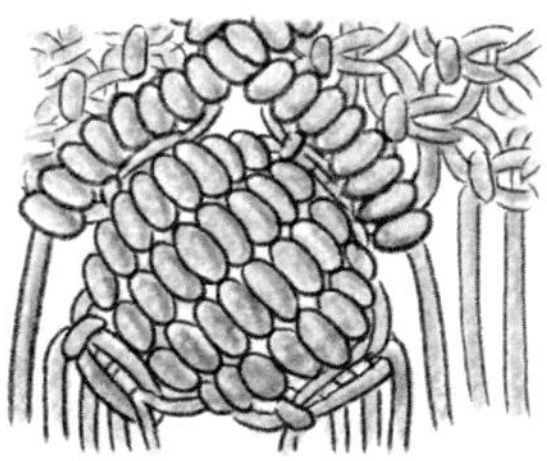

Die „Nuss“ nach den Schritten 1 bis 3 von Muster ⑯ auf der gegenüberliegenden Seite knüpfen.

3 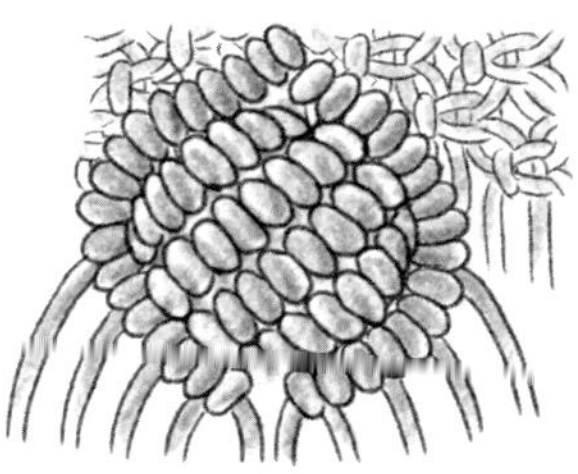

An der unteren Kante der „Nuss“ eine Einfassung aus diagonalen Mastwürfen knüpfen.

4 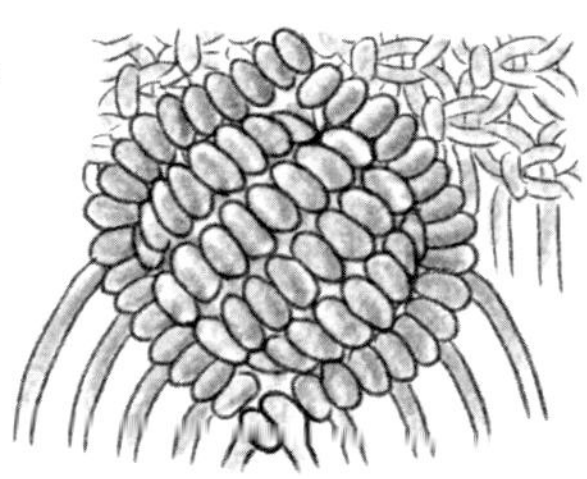

Zum Schließen der Einfassung mit dem rechten Füllerfaden einen Mastwurf um den linken Füllerfaden knüpfen. Jetzt weiter nach dem Netzmuster arbeiten.

(58) Muster mit Nüssen und Blüten

Bei diesem mosaikartigen Muster sind die Formen von Blüten und Nüssen ineinander verwoben. In der Mitte jeder Blüte sitzt ein Erbsenknoten aus 3 Kreuzknoten. Beginne mit einer Reihe aus Kreuzknoten → S. 35.

Foto Seite 105

Knüpfdiagramm

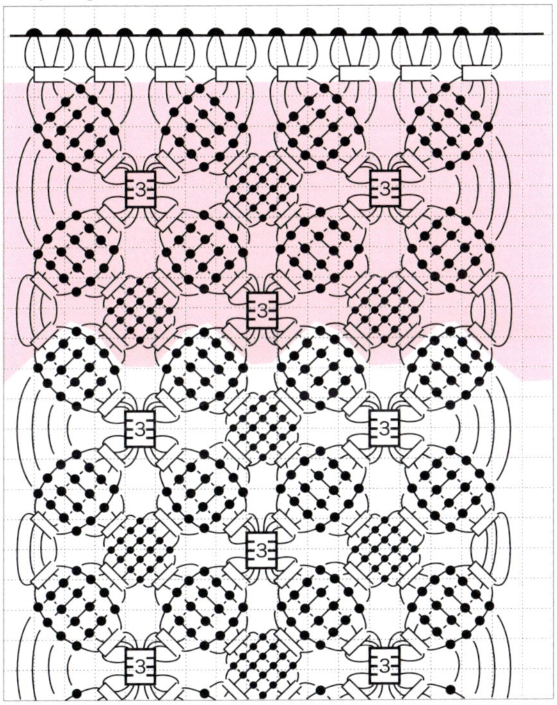

Knüpftechnik

Erbsenknoten
→ Seite 44

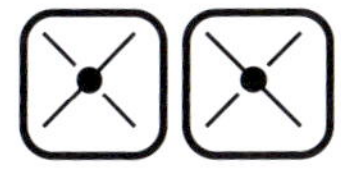

Diagonaler Mastwurf
→ Seite 81

Anleitung

1

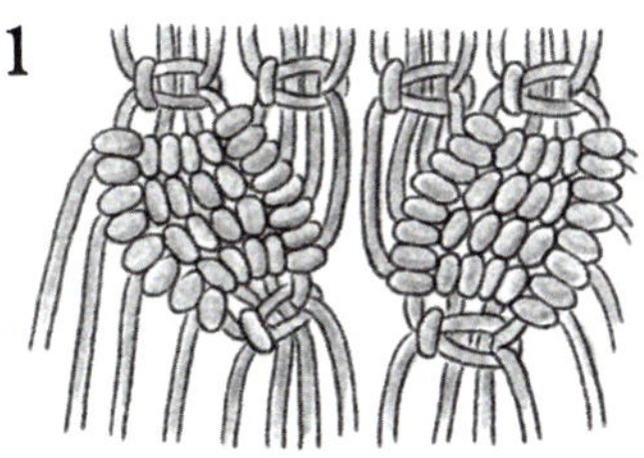

Nach dem Knüpfdiagramm die nächste Reihe aus Blütenblättern knüpfen, die jeweils mit einem Kreuzknoten enden.

2

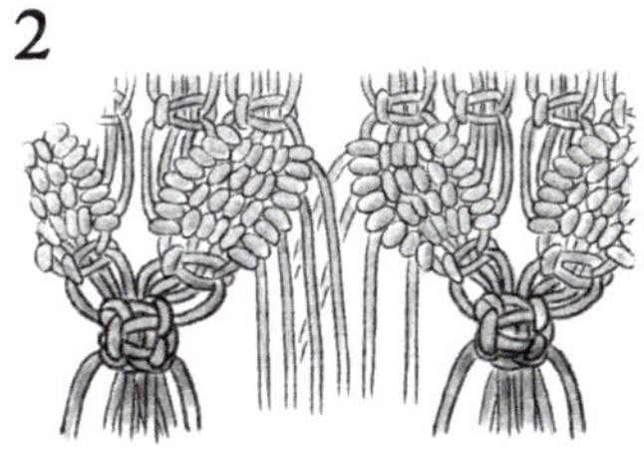

Die Blütenblätter wie abgebildet paarweise zusammenfassen und einen Erbsenknoten aus Kreuzknoten mit 6 Füllerfäden knüpfen.

3

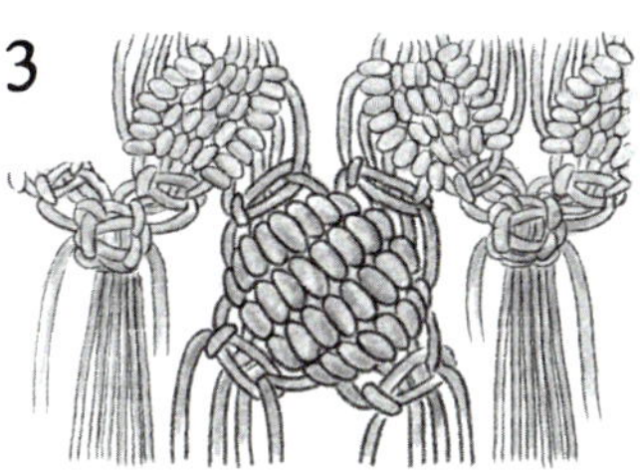

Die „Nuss" aus den 8 Fäden knüpfen, die zwischen den Blütenblättern herunterhängen – nach den Schritten 2 bis 3 von Muster (56) auf der gegenüberliegenden Seite.

4

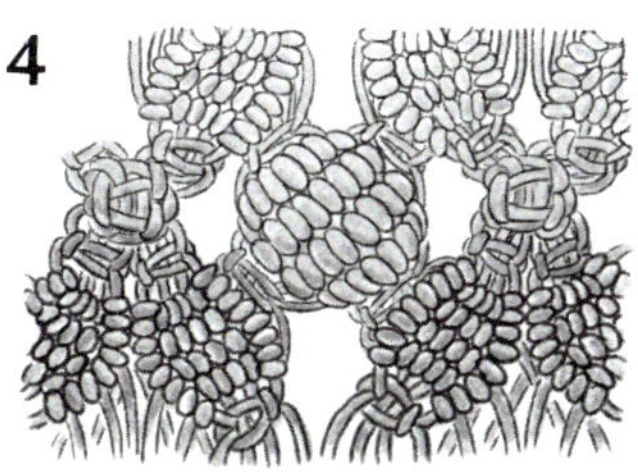

Nach dem Knüpfdiagramm die oberste Reihe der Blütenblätter knüpfen, die jeweils mit einem Kreuzknoten enden.

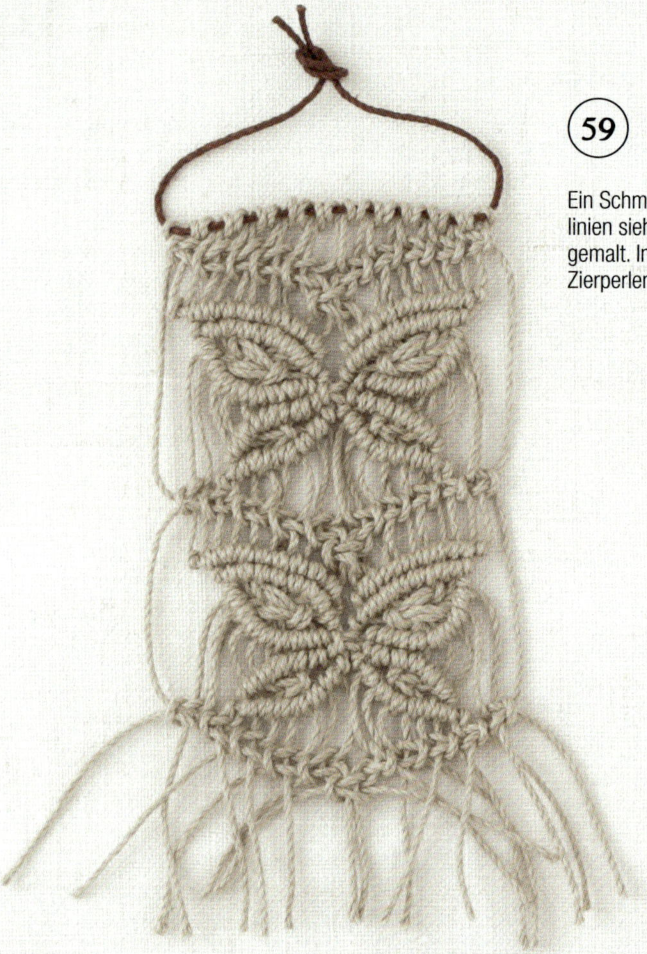

59 Schmetterlingsmuster

Ein Schmetterlingsmotiv mit geknüpften Konturlinien sieht aus wie mit einem dicken Pinsel gemalt. In das Innere der Flügel kannst du auch Zierperlen einsetzen.

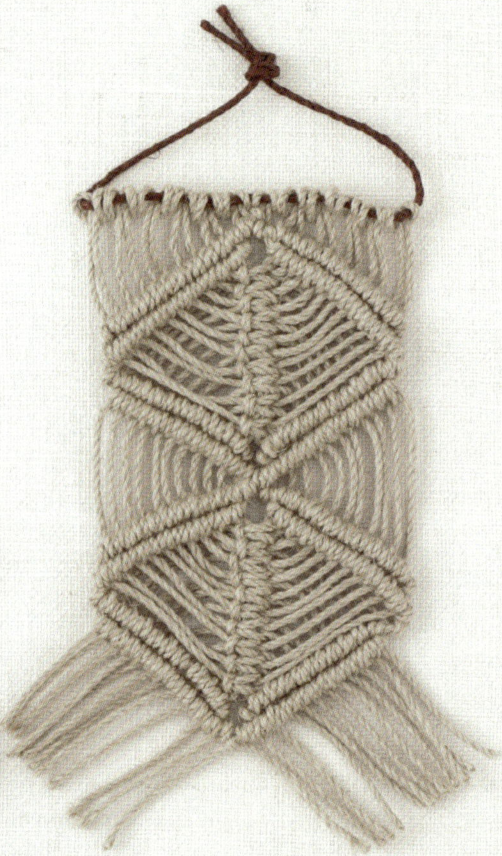

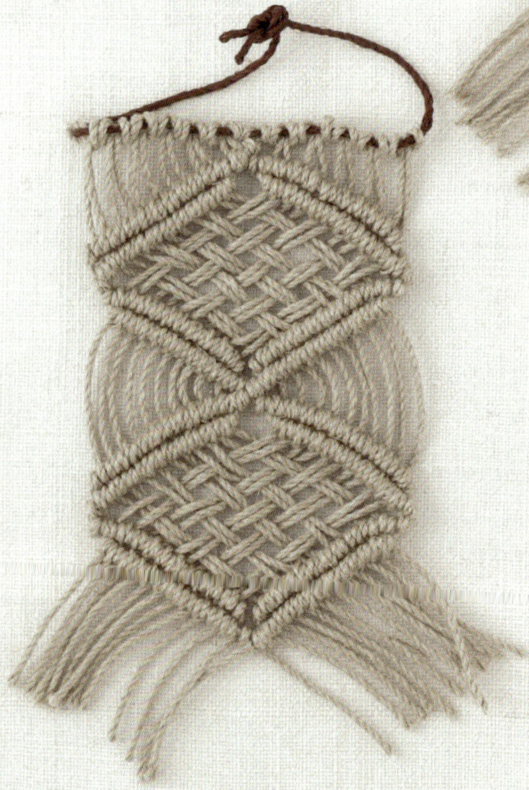

60 Raute mit Fichtenmuster

Eine Säule aus Kreuzknoten ist der „Stamm", an dem nicht geknüpfte „Zweige" eine Raute bilden.

61 Raute mit Webmuster

In jeder Raute werden die Fäden zu einem einfachen Muster gewebt. Wenn du jede senkrechte Hälfte in einer anderen Farbe beginnst, entsteht ein Karomuster.

(62) Raute mit Moosmuster

Die dicht gesetzten Mastwürfe in den Rauten erinnern an einen dicken Teppich oder ein gestricktes Webmuster.

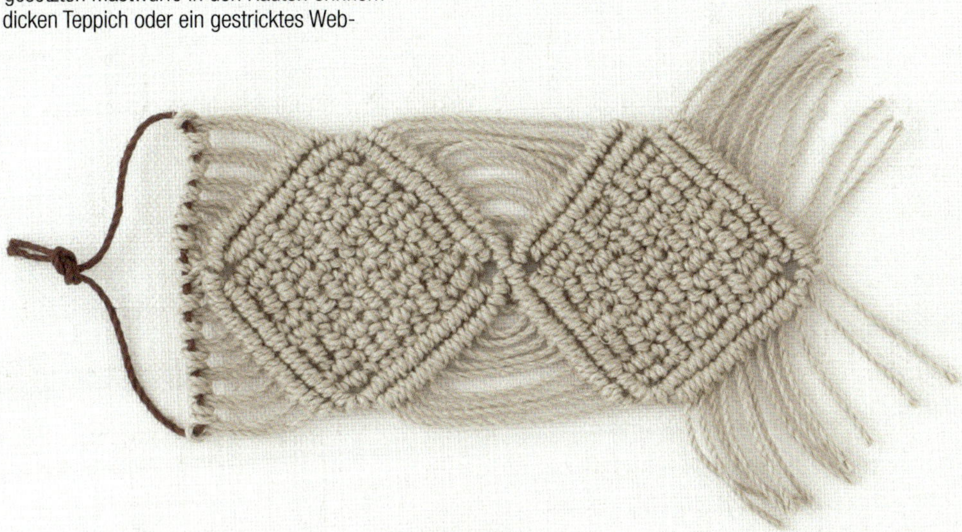

(63) Raute mit Awaji-Knoten

Die Idee, diese dekorativen Knoten in den Ecken und in der Mitte einzusetzen, macht dieses Muster zu etwas ganz Besonderem. Das Knüpfen ist recht einfach.

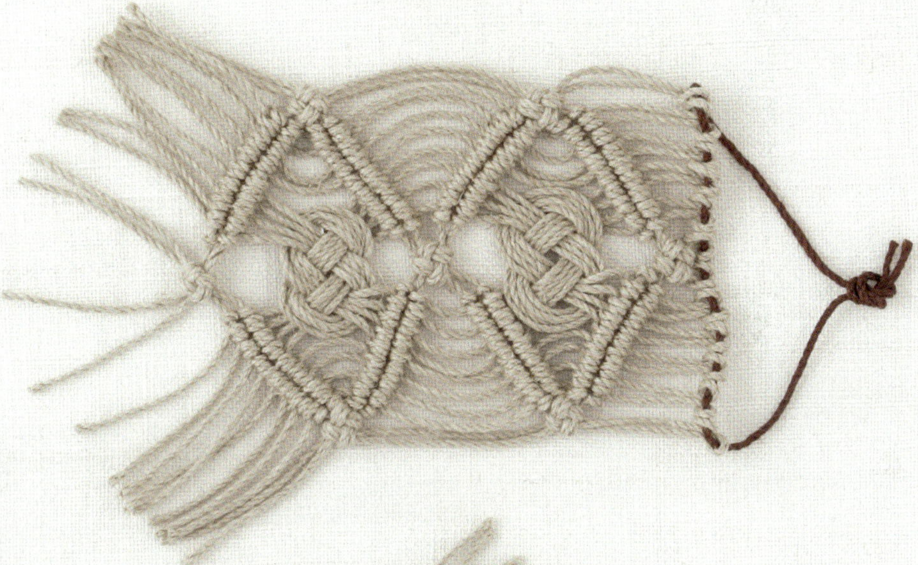

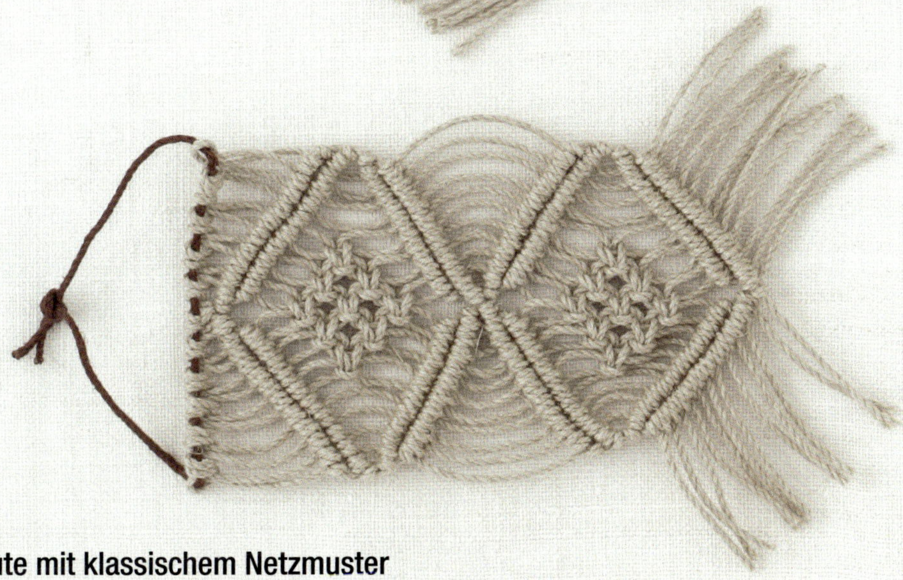

(64) Raute mit klassischem Netzmuster

Die versetzten Kreuzknoten in der Mitte der Rauten sind ein Fragment eines Klassischen Netzmusters. So lassen sich einfache, aber interessante Akzente setzen.

59 Schmetterlingsmuster

Jedes Schmetterlingsmotiv besteht aus 20 senkrechten Fäden. Ein weiterer Faden an jedem Ende oder 2 Fäden zwischen den Motiven sorgen für Ausgewogenheit. Die einzelnen Formen müssen ganz gleichmäßig geknüpft werden.

Foto Seite 110

Knüpfdiagramm

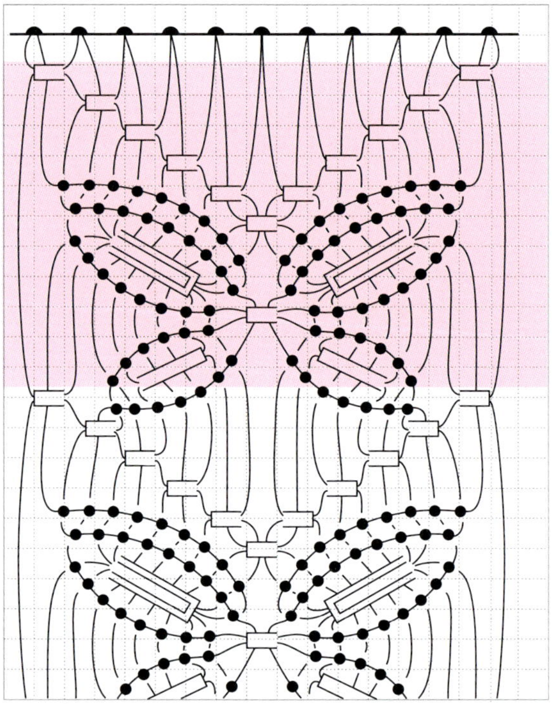

Knüpftechnik

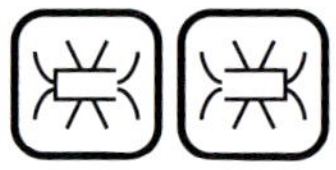

Kreuzknoten → Seite 35

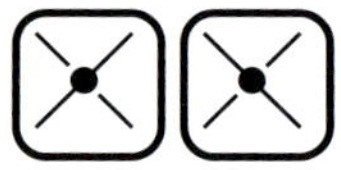

Diagonaler Mastwurf → Seite 81

Anleitung

1 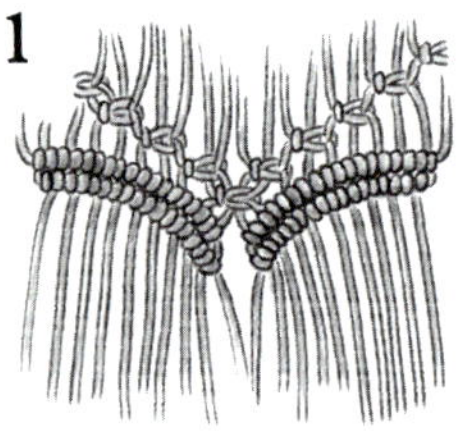

Nach dem Knüpfdiagramm die 1. R aus Kreuzknoten knüpfen und dann die obere Kante der beiden oberen Flügel knüpfen (2 Reihen aus diagonalen Mastwürfen).

2 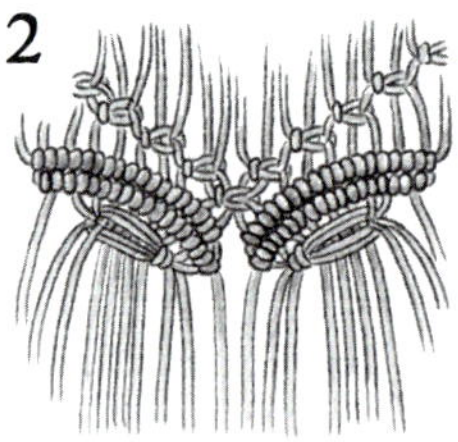

In der Mitte der Flügel einen extra großen Kreuzknoten aus 8 Fäden knüpfen (4 Füllerfäden, die an beiden Seiten mit jeweils 2 Fäden zusammengehalten werden); nicht zu fest anziehen, damit die Knoten flach liegen.

3 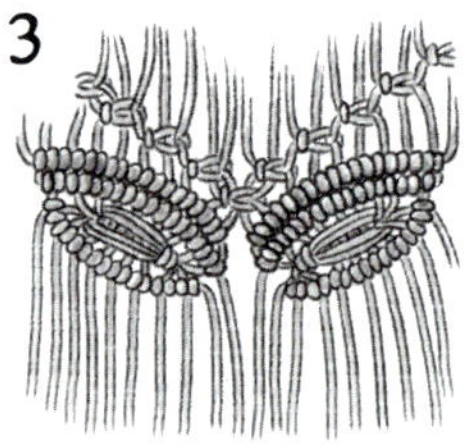

Die untere Kante der oberen Flügel knüpfen.

4 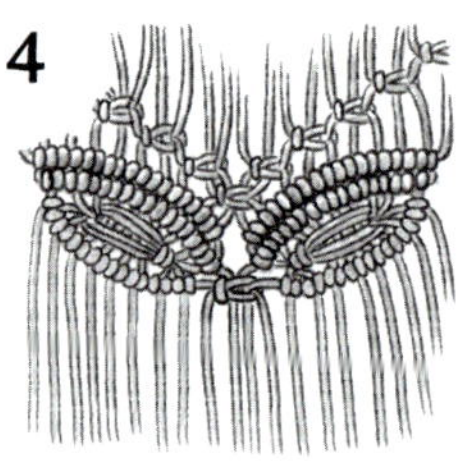

Mit den 4 Fäden in der Mitte der Arbeit die beiden Flügel mit einem nach links gerichteten Kreuzknoten miteinander verbinden.

5 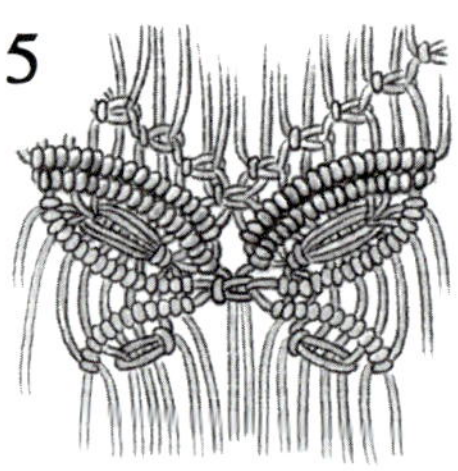

Wie im Knüpfdiagramm abgebildet weiterarbeiten; einen Kreuzknoten aus 4 Fäden in der Mitte der unteren Flügel knüpfen, aber nicht zu fest anziehen, damit er flach liegt.

6 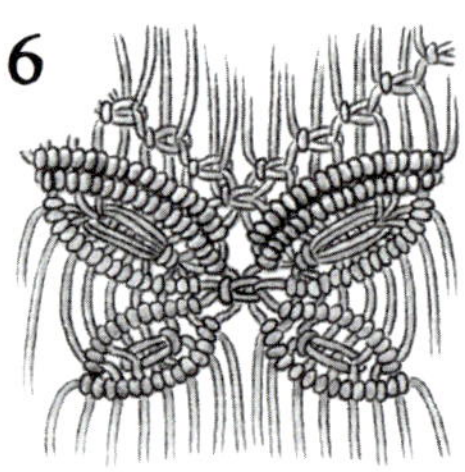

Die untere Kante der unteren Flügel knüpfen. Schritt 1–6 wiederholen, bis die Arbeit die gewünschte Länge hat.

60 Raute mit Fichtenmuster

Zuerst knüpfst du den oberen Umriss der Raute. Dann knüpfst du die senkrechte Kreuzknoten-Reihe in der Mitte und legst nach dem Knüpfen die Fäden nach hinten. Dann vervollständigst du den Umriss der Raute.

Foto Seite 110

Knüpfdiagramm

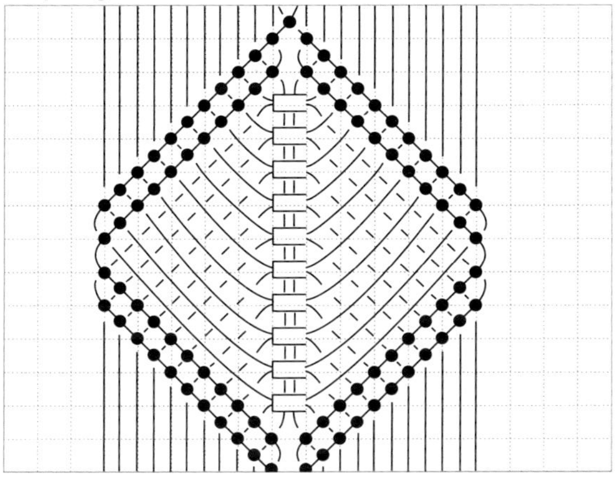

Knüpftechnik

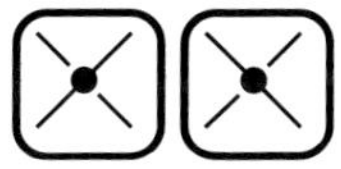

Diagonaler Mastwurf
→ Seite 81

Kreuzknoten
→ Seite 35

61 Raute mit Webmuster

Zuerst knüpfst du den oberen Umriss der Raute. Dann verwebst du die Fäden in der Mitte – immer 2 Fäden paarweise über und unter die anderen Fäden führen. Dann vervollständigst du den Umriss der Raute.

Foto Seite 110

Knüpfdiagramm

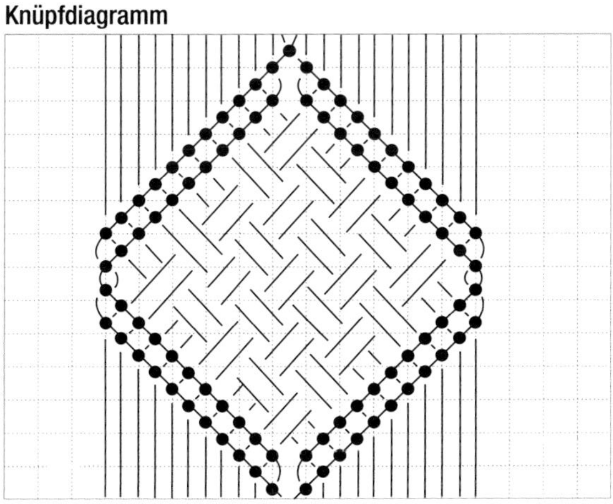

Knüpftechnik

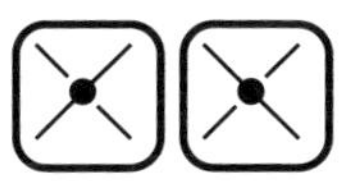

Diagonaler Mastwurf
→ Seite 81

62 Raute mit Moosmuster

Sieh dir auf dem Foto und im Knüpfdiagramm genau an, wie die einzelnen Fäden von Füllerfäden zu Arbeitsfäden werden und die Knoten Vierergruppen bilden.

Foto Seite 111

Knüpfdiagramm

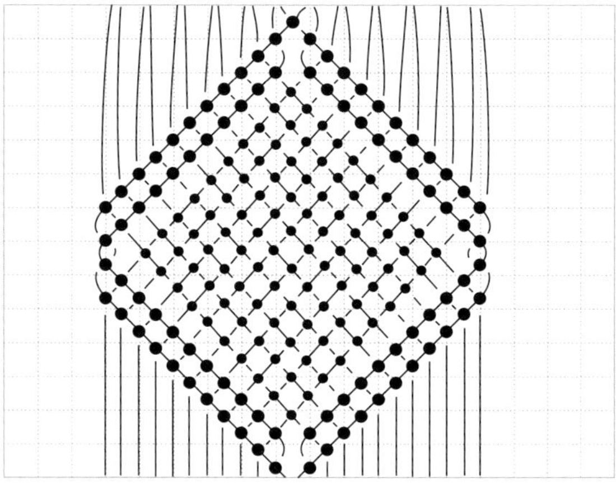

Knüpftechnik

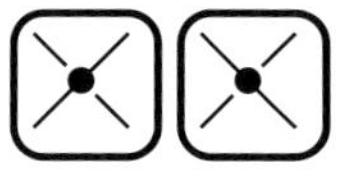

Diagonaler Mastwurf
→ Seite 81

64 Raute mit klassischem Netzmuster

Zuerst knüpfst du den oberen Umriss der Raute. Dann knüpfst du wie abgebildet die Kreuzknoten in der Mitte. Zum Abschluss vervollständigst du den Umriss der Raute.

Foto Seite 111

Knüpfdiagramm

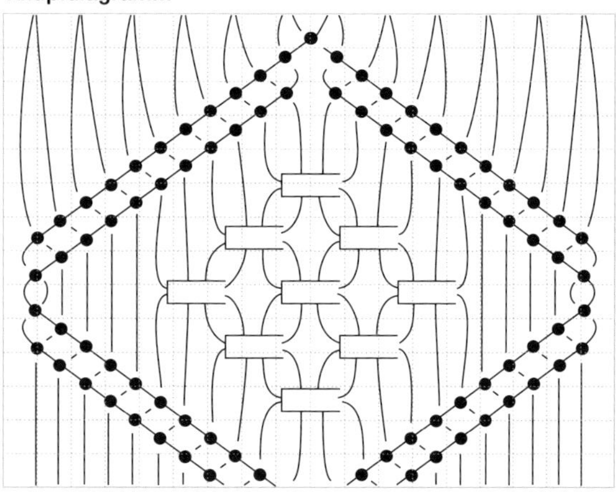

Knüpftechnik

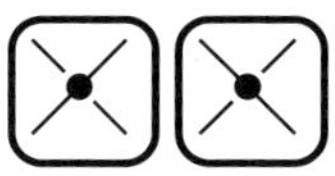

Diagonaler Mastwurf
→ Seite 81

Kreuzknoten
→ Seite 35

63 Raute mit Awaji-Knoten

Zunächst knüpfst du den Knoten aus den 4 mittleren Fäden. Dann arbeitest du den oberen Umriss der Raute, danach den Awaji-Knoten (4 Fäden als 1 Faden verarbeiten) und zum Abschluss die Knoten in den Ecken. Den unteren Umriss der Raute knüpfst du zum Schluss.

Foto Seite 111

Knüpfdiagramm

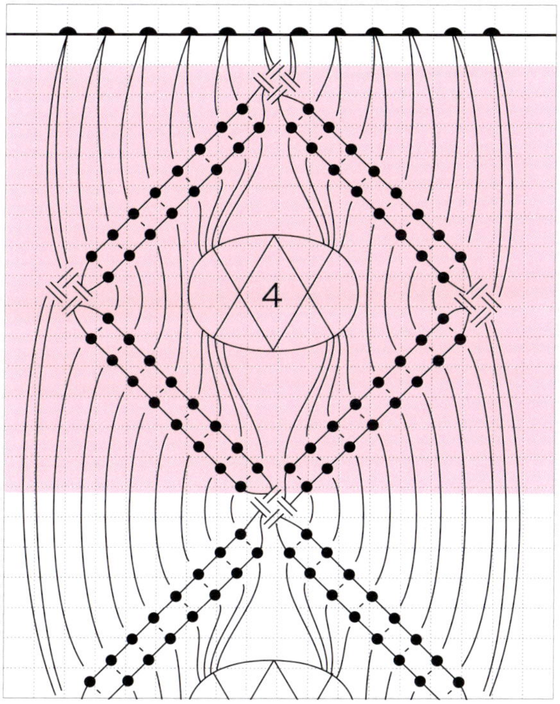

Knüpftechnik

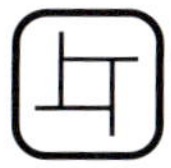 Chinesischer Kronenknoten → unten

 Seite 81

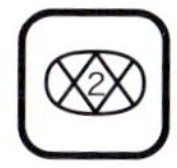

Seite 57

Anleitung (für den Anfang des Musters)

1

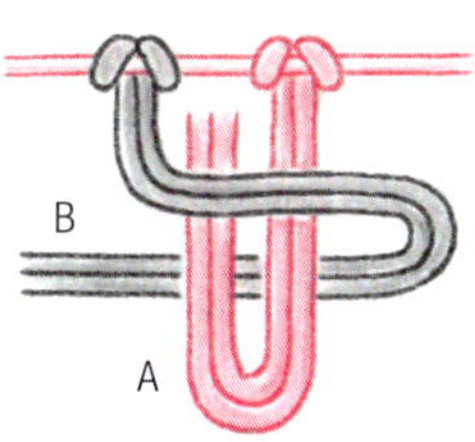

Die beiden mittleren Fadenpaare jeweils als 1 Faden verwenden. Zuerst Faden A wie abgebildet legen, dann Faden B um Faden A führen.

2

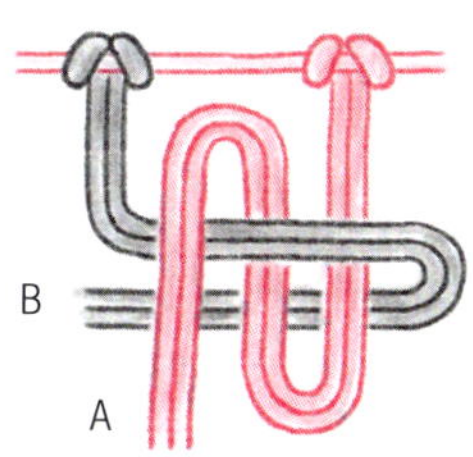

Faden A nach unten über Faden B legen.

3

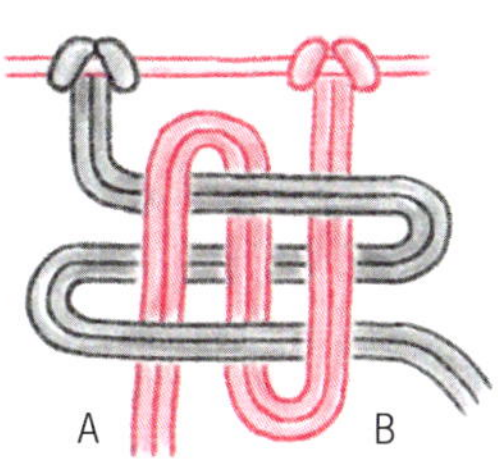

Faden B über Faden A legen und anschließend durch die untere Schlinge aus Faden A führen.

4

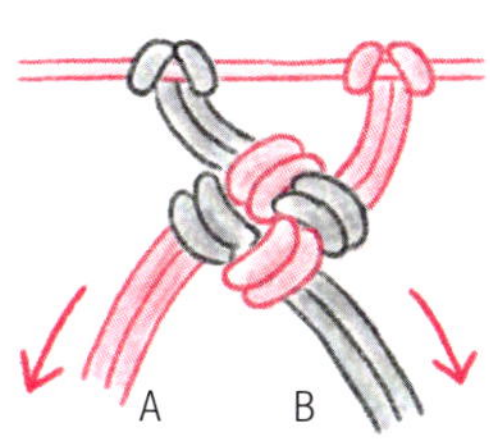

Den Knoten mit den Fadenenden festziehen.

(65) Quadrat im Quadrat

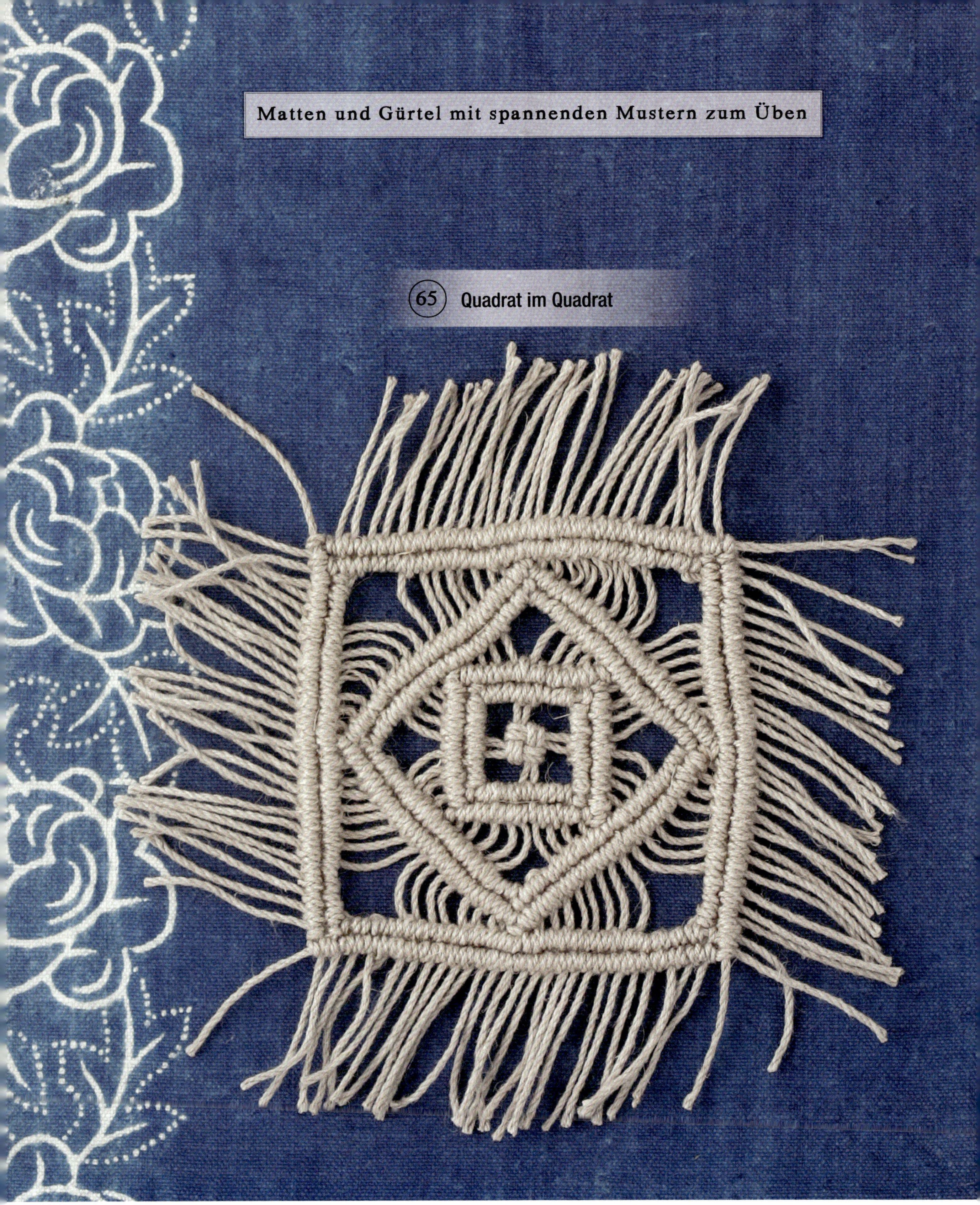

(65) Bei diesem Muster aus ineinander angeordneten Quadraten arbeitest du von der Mitte nach außen.

(66) Es ist spannend zu sehen, wie die konzentrischen Kreise dieses blütenartigen Musters von innen nach außen aufgebaut werden.

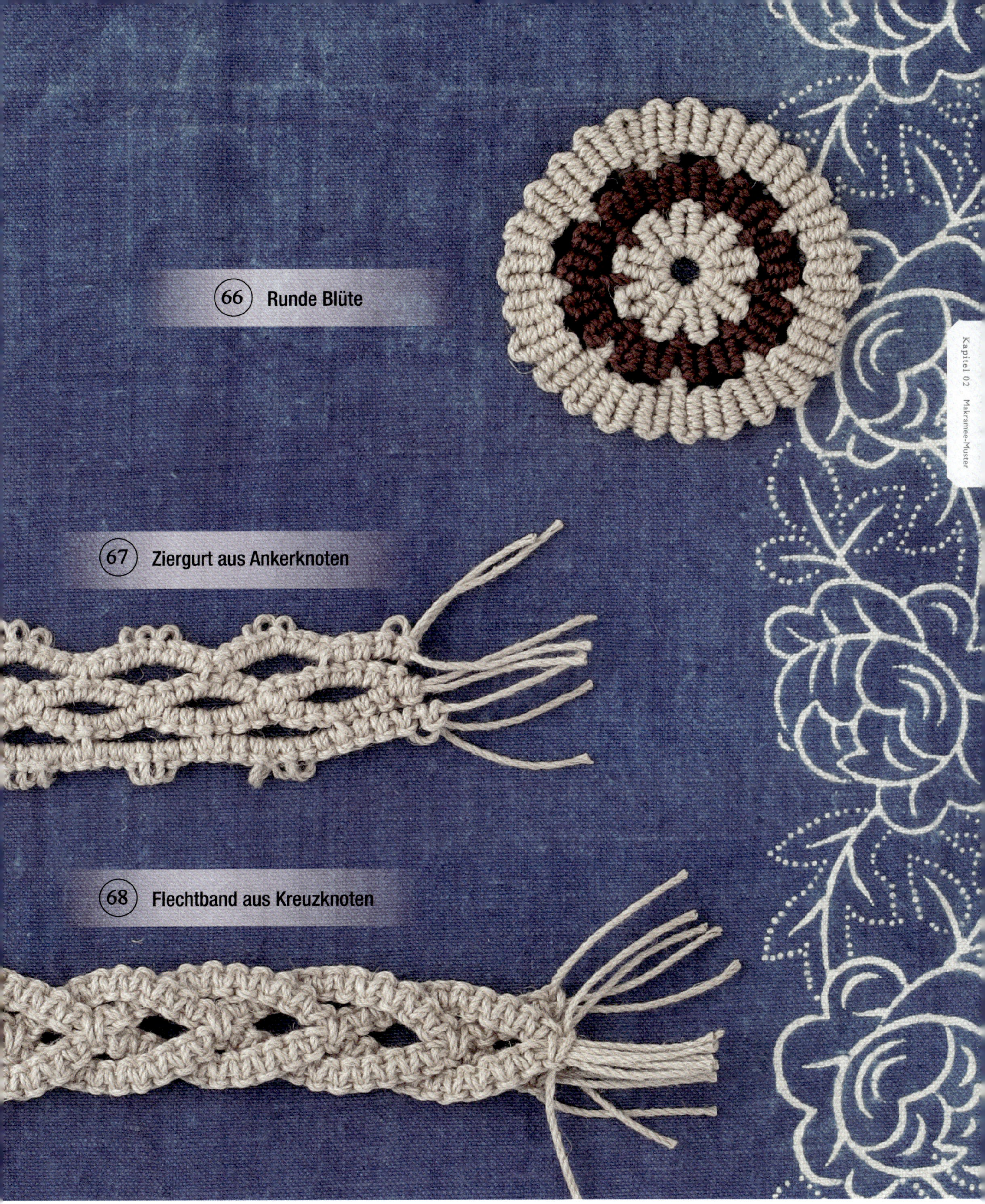

(67) Kleine Picots unterstreichen den spitzenartigen Charakter dieses schmalen Ziergurts. Ein paar Perlen passen prima dazu.

(68) Dieses Band aus überkreuzten Strängen ist einfach zu knüpfen und kann als Gürtel, Armband oder Haarband verwendet werden.

65 Quadrat im Quadrat

Beginne mit einem einfachen chinesischen Kronenknoten (Muster ⑰) in der Mitte der Arbeit, dann knüpfst du nach außen und setzt je nach Bedarf zusätzliche Füllerfäden und Arbeitsfäden an.

Foto Seite 116

Knüpfdiagramm

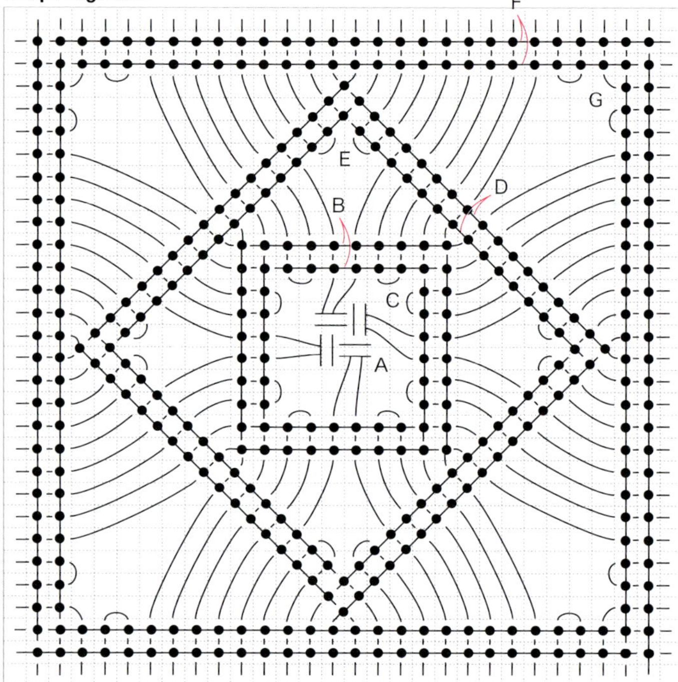

Knüpftechnik

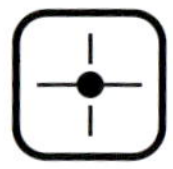
Horizontaler Mastwurf → Seite 80

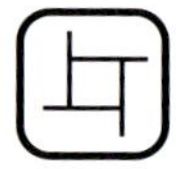
Chinesischer Kronenknoten → Seite 50

*für weichen Jutefaden, ø 2 mm

	Verwendung	*Länge (jeder einzelne Faden)	Anzahl der benötigten Fäden
A	Knoten in der Mitte	70 cm	4
B	1. R, Füllerfäden	70 cm	8
C	1. R, senkrechte Fäden	70 cm	8
D	2. R, Füllerfäden	55 cm	8
E	2. R, senkrechte Fäden	50 cm	8
F	3. R, Füllerfäden	35 cm	8
G	3. R, senkrechte Fäden	35 cm	12

Anleitung

1

Das Beispiel auf dem Foto wurde aus Jute geknüpft und ist 10 cm² groß. Die Fadenlänge unterscheidet sich je nach verwendetem Faden, jedoch kann die Tabelle oben Anhaltspunkte bieten.

2

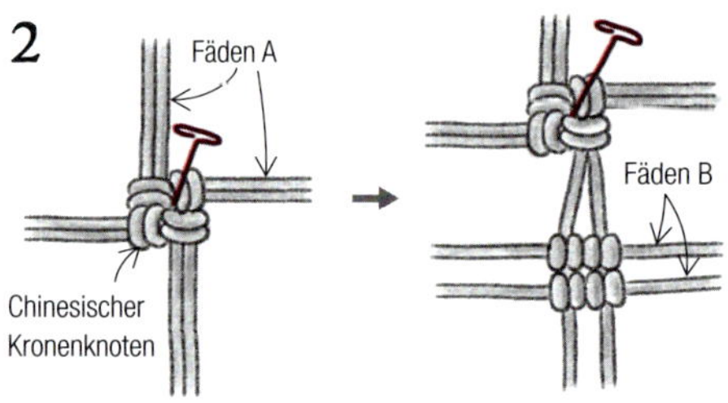

Zuerst 2 Fäden zu einem zusammenlegen und einen einfachen Chinesischen Kronenknoten knüpfen (⑰, Schritt 1–6 auf S. 50). Den Knoten mit einer Stecknadel auf dem Brett fixieren. Dann 2 Fäden B über 1 Fadenpaar A kreuzen und mit horizontalen Mastwürfen wie abgebildet verknoten.

3

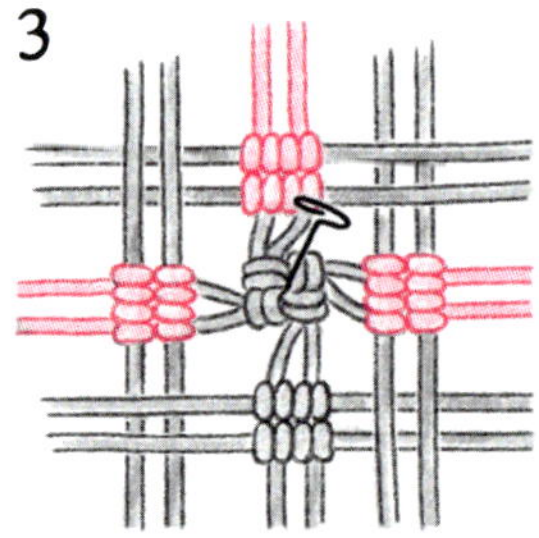

An jedes der verbleibenden Fadenpaare A 2 Fäden B befestigen.

4

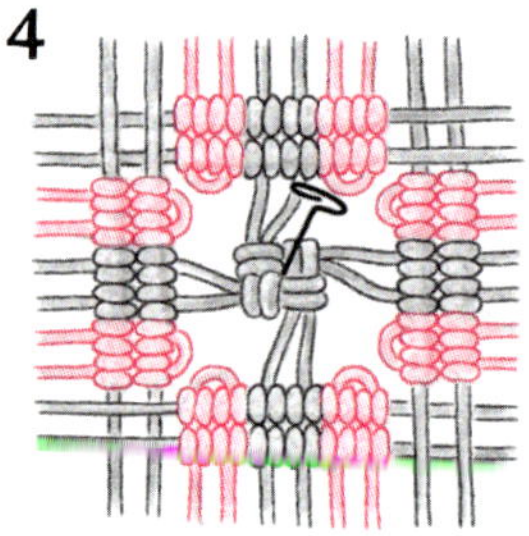

Die 8 Fäden C befestigen, dabei doppelt legen (in Rosa, neben den Fäden A).

5

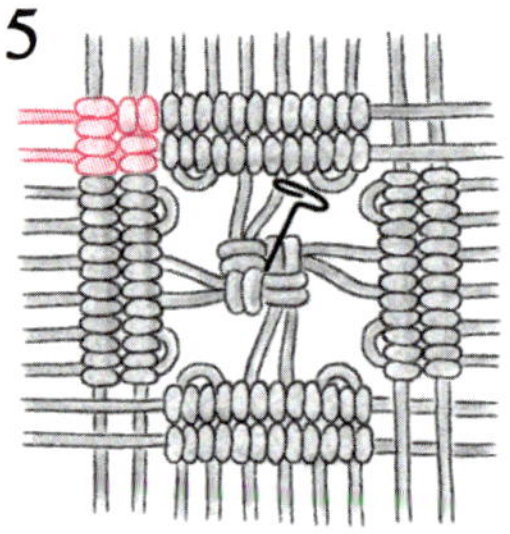

Eine Ecke des Quadrats fertigknüpfen, dabei horizontale Mastwürfe wie in Pink abgebildet knüpfen.

6

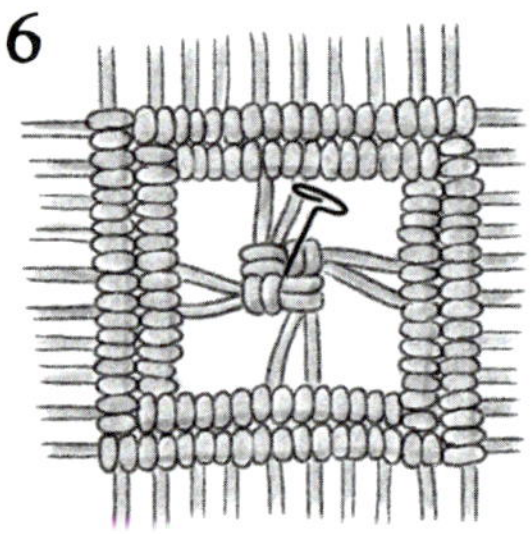

Die anderen Ecken auf die gleiche Weise knüpfen, die Knoten festziehen und zu einem schönen Quadrat ausrichten.

7

Auf die gleiche Weise weiterknüpfen, zunächst die Raute knüpfen und dann das äußere Quadrat. Dabei die Füllerfäden immer zunächst in der Mitte befestigen, dann zu jeder Ecke nach außen arbeiten. Die Enden der Fäden als attraktive Fransenkante in gleichmäßiger Länge abschneiden.

66 Runde Blüte

Die „Blütenblätter“ auf den konzentrischen Kreisen dieser Blüte werden auf raffinierte Weise geformt und befestigt: Die Füllerfäden führen hin und her und werden von den Knoten fixiert.

Foto Seite 117

Knüpfdiagramm

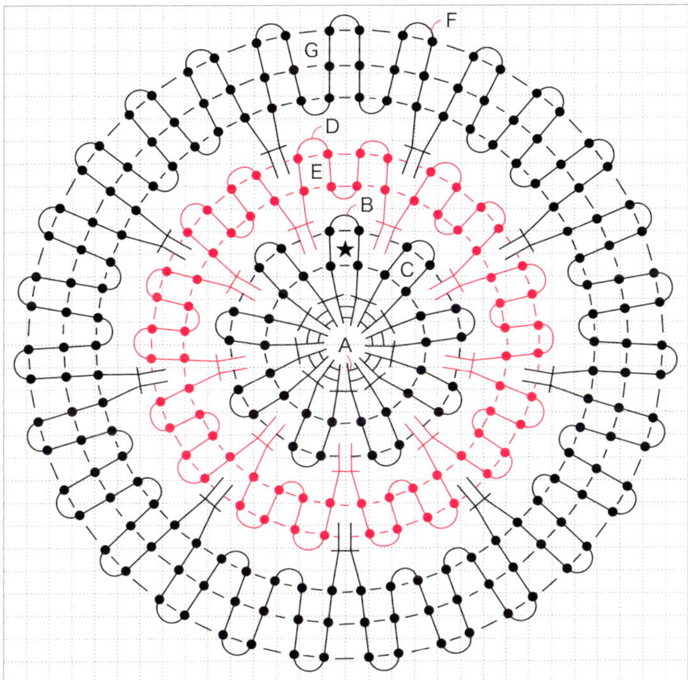

Knüpftechnik

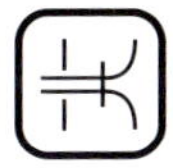
Ankerknoten
→ Seite 40

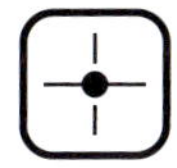
Horizontaler Mastwurf
→ Seite 80

*für weichen Jutefaden, ø 2 mm

	Verwendung	*Länge (jeder einzelne Faden)	Anzahl der benötigten Fäden
A	Füllerfaden in der Mitte	25 cm	1
B	1. R, (innere Blütenblätter) Füllerfaden	60 cm	1
C	1. R, Arbeitsfaden	60 cm	2
D	2. R, (mittlere Blütenblätter) Füllerfaden	70 cm	1
E	2. R, Arbeitsfaden	110 cm	2
F	2. R, (äußere Blütenblätter) Füllerfaden	110 cm	1
G	3. R, Arbeitsfaden	150 cm	3

Anleitung

1

Das Beispiel auf dem Foto wurde aus Jute geknüpft und hat einen Durchmesser von 8 cm. Die Fadenlänge unterscheidet sich je nach verwendetem Faden, jedoch kann die Tabelle oben Anhaltspunkte bieten.

2

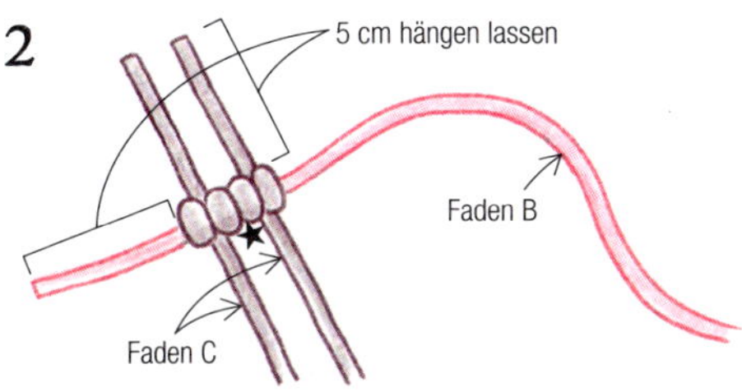

Am Anfang jedes Fadens ein langes Ende hängen lassen. Einen horizontalen Mastwurf mit jedem Faden C über Füllerfaden B knüpfen.

3

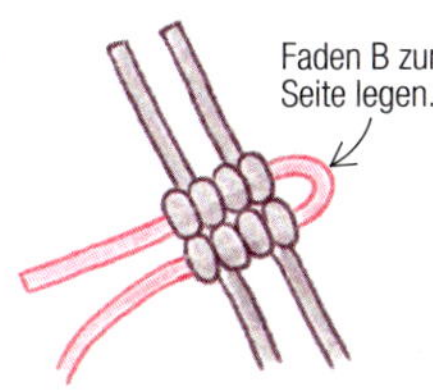

Den Füllerfaden zur Seite legen und mit jedem Faden C einen horizontalen Mastwurf daran knüpfen.

4

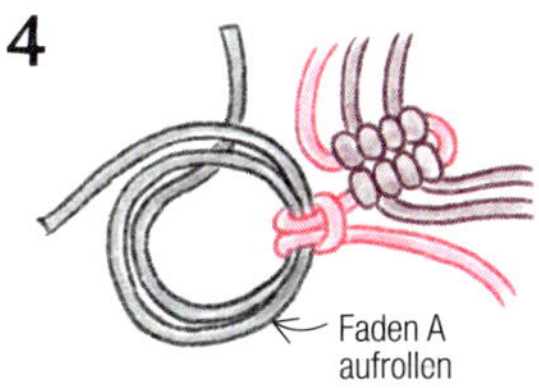

Faden A doppelt legen und aufrollen. Das lange Ende von Faden B mit einem senkrechten Ankerknoten daran befestigen. Jetzt ist ein Blütenblatt fertig.

5

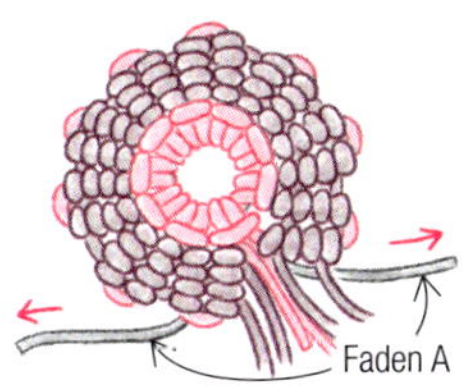

Auf diese Weise 8 weitere Blütenblätter an den Kreis aus Faden A knüpfen. Dann mit Faden B einen weiteren senkrechten Ankerknoten durch den Kreis knüpfen. Die Mitte mit den Fadenenden A zusammenziehen.

6

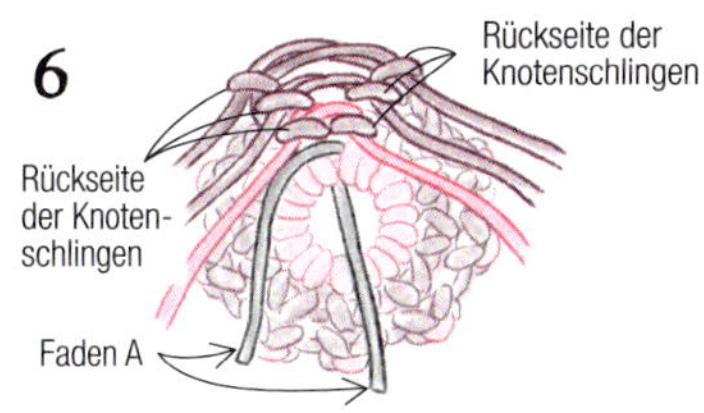

Arbeit umdrehen. Die Enden der Fäden C durch die Schlingen der horizontalen Mastwürfe fädeln. Die Enden der Fäden A und B durch die Schlingen der senkrechten Ankerknoten fädeln.

7 Nach dem Knüpfdiagramm die mittleren Blütenblätter knüpfen: Faden D dient als Füllerfaden und die horizontalen Mastwürfe werden mit Faden E geknüpft. Nach 2 Blütenblättern Faden D mit einem senkrechten Ankerknoten an Faden B zwischen 2 inneren Blütenblättern befestigen. Die mittleren Blütenblätter auf diese Weise knüpfen und die Fadenenden auf der Rückseite vernähen.

8 Jetzt die äußeren Blütenblätter ansetzen: Faden F ist der Füllerfaden und die horizontalen Mastwürfe werden mit Faden G geknüpft. Nach 3 Blütenblättern Faden F mit einem senkrechten Ankerknoten an Faden D zwischen 2 mittleren Blütenblättern befestigen. Die äußeren Blütenblätter auf diese Weise knüpfen und die Fadenenden auf der Rückseite vernähen.

67 Ziergurt aus Ankerknoten

Achte beim Knüpfen darauf, dass die einzelnen Stränge parallel zueinander liegen. Die äußeren Stränge werden mit den inneren verknüpft, indem du die Arbeitsfäden überkreuzt, wenn du die kleinen Picots zwischen der 5. und 6. R knüpfst.

Foto Seite 117

Knüpfdiagramm

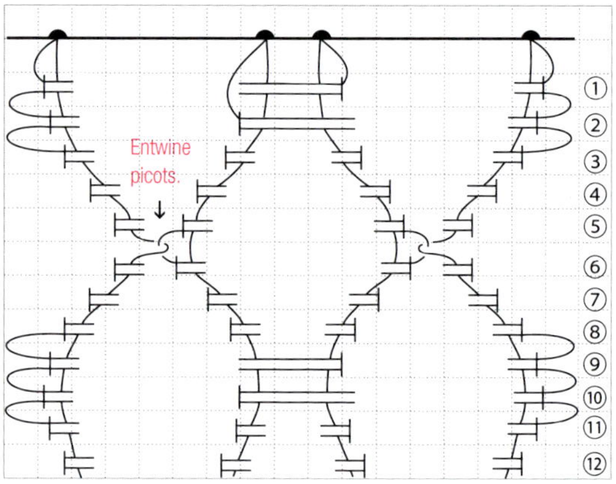

Knüpftechnik

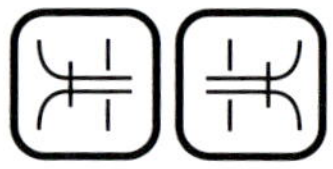

Senkrechter Ankerknoten → Seite 40

68 Flechtband aus Kreuzknoten

Dieses Band besteht aus zwei identischen Strängen (A und B), die jeweils wiederum aus 2 Strängen geknüpft werden und in regelmäßigen Abständen überkreuzt werden. Auf dem Foto ist gut zu erkennen, wie die Stränge einander immer wieder überkreuzen.

Foto Seite 117

Knüpfdiagramm

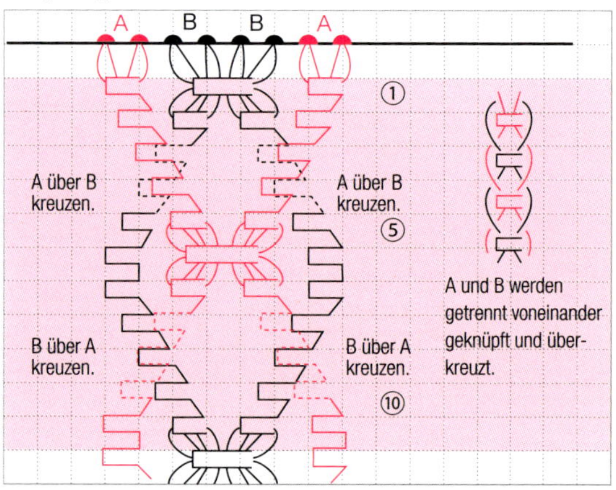

Knüpftechnik

Nach links gerichteter Kreuzkonten → Seite 35

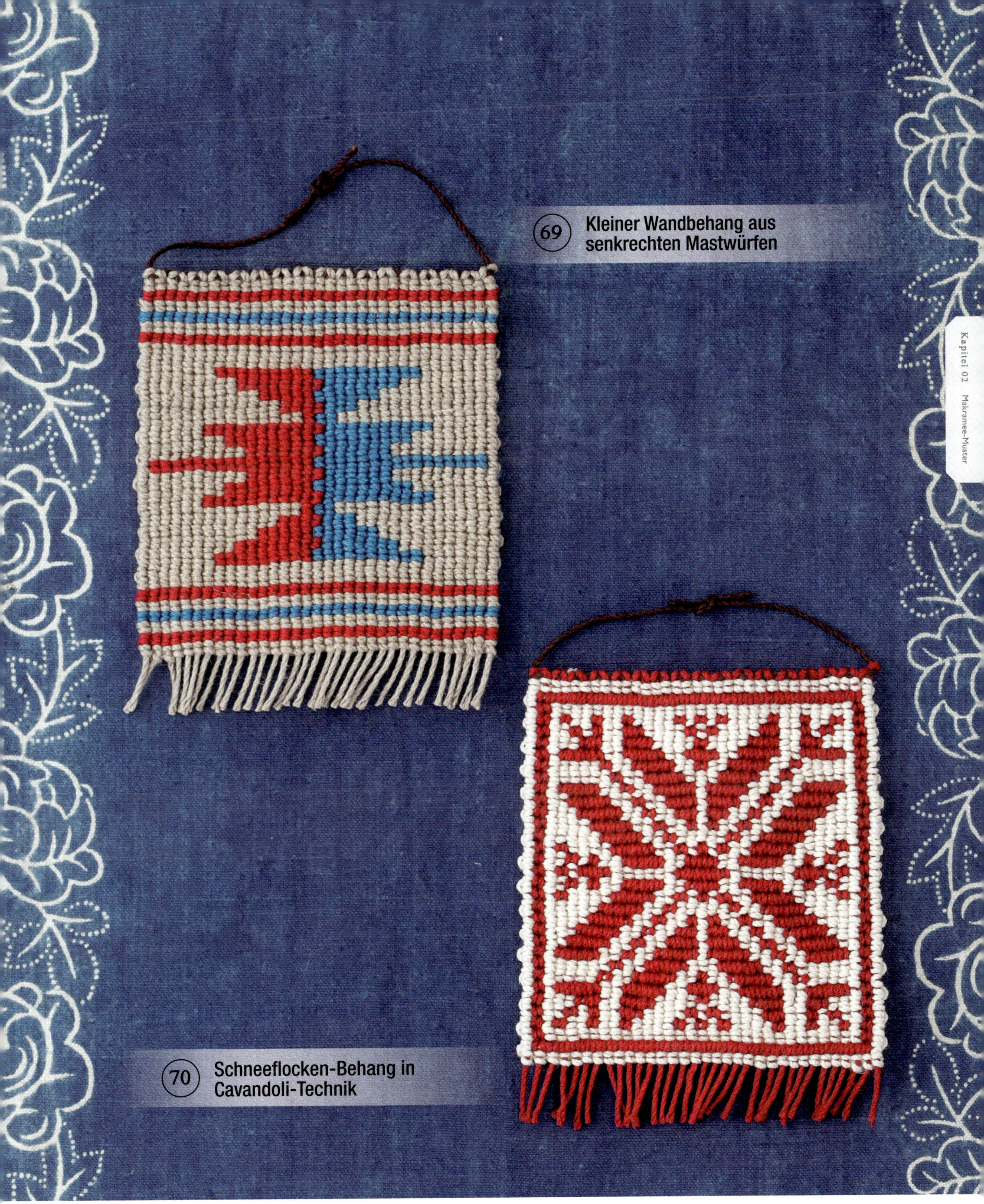

(69) Kleiner Wandbehang aus senkrechten Mastwürfen

(70) Schneeflocken-Behang in Cavandoli-Technik

(69) Dieses geometrische indianische Muster aus 3 Farben wird nur aus senkrechten Mastwürfen geknüpft.

(70) Bei diesem kleinen Wandbehang werden senkrechte und waagrechte Mastwürfe verwendet – je nach Farbe unterschiedlich.

(69) Kleiner Wandbehang aus senkrechten Mastwürfen

Dieses dreifarbige Muster mit einem indianischen Motiv wird nur aus senkrechten Mastwürfen geknüpft. Die Füllerfäden (die senkrechten Fäden) bilden an der Unterkante Fransen; sie können jede beliebige Farbe haben.

Foto Seite 121

Knüpfdiagramm

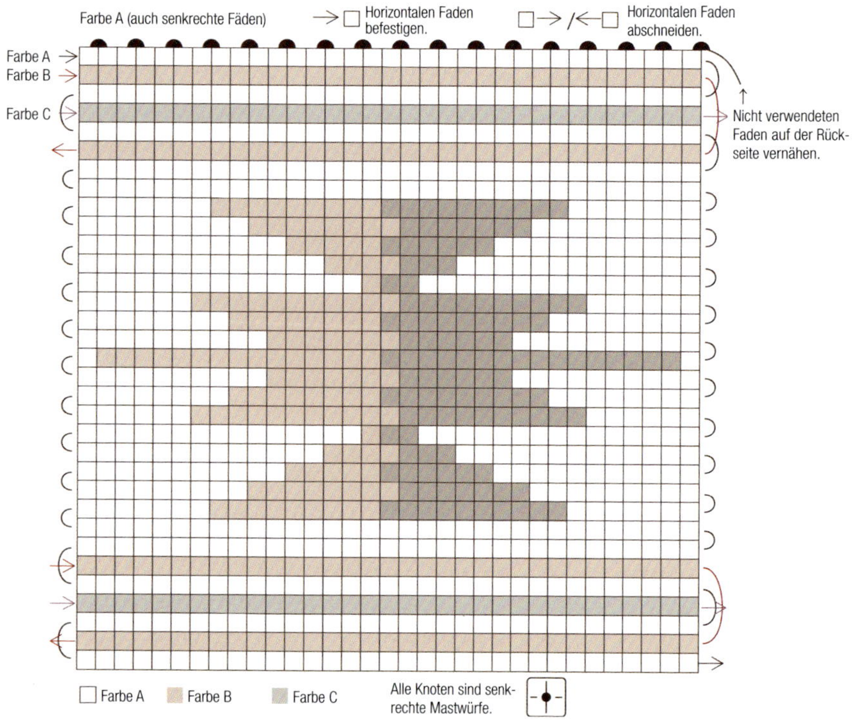

Knüpftechnik

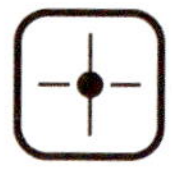

Senkrechter Mastwurf → Seite 81

Tipp 1

So gelingen perfekte Farbwechsel

Bei diesem Muster und ähnlichen Projekten, die nur aus senkrechten Mastwürfen bestehen, wechselst du die Farbe innerhalb einer Reihe folgendermaßen: Knüpfe die erste Schlinge des Knotens mit der neuen Farbe und lasse ein kurzes Fadenende auf der Rückseite der Arbeit hängen. Dann führst du die alte Farbe zwischen den Füllerfaden und den neuen Faden und knüpfst die zweite Schlinge des Knotens mit der neuen Farbe. Wenn du die alte Farbe in derselben Reihe erneut brauchst, führst du die alte Farbe genauso durch die Knoten in der neuen Farbe bis zu der Stelle, an der es mit der alten Farbe weitergeht und wechselst die Farbe dann wie beschrieben. Sobald du fertig geknüpft hast, vernähst du die Fäden in den Knoten auf der Rückseite.

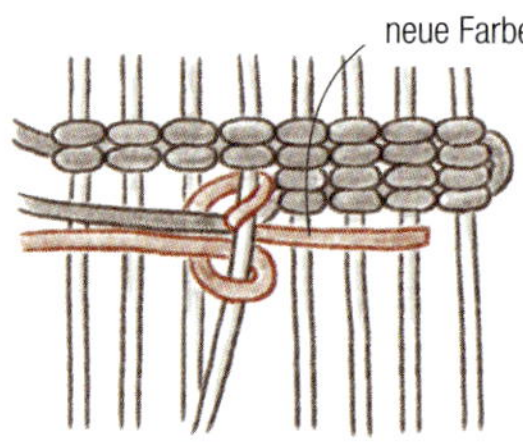

Tipp 2

So führst du Farben von Reihe zu Reihe

Wenn die Farbwechsel-Stellen direkt untereinander liegen (beispielsweise bei senkrechten Streifen), legst du den Faden einfach beiseite, bis du in der nächste Reihe wie oben in Tipp 1 beschrieben damit weiterknüpfst. Wenn die Farbwechsel-Stellen nicht senkrecht übereinander liegen, gehst du folgendermaßen vor:

Wenn in der nächsten Reihe weniger Knoten in Kontrastfarbe sind

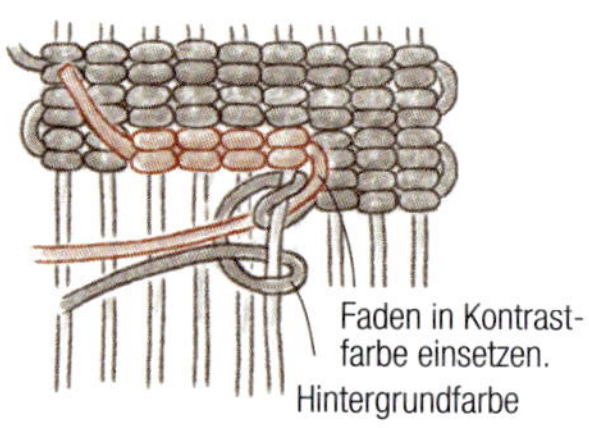

① Den Faden in Kontrastfarbe nach unten legen und wie abgebildet in den nächsten Knoten integrieren (wie in Tipp 1). Wenn der Faden in Kontrastfarbe nicht beim nächsten Knoten benötigt wird, führst du ihn in den folgenden Knoten mit, bis du ihn brauchst.

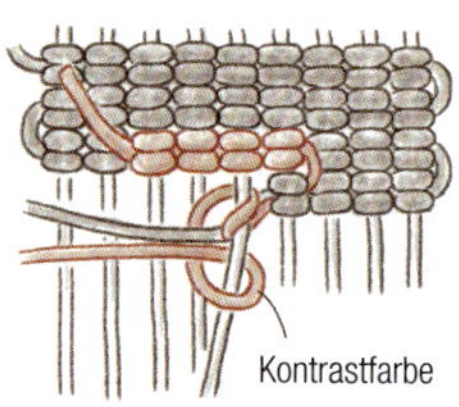

② Sobald du den Faden in Kontrastfarbe brauchst, die erste Schlinge des Knotens knüpfen, den Faden in der Hintergrundfarbe einsetzen und den Knoten fertig knüpfen.

Wenn in der nächsten Reihe mehr Knoten in Kontrastfarbe sind

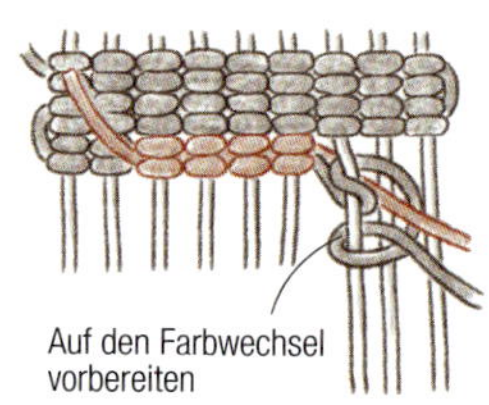

① Während du die Reihe über der Reihe mit dem Farbwechsel knüpfst, den Faden in Kontrastfarbe einsetzen: Den Faden in Kontrastfarbe in den Knoten in Hintergrundfarbe mitführen, bis du über der Farbwechsel-Stelle angekommen bist.

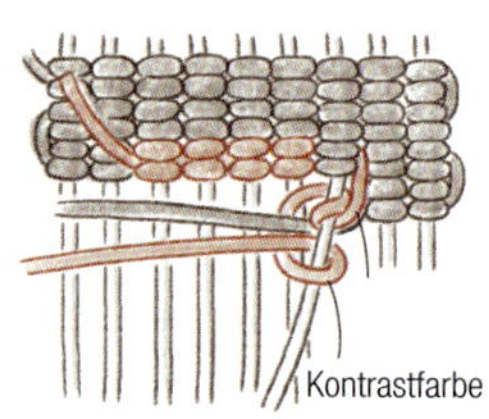

② In der nächsten Reihe, wenn du die Farbe wechseln musst, den Faden in Kontrastfarbe nach unten legen, die erste Schlinge des Knotens knüpfen, den Faden in der Hintergrundfarbe einsetzen und den Knoten fertig knüpfen.

Tipp 3

So wechselst du die Farbe und gleichzeitig die Knüpfrichtung

Du kannst auch bei Arbeiten aus horizontalen Mastwürfen die Farbe wechseln, wie es bei dem nächsten Projekt, dem Schneeflocken-Behang, gemacht wurde. Hier wird erläutert, wie du den Faden in Kontrastfarbe einsetzt, mehr Details findest du auf S. 124.

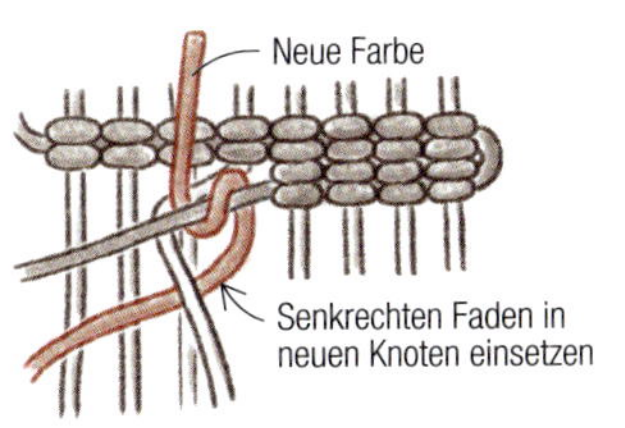

① Die erste Schlinge des Knotens mit dem Faden in der neuen Farbe knüpfen. Dann den senkrechten Faden zwischen den Füllerfaden und den neuen Faden führen und die zweite Schlinge des Knotens mit der neuen Farbe knüpfen.

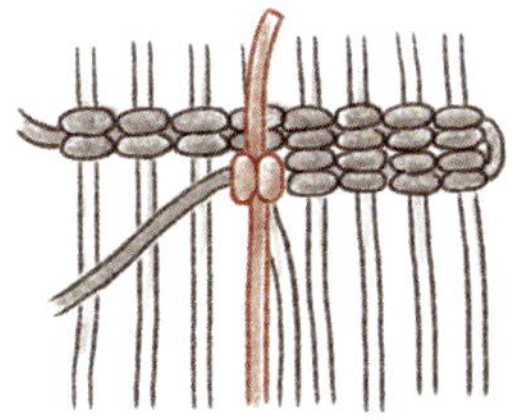

② Nach dem Knüpfdiagramm die benötigte Anzahl der horizontalen Mastwürfe in der neuen Farbe knüpfen und dabei den Faden in der alten Farbe in den Knoten mitführen, bis er wieder benötigt wird.

70 Schneeflocken-Behang in Cavandoli-Technik

Behänge, die sowohl aus horizontalen als auch aus senkrechten Mastwürfen bestehen, sind in der so genannten Cavandoli-Technik geknüpft. Der Faden, mit dem die senkrechten Knoten geknüpft werden, ist gleichzeitig der Füllerfaden für die horizontalen Knoten.

Foto Seite 121

Knüpfdiagramm

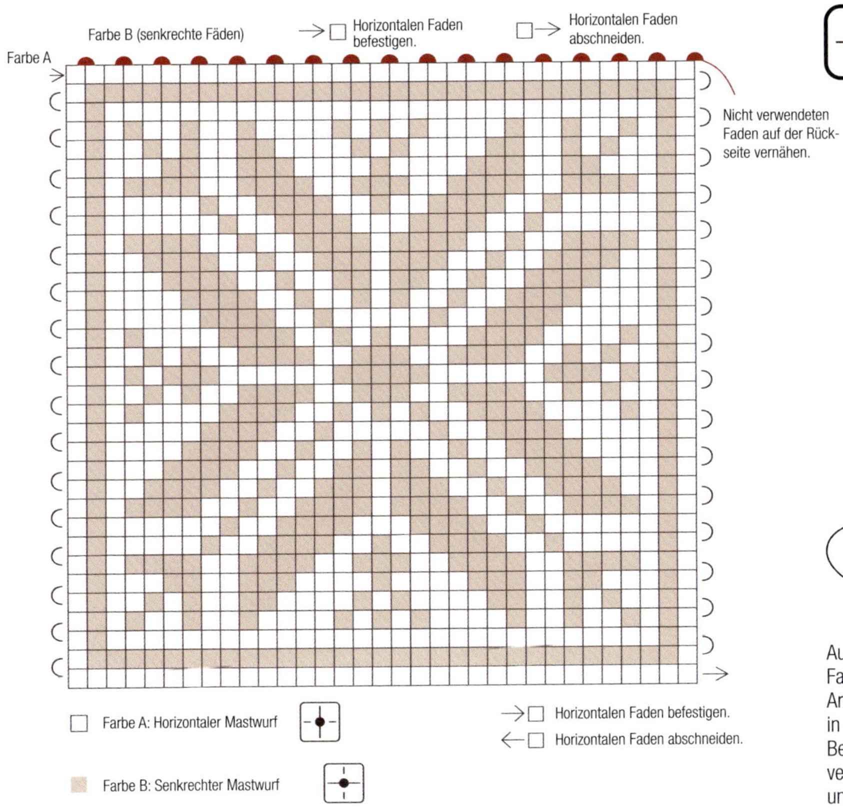

Knüpftechnik

Senkrechter Mastwurf → Seite 81

Horizontaler Mastwurf → Seite 80

Tipp

Cavandoli-Technik: am besten erst einmal üben

Auf den ersten Blick mag es verwirrend erscheinen, wie ein Faden vom Arbeitsfaden zum Füllerfaden und wieder zum Arbeitsfaden wird, damit die bunten geometrischen Muster in Cavandoli-Technik entstehen. Wenn du dieses kleine Beispiel nachgearbeitet hast, wirst du die Technik besser verstehen. Die Schritt-für-Schritt-Anleitung mit den Fotos unten zeigt genau, wie diese Technik funktioniert.

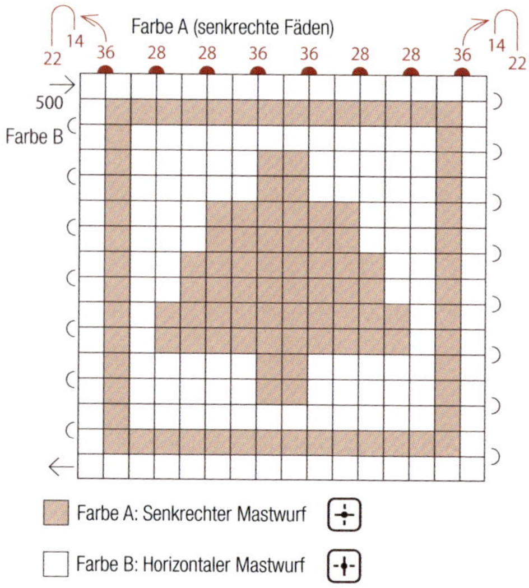

Zum Üben: Beispiel mit einem Nadelbaum

Der weiße Hintergrund wird aus senkrechten Mastwürfen geknüpft, während mit der Kontrastfarbe nur horizontale Mastwürfe über den weißen Faden gearbeitet werden.

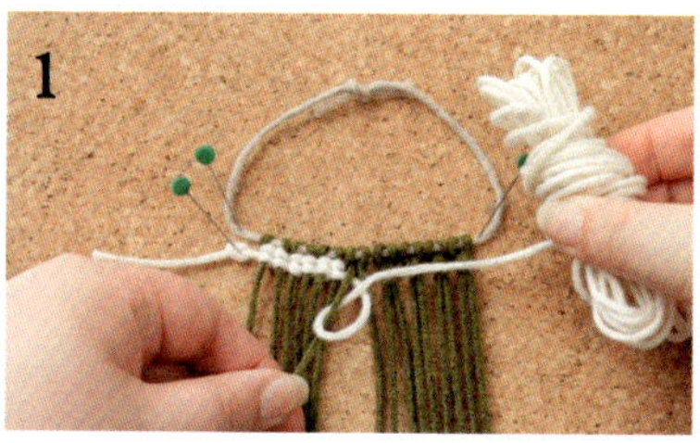

Zuerst 16 senkrechte Fäden in Farbe A (Grün) an einem Trägerfaden befestigen. Eine Reihe aus senkrechten Mastwürfen in Farbe B knüpfen.

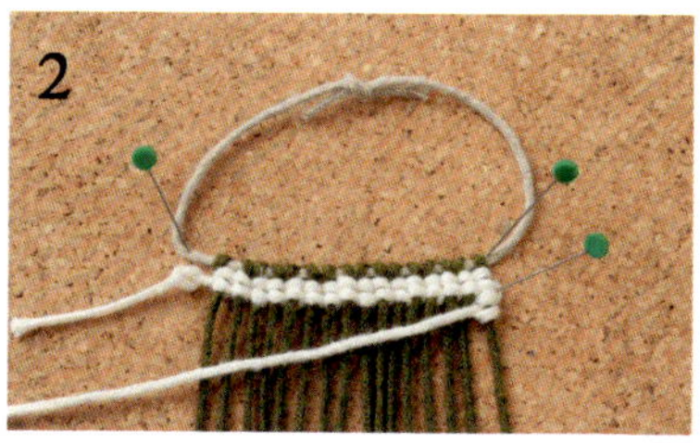

Am Anfang der 2. R einen senkrechten Mastwurf in Farbe B knüpfen, dann Farbe B quer über die Arbeit legen.

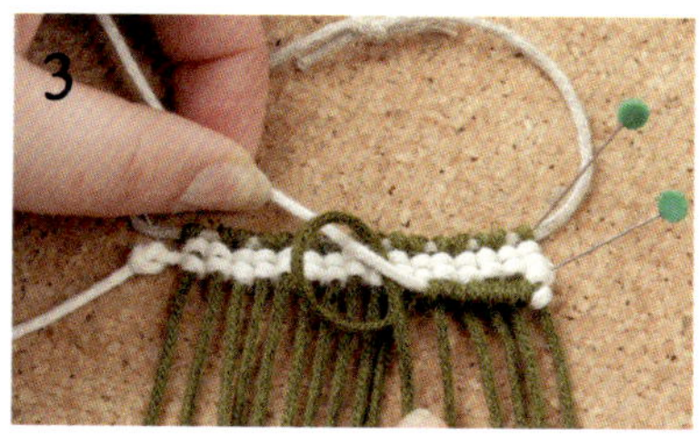

In der 2. R mit Farbe A 14 horizontale Mastwürfe über Farbe B knüpfen, zum Abschluss mit Farbe B einen senkrechten Mastwurf arbeiten.

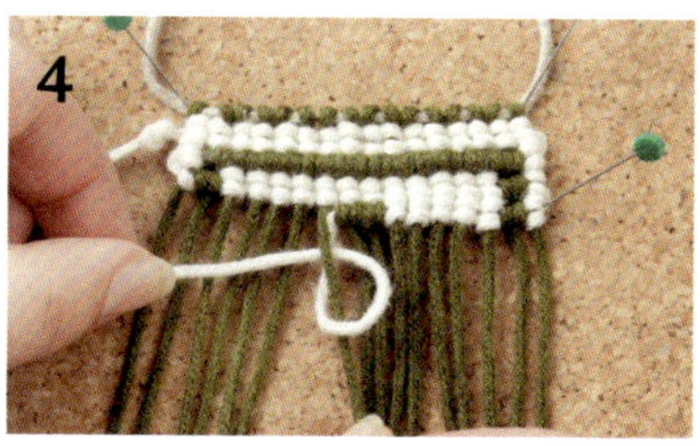

Auf diese Weise nach dem Knüpfdiagramm weiterarbeiten, und bei jedem Farbwechsel von senkrechten zu horizontalen Knoten wechseln.

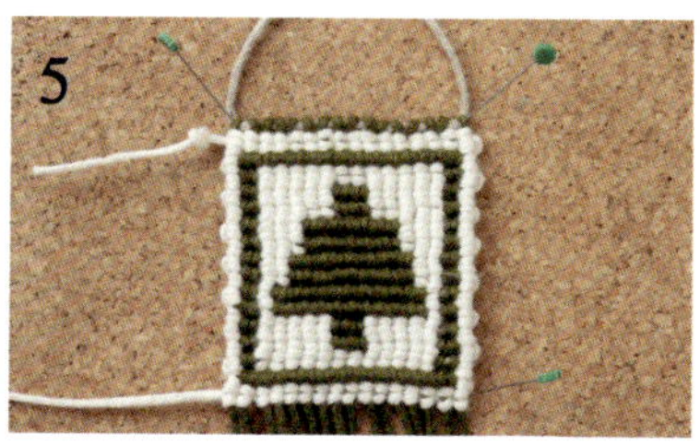

Die Knoten sind alle fertig geknüpft und das Muster klar erkennbar.

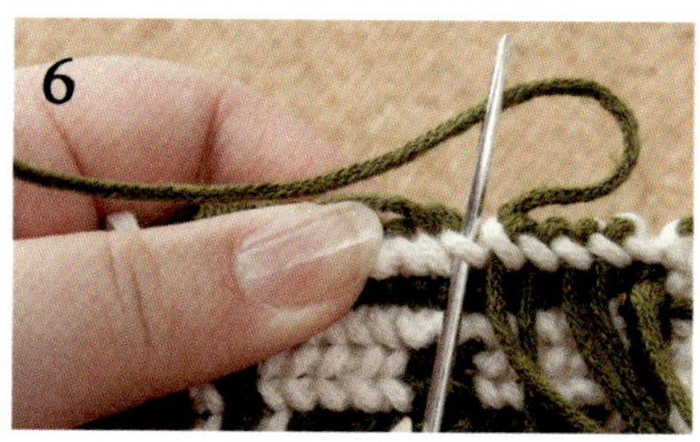

Die Arbeit umdrehen und die Fadenenden mit einer Sticknadel in den Knoten vernähen. Du kannst die Fäden gerne als Fransenkante hängen lassen.

Kapitel 03

Projekte

So liest du die Anleitungen zu den Projekten
In Kapitel 03 werden verschiedene kleine Projekte vorgestellt, die mit einem oder mehreren der Knoten oder Muster aus Kapitel 02 geknüpft sind. So sind die Anleitungen aufgebaut:

01. (22) → Knopf

- Die erste Zahl ist die Nummer des Projekts. Sie steht vor der Anleitung für die jeweiligen Projekte.
- Die Zahl im Kreis (manchmal sind es auch mehrere) verweist auf den Knoten oder das Muster aus Kapitel 02 (du findest ein Verzeichnis aller Knoten und Muster auf S. 12). So kannst du in Kapitel 02 nachschlagen, wie diese geknüpft werden.
- Der Begriff am Ende ist der Name des Projekts.

Schnell und einfach

Diese kleinen geknüpften Objekte kannst du schön als Verzierungen an Kleidungsstücken und Accessoires verwenden. Sie sind schnell geknüpft und sehen toll aus, sodass du davon mehrere für verschiedene Outfits oder zum Verschenken an deine Liebsten knüpfen kannst.

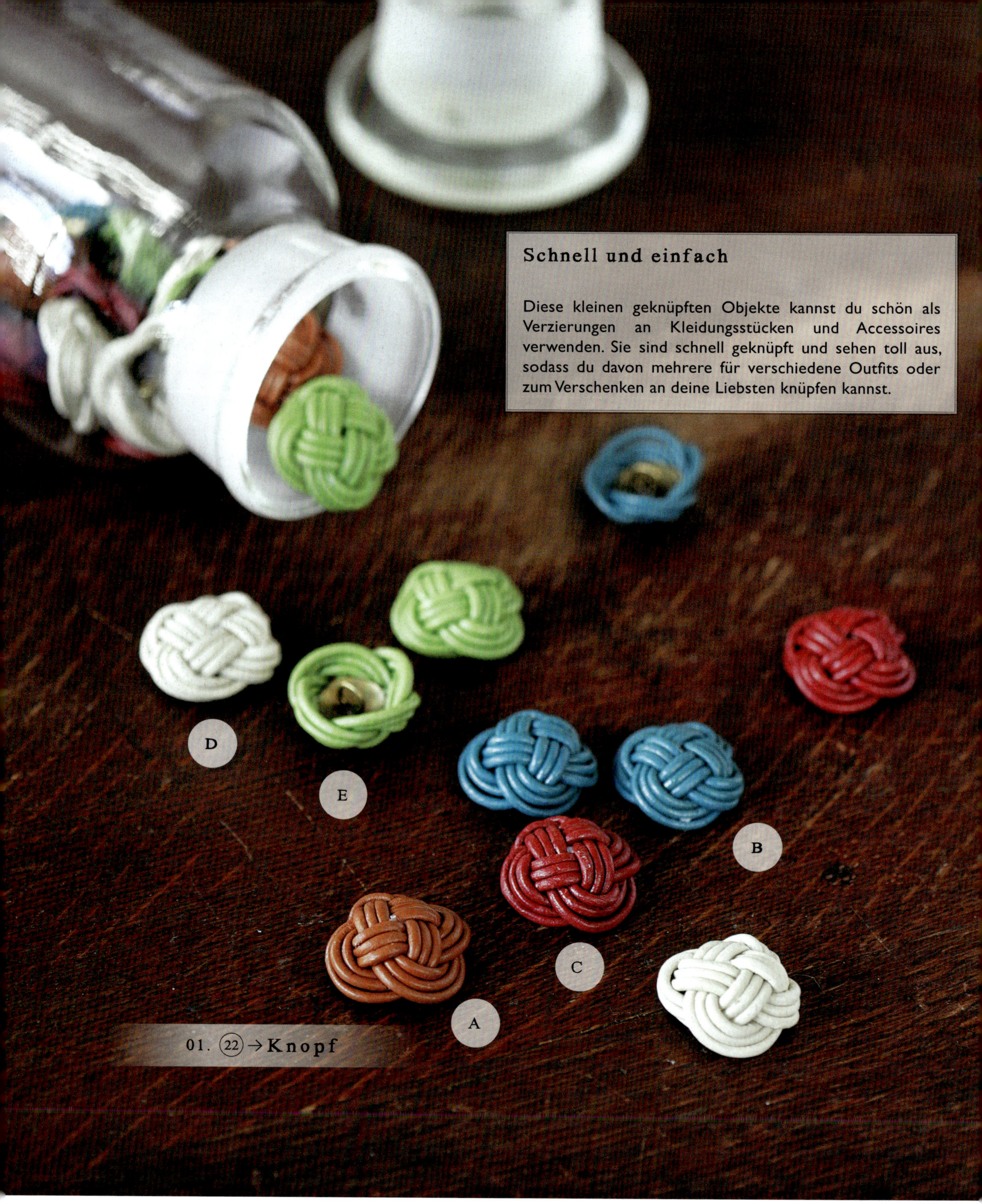

01. **[Knopf]** Knüpfe Awaji-Knoten in leuchtenden Farben und verschönere damit Jacken oder Westen. → **Seite 128**

02. **[Blütenbrosche]** Mit einer Nadel auf der Rückseite wird diese niedliche Blüte aus doppelten halben Schlägen (LHK) zu einer zarten Brosche. → **Seite 129**

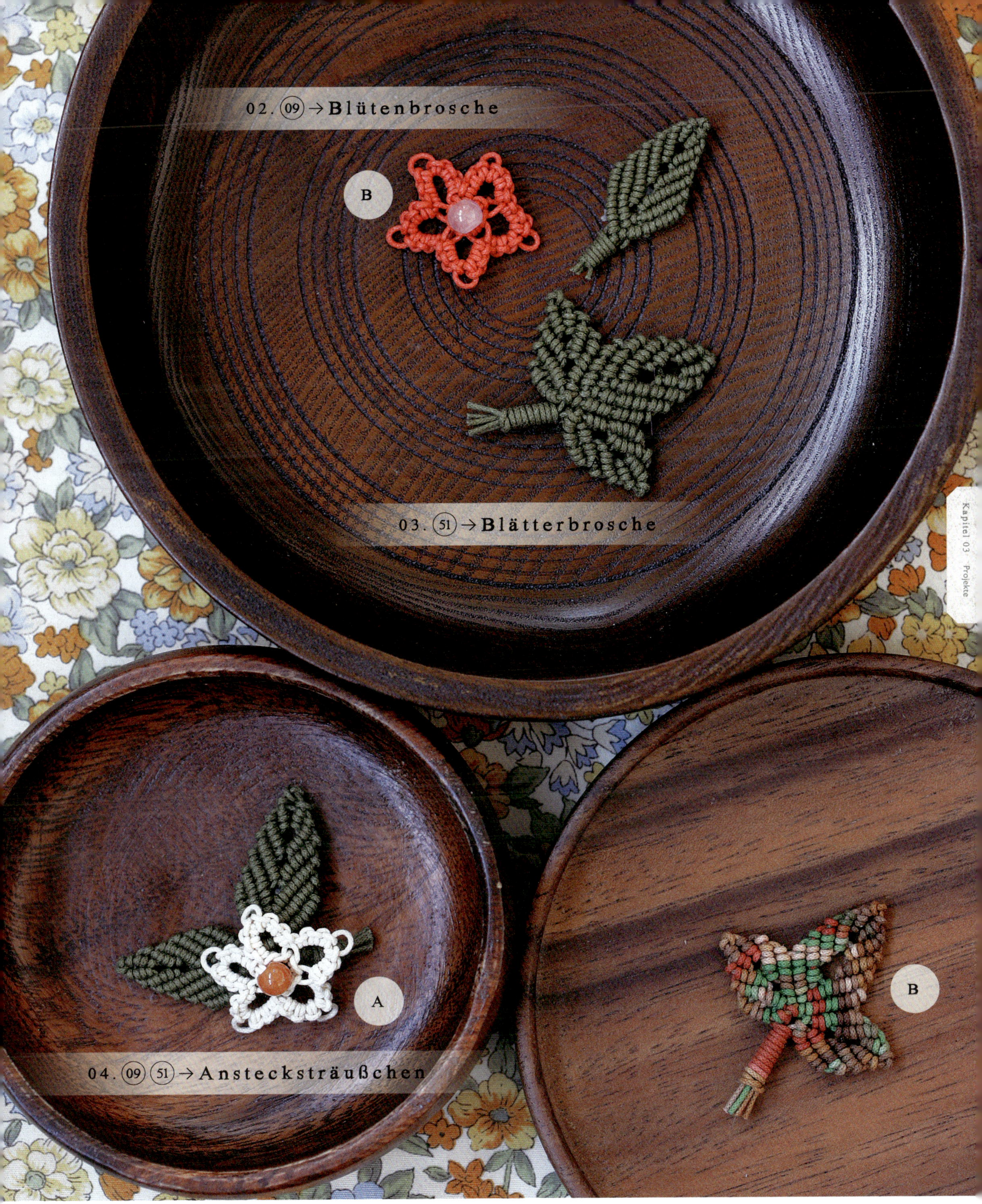

03. [Blätterbrosche] Diese kleine blattförmige Brosche setzt Akzente an Hüten und Taschen → Seite 130

04. [Ansteckstraußchen] Kombiniere die Blüte und das Blatt zu einem hübschen kleinen Ansteckstraußchen. → Seite 131

01. Knopf (Foto → Seite 126)

(Foto → Seite 126)

Muster: 22

Materialien

Für jeden Knopf:
1 rundes Lederband, ø 2 mm, 80 cm lang in Karamell (A), Blau (B), Dunkelrot (C), Sand (D) oder Maigrün (E)
1 Ösenknopf

Größe

2,5 cm x 2,5 cm

Tipp

Drücke den Awaji-Knoten so in Form, dass er wie eine Haube auf dem Ösenknopf sitzt. Dazu drückst du mit dem Finger auf die Unterseite des Knopfs, während du den Faden festziehst, so rundet sich der Knopf leicht nach oben.

So fängst du an

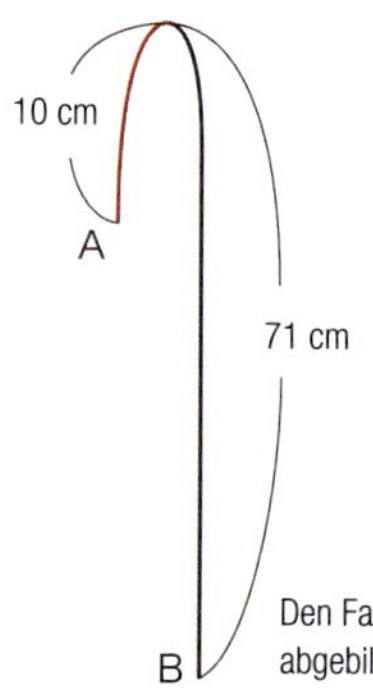

Den Faden wie abgebildet legen.

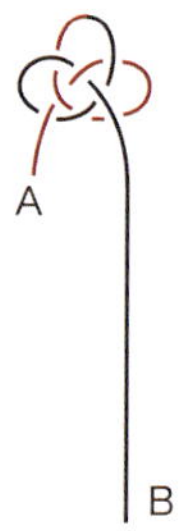

Die erste Schlinge mit Fadenende A legen, den restlichen Knoten mit Fadenende B knüpfen.

[Anleitung]

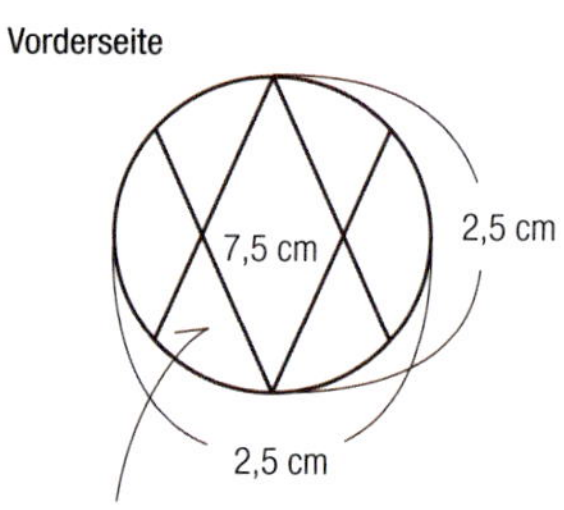

① Den Awaji-Knoten mit 3 Durchgängen knüpfen (wie auf S. 57 beschrieben). Mit dem Finger gegen die Rückseite drücken, damit sich der Knoten leicht wölbt.

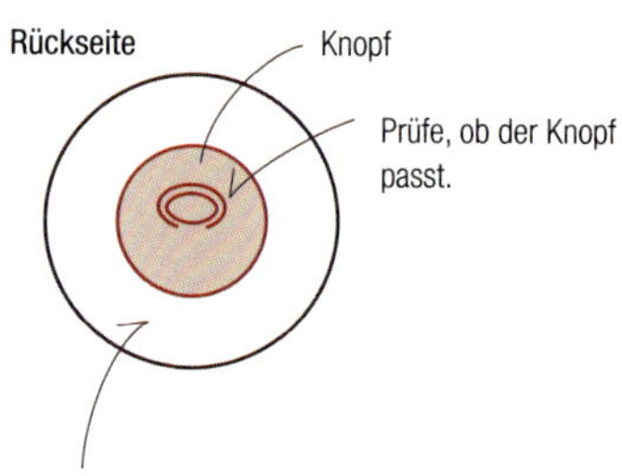

② Die Fadenenden auf die Rückseite legen, direkt am Knoten abschneiden und mit einem Tropfen Klebstoff sichern.

③ Den Ösenknopf aufkleben.

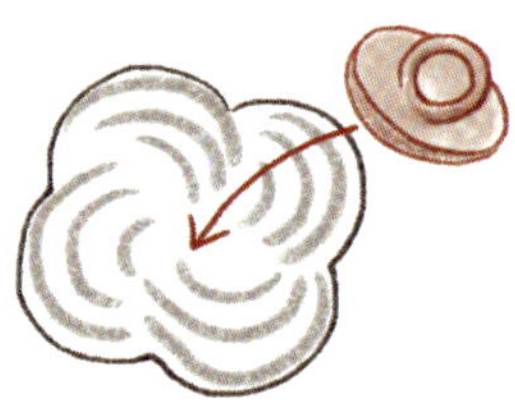

Klebstoff auf den Knopf auftragen und in den gewölbten Awaji-Knoten kleben.

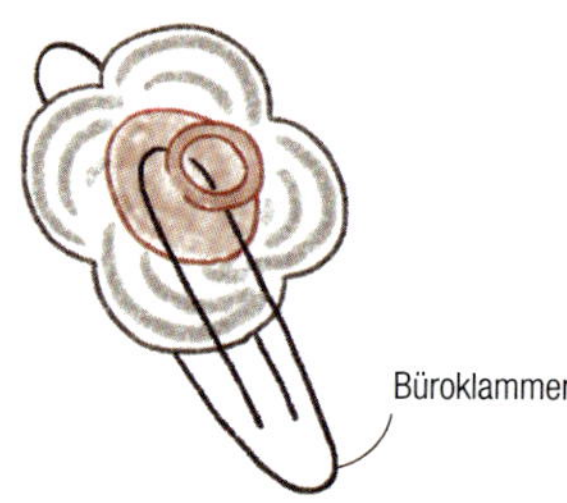

Mit einer großen Büroklammer sichern, bis der Klebstoff getrocknet ist.

02. Blütenbrosche (Foto → Seite 127)

Muster: 09

Materialien

Für jede Blüte:
1 extrafeiner Baumwollfaden, ø 0,5 - 0,5 mm, 130 cm lang in Naturweiß (A) oder Orange (B)
1 runde Perle, ø 6 mm, aus orangenem Aventurin (A) oder Rosenquarz (B)
1 Broschennadel

Größe

2,5 cm x 2,5 cm

Tipp

Die Spitzen der Blütenblätter sind mit Picots verziert. Wenn die Kante noch zarter werden soll, kannst du auch Picots zwischen die anderen Knoten setzen – probiere es einfach aus.

[Anleitung]

① Den Faden wie abgebildet legen.

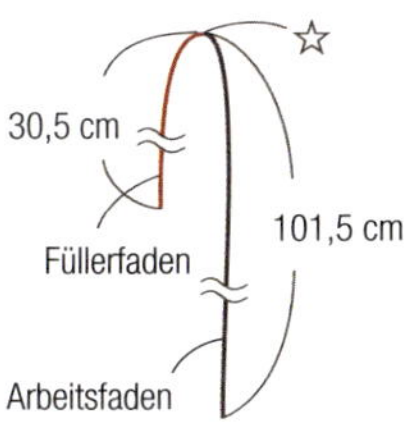

② Einen senkrechten Ankerknoten knüpfen (→ S. 40).

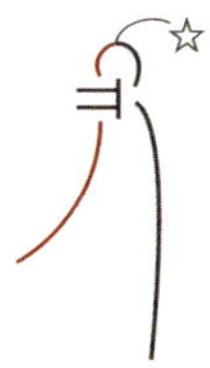

③ Das Innere der Blüte knüpfen.

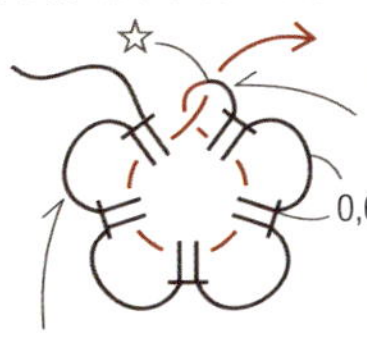

④ Das erste Blütenblatt knüpfen.

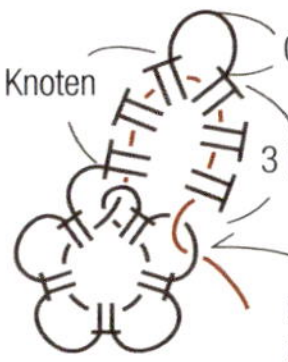

⑤ Die restlichen Blütenblätter knüpfen.

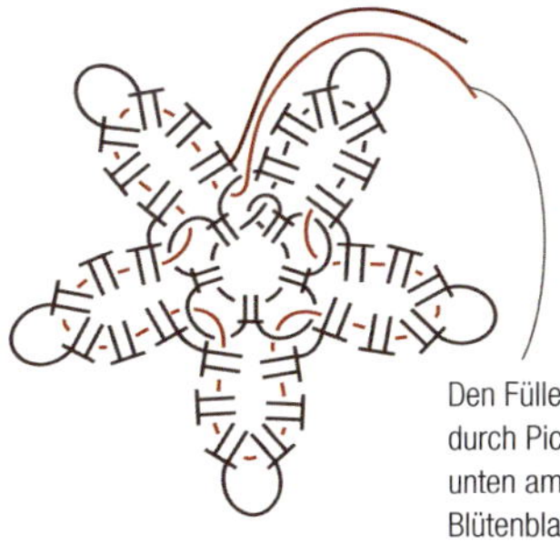

⑥ Eine Perle in der Mitte befestigen.

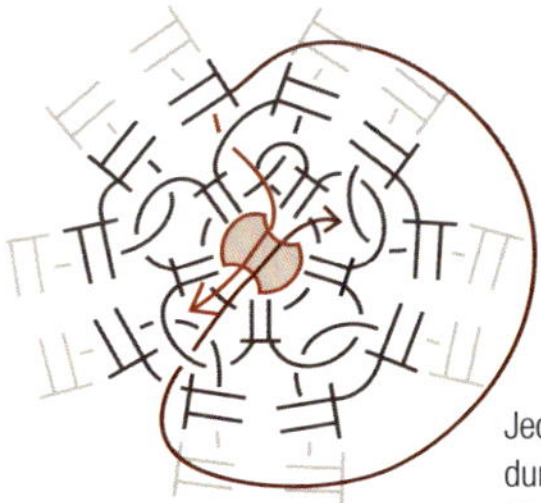

⑦ Die Broschennadel auf der Rückseite befestigen.

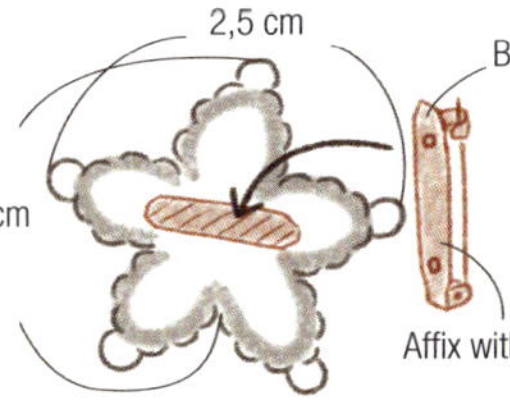

03. Blätterbrosche (Foto → Seite 127)

Muster: 51

Materialien

Für einfaches Blatt:

Extrafeiner Baumwollfaden in Moosgrün, ø 0,5 – 0,7 mm:
- 1 Faden, 60 cm lang
- 5 Fäden, 30 cm lang

Für dreiblättriges Blatt:

Extrafeiner Baumwollfaden in Moosgrün oder Braun, ø 0,5 – 0,7 mm:
- 3 Fäden, 50 cm lang
- 1 Faden, 45 cm lang
- 1 Faden, 30 cm lang

Jeweils 1 Broschennadel

Größe

Einfaches Blatt: 3 cm x 1,5 cm
Dreiblättriges Blatt: 3,7 cm x 3,7 cm

Tipp

Die Wicklungen um jeden Blattstiel vervollkommnen diese fast echt wirkenden Blätter einfach perfekt.

[Anleitung]

Einfaches Blatt

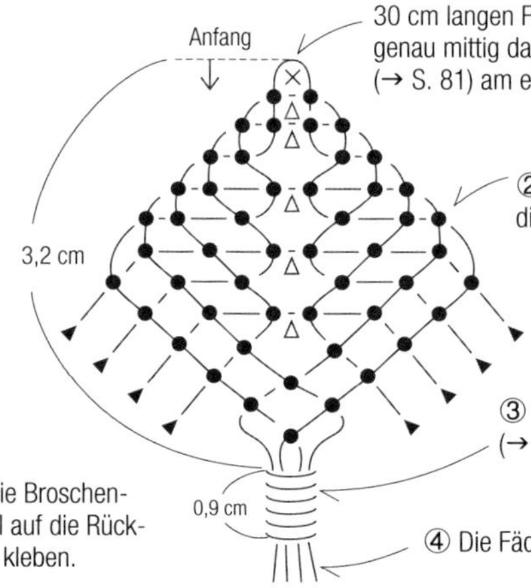

① Einen Überhandknoten (→ S. 24) in der Mitte eines 30 cm langen Fadens knüpfen. Den 60 cm langen Faden genau mittig darüber legen, mit senkrechten Mastwürfen (→ S. 81) am ersten Faden befestigen.

② Nach dem Knüpfdiagramm arbeiten, dabei die restlichen 30 cm langen Fäden einsetzen.

③ Zum Abschluss den Blattstiel umwickeln (→ im Detail rechts).

④ Die Fäden des Blattstiels gleichmäßig abschneiden.

⑤ Die Broschennadel auf die Rückseite kleben.

▷ 30 cm langen Faden hier einfügen
▷ 60 cm langen Faden hier einfügen
▶ Fadenenden in den Knotenrückseiten vernähen (→ S. 26).

Dreiblättriges Blatt

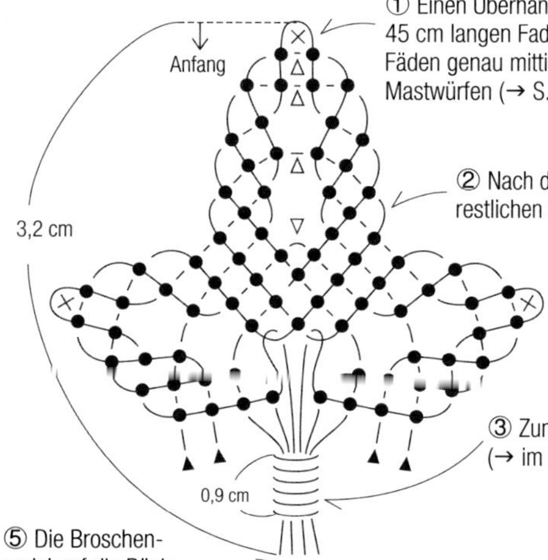

① Einen Überhandknoten (→ S. 24) in der Mitte des 45 cm langen Fadens knüpfen. Einen der 50 cm langen Fäden genau mittig darüber legen, mit senkrechten Mastwürfen (→ S. 81) am ersten Faden befestigen.

② Nach dem Knüpfdiagramm arbeiten, dabei die restlichen 30 cm langen Fäden einsetzen.

③ Zum Abschluss den Blattstiel umwickeln (→ im Detail rechts).

④ Die Fäden des Blattstiels gleichmäßig abschneiden.

⑤ Die Broschennadel auf die Rückseite kleben.

▷ 50 cm langen Faden hier einfügen
▷ 30 cm langen Faden hier einfügen
▶ Fadenenden in den Knotenrückseiten vernähen (→ S. 26).

① Oben anfangen – im Detail

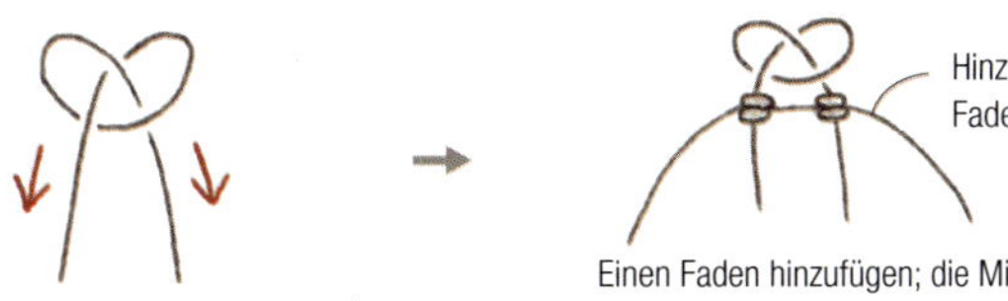

In der Mitte des Fadens einen Überhandknoten knüpfen und festziehen.

Einen Faden hinzufügen; die Mitte liegt genau unter dem Knoten. Diesen zweiten Faden mit senkrechten Mastwürfen (→ S. 81) am ersten Faden befestigen.

③ Den Stiel umwickeln – im Detail

Einen Faden nach hinten zu einer Schlinge legen.

Einen anderen Faden etwa 1 cm um den Stiel wickeln und das Ende durch die Schlinge fädeln.

Den ersten Faden in Pfeilrichtung festziehen, sodass die Schlinge unter den Wicklungen verschwindet.

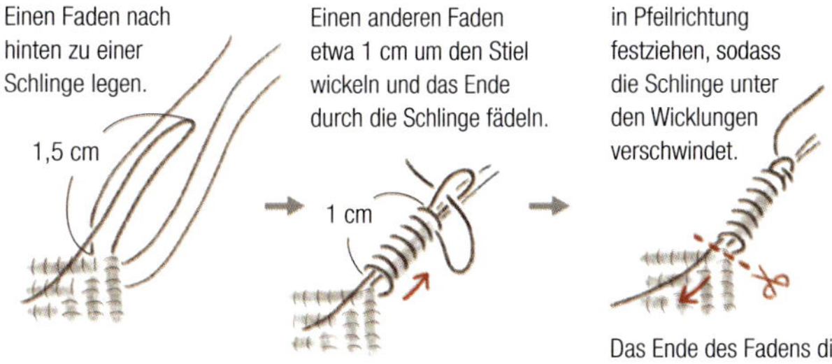

Das Ende des Fadens direkt an der Wicklung abschneiden.

04. Ansteckssträußchen (Foto → Seite 127)

Muster: 09 51

Materialien

02: Eine Blüte (→ S. 128) bis Schritt 6 knüpfen.
03: Zwei einfache Blätter (links) bis Schritt 2 knüpfen.
1 Broschennadel

Größe

4 cm x 4 cm

Tipp

Nachdem du die Blüte geknüpft hast, schneidest du die Fadenenden nicht ab. Auch die Blätter knüpfst du vollständig und schneidest die Fäden am Stiel nicht ab. Mit diesen Fäden setzt du zum Schluss das Sträußchen zusammen.

[Anleitung]

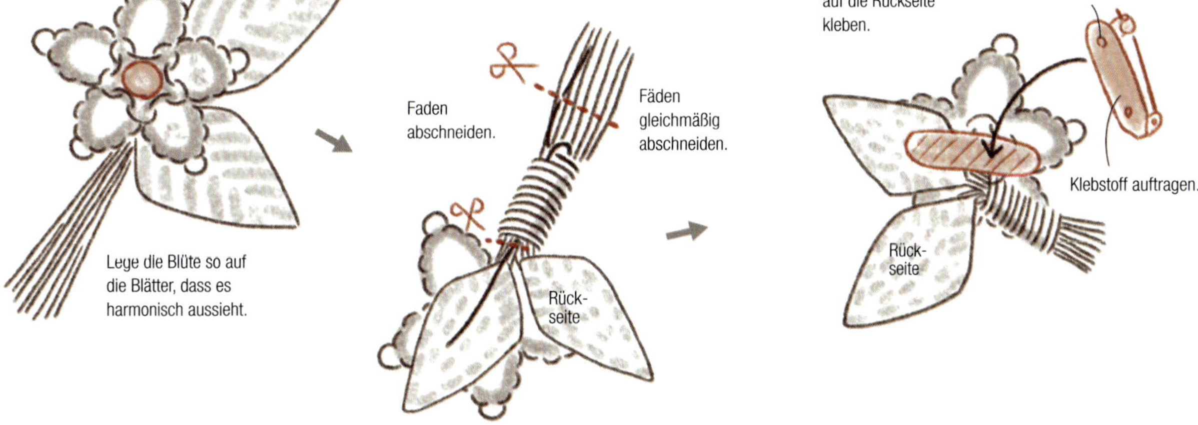

Lege die Blüte so auf die Blätter, dass es harmonisch aussieht.

Verbinde alle Fäden mit Wickelknoten (→ im Detail links).

Die Broschennadel auf die Rückseite kleben.

Modische Akzente aus Lieblingsknoten

Sobald du deine Lieblingsmuster und -knoten gefunden hast, solltest du kleine Objekte mit mehreren Fäden knüpfen. Am meisten Spaß macht es, wenn du diese Dinge jeden Tag tragen oder benutzen kannst.

05. Tassel-Anhänger A

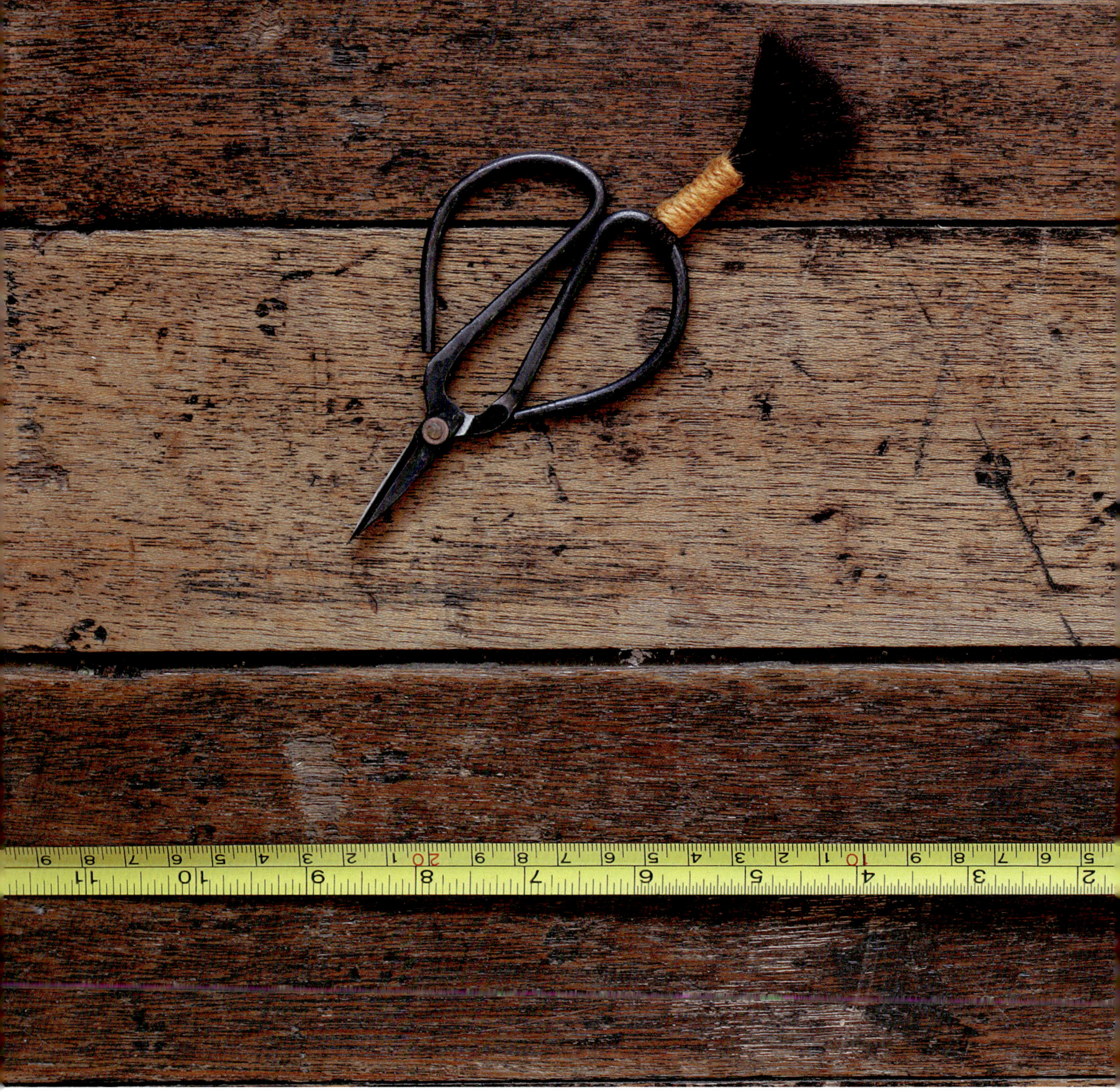

05–09. [Tassel-Anhänger] Wir haben diese kleinen Anhänger an alltägliche Gegenstände angehängt, die leicht verloren gehen oder große Griffe haben. Für solche Anhänger brauchst du nur kürzere Fäden, sie sind also perfekt, um Reste aufzubrauchen. Am schönsten sind sie natürlich in deinen Lieblingsfarben! → **Seite 134–136**

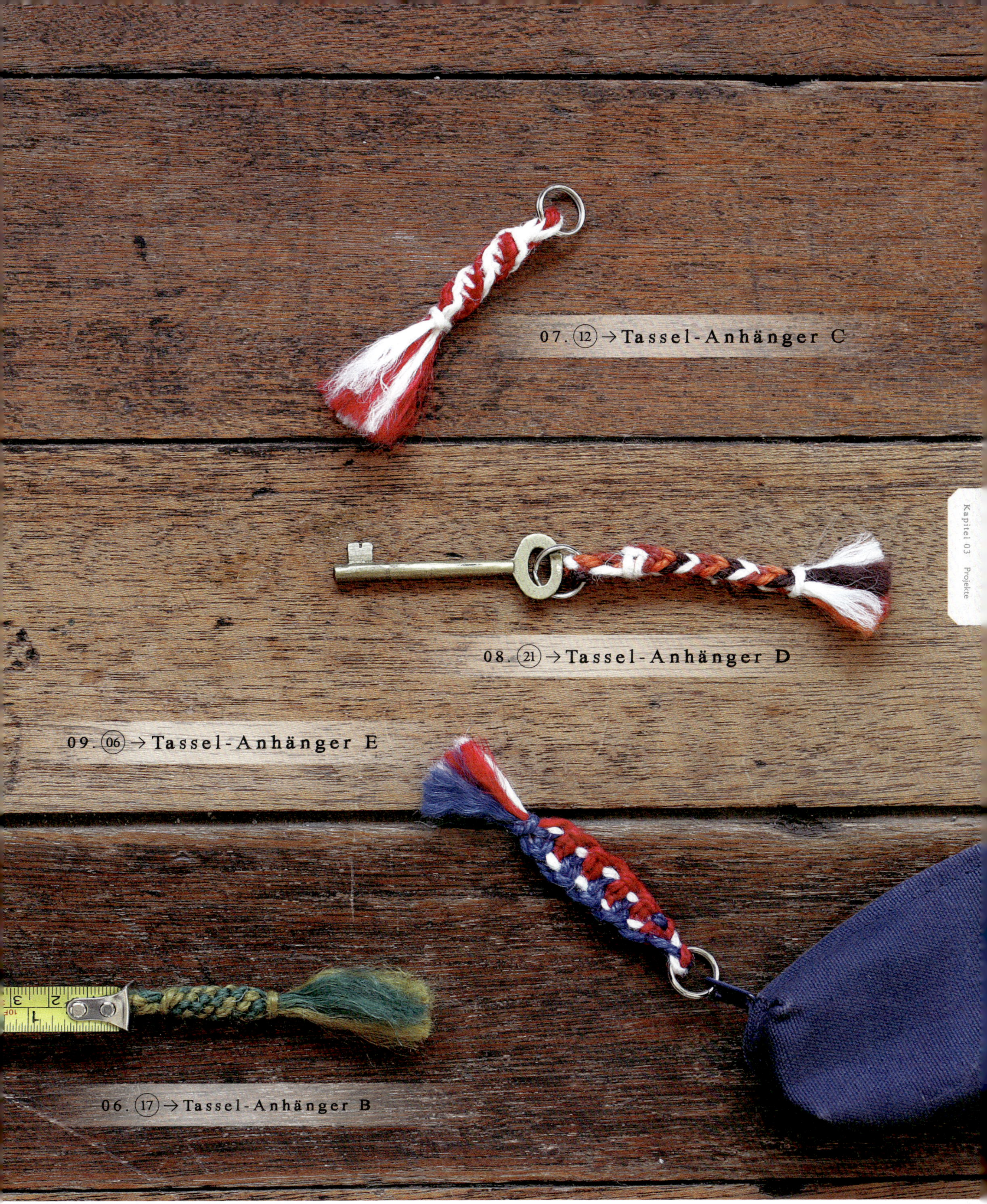

07. (12) → Tassel-Anhänger C

08. (21) → Tassel-Anhänger D

09. (06) → Tassel-Anhänger E

06. (17) → Tassel-Anhänger B

05. Tassel-Anhänger A (Foto → Seite 132)

Materialien
Weicher Jutefaden, ø 2 mm:
- 5 Fäden in Braun, 15 cm lang
- 1 Faden in gelbem Ocker, 40 cm lang

Größe
5 cm lang

Tipp
Bei diesem Anhänger werden ganz einfach Fäden durch einen Ring doppelt gelegt. Die Größe lässt sich besonders leicht anpassen: Verwende so viele Fäden, wie du möchtest, damit der Anhänger so dick wird, wie du möchtest, und schneide sie etwas länger als doppelt so lang ab.

[Anleitung]

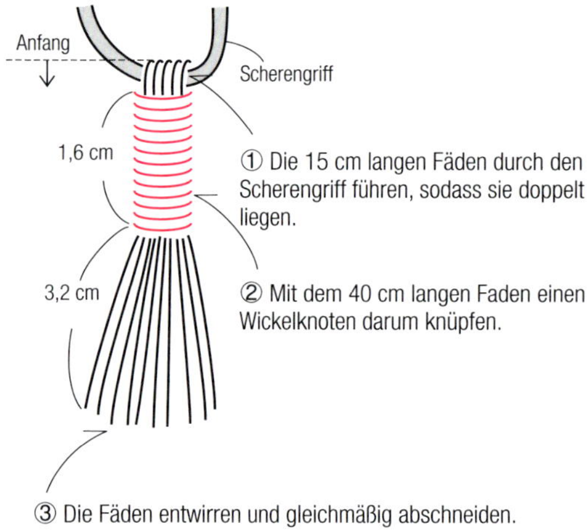

06. Tassel-Anhänger B (Foto → Seite 133)

Muster: (17)

Materialien
Weicher Jutefaden in Olivgrün, ø 2 mm:
- 1 Faden, 50 cm lang
- 1 Faden, 20 cm lang (Füllerfaden)

Weicher Jutefaden aus 3 Fasern in Waldgrün:
- 1 Faden, 50 cm lang

Größe
8 cm lang

Tipp
Bei diesem Anhänger wird ein chinesischer Kronenknoten um 2 Füllerfäden geknüpft, sodass der Strang ein wenig dicker wird als normalerweise. Unter Schritt 3 ist die Vorgehensweise im Detail erläutert.

③ Um einen Füllerfaden herum knüpfen – im Detail

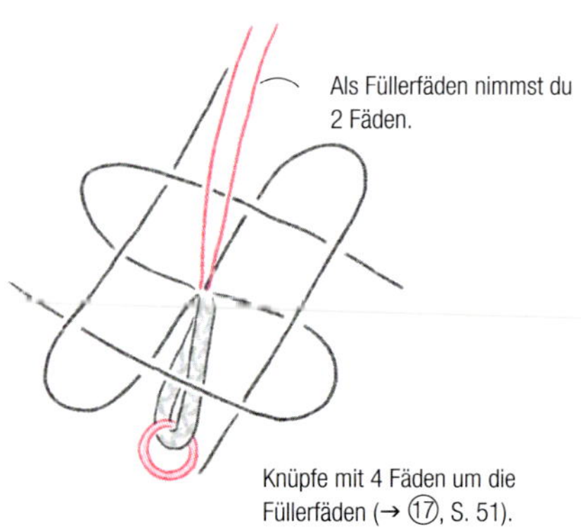

[Anleitung]

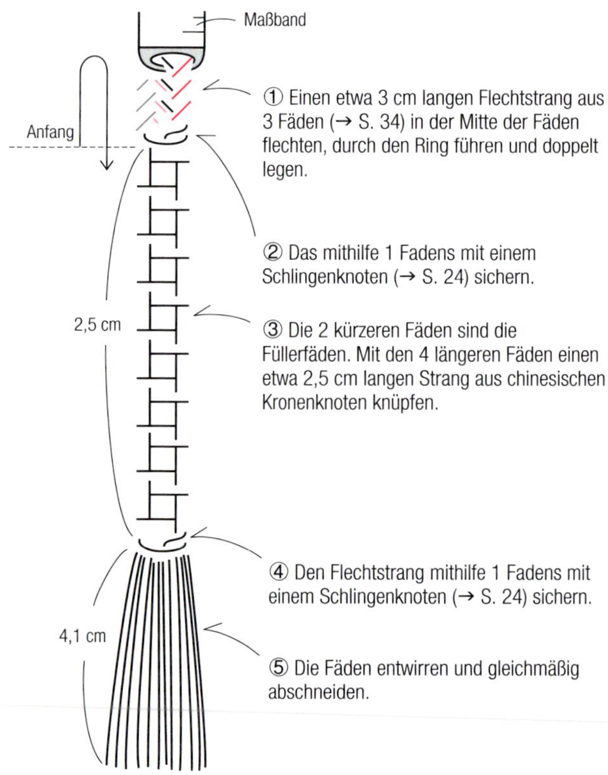

07. Tassel-Anhänger C (Foto → Seite 133)

Muster: (12)

Materialien

Weicher Jutefaden in Weiß, ø 2 mm:

- 1 Faden, 50 cm lang
- 2 Fäden 20 cm lang (als Füllerfäden)

Weicher Jutefaden in Rot, ø 2 mm:

- 1 Faden, 50 cm lang
- 1 Faden 20 cm lang (als Füllerfaden)
- 1 Schlüsselring in Silber, ø 12 mm

Größe

8 cm lang

Tipp

Dieser Anhänger sieht besonders elegant aus, da die Füllerfäden geflochten werden, bevor du doppelte links gedrehte Spiralknoten (→ S. 45) darum knüpfst.

[Anleitung]

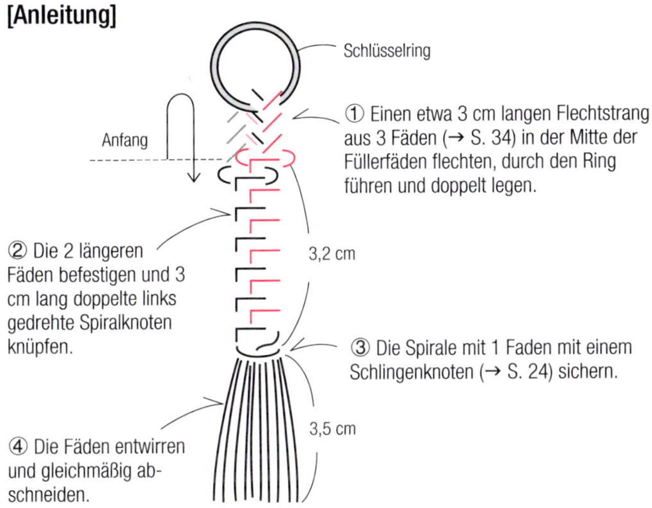

08. Tassel-Anhänger D (Foto → Seite 133)

Muster: (21)

Materialien

Weicher Jutefaden, ø 2 mm:

- Je 1 Faden in Weiß, Ziegelrot, Orange und Braun, 50 cm lang

1 Schlüsselring in Silber, ø 12 mm Durchmesser

Größe

9 cm lang

Tipp

Ein Flechtstrang aus 4 Fäden wird durch den Schlüsselring geführt, darunter werden die Fäden zu einem quadratischen Grätenstrang (→ S. 56) geflochten, dort findest du auch einen Tipp für die Farbreihenfolge.

[Anleitung]

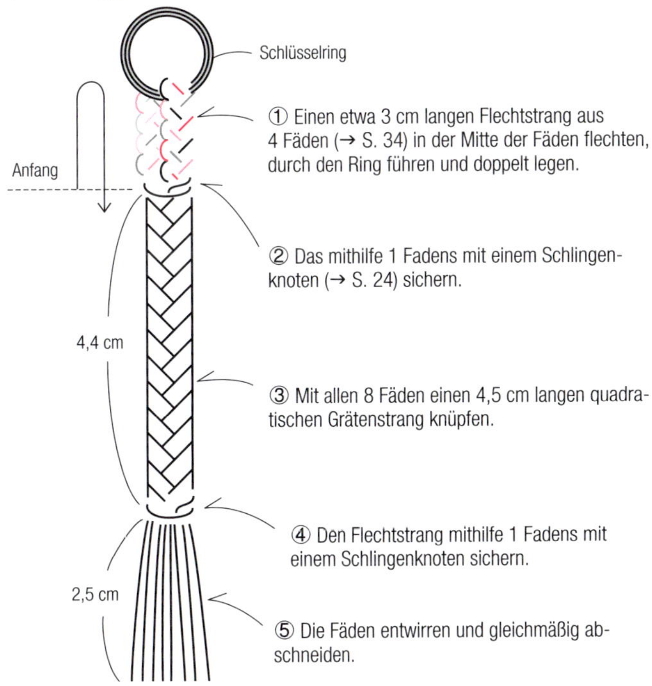

09. Tassel-Anhänger E (Foto → Seite 133)

Muster: 06

Materialien

Weicher Jutefaden, ø 2 mm:

jeweils 1 Faden in Dunkelrot und Indigo, 60 cm lang

1 Faden in Weiß, 40 cm lang

1 Schlüsselring, 12 mm Durchmesser, in Silber

Größe

9 cm lang

Tipp

Damit die Farben wie auf dem Foto gelingen, müssen die Fäden genau so durch den Ring geführt werden, wie es unter Schritt 3 im Detail erläutert ist. Danach beginnst du mit den Kreuzknoten.

③ Reihenfolge der Fäden im Detail

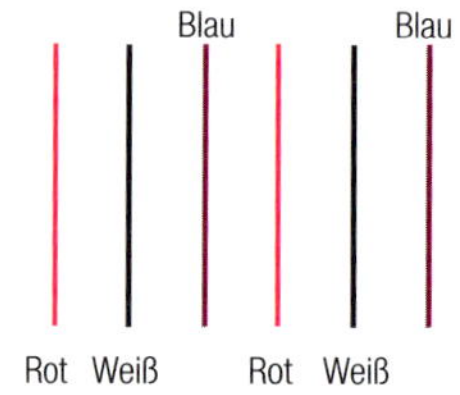

[Anleitung]

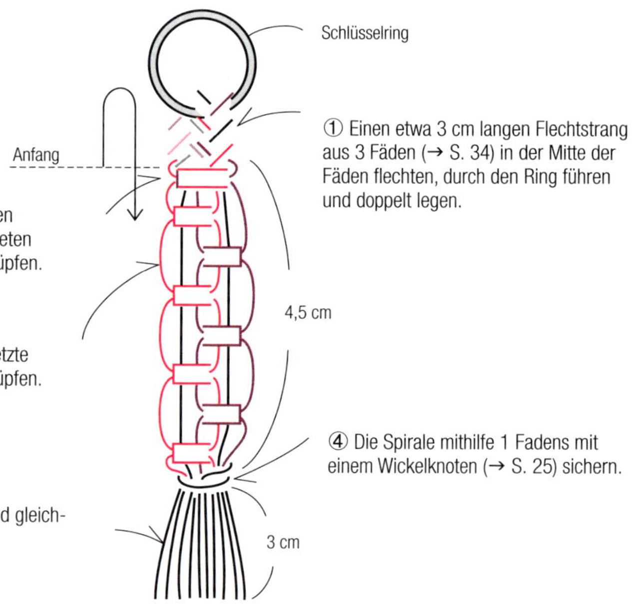

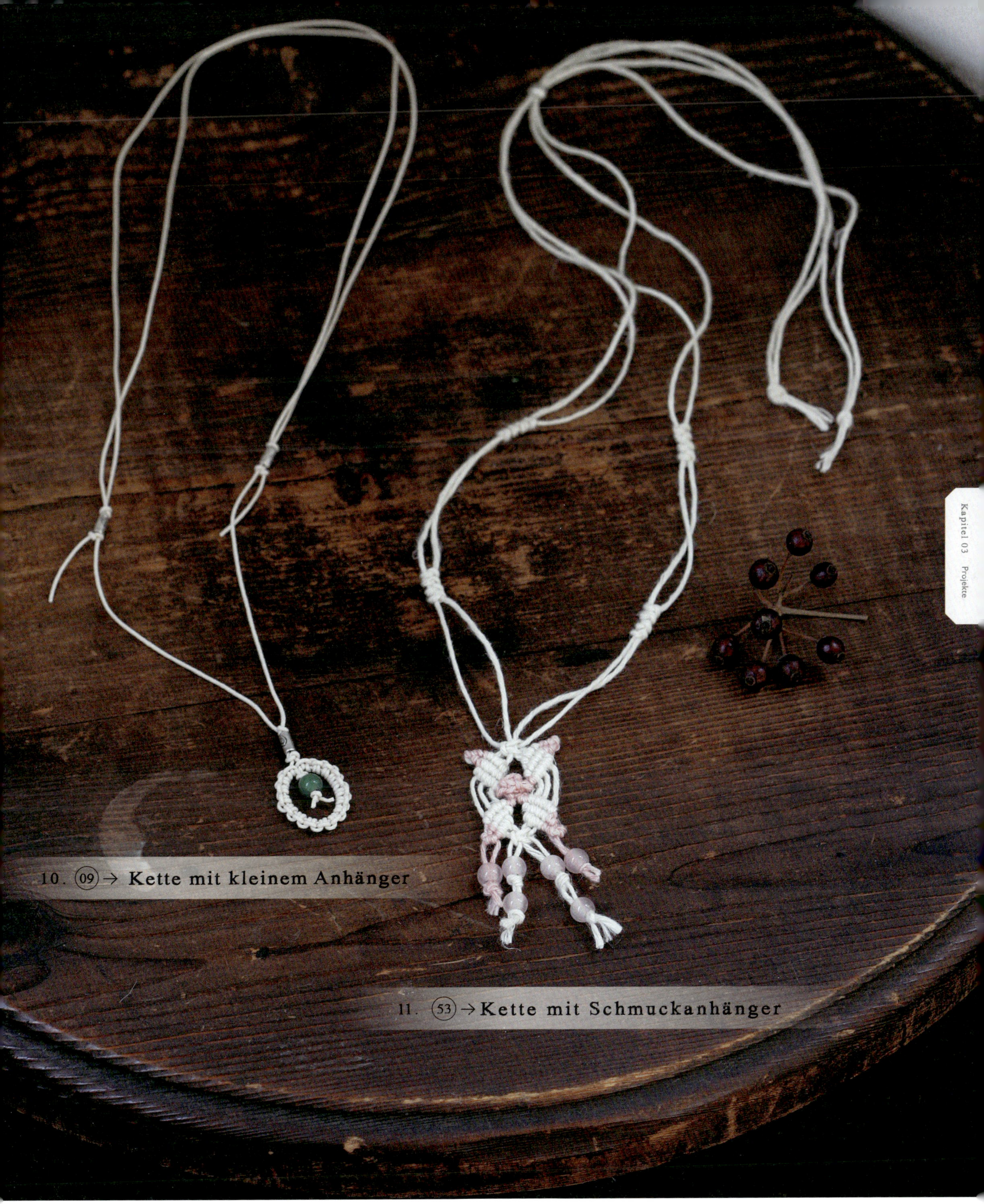

10. [Kette mit kleinem Anhänger] Dieser einfache Halsschmuck ist schnell geknüpft und ein tolles Projekt, um deine neuen Fertigkeiten auszuprobieren. → **Seite 138**

11. [Kette mit Schmuckanhänger] Wir haben das Blätter- und Knospenmuster für den Kettenanhänger genutzt (jetzt sieht es wie eine Blüte aus). → **Seite 139**

10. Kette mit kleinem Anhänger (Foto → Seite 137)

Muster: (09)

Materialien

Extrafeiner Baumwollfaden in gebrochenem Weiß, ø 0,5 – 0,7 mm:
- 1 Faden, 30 cm lang (Füllerfaden)
- 1 Faden, 150 cm lang

1 runde Halbedelstein-Perle (hier Aventurin), ø 6 mm
3 gravierte längliche Silberperlen, 5 mm x 3 mm

Größe

Variabel

Tipp

Dank dem Schlingenknoten, mit dem die Fäden an beiden Seiten miteinander verbunden werden, kann die Kette variabel an jede Größe angepasst werden, ohne dass ein Verschluss o. ä. erforderlich ist (→ links unten).

⑤ Schlingenknoten – im Detail

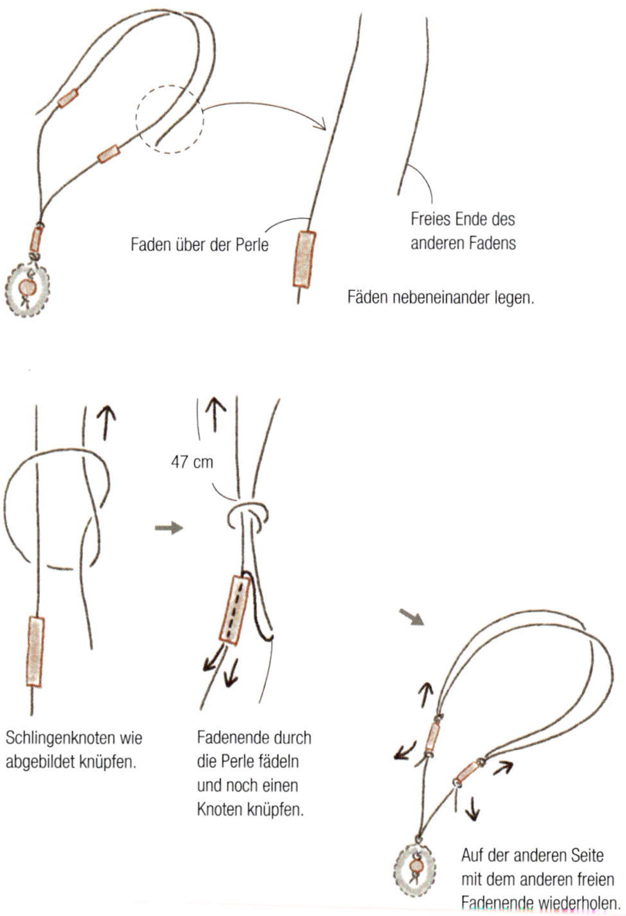

[Anleitung]

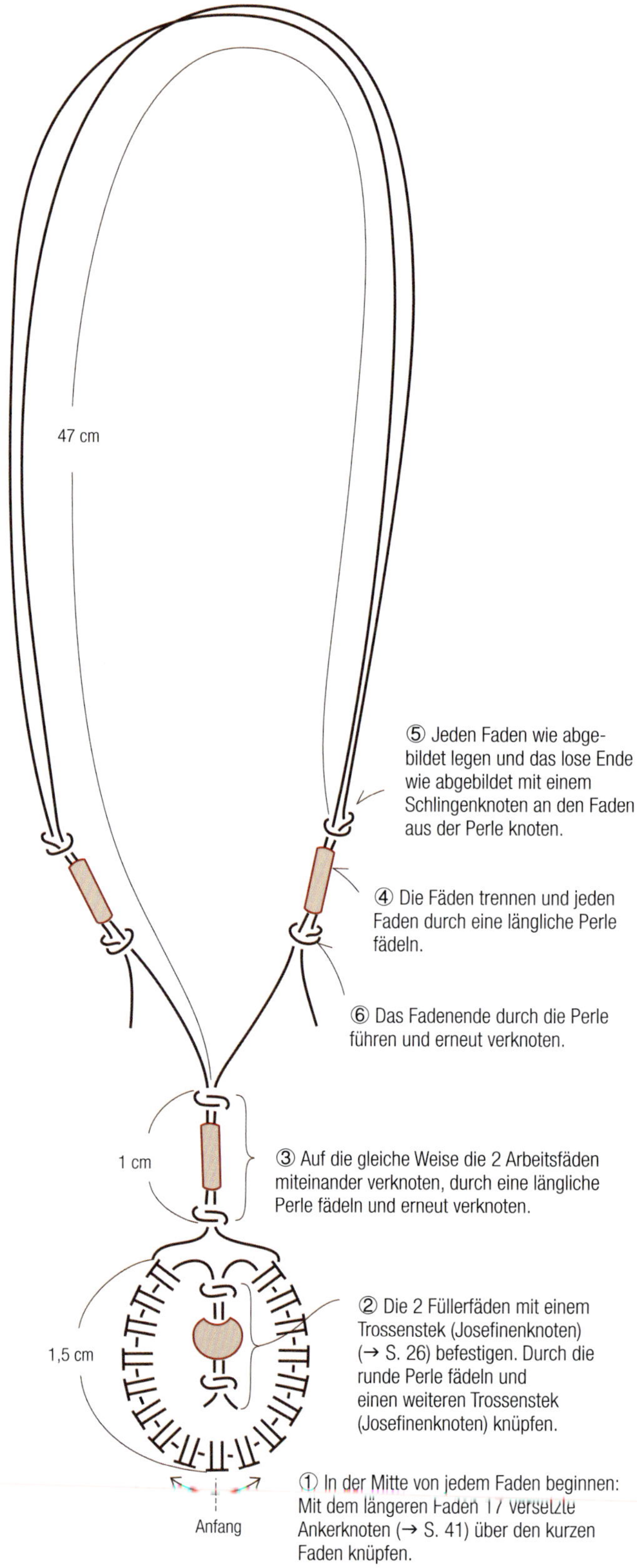

11. Kette mit Schmuckanhänger (Foto → Seite 137)

Muster: 53

Materialien

Feine Hanfschnur in Natur, ø 1,2 mm:
- 2 Fäden, 40 cm lang (Füllerfaden)
- 4 Fäden, 100 cm lang

Feine Hanfschnur in Rosa:
- 2 Fäden, 80 cm lang

6 runde, Halbedelstein-Perlen (hier: Rosenquarz), ø 6 mm
1 gravierte, runde Silberperle, ø 6 mm

Größe

Variabel

Tipp

Du beginnst an der Spitze der oberen Blätter auf beiden Seiten: 3 cm am Ende jedes Füllerfadens hängen lassen; in jedes Ende einen Hilfsknoten knüpfen und etwa 2,5 cm voneinander entfernt mit einer Nadel auf dem Makrameebrett befestigen, damit die Proportionen des Musters perfekt gelingen.

[Anleitung]

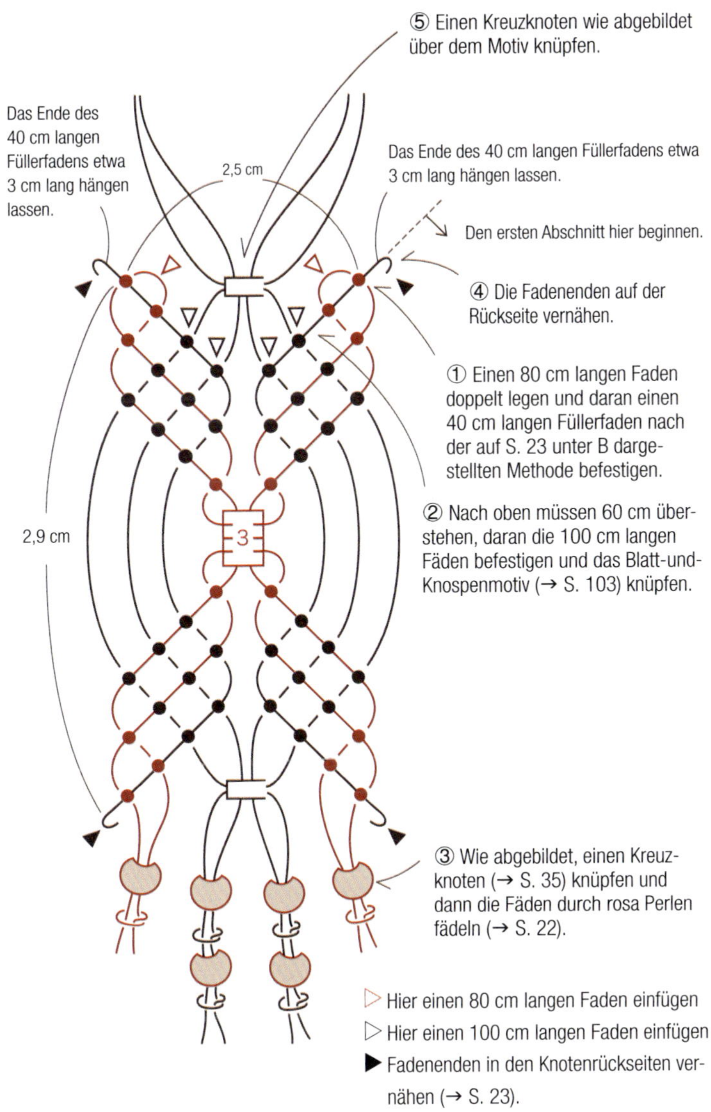

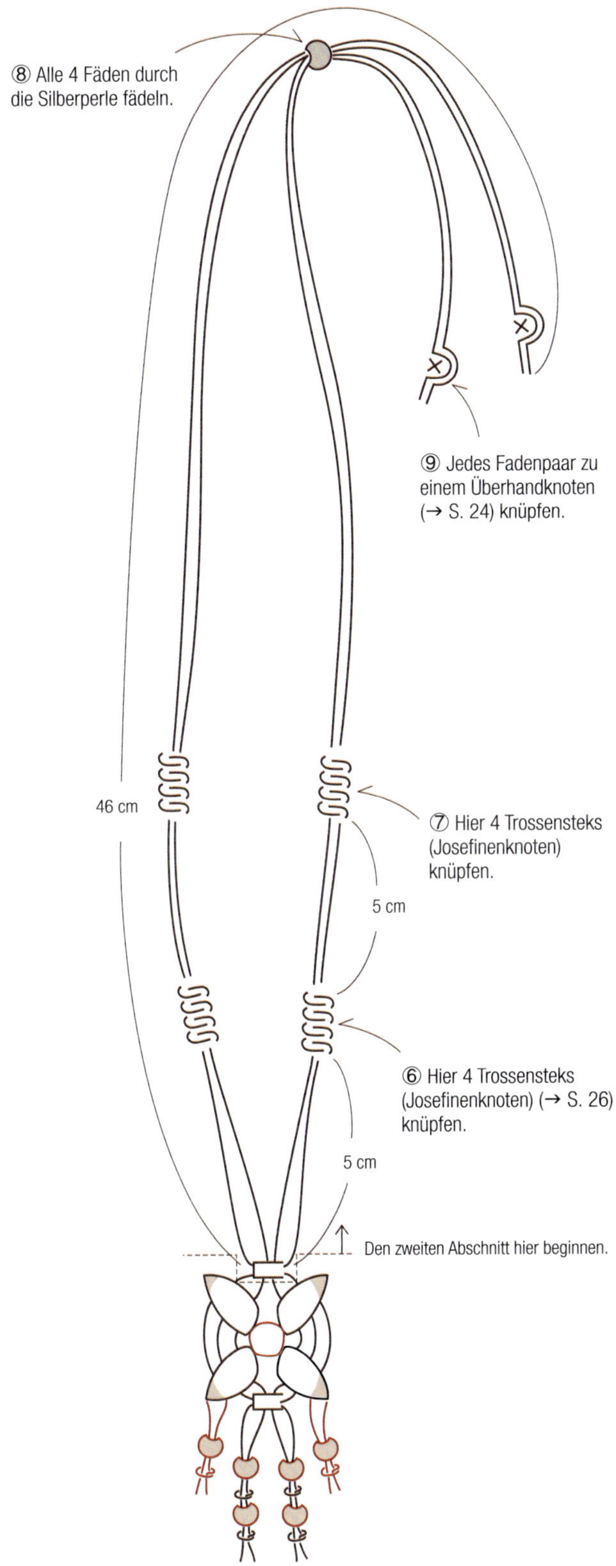

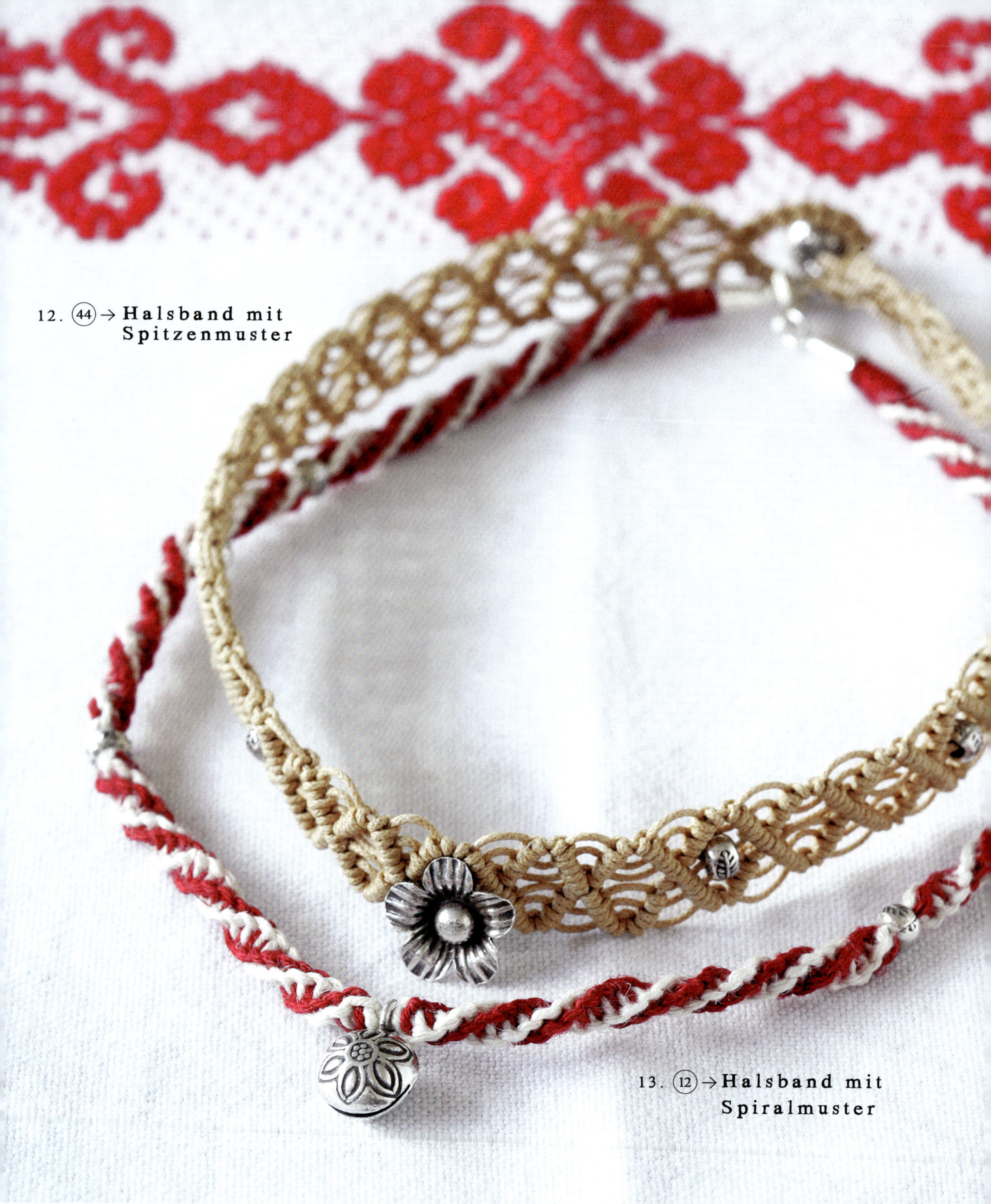

12. **[Halsband mit Spitzenmuster]**	Eine feine Schnur wurde zu einem Rautenmuster geknüpft und mit Perlen und einem Blütenanhänger verziert: So entsteht ein zartes Halsband. → **Seite 142**
13. **[Halsband mit Spiralmuster]**	Dieses attraktive Halsband wurde aus doppelten links gedrehten Spiralknoten in Rot und Weiß geknüpft und mit einem hübschen Silberanhänger verziert. → **Seite 142**

12. Halsband mit Spitzenmuster (Foto → Seite 140)

Muster: 44

Materialien

Extrafeiner Baumwollfaden in Beige, ø 0,5–0,7 mm:
4 Fäden, 300 cm lang
4 gravierte Silberperlen, 4 mm x 6 mm
1 gravierte Silberblume, ø 15 mm
1 graviertes Silberglöckchen, 9 mm x 10 mm

Größe

1,5 cm x 40 cm

Tipp

Laut Knüpfdiagramm wird das Rautenmuster 31-mal geknüpft. Probiere beim Knüpfen immer wieder aus, ob das Halsband lang genug ist. Natürlich kannst du die Länge nach Bedarf verändern.

[Anleitung]

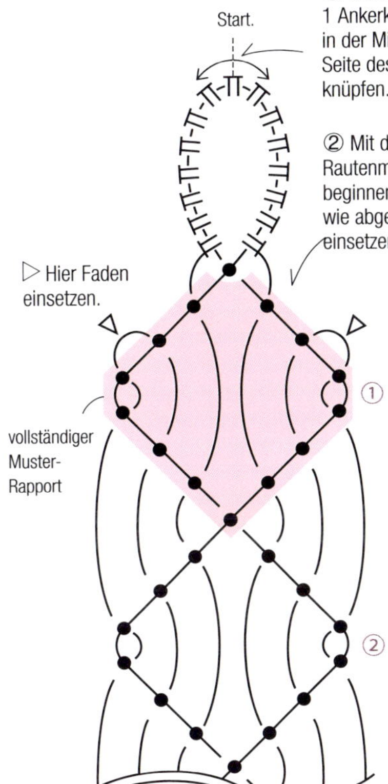

① Zuerst aus 2 Fäden 1 Ankerknoten (→ S. 40) in der Mitte und 7 an jeder Seite des ersten Fadens knüpfen.

② Mit dem Rautenmuster (→ S. 92) beginnen, an jeder Seite wie abgebildet 1 Faden einsetzen.

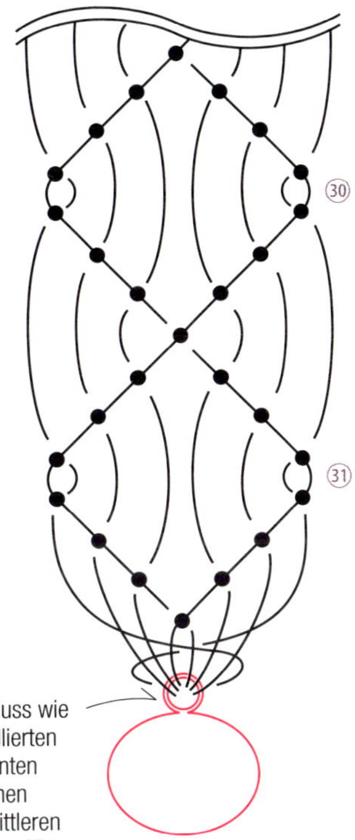

⑥ Am Schluss wie in der detaillierten Erklärung unten das Glöckchen auf die 6 mittleren Fäden fädeln. Alle Fadenenden vernähen.

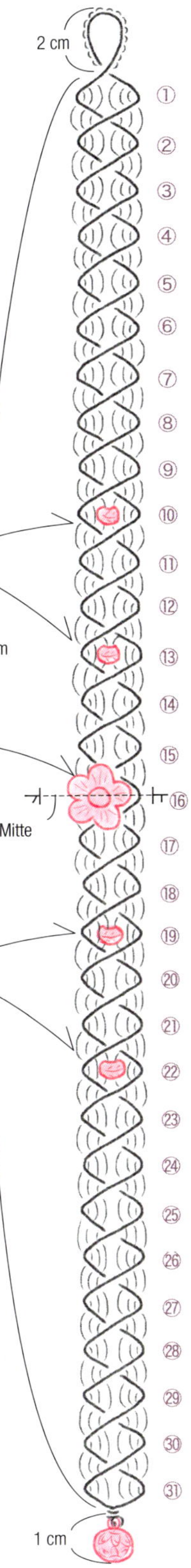

③ In der 10. und 13. Raute eine Perle auf die 2 mittleren Fäden fädeln.

④ In der 16. Raute (der mittleren Raute) die Blüte auf 2 Fäden fädeln.

⑤ In der 19. und 22. Raute eine Perle auf 2 Fäden fädeln.

⑥ Das Glöckchen einsetzen – im Detail

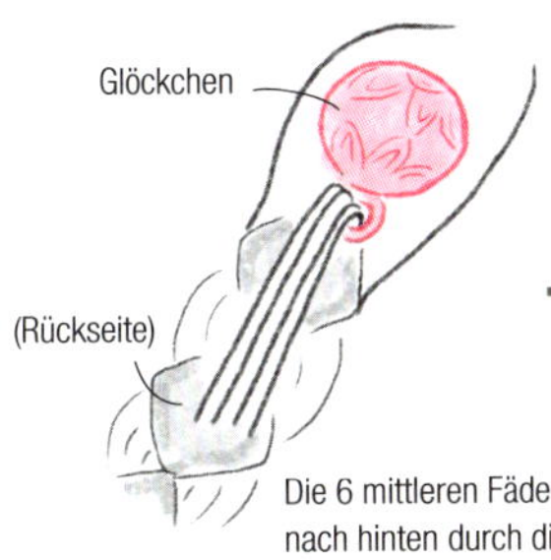

Die 6 mittleren Fäden von vorne nach hinten durch die Schlinge führen, auf die Rückseite legen.

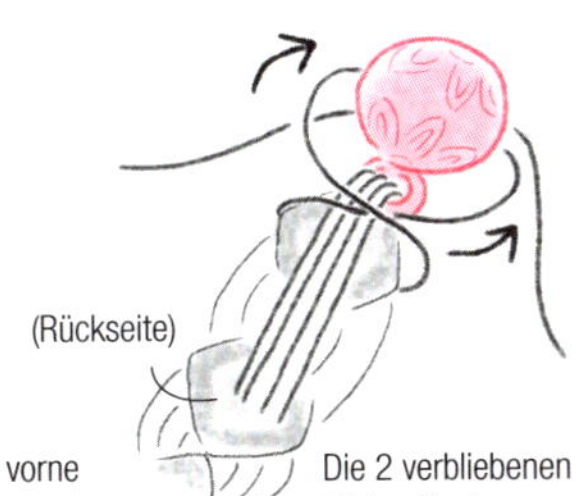

Die 2 verbliebenen Fäden überkreuzen, das Glöckchen auffädeln; erneut überkreuzen.

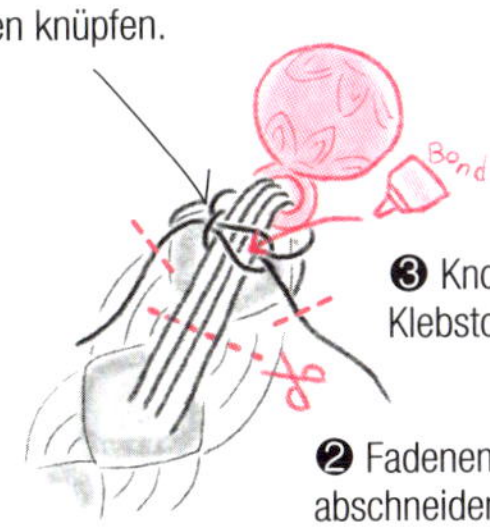

❶ Einen Kreuzknoten knüpfen.

❷ Fadenenden abschneiden.

❸ Knoten mit Klebstoff sichern.

13. Halsband mit Spiralmuster (Foto → Seite 140)

Muster: 12

Materialien

Mitteldicke Hanfschnur in Natur, ø 1,8 mm:
- 2 Fäden, 50 cm lang (Füllerfaden)
- 2 Fäden, 180 cm lang (Arbeitsfäden A)

Mitteldicke Hanfschnur in Rot, ø 1,8 mm:
- 2 Fäden, 180 cm lang (Arbeitsfäden B)

1 graviertes Silberglöckchen, 9 mm x 10 mm
4 gravierte Silberperlen, 4 mm x 6 mm
1 gravierter Silberverschluss, ø 4 mm

Größe

40 cm lang

Tipp

Als erstes setzt du das Glöckchen in der Mitte des Halsbands ein, lies dazu den Kasten D auf S. 22. Wie du die Fäden umwickelst, bevor du den Verschluss anbringst, kannst du unter „Den Stiel umwickeln – im Detail" (→ S. 130) nachlesen.

[Anleitung]

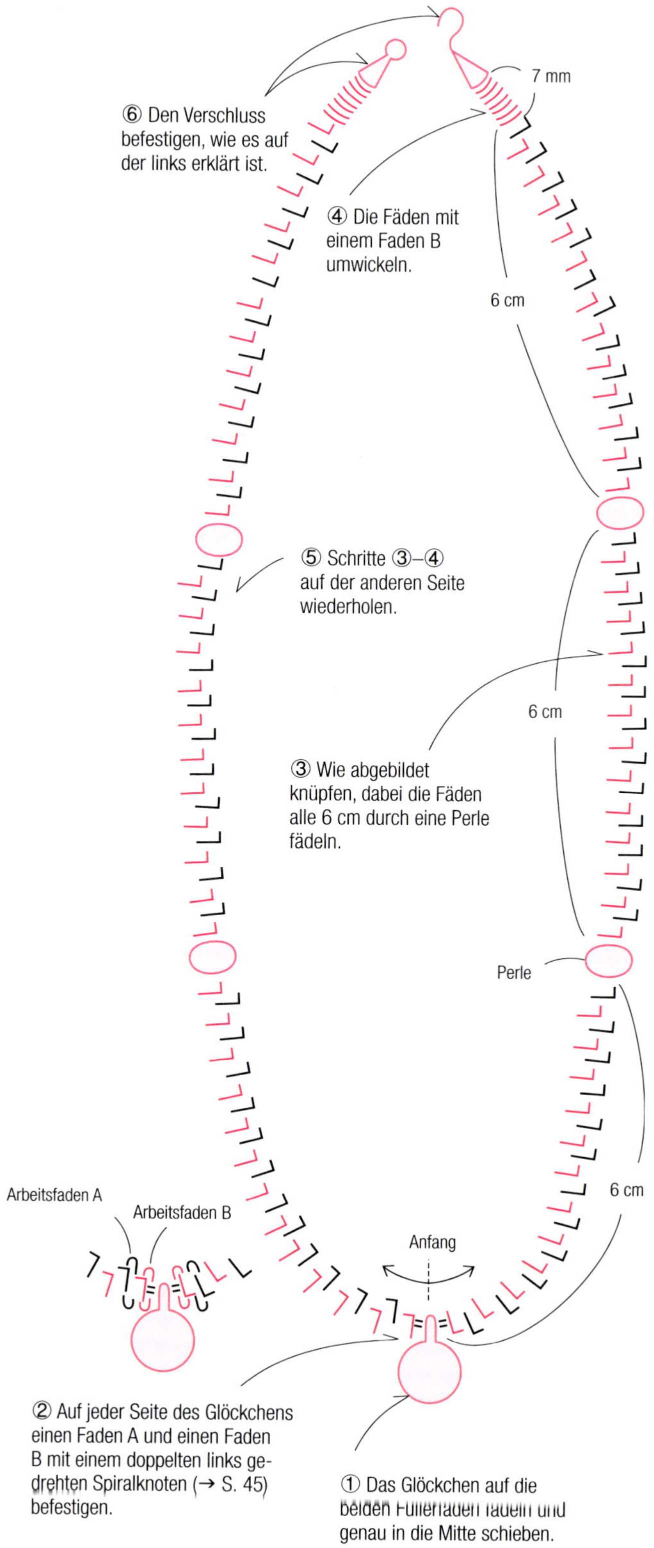

⑥ Den Verschluss befestigen – im Detail

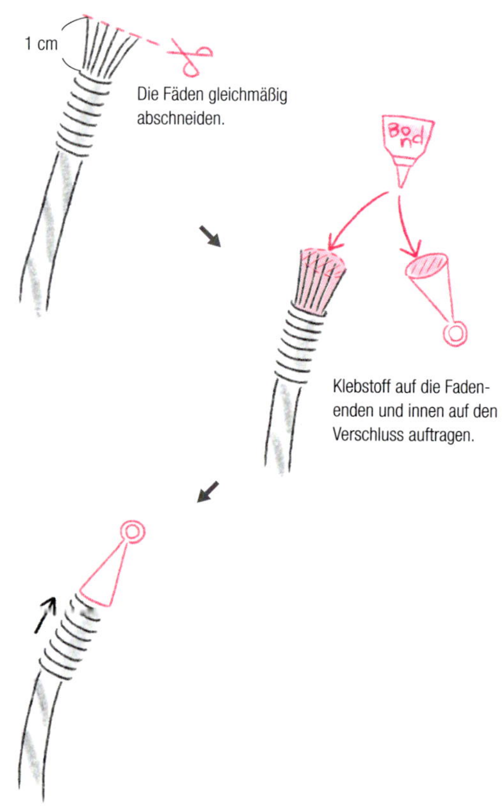

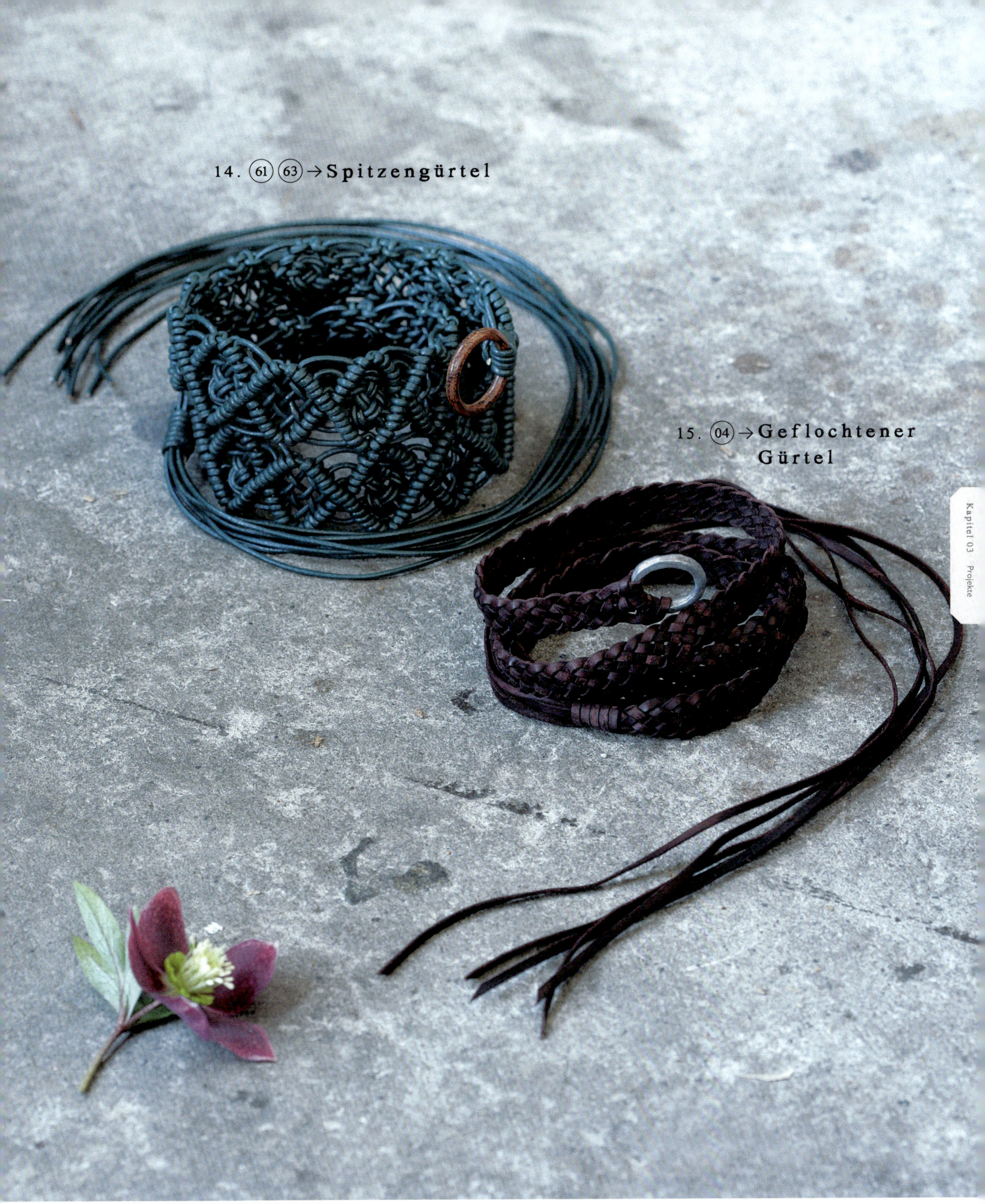

14. [Spitzengürtel] Zwei Rautenmuster mit Webelementen ergeben einen faszinierenden Gürtel. Sieht auch mit einem dickeren Lederband fantastisch aus. → **Seite 144**

15. [Geflochtener Gürtel] Sechs flache Lederbänder wurden zu einem praktischen Gürtel geflochten. Du kannst auch Wildleder verwenden, wenn es dir besser gefällt. → **Seite 145**

14. Spitzengürtel (Foto → Seite 143)

(Foto → Seite 143)

Muster: (61) (63)

Materialien

Rundes Lederband in Dunkelgrün, ø 2 mm:

- 3 Fäden 800 cm lang
- 1 Faden 540 cm lang
- 2 Fäden, 30 cm lang

1 Holzring, ø 2,5 cm

Größe

3 cm x 82 cm (plus die 50 cm langen Fransen)

Tipp

Dieser Gürtel besteht aus zwei Rautenmustern mit Web-Elementen. Beachte, dass beide Rautenmuster mit weniger Fäden geknüpft werden als in den Beschreibungen auf S. 113 oder 115, dennoch bleibt das Prinzip unverändert. Du kannst die Fransen auf eine beliebige Länge abschneiden.

[Anleitung]

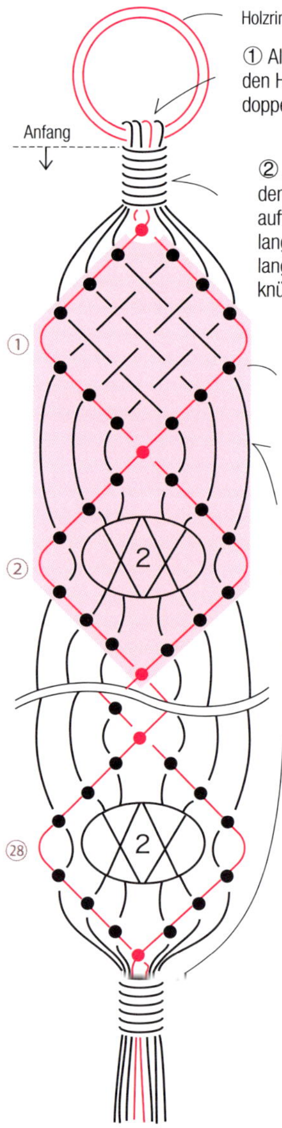

① Alle 4 langen Fäden so durch den Holzring führen, dass sie doppelt liegen.

② Außen auf die Fäden unter dem Ring etwas Klebstoff auftragen. Mit einem 30 cm langen Faden einen 1,5 cm langen Wickelknoten darum knüpfen (→ S. 25).

③ Die kürzeren der langen Fäden sind die Füllerfäden. Die Muster wie abgebildet abwechselnd knüpfen, bis du insgesamt 28 Rauten hast.

④ Auf die Fäden Klebstoff auftragen und einen Wickelknoten wie in Schritt 2 knüpfen.

③ Mit den Füllerfäden beginnen – im Detail

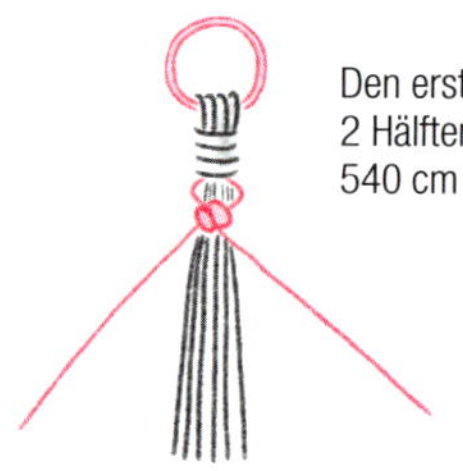

Den ersten Knoten mit den 2 Hälften des doppelt gelegten 540 cm langen Fadens knüpfen.

⑤ Die Fadenenden als Fransen gleichmäßig abschneiden.

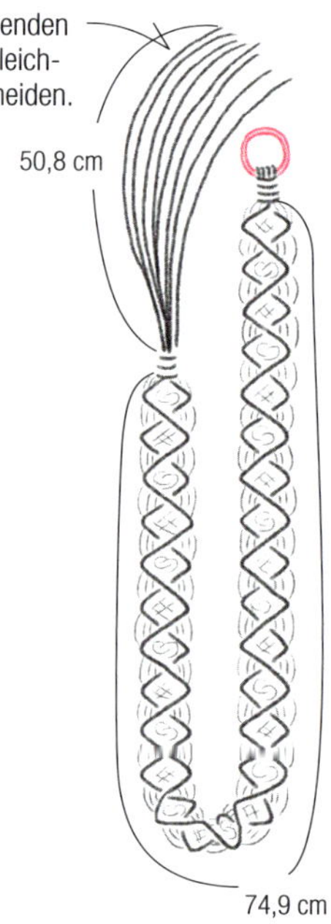

15. Geflochtener Gürtel (Foto → Seite 143)

Materialien
Flaches Lederband in Braun, ø 3 mm:
3 Fäden, 360 cm lang
1 Zinnring, ø 2,5 cm

Größe
1,5 cm x 89 cm (plus die 50 cm langen Fransen)

Tipp
Die Fransen an diesem Gürtel sind einfach die Enden der Fäden, mit denen du geflochten hast. Das ist ganz einfach herzustellen! Sichere den Flechtstrang einfach mit einem kleinen Wickelknoten und lasse die Fadenenden als Fransen hängen.

[Anleitung]

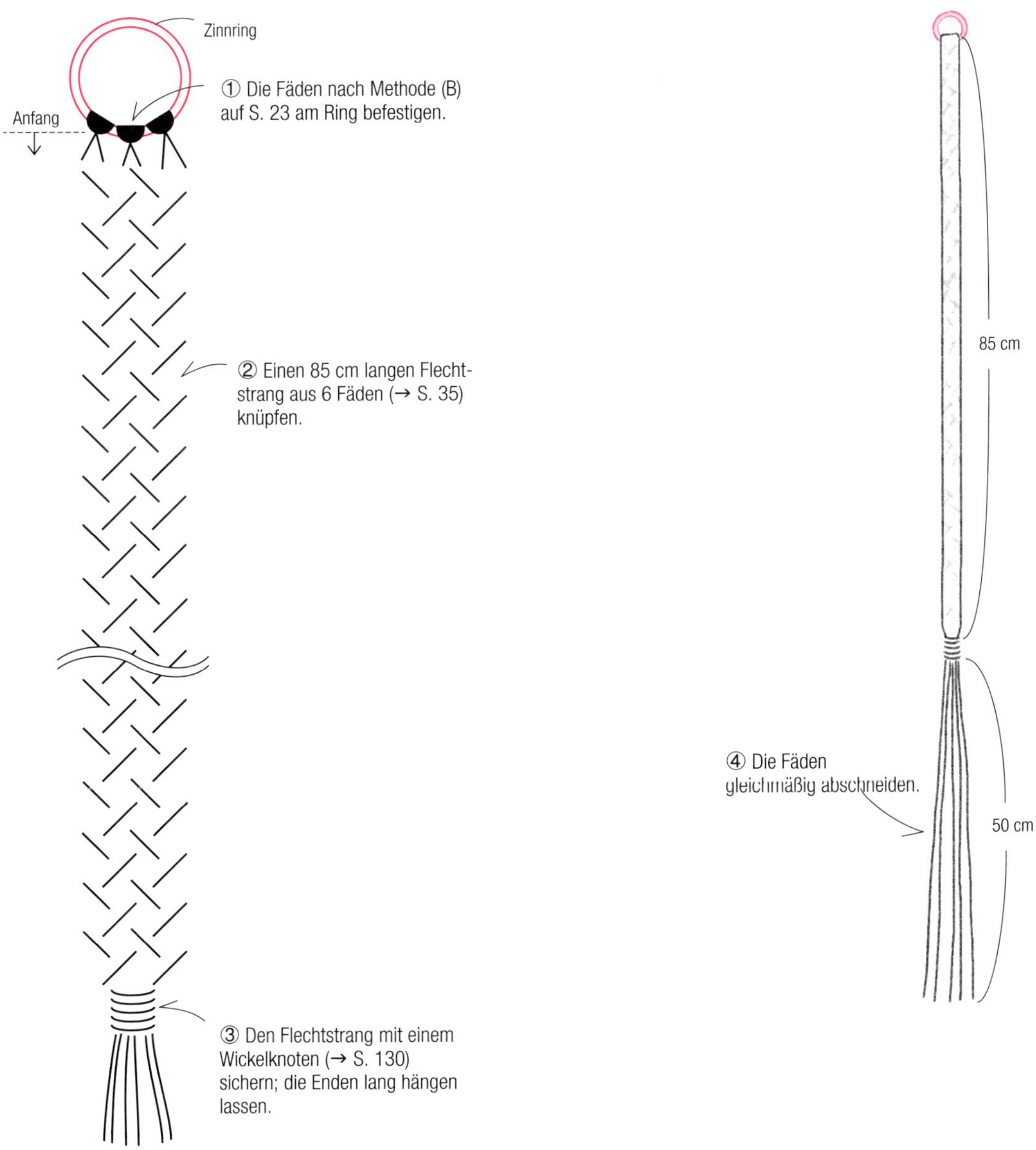

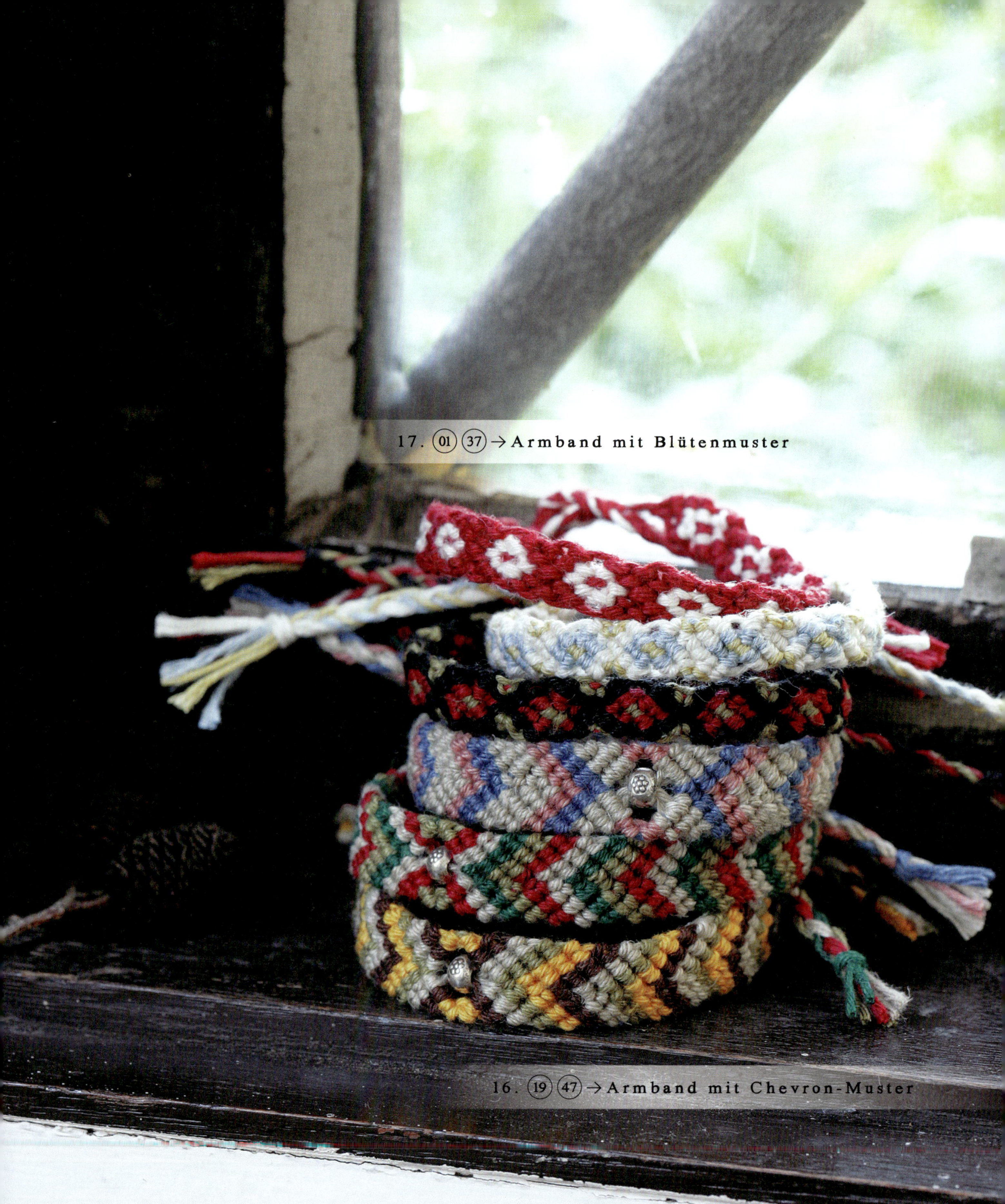

16. [Armband mit Chevron-Muster] Diese bunten Freundschaftsarmbänder tragen indianische Muster. → Seite 147

17. [Armband mit Blütenmuster] Auch diese Armbänder mit winzigen, jedoch ausgesprochen attraktiven Blütenmustern lassen sich als Freundschaftsarmbänder verwenden. → Seite 148

16. Armband mit Chevron-Muster (Foto → Seite 146)

Muster: (19) (47)

Materialien

Foto-Beispiel oben:
Feine Hanfschnur in Blau, ø 1,2 mm: 2 Fäden, 120 cm lang (a)
Feine Hanfschnur in Rosa, ø 1,2 mm: 2 Fäden, 120 cm lang (b)
Feine Hanfschnur in Natur, ø 1,2 mm 4 Fäden, 120 cm lang (c, d)
1 gravierte Silberperle, 4 mm x 6 mm

Foto-Beispiel mittig:
Feine Hanfschnur in Grün, ø 1,2 mm: 2 Fäden, 120 cm lang (a)
Feine Hanfschnur in Moosgrün, ø 1,2 mm:2 Fäden, 120 cm lang (b)
Feine Hanfschnur in Rot, ø 1,2 mm: 2 Fäden, 120 cm lang (c)
Feine Hanfschnur in Natur, ø 1,2 mm: 2 Fäden, 120 cm lang (d)
1 gravierte Silberperle, 4 mm x 6 mm

Foto-Beispiel unten:
Feine Hanfschnur in Moosgrün, ø 1,2 mm: 2 Fäden, 120 cm lang (a)
Feine Hanfschnur in Gelb, ø 1,2 mm: 2 Fäden, 120 cm lang (b)
Feine Hanfschnur in Dunkelbraun, ø 1,2 mm: 2 Fäden, 120 cm lang (c)
Feine Hanfschnur in Natur, ø 1,2 mm: 2 Fäden, 120 cm lang (d)
1 gravierte Silberperle, 4 mm x 6 mm

Größe

1,5 cm x 32 cm

Tipp

Beginne in der Mitte des Armbands, indem du die Perle auf die 4 mittleren Fäden auffädelst und dann in beiden Richtungen nach außen arbeitest. Pass beim Knüpfen gut auf, dass die V-Formen des Musters gleichmäßig und schön nebeneinander liegen.

[Anleitung]

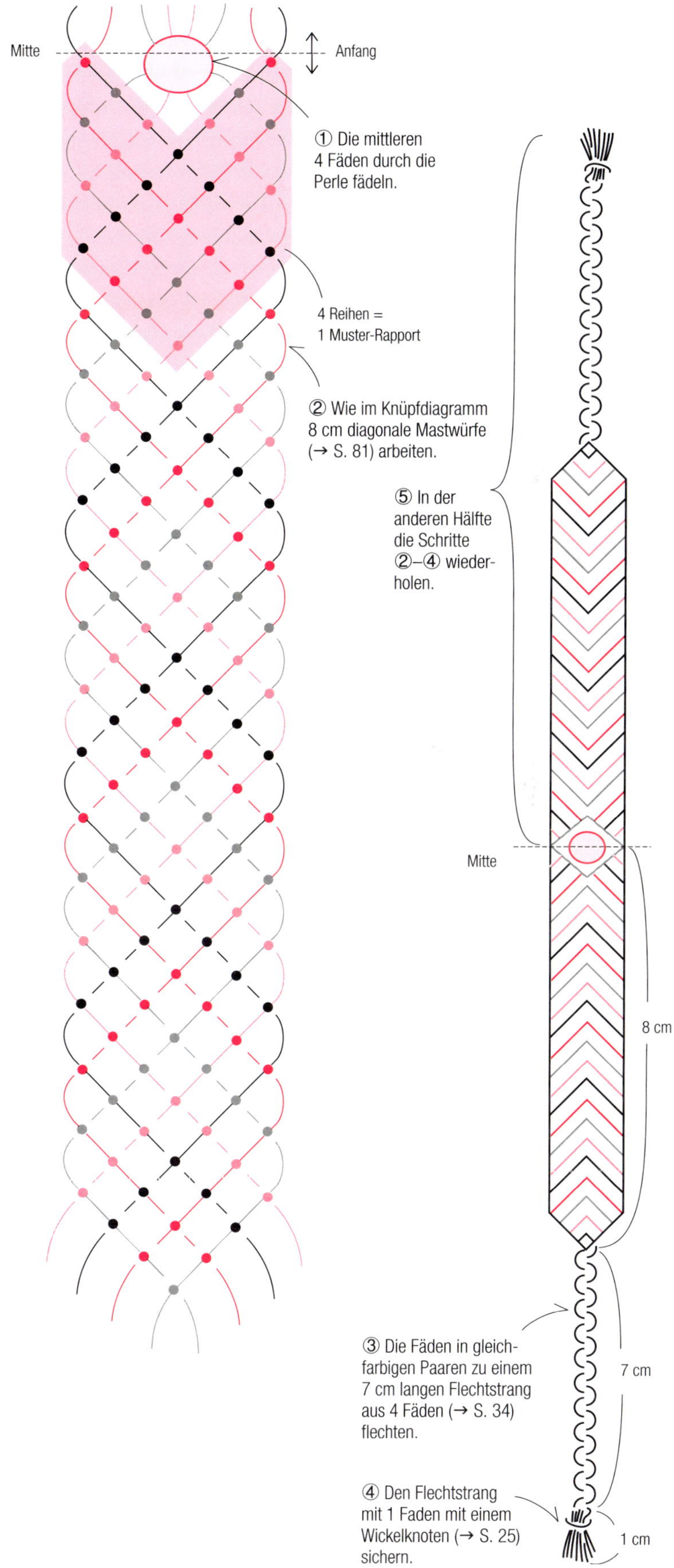

① So geht der Anfang – im Detail

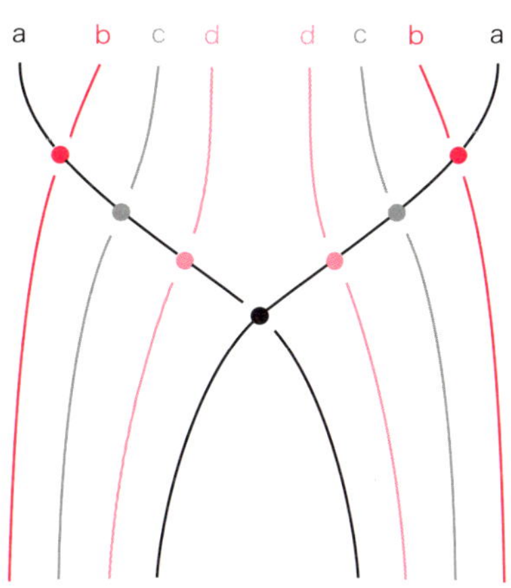

Jeder Winkel (jede V-Form) zählt als 1 Reihe.

17. Armband mit Blütenmuster (Foto → Seite 146)

Muster: (01) (37)

Materialien

Foto-Beispiel oben:
Feine Hanfschnur in Rot, ø 1,2 mm: 2 Fäden, 100 cm lang (a)
Feine Hanfschnur in Rot, ø 1,2 mm: 2 Fäden, 110 cm lang (c)
Feine Hanfschnur in Natur, ø 1,2 mm: 2 Fäden, 110 cm lang (b)

Foto-Beispiel mittig:
Feine Hanfschnur in Gold, ø 1,2 mm: 2 Fäden, 100 cm lang (a)
Feine Hanfschnur in Hellblau, ø 1,2 m: 2 Fäden, 110 cm lang (b)
Feine Hanfschnur in Natur, ø 1,2 mm: 2 Fäden, 110 cm lang (c)

Foto-Beispiel unten:
Feine Hanfschnur in Moosgrün, ø 1,2 mm: 2 Fäden, 100 cm lang (a)
Feine Hanfschnur in Rot, ø 1,2 m: 2 Fäden, 110 cm lang (b)
Feine Hanfschnur in Schwarz, ø 1,2 mm: 2 Fäden, 110 cm lang (c)

Größe

1 cm x 34 cm

Tipp

Zwei unserer Beispiele sind mit 3 Farben geknüpft. Das dritte Beispiel hat nur 2 Farben. Auf dem Foto kannst du dir ansehen, wie unterschiedlich die Farben wirken, und das Knüpfdiagramm (rechts) erklärt, wie die Farben verlaufen. Du kannst die Farben so anordnen wie du möchtest.

① So geht der Anfang – im Detail

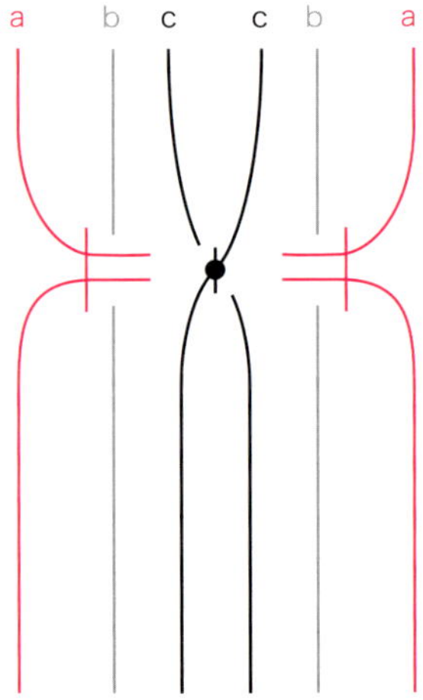

[Anleitung]

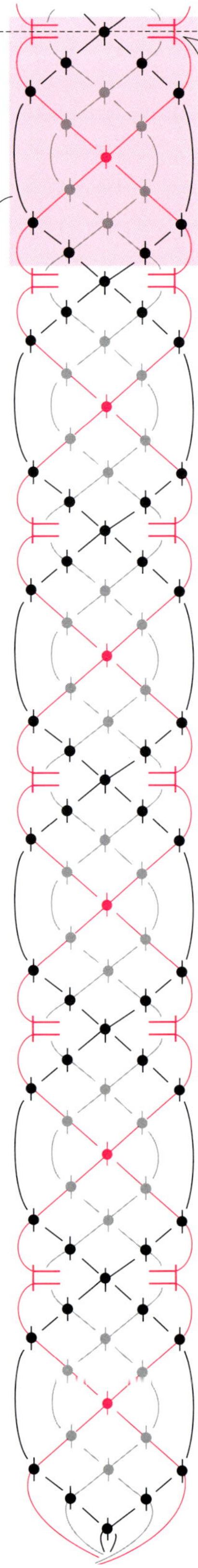

① In der Mitte beginnen. Nach dem Knüpfdiagramm mit Ankerknoten (→ S. 40) und umgedrehten diagonalen Mastwürfen (→ S. 81) arbeiten. Den Muster-Rapport 6-mal arbeiten.

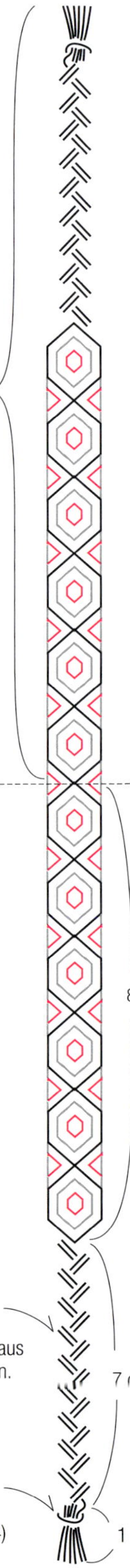

④ Für die zweite Hälfte die Schritte ①–③ wiederholen.

② Die Fäden in gleichfarbigen Paaren zu einem 7 cm langen Flechtstrang aus 3 Fäden (→ S. 34) knüpfen.

③ Den Flechtstrang mit 1 Faden mit einem Schlingenknoten (→ S. 24) sichern.

Einfache Zierelemente aus Makramee

Mit selbst geknüpften Makramee-Gurten lassen sich Accessoires wie Taschen, Uhren oder Kameras wunderbar verschönern. Geknüpft aus deinen Lieblingsbändern in deinen Lieblingsfarben sehen diese Verzierungen besonders schön aus – wenn sie in der Größe perfekt zum jeweiligen Accessoire passen. Sei kreativ, unsere Ideen sind nur der Anfang!

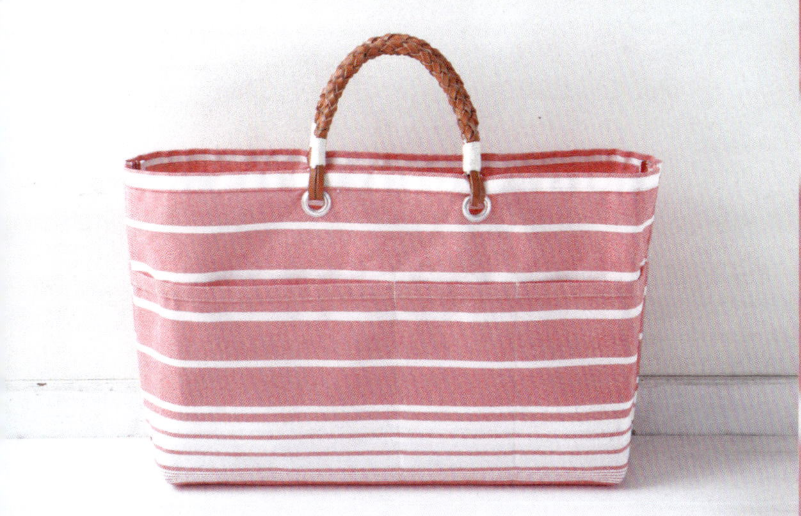

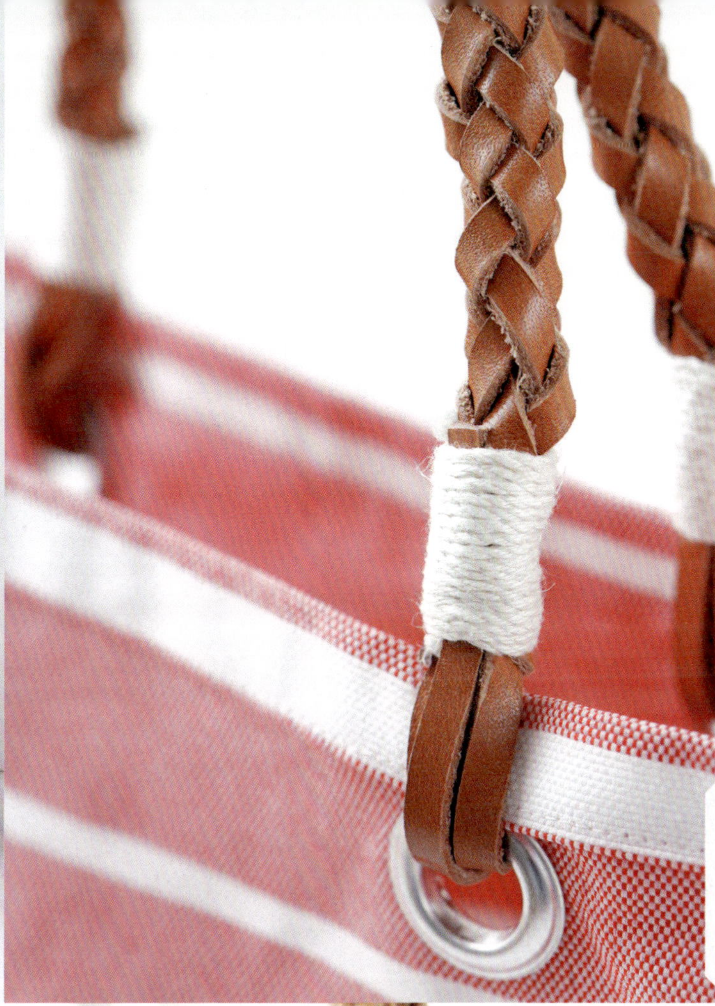

18. (20) → **Geflochtener Henkel**

19. (05) (22) → **Henkel mit Medaillon**

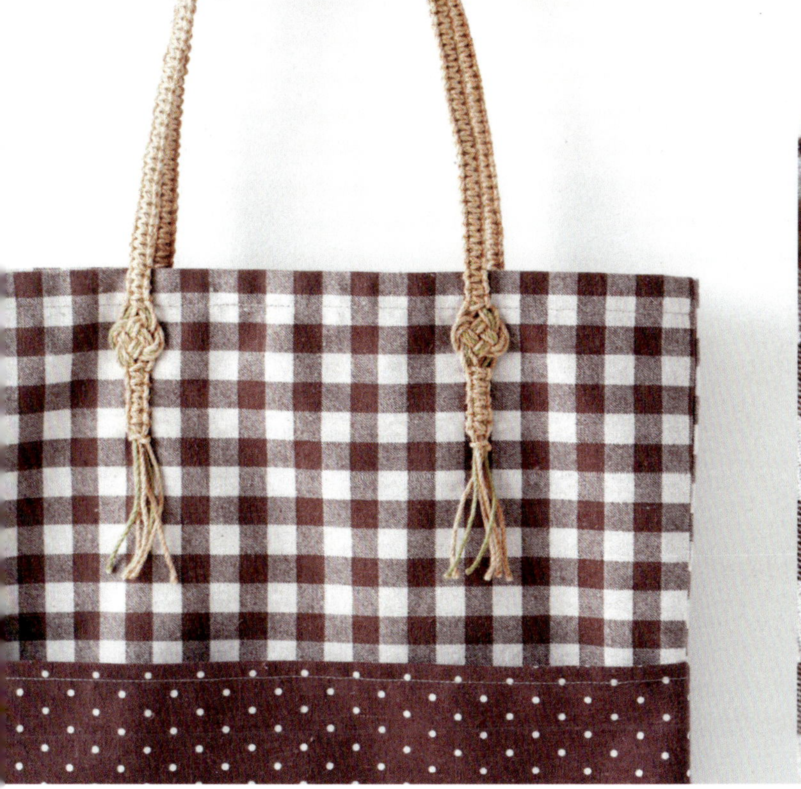

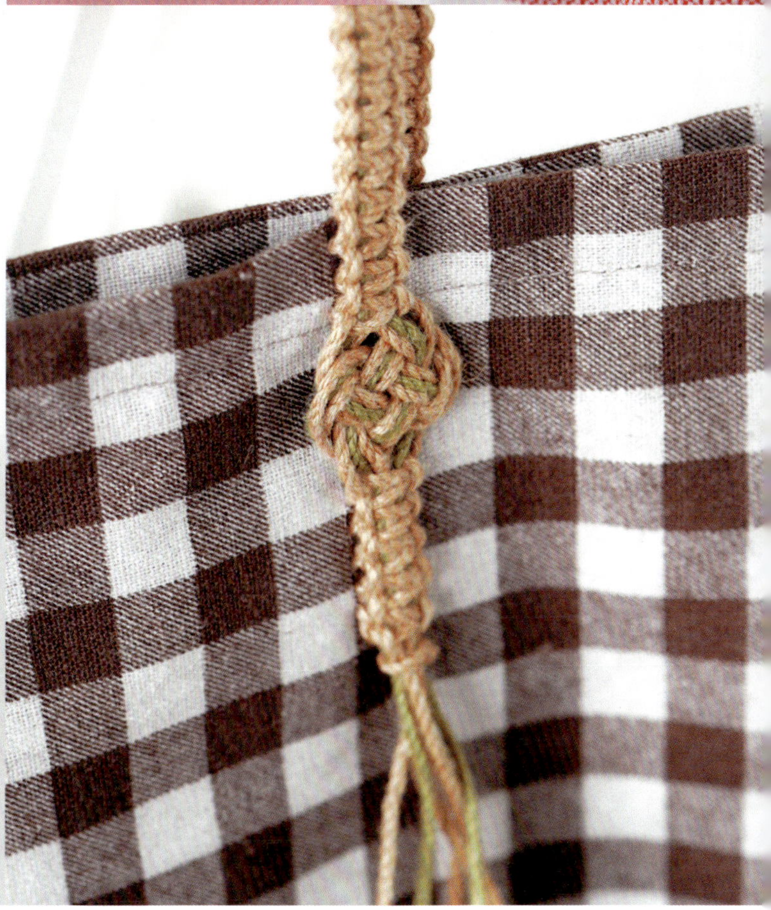

18. [Geflochtener Henkel] Diese Henkel lassen sich in der genau richtigen Größe für Taschen mit Ösen flechten. Die einfache Flechttechnik ergibt einen runden Henkel, der ausgesprochen professionell wirkt. → Seite 150

19. [Henkel mit Medaillon] Der Awaji-Knoten macht diesen schlichten Henkel zu etwas ganz Besonderem; die Fransen liefern das gewisse Extra. → Seite 151

18. Geflochtener Henkel (Foto → Seite 149) Muster: (20)

Materialien (für 2 Henkel)

Flaches Lederband in Hellbraun, ø 5 mm:
6 Fäden, 100 cm lang
Mitteldicke Hanfschnur in Weiß, ø 1,8 mm:
4 Fäden, 100 cm lang

Größe

30 cm lang (mit Befestigungsschlaufen)

Tipp

Bei den Maßen gehen wir davon aus, dass die Öse 1,5 cm von der Oberkante der Tasche entfernt ist. Vielleicht hat deine Tasche andere Maße oder du möchtest kürzere oder längere Henkel? Dann kannst du die Länge der Lederbänder problemlos verändern.

[Anleitung]

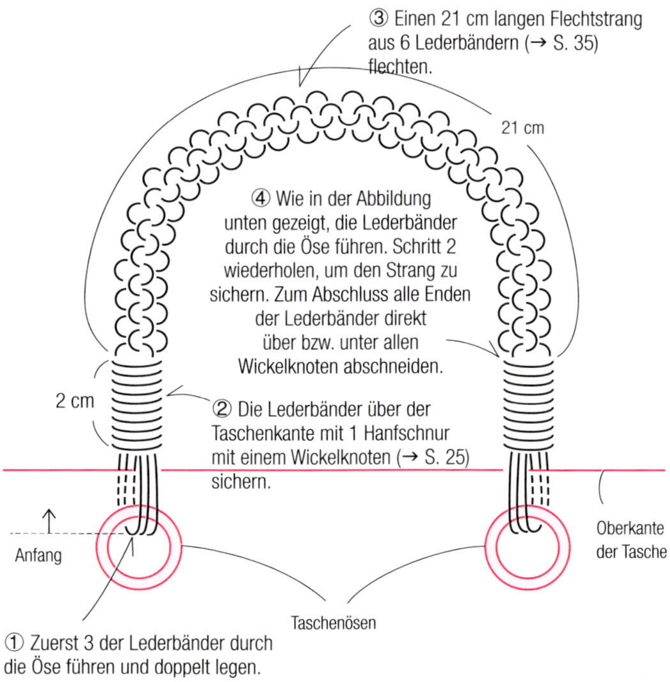

④ Den fertigen Henkel befestigen – im Detail

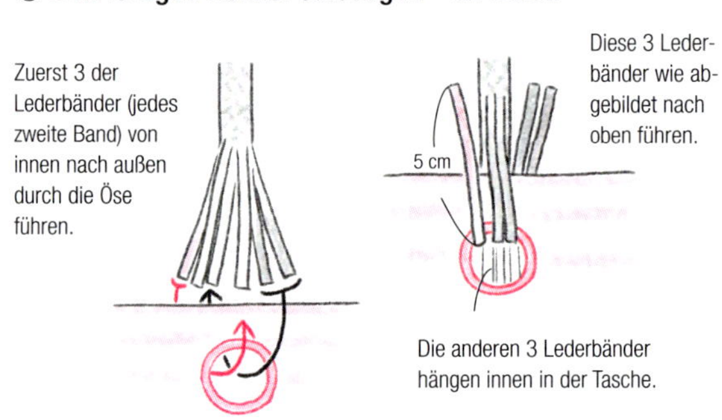

19. Henkel mit Medaillon (Foto → Seite 149)

Muster: (05) (22)

Materialien (für 2 Henkel)

Mitteldicke Hanfschnur in Hellbraun, ø 1,8 mm:
- 4 Fäden, 400 cm lang
- 4 Fäden, 100 cm lang

Mitteldicke Hanfschnur in Moosgrün, ø 1,8 mm:
- 4 Fäden, 100 cm lang

Passendes Nähgarn

Größe

70 cm lang (inklusive 5 cm lange Fransen)

Tipp

Um die Henkel länger oder kürzer zu machen, kannst du den Abstand zwischen den 2 Awaji-Knoten verändern.

[Anleitung]

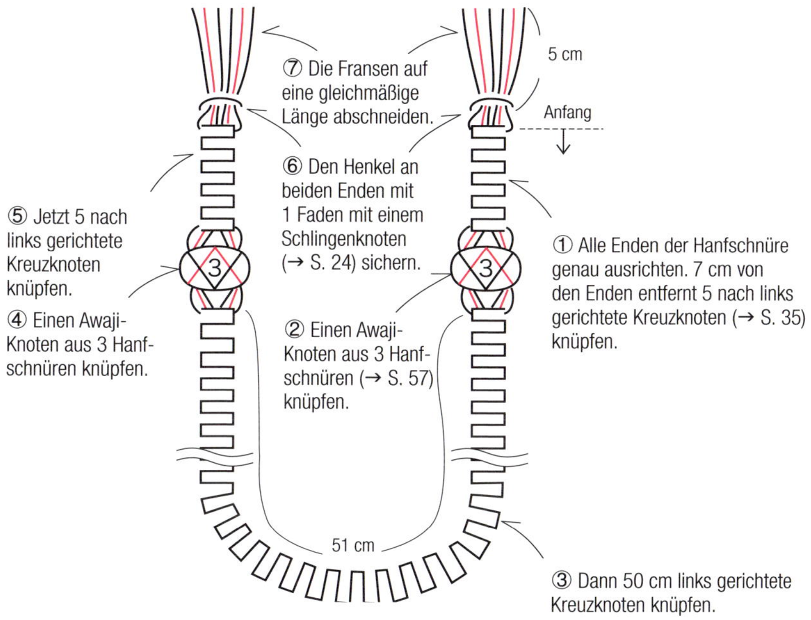

Den fertigen Henkel befestigen – im Detail

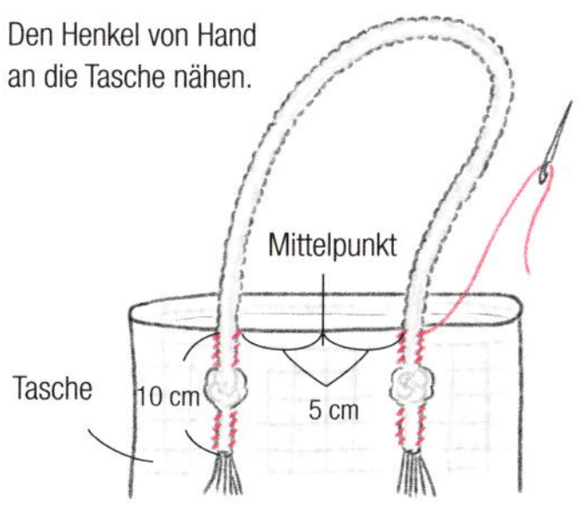

① Farbreihenfolge – im Detail

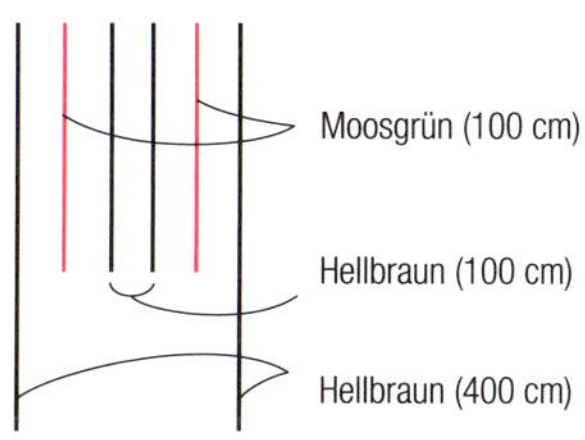

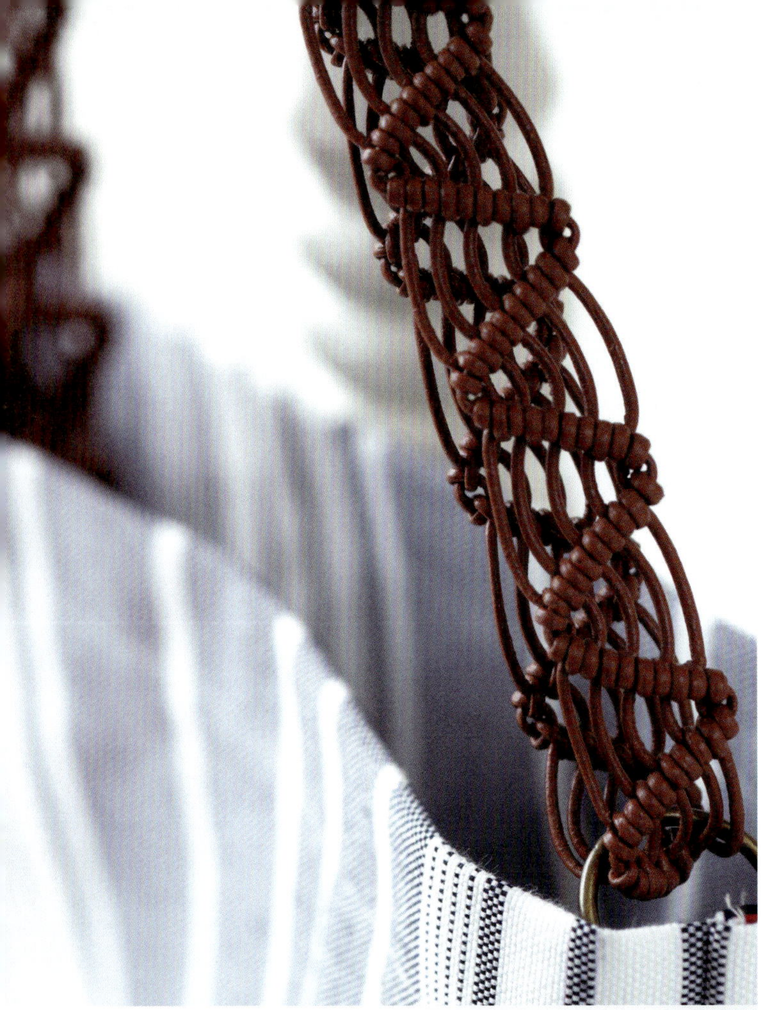

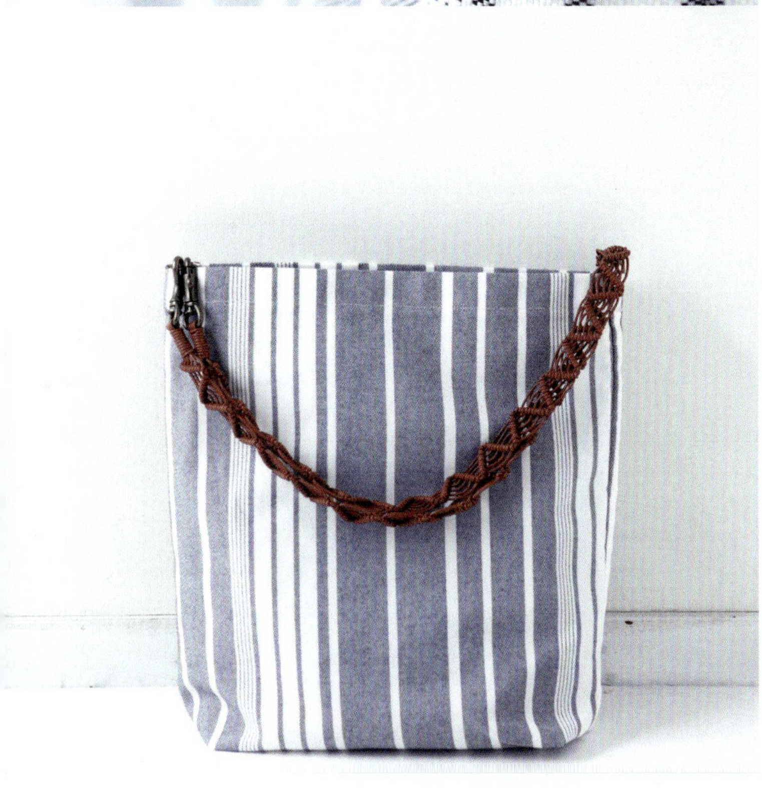

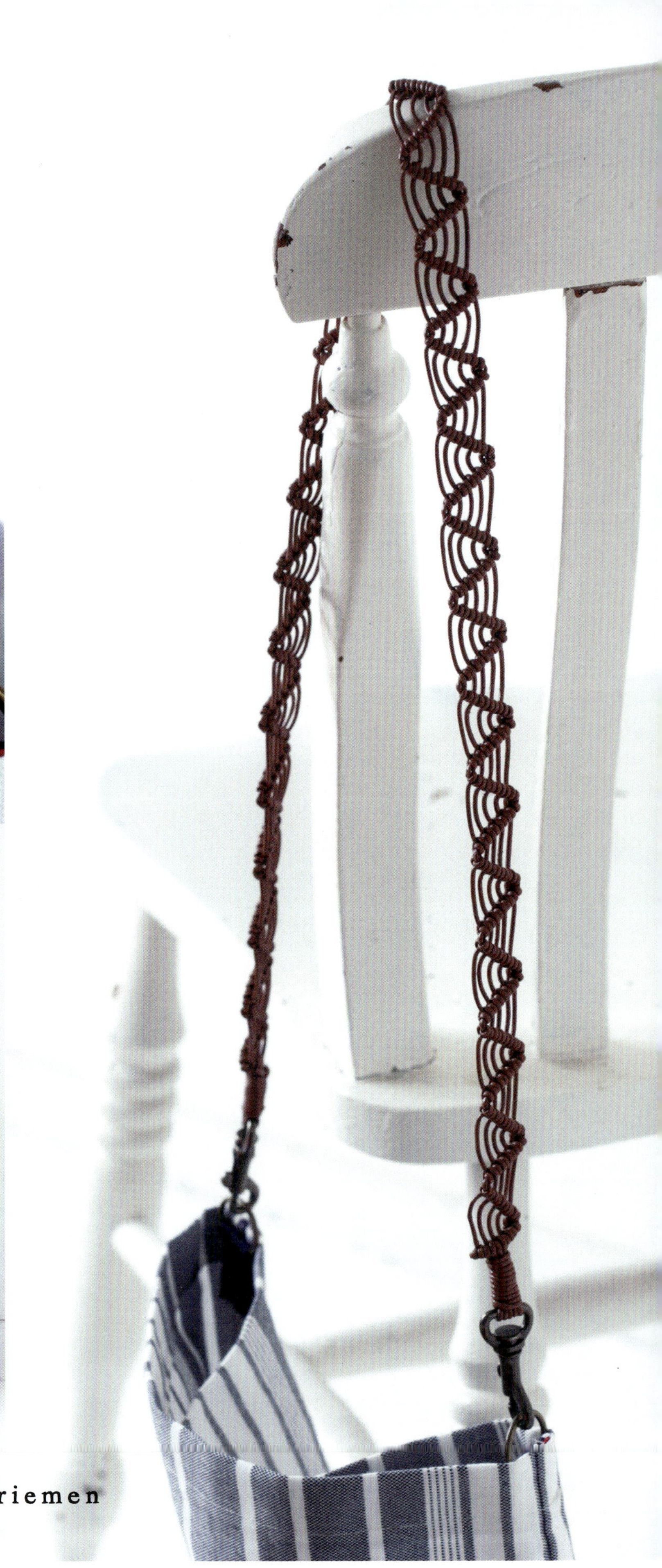

20. (48) → Zickzack-Trageriemen

20. [Zickzack-Trageriemen] Dieser lange Trageriemen kann diagonal über dem Körper oder als Schulterriemen getragen werden.
→ Seite 153

20. Zickzack-Trageriemen (Foto → Seite 152)

Materialien

Rundes Lederband in Karamell, ø 2 mm:
6 Fäden, 250 cm lang
2 Karabinerhaken aus Metall

Größe

2 cm x 91,5 cm

Tipp

Wir haben einen Wickelknoten mit einem Schlingenknoten kombiniert, um die Lederbänder an den Karabinerhaken zu befestigen. Das ist hier unten im Detail erläutert.

③ Die Fäden sichern – im Detail

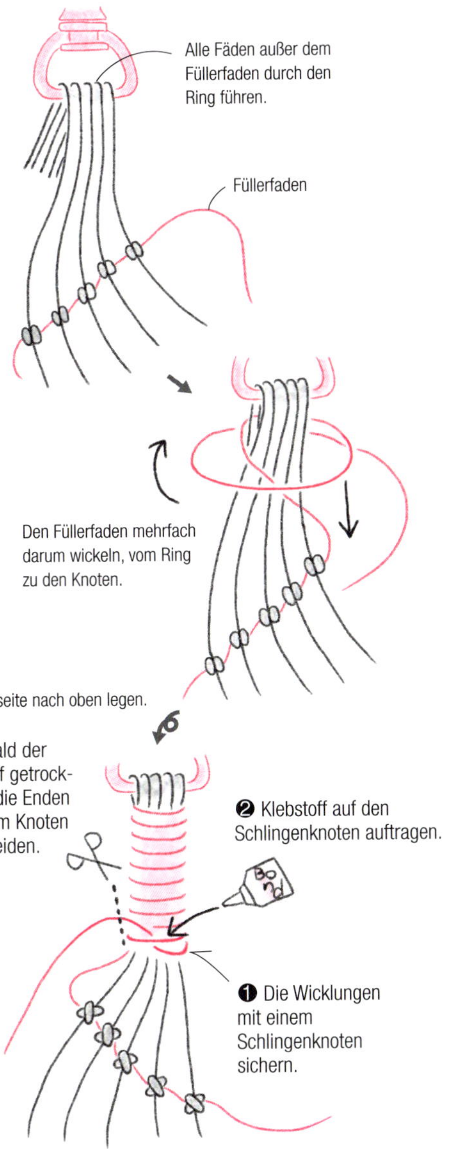

[Anleitung]

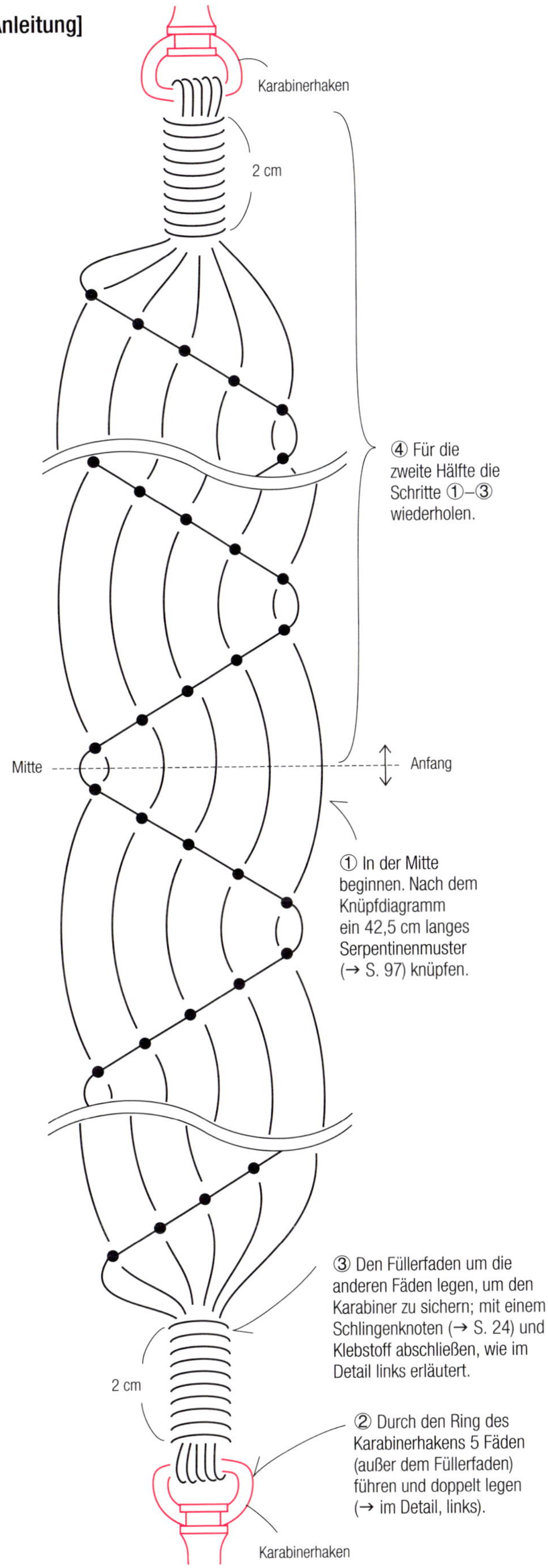

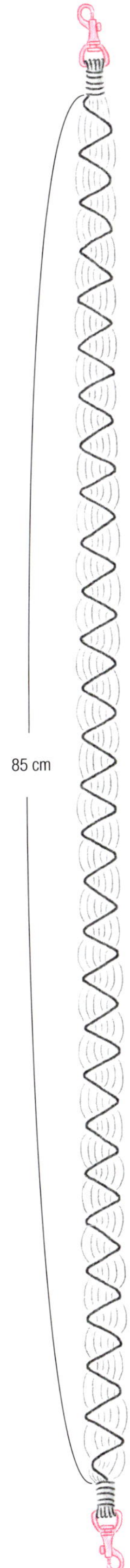

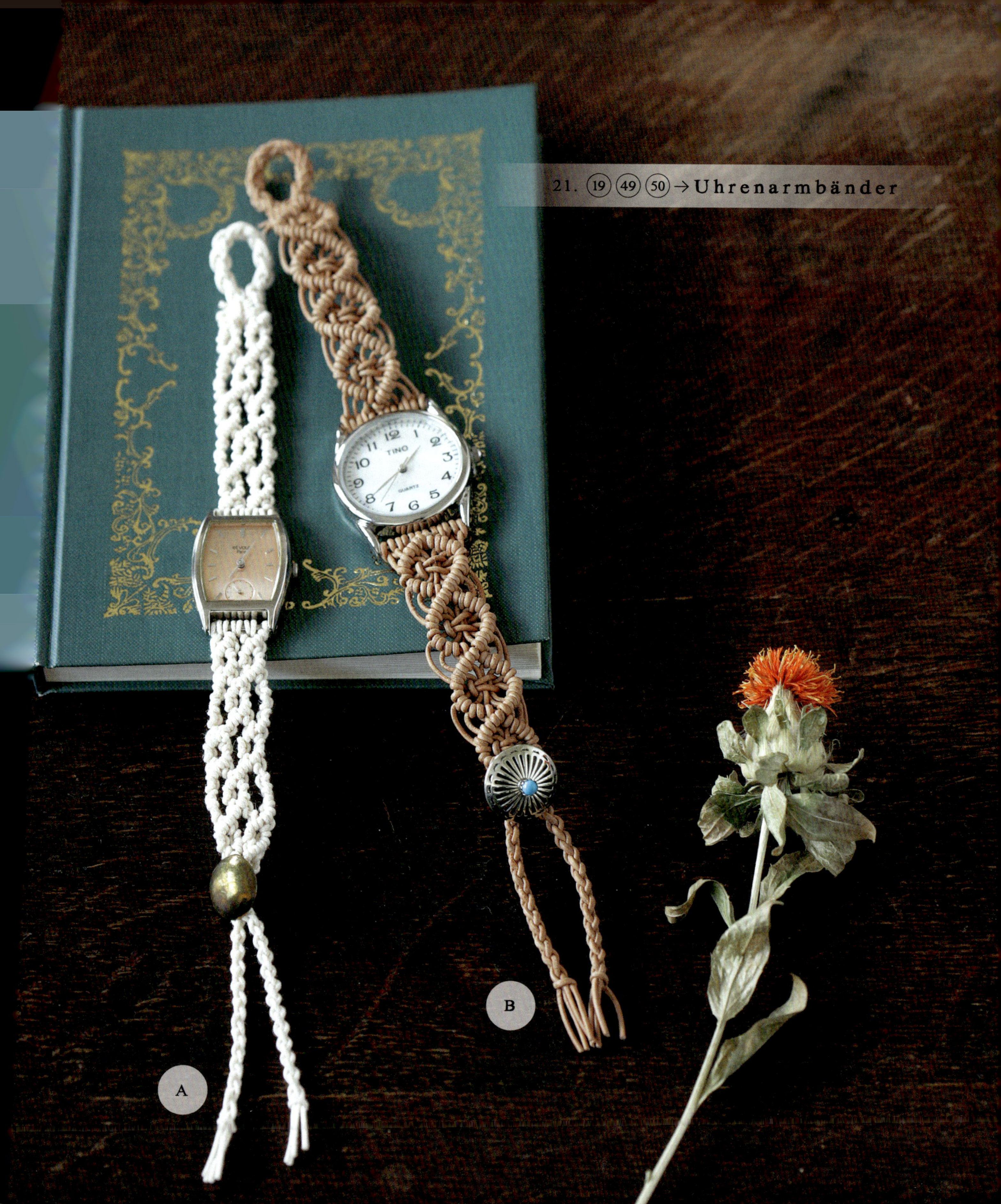

21. **[Uhrenarmbänder]** Wer könnte diesen raffiniert geknüpften Uhrenarmbändern widerstehen? Diese beiden Kunstwerke haben eine tolle Struktur und einen faszinierenden Charakter. → **Seite 156**

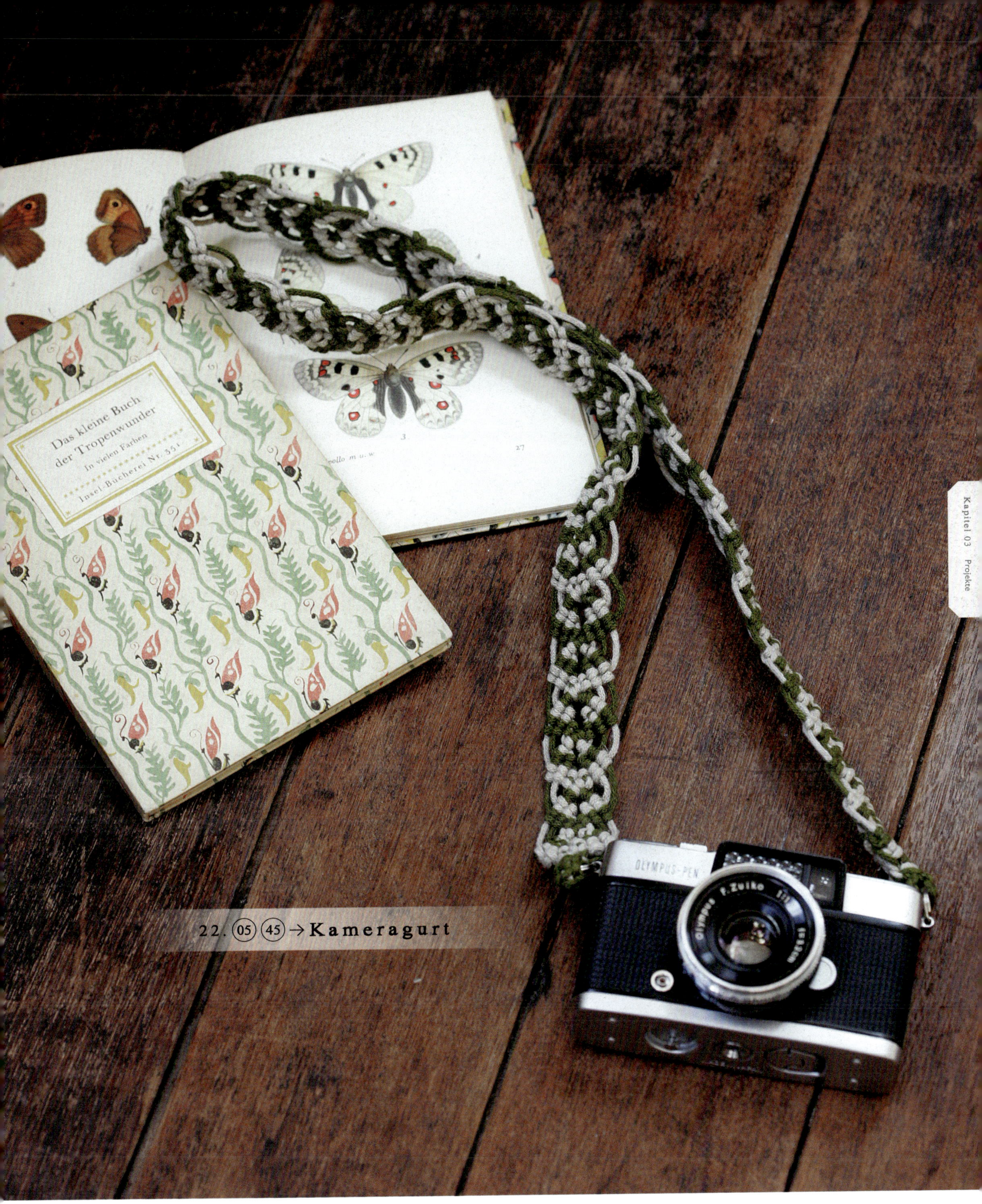

22. (05) (45) → Kameragurt

22. [Kameragurt] Dieser Riemen aus Hanfgarn in Waldfarben ist einerseits schön weich und andererseits stark genug, um die Kamera zu tragen. → Seite 158

21. Uhrenarmbänder (Foto → Seite 154)

(Foto → Seite 154)

A

Muster: (19) (50)

Materialien

Sehr feines Lederband in Natur, ø 1 mm:
8 Fäden, 100 cm lang
1 Armbanduhr
1 Zierknopf als Verschluss

Größe

1,5 cm x 19 cm (ohne Fransen)

Tipp

Achte darauf, dass das Armband in der Breite zur Uhr und in der Länge um das Handgelenk des Trägers passt.

[Anleitung]

① Die Fäden für Armband A befestigen – im Detail

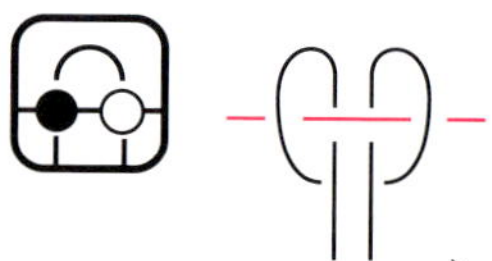

Alle Fäden nach der grundlegenden Methode (→ S. 22 A) befestigen.

Den Faden wie abgebildet jeweils auf der linken Seite des Befestigungsknotens erneut um den Träger führen.

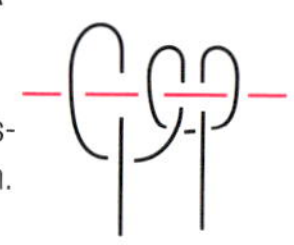

③④ Den Knopfverschluss befestigen – im Detail

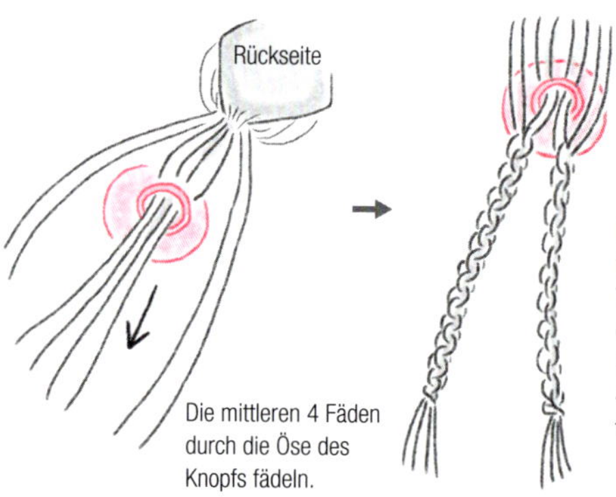

Die Fäden teilen; mit jeder Vierergruppe einen runden Flechtstrang aus 4 Fäden (→ S. 34) flechten.

A

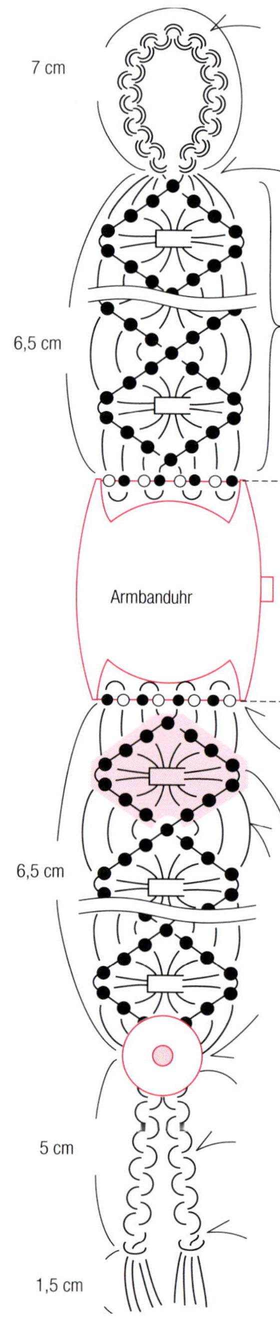

⑦ Jeweils 2 Fäden als 1 Faden nehmen und einen runden Flechtstrang aus 4 Fäden flechten.

⑧ Die Schlinge schließen (→ im Detail, rechts).

⑥ Für die zweite Hälfte die Schritte ①–② wiederholen.

Anfang

Anfang

① Zunächst 4 Fäden befestigen, dabei doppelt legen (→ im Detail, rechts).

1 Muster-Rapport

② Mit 8 Fäden das Margeritenmuster (→ S. 99) knüpfen, bis es 6,5 cm lang ist.

③ Die mittleren 4 Fäden durch die Öse des Knopfs fädeln.

Knopf

④ Um die Öse zu sichern, 2 runde Flechtstränge aus 4 Fäden (→ im Detail, rechts) flechten.

⑤ Einen Schlingenknoten (→ S. 24) mit 1 Faden knüpfen.

B

Muster: (19) (49)

Materialien

Extrafeiner Baumwollfaden in gebrochenem Weiß, ø 0,8 mm:
8 Fäden, 80 cm lang
1 Armbanduhr
1 Kupferknopf als Verschluss

Größe

1 cm x 19 cm (ohne Fransen)

Tipp

Prüfe beim Knüpfen, ob die Schlinge groß genug ist, dass sie über den Knopf passt.

[Anleitung]

⑧ Die Schlinge schließen und Faden vernähen – im Detail

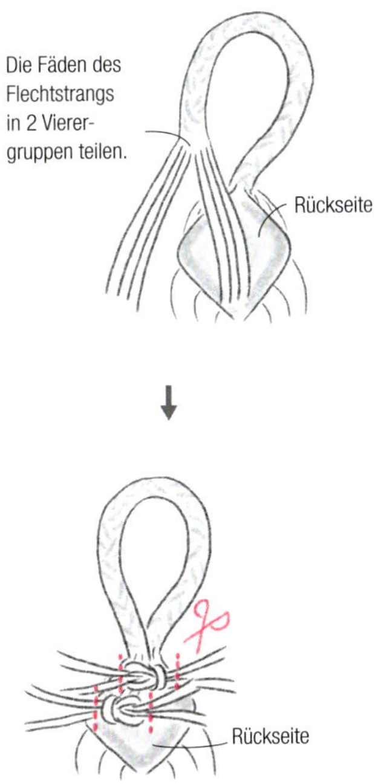

2 Fäden aus 1 Gruppe durch die Mitte eines Mastwurfes führen und mit den anderen beiden Fäden ihrer Gruppe zu einem Kreuzknoten knüpfen.

B

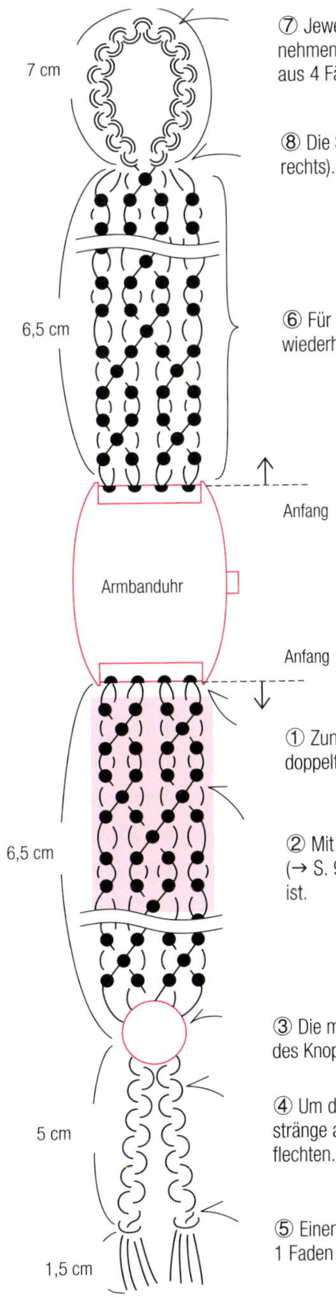

⑦ Jeweils 2 Fäden als 1 Faden nehmen und einen runden Flechtstrang aus 4 Fäden flechten.

⑧ Die Schlinge schließen (→ im Detail, rechts).

⑥ Für die zweite Hälfte die Schritte ①–② wiederholen.

① Zunächst 4 Fäden befestigen, dabei doppelt legen.

② Mit 8 Fäden das Blütenmuster (→ S. 98) knüpfen, bis es 6,5 cm lang ist.

③ Die mittleren 4 Fäden durch die Öse des Knopfs fädeln.

④ Um die Öse zu sichern, 2 runde Flechtstränge aus 4 Fäden (→ im Detail, rechts) flechten.

⑤ Einen Schlingenknoten (→ S. 24) mit 1 Faden knüpfen.

22. Kameragurt (Foto → Seite 155)

Muster: (05) (45)

Materialien

Feine Hanfschnur in Natur, ø 2 mm:
4 Fäden, 350 cm lang (a)
Feine Hanfschnur in Olive, ø 2 mm:
4 Fäden, 380 cm lang (b)
2 Schlüsselringe, ø 20 mm

Größe

2,5 cm x 83 cm

Tipp

Diese Variation des Musters mit Holzmaserung kann in jeder Länge geknüpft werden. Bevor du die Fadenenden vernähst, solltest du prüfen, ob die Länge stimmt.

[Anleitung]

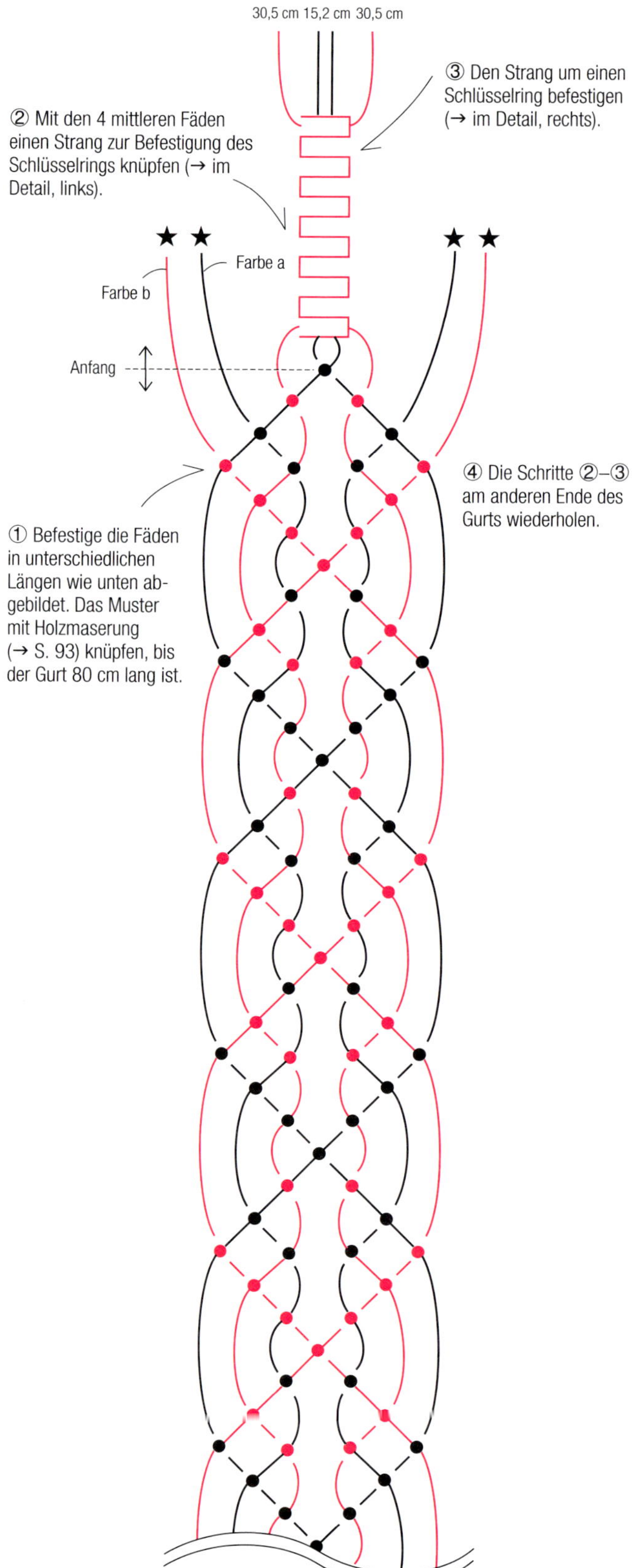

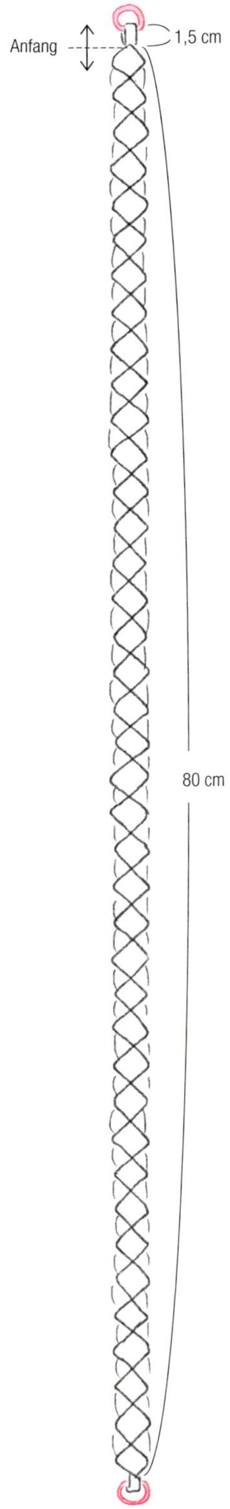

① **Anordnung der unterschiedlich langen Fäden – im Detail**

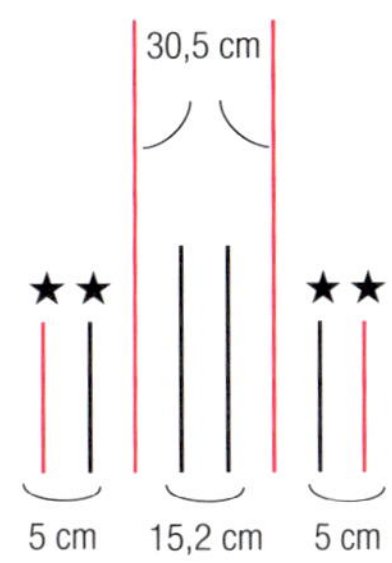

②③ **Die Enden vernähen – im Detail**

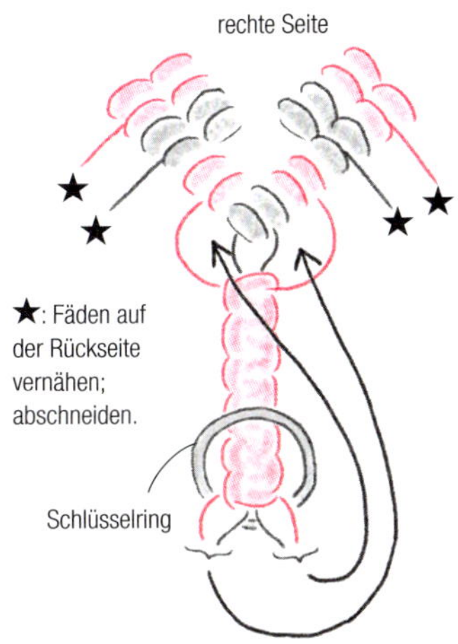

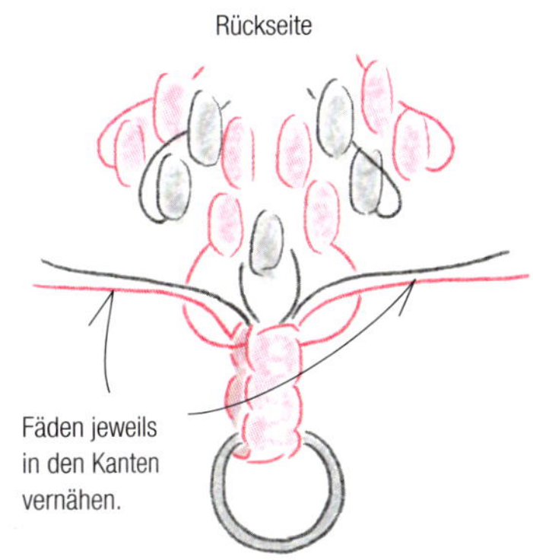

Einen Strang aus 6 Kreuzknoten (→ S. 35) knüpfen; die mittleren 2 Fäden sind dabei die Füllerfäden. Durch den Schlüsselring führen, doppelt legen, sodass eine Schlinge entsteht.

→

Umdrehen, an jeder Seite 2 Fäden durch den Anfang des Strangs führen und mit einem Kreuzknoten zusammenbinden, um die Schlinge zu sichern. Etwas Klebstoff auf den Knoten auftragen, Fadenenden vernähen und abschneiden.

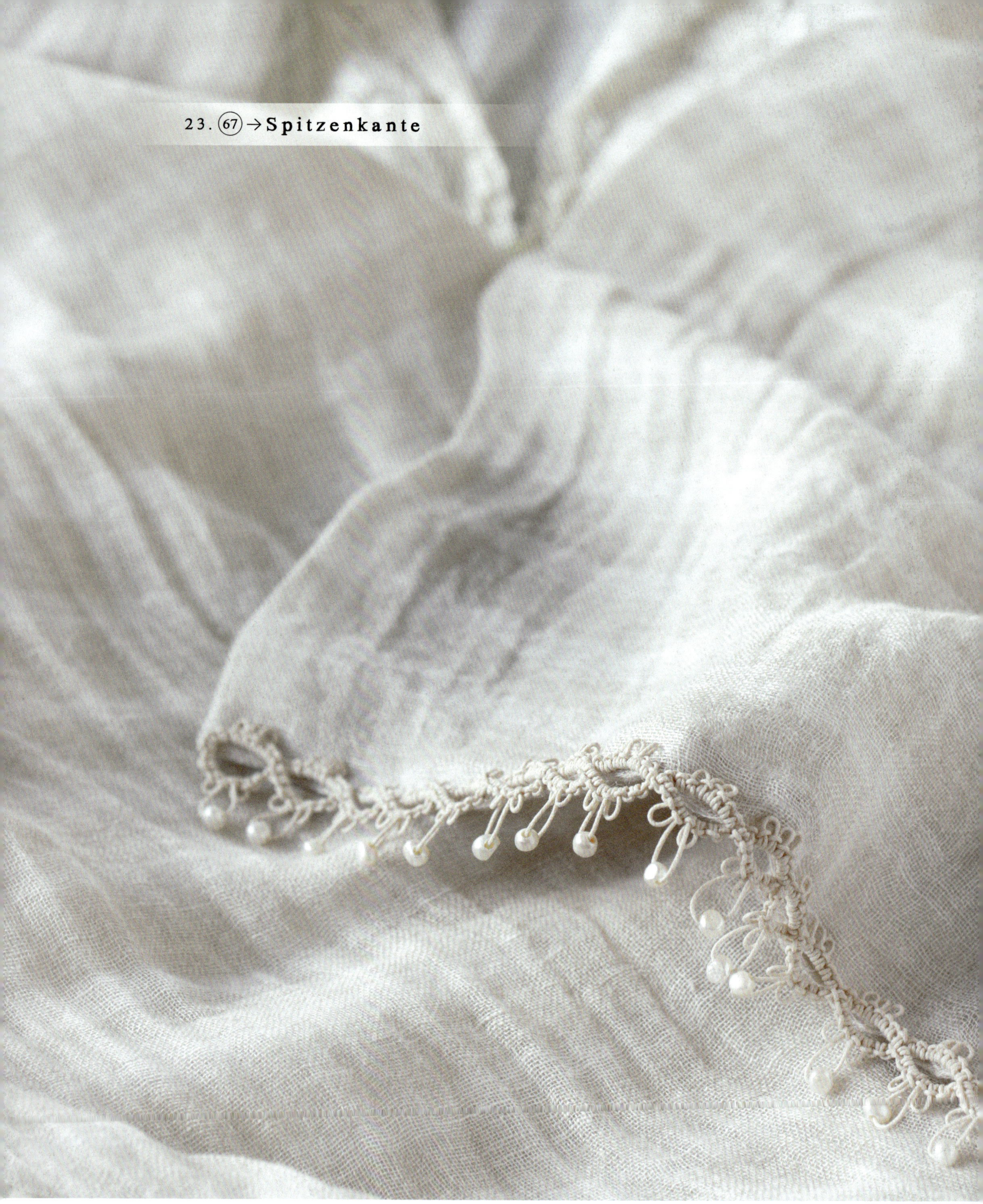

23. **[Spitzenkante]** Eine schlichte Stola, ein Schal oder sogar ein ärmelloses Top lassen sich mit dieser Spitzenkante verzieren, die an eine Vintage-Klöppelarbeit erinnert. → **Seite 162**

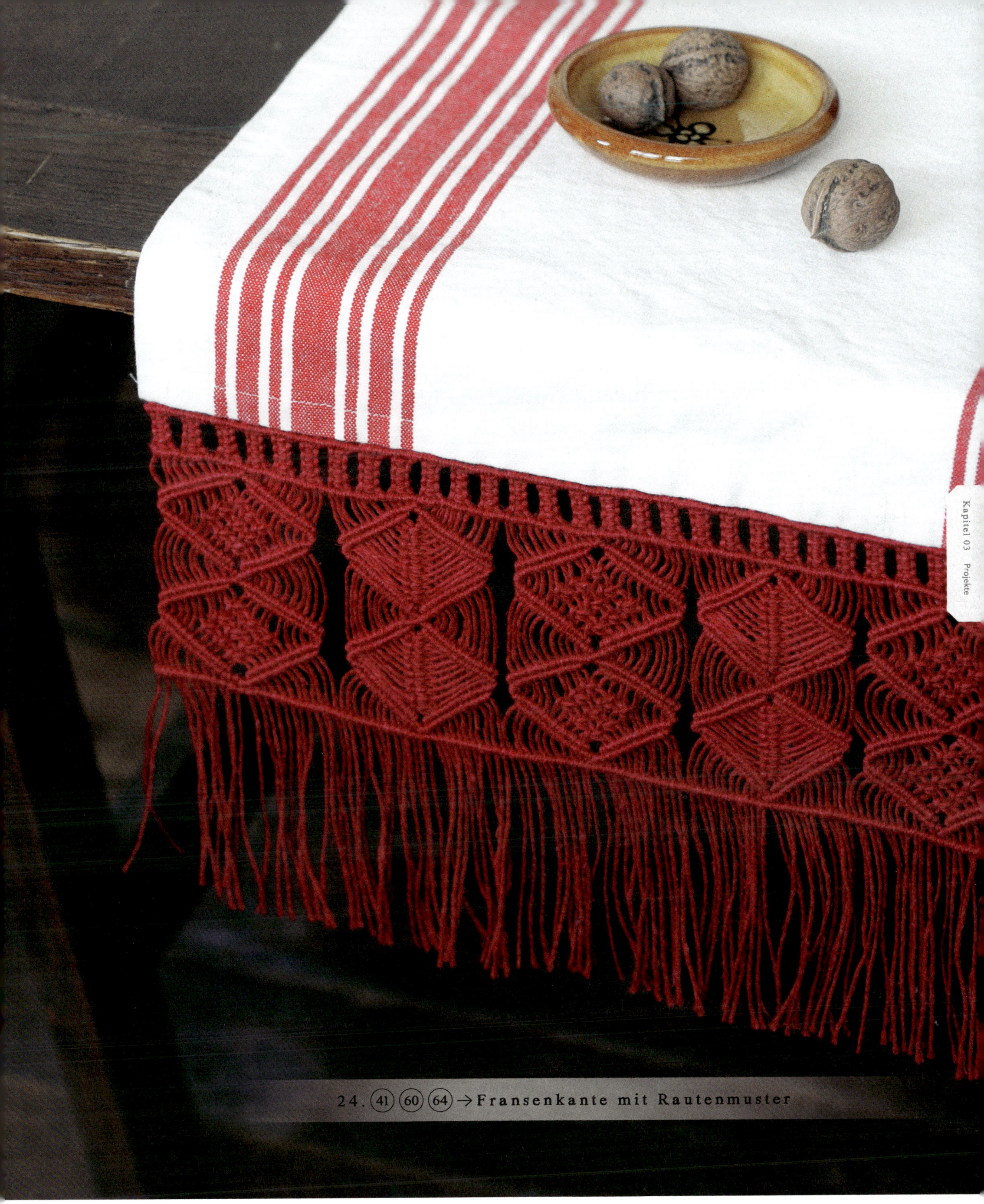

24. [Fransenkante mit Rautenmuster] Für diese Fransenkante an einem Tischtuch haben wir uns von den osteuropäischen Stoffen auf Seite XX inspirieren lassen. → **Seite 164**

Materialien

Extrafeiner Baumwollfaden in gebrochenem Weiß, ø 0,8 mm:

1 Faden, 700 cm lang (Arbeitsfaden)

1 Faden, 100 cm lang (Füllerfaden)

17 kleine Perlen in Perlmutt, ø ca. 5 – 6 mm

Passendes Nähgarn

Größe

3 cm x 33 cm

Tipp

Dies ist eine Variation des Ziergurts aus Ankerknoten auf S. 117: schmaler, noch zarter und mit kleinen Perlen in den Picots an einer Kante. Du kannst diese Zierkante in jeder gewünschten Länge knüpfen. Achte im Knüpfdiagramm darauf, ob die Knoten nach rechts oder links gerichtet sind (→ S. 35/36).

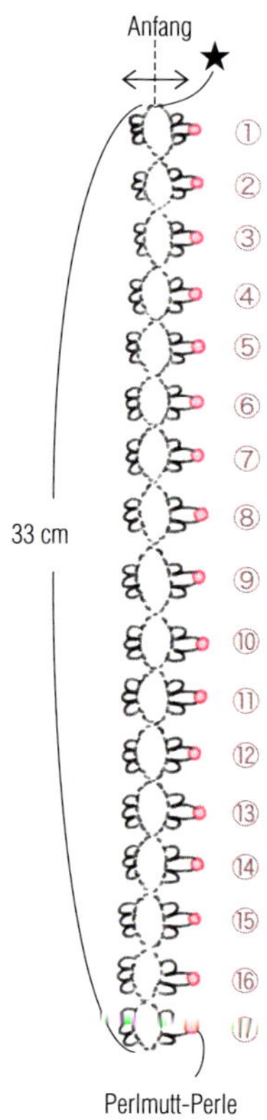

[Anleitung]

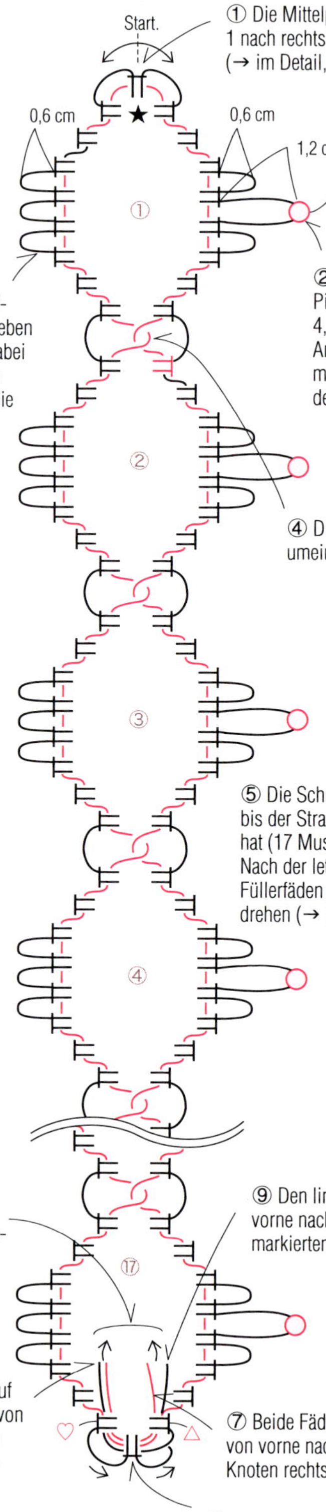

① Anordnung der Fäden – im Detail

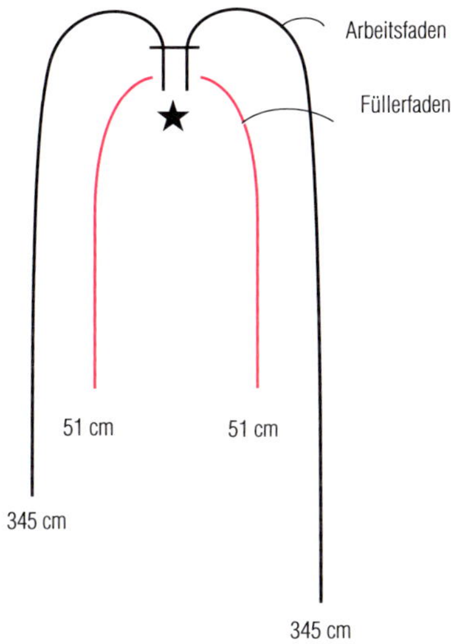

⑤ Letzter Muster-Rapport – im Detail

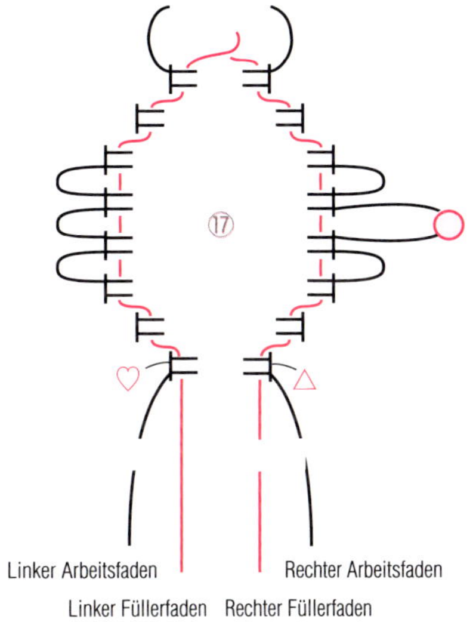

So nähst du die Zierkante an

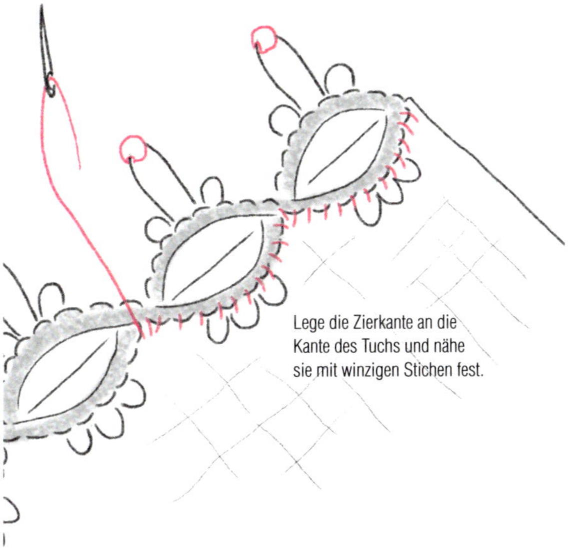

24. Fransenkante mit Rautenmuster (Foto → Seite 161) Muster: (41)(60)(64)

Materialien (für eine Breite von 34 cm)

Feine Hanfschnur in Rot, ø 1,2 mm:

72 Fäden, 100 cm lang (senkrechte Fäden)

3 Fäden, 60 cm lang (Trägerfäden)

Passendes Nähgarn

Größe

34 cm x 19 cm breit (inklusive 8 cm Fransen)

Tipp

Ein waagrechter Rapport dieses Musters (1 Raute, 12 doppelte gelegte senkrechte Fäden) ist 5,5 cm breit. Teile die Breite des Tuchs, das du verzieren möchtest, durch 5,5 und runde auf die nächste ganze Zahl auf oder ab. Wenn du diesen Wert mit 12 multiplizierst, hast du die Anzahl der benötigten senkrechten Fäden. Wenn du auf- oder abrunden musstest, ordnest du die Fäden lockerer oder enger an, um dies auszugleichen. Die vorliegende Anleitung gilt für 6 Muster-Rapporte.

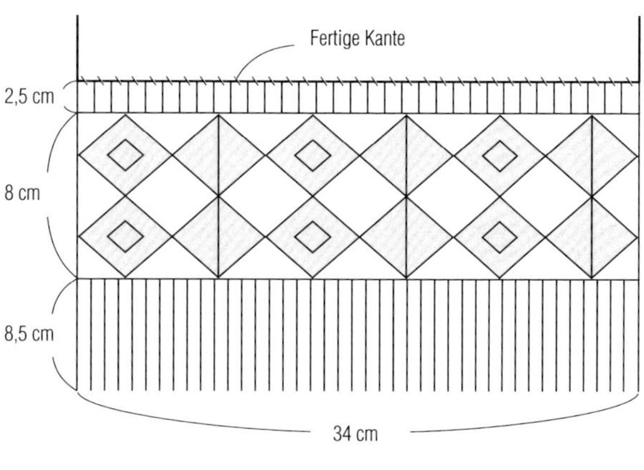

[Anleitung]

① Alle senkrechten Fäden doppelt legen und an 1 Trägerfaden befestigen. Über die gesamte Breite Kreuzknotenstränge (→ S. 35) arbeiten.

② Die senkrechten Fäden mit horizontalen Mastwürfen an einen anderen Trägerfaden knüpfen.

③ Nach dem Knüpfdiagramm die 2 Rautenmuster (→ S. 113 und S. 144) abwechselnd knüpfen, bis du 6 Muster-Rapporte geknüpft oder die gewünschte Breite erreicht hast. Arbeite in diesem Abschnitt 2 Rauten untereinander.

⑥ Die Enden aller Trägerfäden vernähen und abschneiden.

④ Schritt 2 wiederholen.

⑤ Gleichmäßig abschneiden.

[Anleitung]

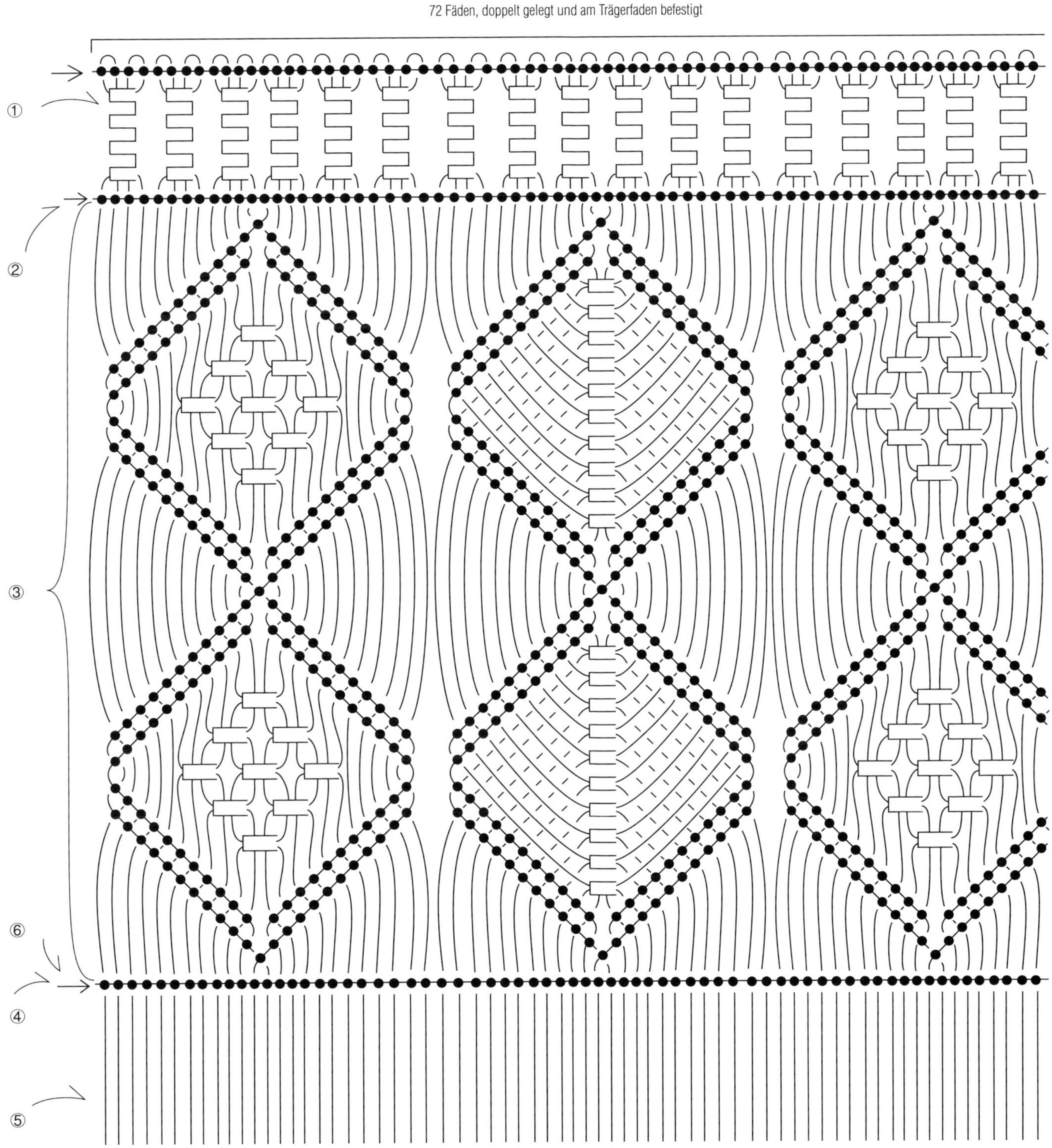
72 Fäden, doppelt gelegt und am Trägerfaden befestigt
①
②
③
⑥
④
⑤

Muster mit Potenzial

Mit Makramee eröffnen sich so viele Möglichkeiten, dass einem fast schwindlig werden könnte. Probiere verschiedene Farben, Strukturen oder Größen aus oder kombiniere verschiedene Muster. Daraus kannst du nützliche Dinge oder fantasievolle Accessoires knüpfen. In diesem Abschnitt stellen wir Projekte vor, mit denen du deine Makramee-Fertigkeiten üben kannst, die schön aussehen und einen praktischen Nutzen haben.

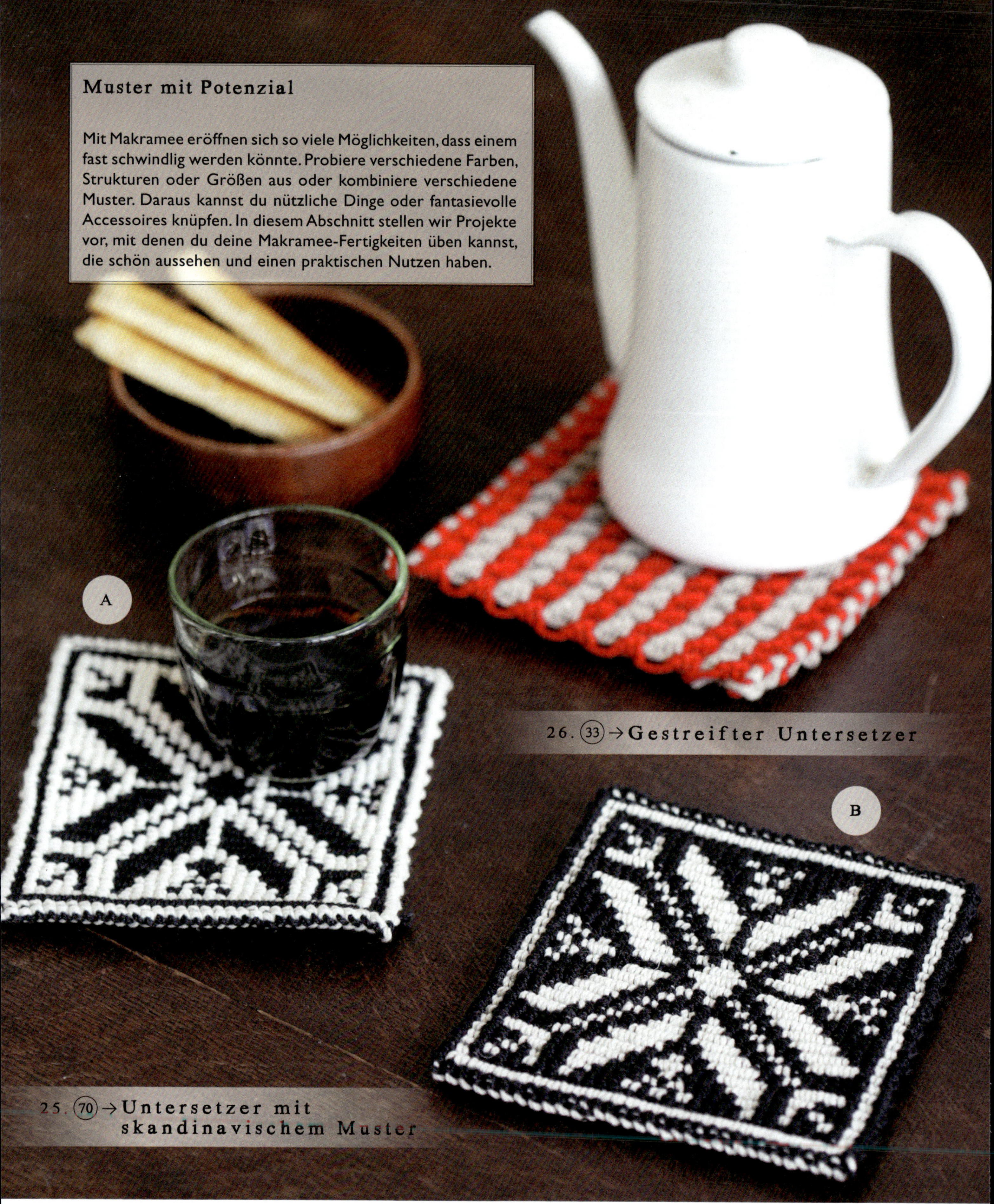

26. (33) → Gestreifter Untersetzer

25. (70) → Untersetzer mit skandinavischem Muster

25. [Untersetzer mit skandinavischem Muster] Unser einfaches Schneeflockenmuster lässt sich perfekt als Untersetzer verwenden. Knüpfe ein Paar: einmal in Schwarz-Weiß und einmal in Weiß-Schwarz. → Seite 168

26. [Gestreifter Untersetzer] Das klassische Netzmuster mit Spiraleffekt lässt sich einfach in Streifen knüpfen, sieht hübsch aus und ist schön dick: perfekt als größerer Topfuntersetzer. → Seite 169

27. (66) → **Runde Matte**

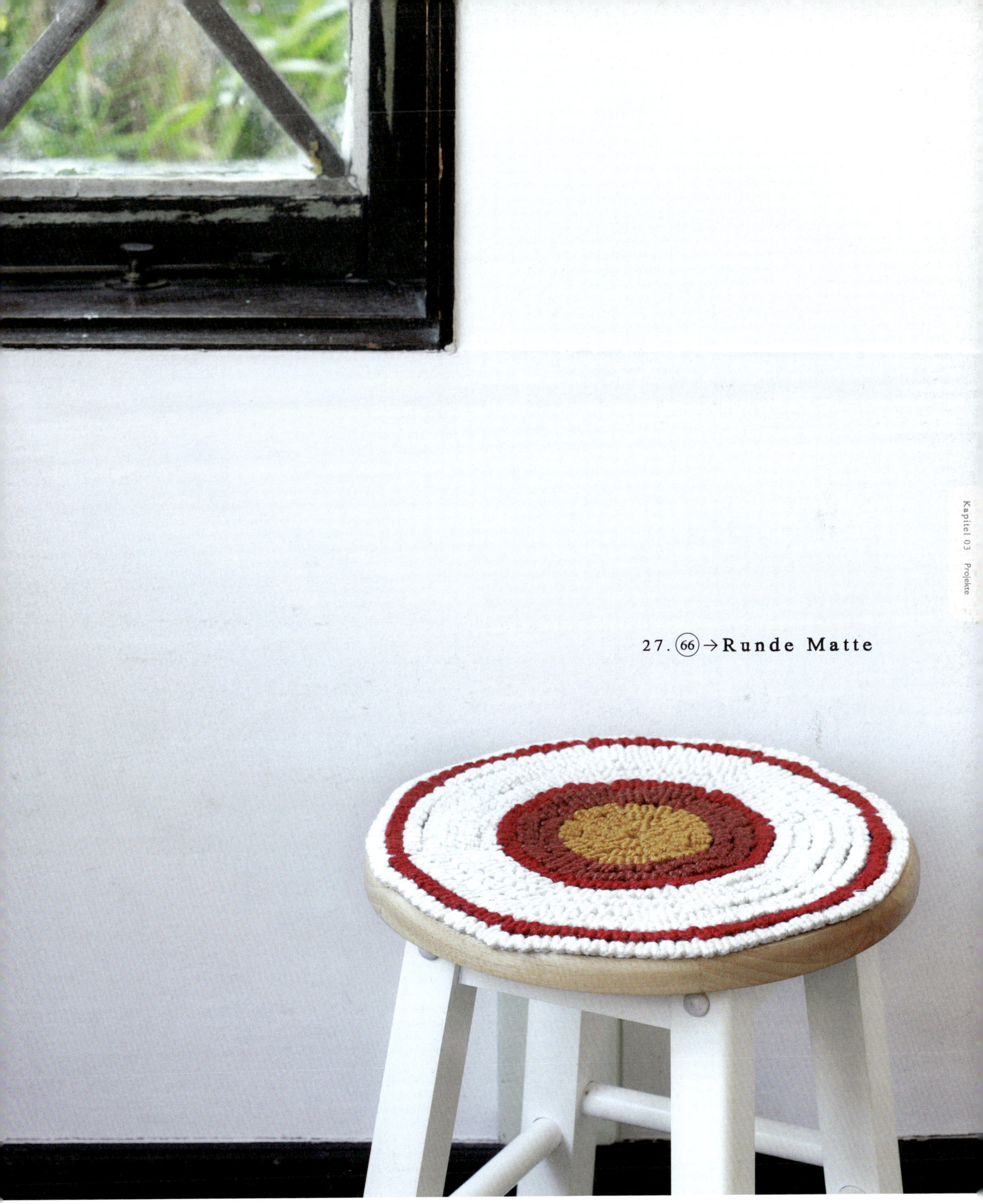

27. [Runde Matte] Knüpfe das runde Blütenmotiv so groß und bunt wie du magst (und wie es zu dir oder zu deinem Einrichtungsstil am besten passt) und lege es auf einen Stuhl oder Hocker. → **Seite 170**

25. Untersetzer mit skandinavischem Muster (Foto → Seite 166) Muster: (70)

Materialien

Schwarze Schneeflocke:

Mitteldicke Hanfschnur in Natur, ø 1,8 mm:
16,3 m (Farbe a)

Mitteldicke Hanfschnur in Schwarz, ø 1,8 mm:
Fäden so abschneiden, wie unten neben dem Knüpfdiagramm angegeben (Farbe b)

Weiße Schneeflocke:

Mitteldicke Hanfschnur in Schwarz ø 1,8 mm:
16,3 m (Farbe a)

Mitteldicke Hanfschnur in Natur, ø 1,8 mm:
Fäden so abschneiden, wie unten neben dem Knüpfdiagramm angegeben (Farbe b)

Schwarze Schneeflocke

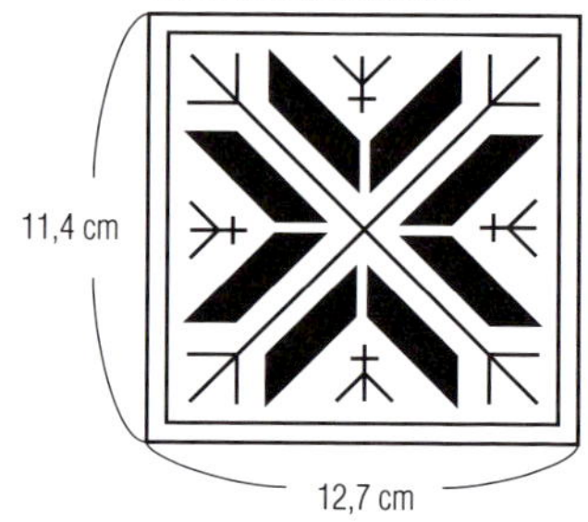

Weiße Schneeflocke

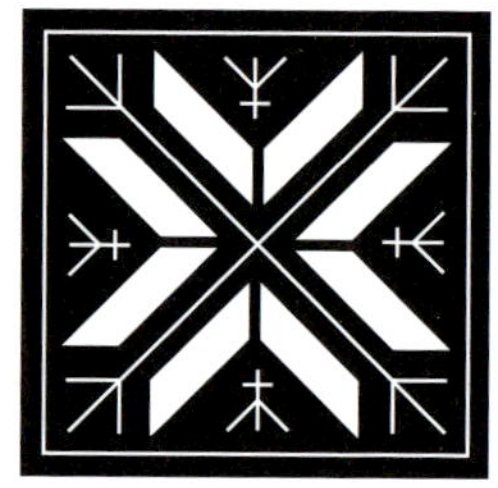

Größe

11,5 cm x 12,5 cm

Tipp

Dieser Untersetzer ist nach dem Muster in Cavandoli-Technik auf S. 123 geknüpft. Damit die Kanten einander so ähnlich wie möglich werden, haben wir einfache senkrechte Fäden nach der auf Seite XX unter f beschriebenen Methode angesetzt. Nach dem Knüpfen haben wir die überstehenden Enden oben und unten in den Knoten auf der Rückseite vernäht.

[Anleitung]

① Die 33 Fäden in Farbe b nach der Fransenmethode (→ S. 23, ⓕ) am Trägerfaden befestigen.

Länge der senkrechten Fäden
A = 30 cm
B = 60 cm
C = 70 cm
D = 80 cm
E = 100 cm

② Nach dem Diagramm und den unten angegebenen Knoten das Schneeflockenmuster knüpfen.

③ Alle Fadenenden in den Knoten auf der Rückseite vernähen und abschneiden.

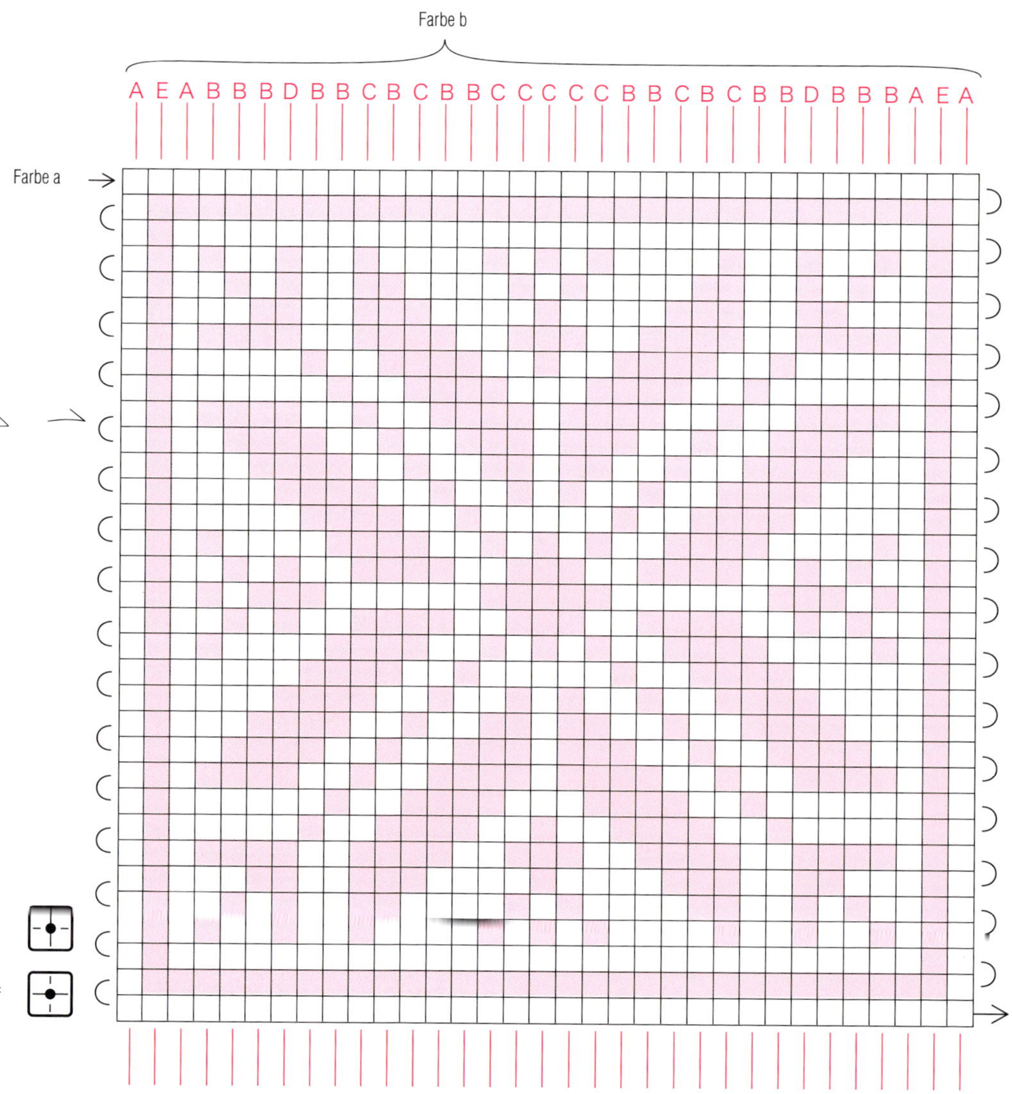

☐ Senkrechter Mastwurf

Horizontaler Mastwurf

26. Gestreifter Untersetzer (Foto → Seite 166)

(Foto → Seite 166)

Muster: 33

Materialien

Feine Hanfschnur, ø 2 mm:
- in Natur
  - 13 Fäden, 130 cm lang
- in Hellrot
  - 12 Fäden, 130 cm lang
  - 1 Faden, 150 cm lang (Trägerfaden)

Größe

13 cm x 13,5 cm (H x B)

Tipp

Diese Interpretation des klassischen Netzmusters mit Spiraleffekt (→ S. 77) wird mit paarweise angeordneten Arbeitsfäden in 2 abwechselnden Farben geknüpft. So entsteht ein Streifenmuster, da die Spiralknotenstränge nach wenigen Reihen versetzt werden. Die Größe des Untersetzers lässt sich problemlos variieren: Verwende mehr (oder weniger) Arbeitsfäden oder knüpfe mehr (oder weniger) Reihen.

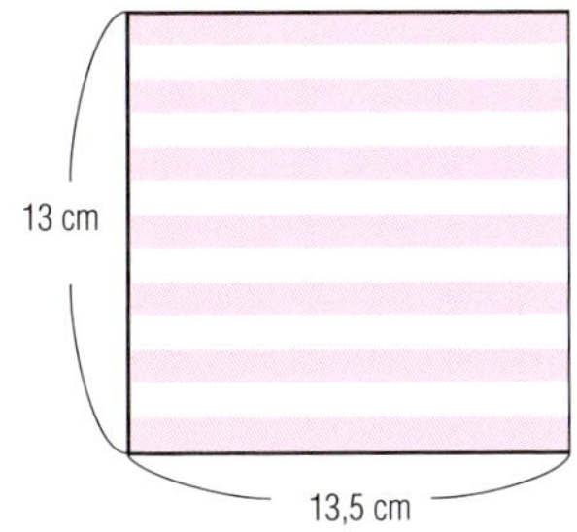

③ Die Fäden nach hinten führen – im Detail

Führe jeden Arbeitsfaden einzeln von hinten nach vorne unter und dann über den Trägerfaden, und vernähe die Fäden auf der Rückseite.

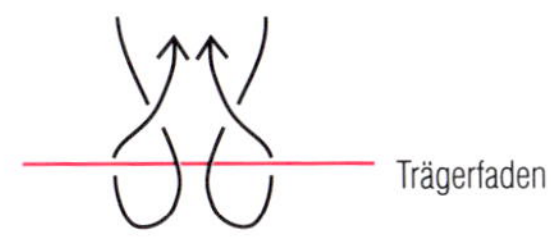

[Anleitung]

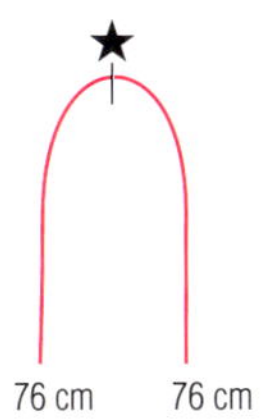

① Den Trägerfaden doppelt legen. Die Arbeitsfäden an der rechten Hälfte befestigen. In der Mitte mit einem Faden in Natur beginnen und von dort ausgehend die Farben abwechseln.

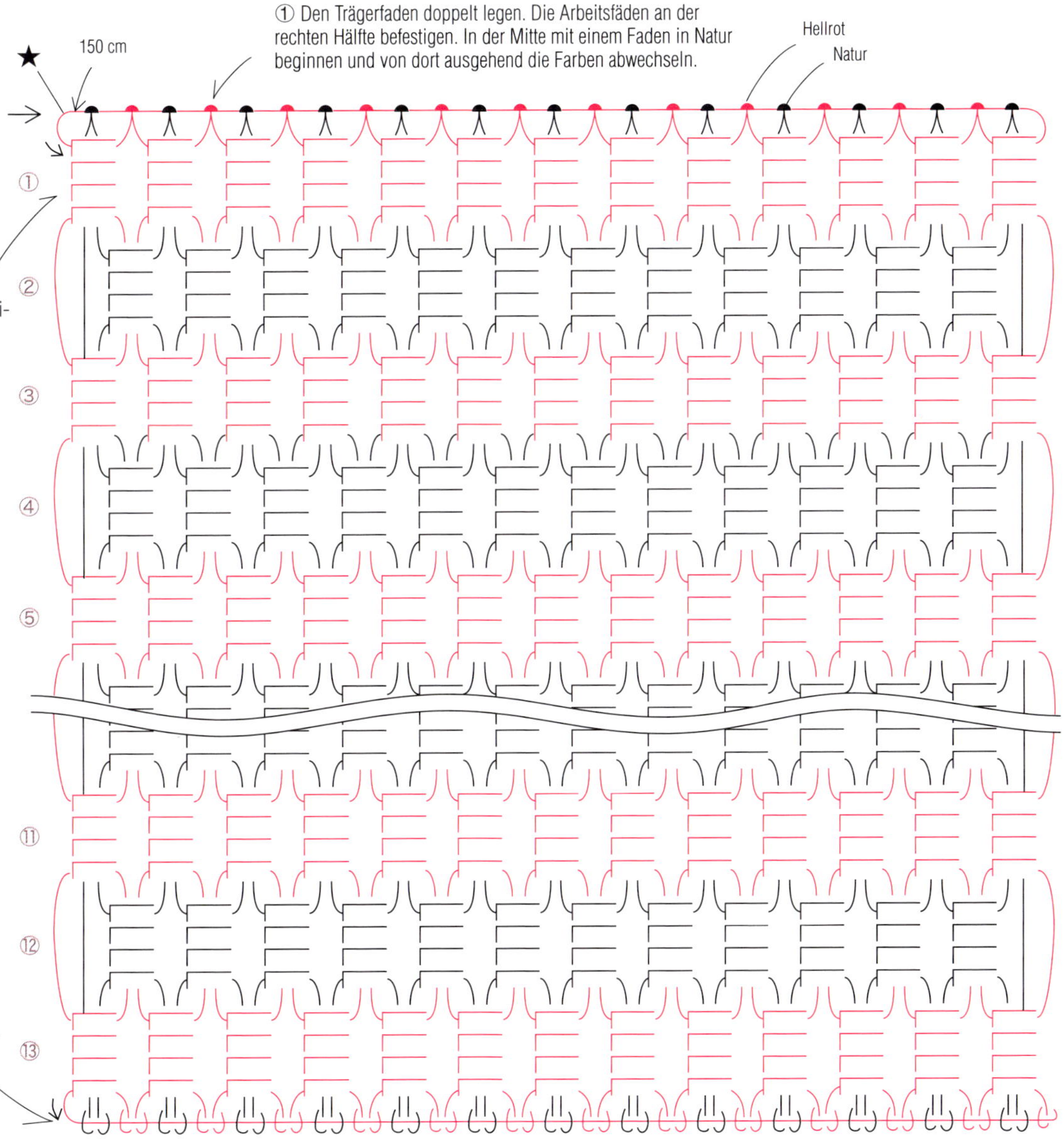

② Nach dem Diagramm 13 Streifen knüpfen (die eingekreisten Nummern kennzeichnen jeweils 1 Streifen).

③ Die Enden der einzelnen Arbeitsfäden über den Trägerfaden auf die Rückseite führen. Paarweise Kreuzknoten knüpfen. Fadenenden vernähen.

27. Runde Matte (Foto → Seite 167)

Muster: (66)

Materialien

Weicher Jutefaden, ø 2 mm, Farben von innen nach außen:

In Ocker: 9,20 m
In Terrakotta: 11, 50 m
In Rot: 21,10 m
In Weiß: 67,70 m

Schneide die einzelnen Fäden laut der Tabelle rechts zu.

Größe

ø 30 cm

Tipp

Die runde Blüte auf S. 119 ist von einem kleinen Blümchen zu einer Riesenblüte herangewachsen! Diese Matte wird ebenso geknüpft wie die kleinere, jedoch haben die „Blütenblätter" deutlich mehr Reihen (→ S. 119, hier steht die komplette Knüpfanleitung).

[Fadenlängen]

	Farbe	Füllerfaden (jeweils 1)	Arbeitsfäden (jeweils 2)
Mitte	Ocker	30 cm	–
1. Runde	Ocker	50 cm	60 cm
2. Runde	Ocker	80 cm	110 cm
3. Runde	Ocker	100 cm	160 cm
4. Runde	Terrakotta	120 cm	200 cm
5. Runde	Terrakotta	130 cm	250 cm
6. Runde	Rot	160 cm	280 cm
7. Runde	Weiß	180 cm	330 cm
8. Runde	Weiß	200 cm	380 cm
9. Runde	Weiß	210 cm	420 cm
10. Runde	Weiß	230 cm	480 cm
11. Runde	Weiß	250 cm	500 cm
12. Runde	Rot	270 cm	560 cm
13. Runde	Weiß	280 cm	600 cm

① Eine Runde Blütenblätter – im Detail

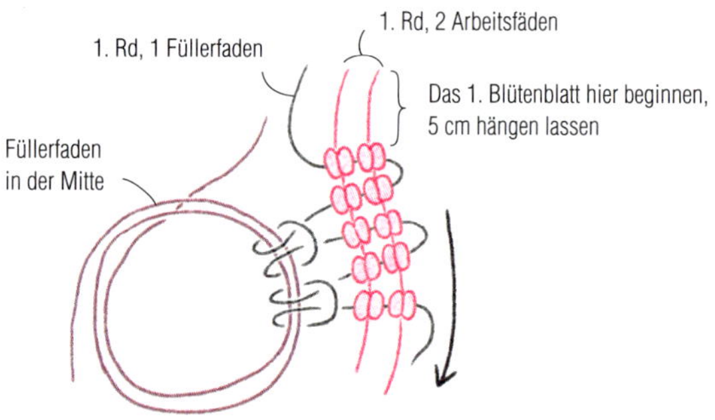

Das erste Blütenblatt knüpfen. Den Füllerfaden in der Mitte doppelt aufrollen. Das 1. Blütenblatt daran befestigen. Die 1. Rd nach dem Knüpfdiagramm arbeiten.

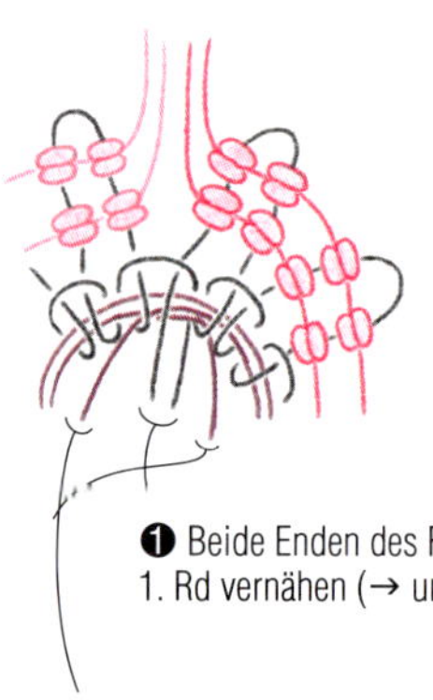

❶ Beide Enden des Füllerfadens in der 1. Rd vernähen (→ unten).

❷ Beide Enden des Füllerfadens in der Mitte festziehen, damit in der Mitte kein Loch entsteht. Mit einem Kreuzknoten auf der Rückseite sichern.

Blütenblätter miteinander verbinden – im Detail

Damit die Matte nicht in einzelne Streifen zerfällt, wenn der Umfang immer weiter wächst, muss jede neue Runde häufiger als am Anfang mit der jeweils vorherigen Runde verbunden werden. Die Sternchen im Knüpfdiagramm zeigen dir, wo du diese Verbindungen knüpfst. In der Zeichnung unten siehst du, wie der aktive Füllerfaden durch das „Blütenblatt" der vorherigen Runde geführt wird.

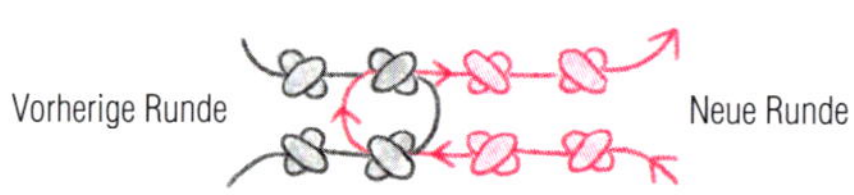

❶ Die Fadenenden durch die Knoten führen. Festkleben.

❷ Abschneiden. ❷ Abschneiden.

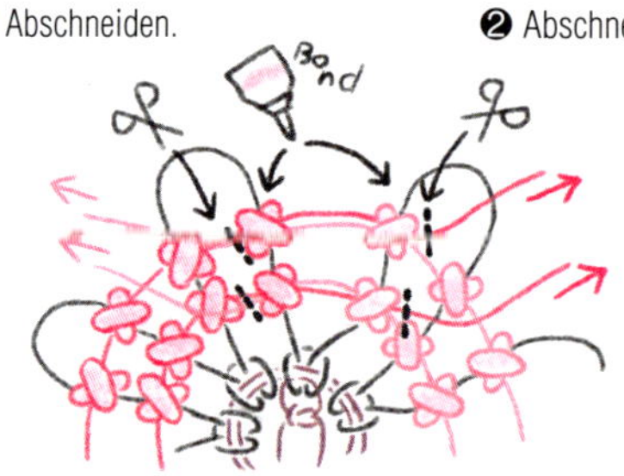

Die Arbeit umdrehen. Die Runde beenden: Jedes Fadenende durch die Lücke und den nachsten Knoten führen. Mit Klebstoff sichern und Enden abschneiden.

Alle weiteren Runden auf die gleiche Weise beenden.

[Anleitung]

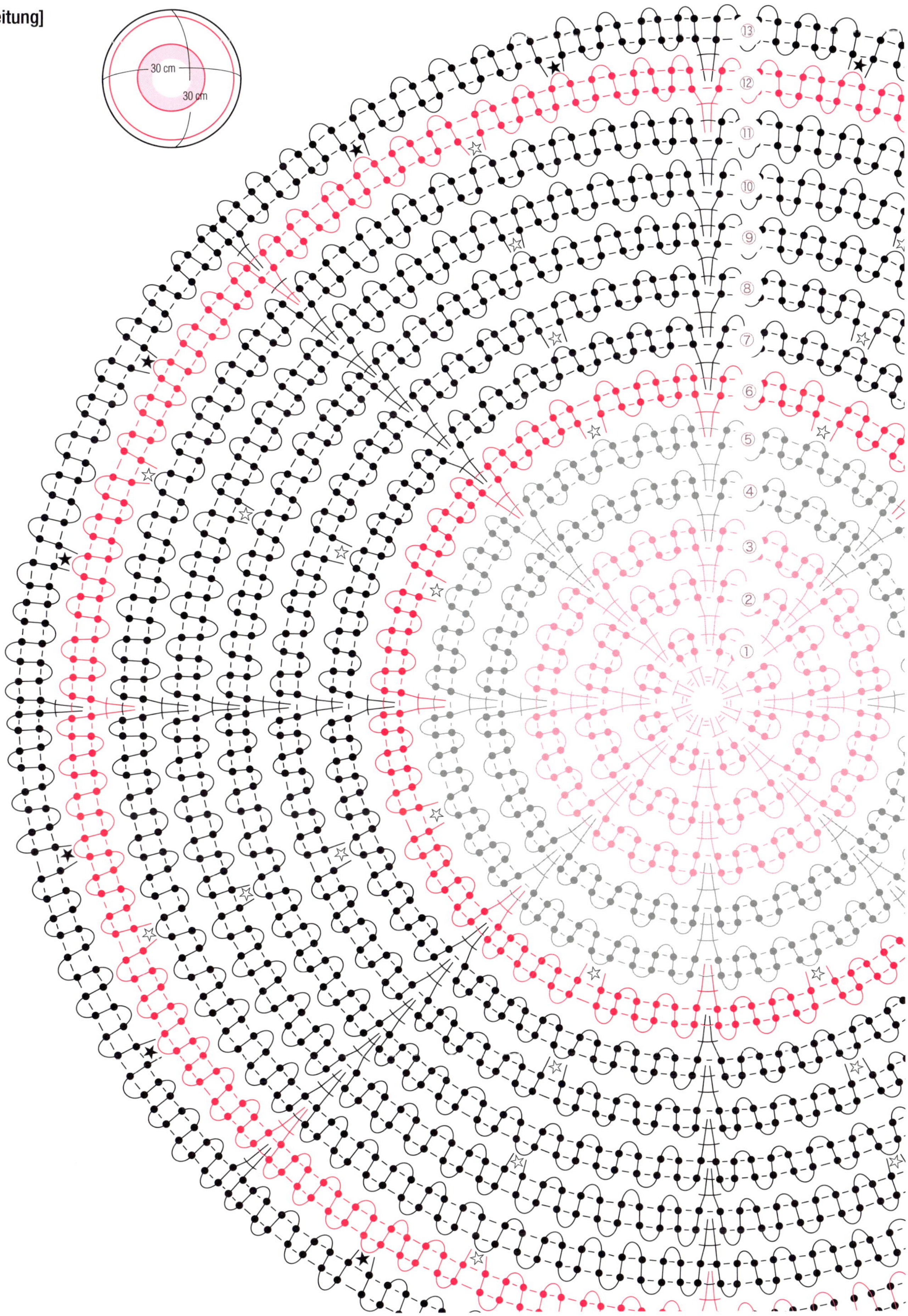

28. (05) (25) → Einkaufsnetz

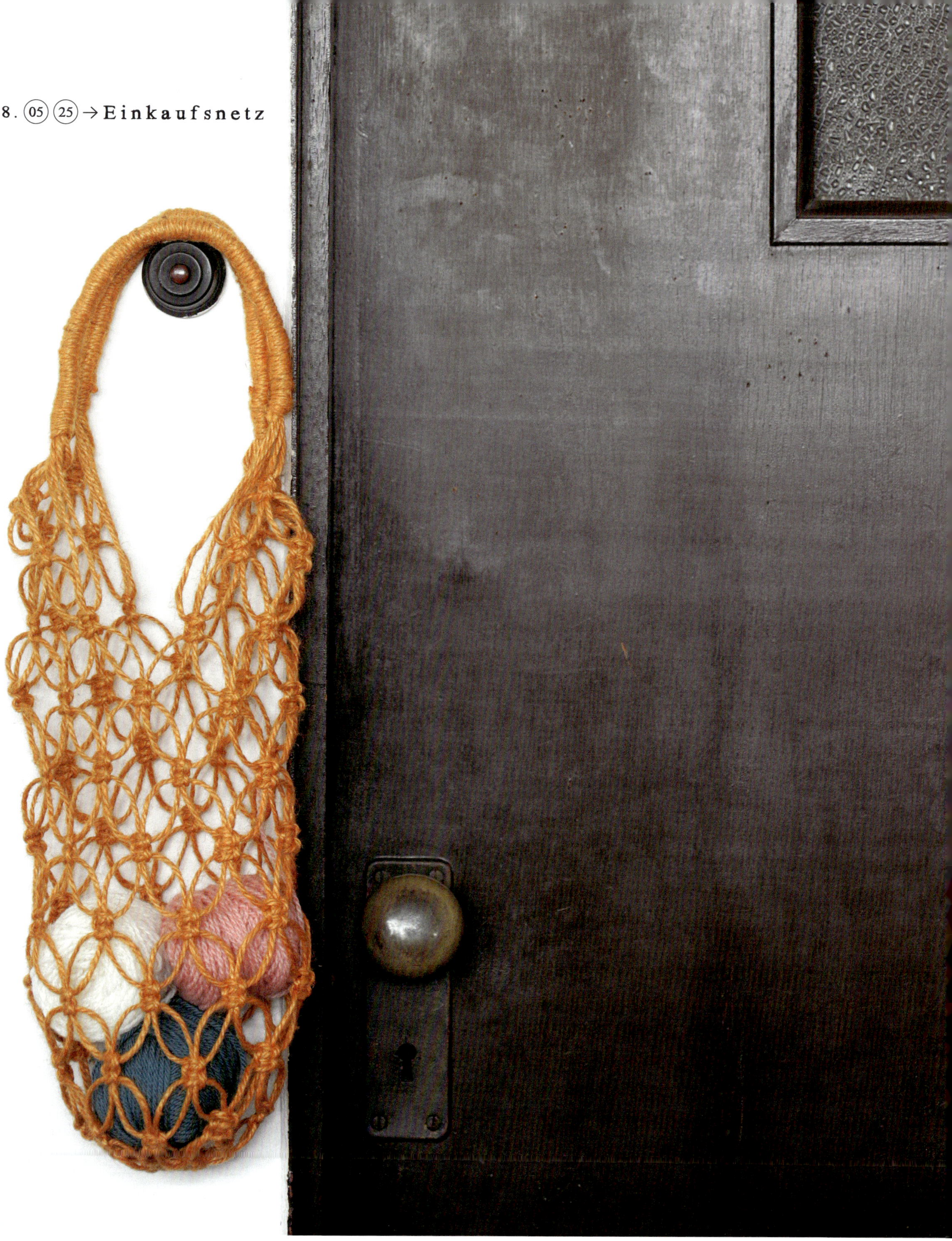

28. [Einkaufsnetz] In einer fröhlichen Farbe und mit einfachen Knoten ist dieses Einkaufsnetz schnell geknüpft – sicherlich wirst du mehrere davon haben wollen! → Seite 174

29. (05) (24) → **Kleine Tasche**

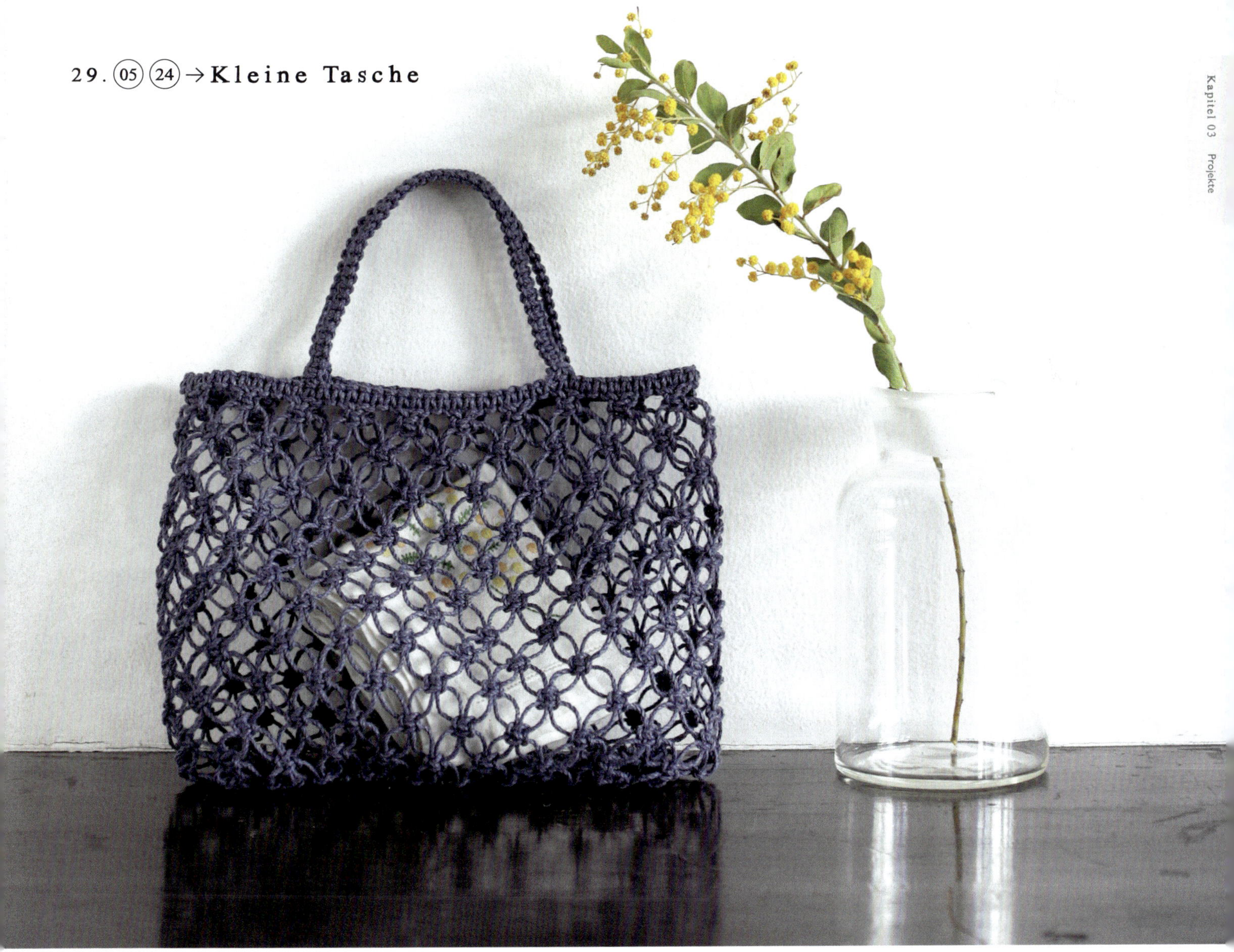

29. [Kleine Handtasche] Mit seiner praktischen Größe von nur 20 cm² ist dieses kleine damenhafte Täschchen perfekt für dein Smartphone und all die anderen Kleinigkeiten, die du immer dabei haben musst. → **Seite 176**

28. Einkaufsnetz (Foto → Seite 172)

Muster: (05)(25)

Materialien

Weicher Jutefaden in Ocker, ø 2 mm:

16 Fäden, 200 cm lang (für das Netz)

2 Fäden, 300 cm lang (zum Umwickeln der Henkel)

Größe

Etwa 28 cm groß (→ Illustration)

Tipp

Das Einkaufsnetz wird schlauchförmig von unten nach oben gearbeitet. Die Henkel sind ganz einfach: Jeder Henkel besteht aus den Fäden, mit denen das Netz geknüpft wurde. Sie werden mit einem weiteren Faden fest umwickelt. Die Henkel sehen besonders hübsch aus, wenn sie gleichmäßig und fest ohne Lücken umwickelt werden.

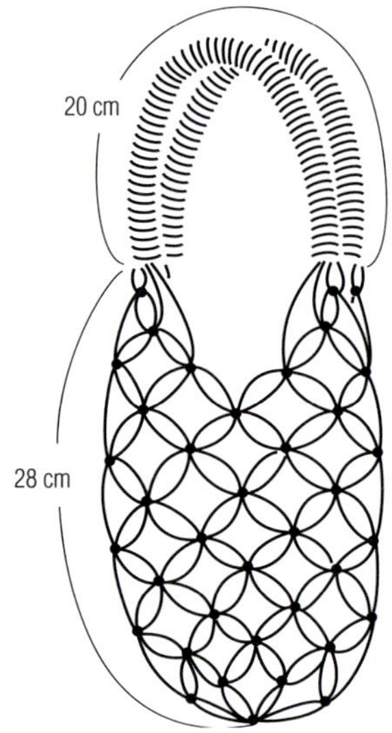

④ Die Henkel fertigstellen – im Detail

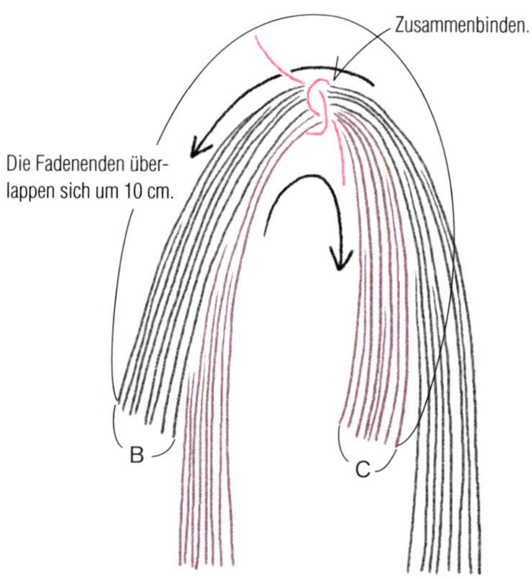

Die Fäden der Gruppen B und C überlappen sich um 10 cm. In der Mitte mit einem Fadenrest zusammenbinden. Die Fäden der Gruppen A und D ebenfalls überlappend legen und zusammenbinden.

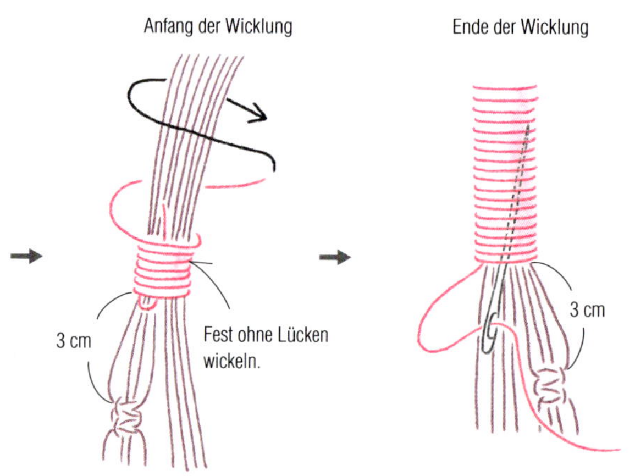

Mit einem 300 cm langen Faden an 1 Ende des Henkels beginnen, etwa 3 cm über dem höchsten Knoten des Einkaufsnetzes.
Etwa 3 cm über den Knoten am anderen Ende enden. Das Ende des Wickelfadens nach oben unter die Wicklungen fädeln, wieder nach außen ziehen und abschneiden.

[Anleitung]

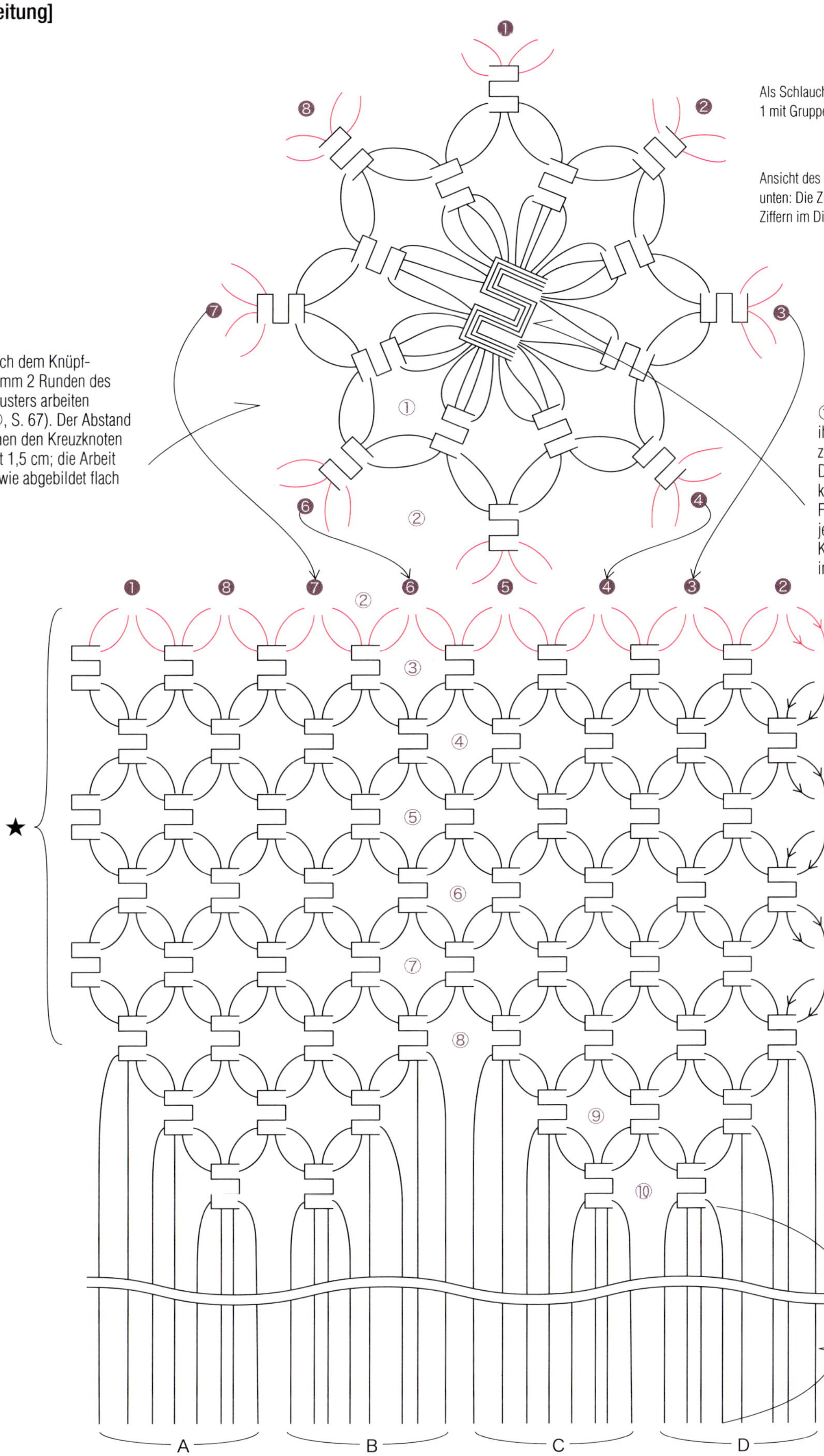

Als Schlauch arbeiten, dabei Gruppe 1 mit Gruppe 2 verbinden.

Ansicht des Einkaufsnetzes von unten: Die Ziffern entsprechen den Ziffern im Diagramm unten.

② Nach dem Knüpfdiagramm 2 Runden des Netzmusters arbeiten (→ ㉕, S. 67). Der Abstand zwischen den Kreuzknoten beträgt 1,5 cm; die Arbeit dabei wie abgebildet flach legen.

① Die 16 kürzeren Fäden neben ihrer Mitte mit einer Klammer zusammenfassen (→ S. 21 ⓒ). Dann 2 Kreuzknoten am Mittelpunkt knüpfen: 8 Fäden sind die Füllerfäden und 2 Gruppen aus jeweils 4 Fäden die Arbeitsfäden. Die Klammer abnehmen und die Fäden in 8 Vierergruppen aufteilen.

★ Als Schlauch arbeiten, dabei Gruppe 1 mit Gruppe 2 verbinden.

③ Die Arbeit vom Makrameebrett lösen, damit du weiterknüpfen kannst. Die Arbeit bildet jetzt einen Schlauch (→ S. 28, Tipp 7).

Die Abschnitte A/B und C/D getrennt voneinander arbeiten.

④ Die Fadenenden 20 cm unter den letzten Knoten gleichmäßig abschneiden. Die Henkel fertigstellen (→ im Detail, S. 174).

29. Kleine Tasche (Foto → Seite 173)

Muster: (05) (24)

Materialien

Mitteldicke Hanfschnur in Blau, ø 1,8 mm:

- 2 Fäden, 230 cm lang (für die obere Kante)
- 40 Fäden, 100 cm lang (Arbeitsfäden)
- 4 Fäden, 130 cm lang (für die Henkel)

Größe

20 cm x 20 cm; die Henkel sind 20 cm lang

Tipp

Ein langer Kreuzknotenstrang wird für die obere Kante dieser Tasche zu einem Ring geschlossen. Die Fäden für das Netz werden daran befestigt und dann zum Netz geknüpft. Um die Henkel zu knüpfen, befestigst du 1 Ende der Fäden an der Oberkante der Tasche. Das andere Ende der Fäden befestigst du, sobald der Henkel die gewünschte Länge hat.

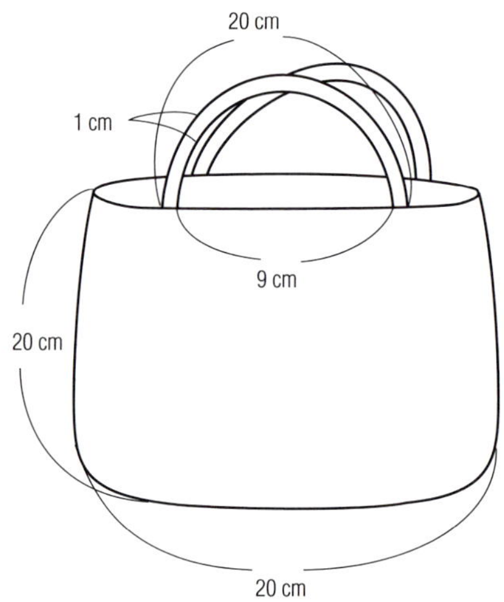

① Die obere Kante knüpfen – im Detail

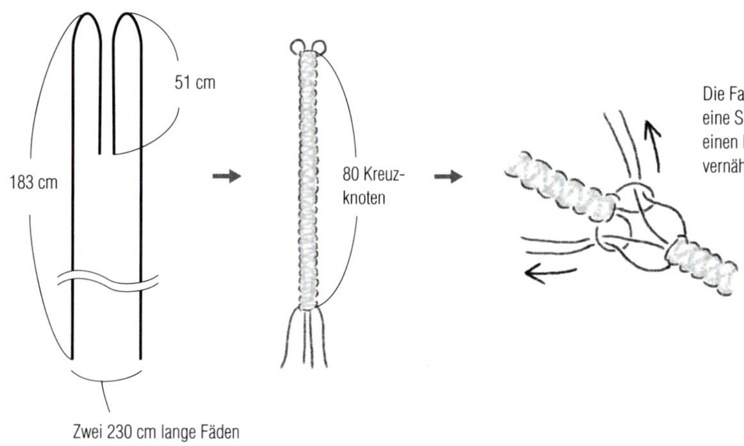

Die Fadenenden in zwei Paare teilen und jedes Paar durch eine Schlinge am Anfang führen. Mit den Fadenenden einen Kreuzknoten knüpfen. Die Enden in den Knoten vernähen und abschneiden. Mit Klebstoff sichern.

⑤ Kreuzknoten mit zusätzlich verdrehten Fäden – im Detail

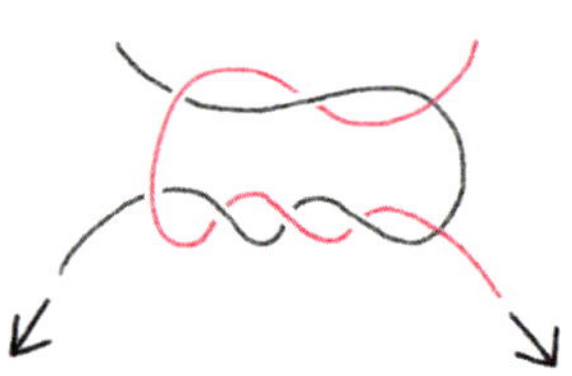

⑥ Den Henkel befestigen – im Detail

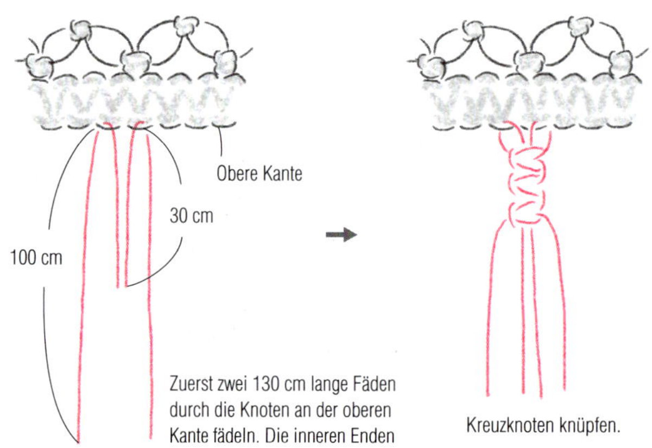

Zuerst zwei 130 cm lange Fäden durch die Knoten an der oberen Kante fädeln. Die inneren Enden (Füllerfäden) sind wie abgebildet 30 cm lang.

Kreuzknoten knüpfen.

[Anleitung]

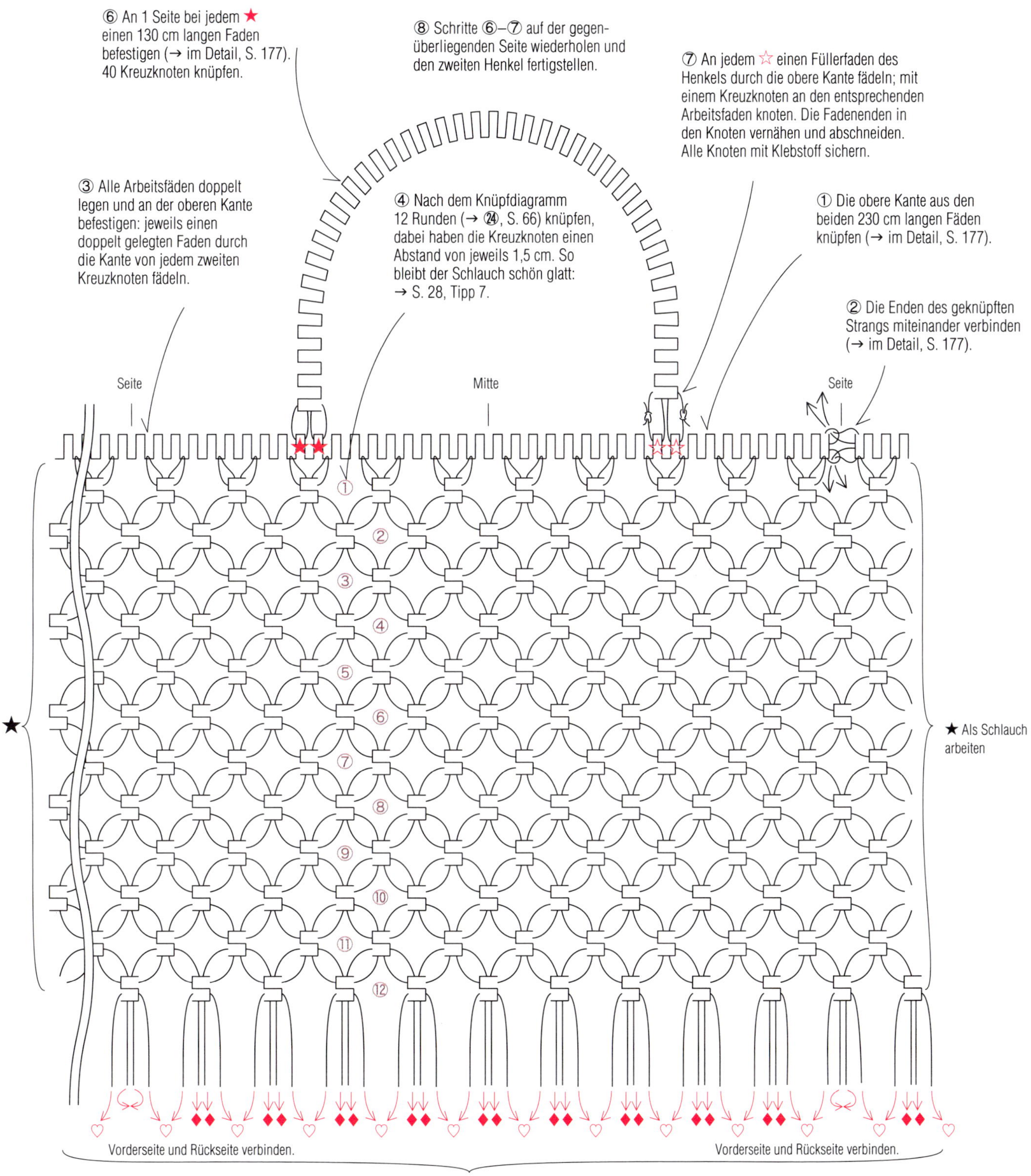

⑤ Die Tasche auf rechts wenden, flach streichen und das Netzmuster gleichmäßig ausrichten. An jedem ◆ den vorderen und hinteren Faden zusammenknoten (→ ⑤ im Detail, S. 177). An jedem ♡ aus den nebeneinander liegenden Fäden einen Kreuzknoten knüpfen. Alle Knoten mit etwas Klebstoff sichern und Fadenenden abschneiden.

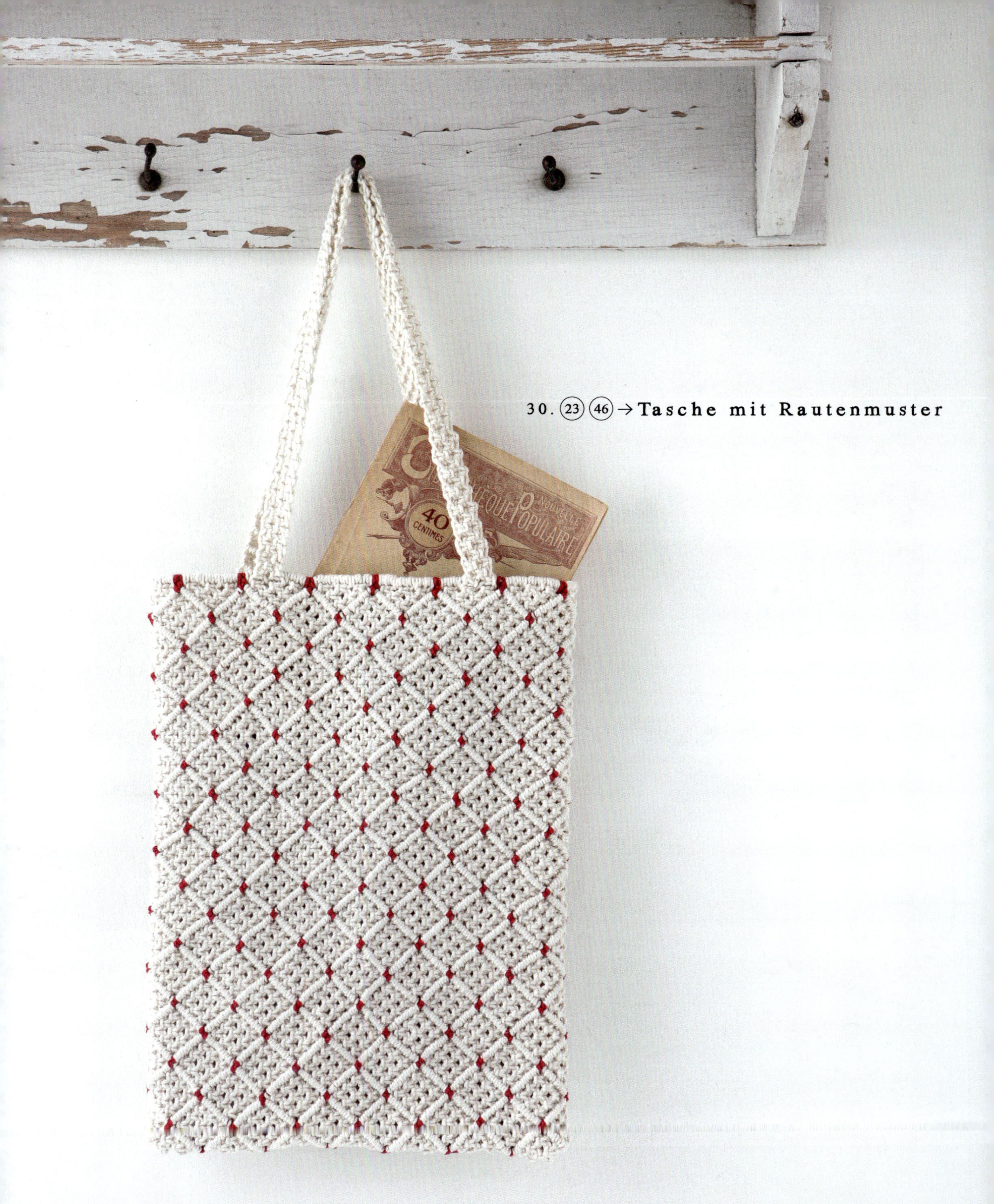

30. (23) (46) → Tasche mit Rautenmuster

30. [Tasche mit Rautenmuster] Kleine geometrisch angeordnete Punkte in Rot setzen interessante Akzente auf dieser hübschen mittelgroßen Tasche. → **Seite 180**

31. (23)(26) → Kleine Streifentasche

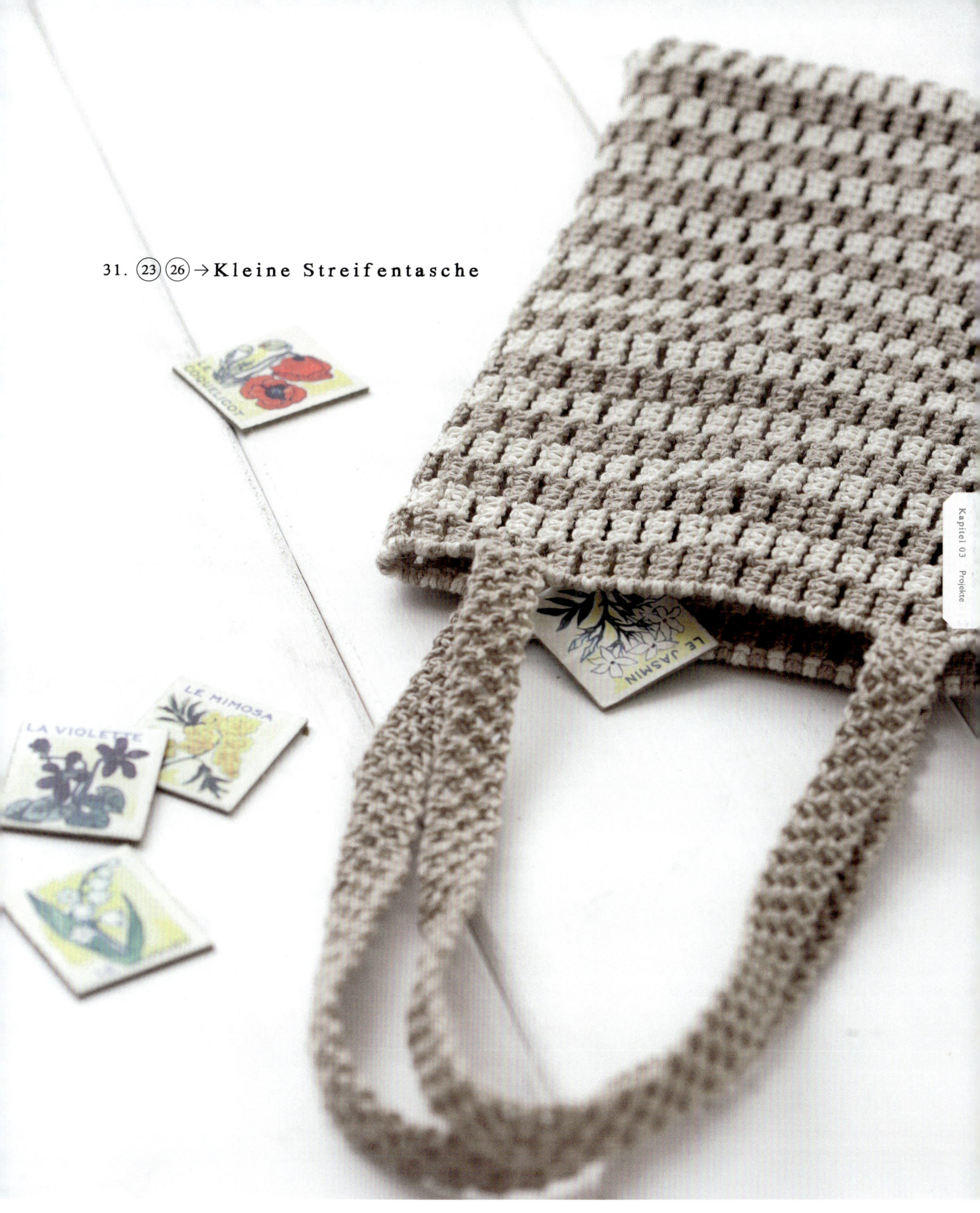

31. [Kleine Streifentasche] Diese hübsch gestreifte Tasche hat die perfekte Größe für einen Lunch – oder eine Flasche Wein mit Korkenzieher und 2 Gläsern. → **Seite 182**

30. Tasche mit Rautenmuster (Foto → Seite 178)

Muster: (23) (46)

Materialien

Mitteldicke Hanfschnur in Natur, ø 1,8 mm:
- 84 Fäden, 270 cm lang (senkrechte Fäden)
- 2 Fäden, 80 cm lang (Trägerfäden)
- 8 Fäden, 150 cm lang (für die Henkel)
- 8 Fäden, 110 cm lang (für die Henkel)

Mitteldicke Hanfschnur in Rot, ø 1,8 mm:
- 14 Fäden, 150 cm lang (senkrechte Akzentfäden)

Größe

23 cm x 31 cm; die Henkel sind 45 cm lang

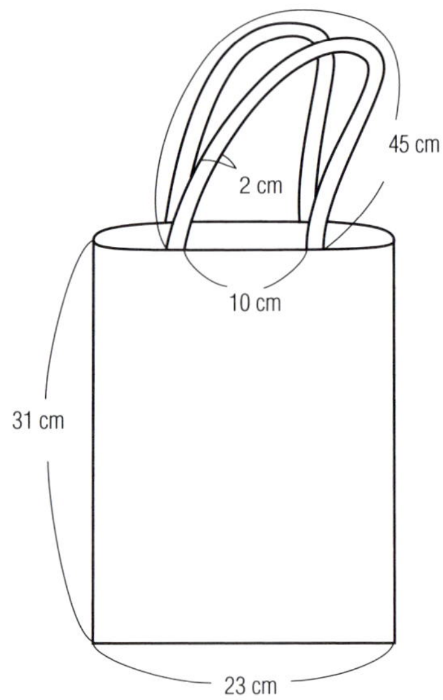

Tipp

Die Tasche und die Henkel werden getrennt voneinander gearbeitet und anschließend zusammengesetzt. Beide Henkel sind schmale Streifen mit dem klassischen Netzmuster A, das ohne Lücken geknüpft wird. An beiden Enden werden 7 cm der Fäden nicht geknotet: Damit wird der Henkel an der Tasche befestigt. So bleibt der Schlauch schön glatt: → S. 28, Tipp 7.

① Die obere Kante beginnen – im Detail

Die Fäden in Natur doppelt legen und am Trägerfaden befestigen, dabei abwechselnd eine zusätzliche Schlinge links bzw. rechts legen.

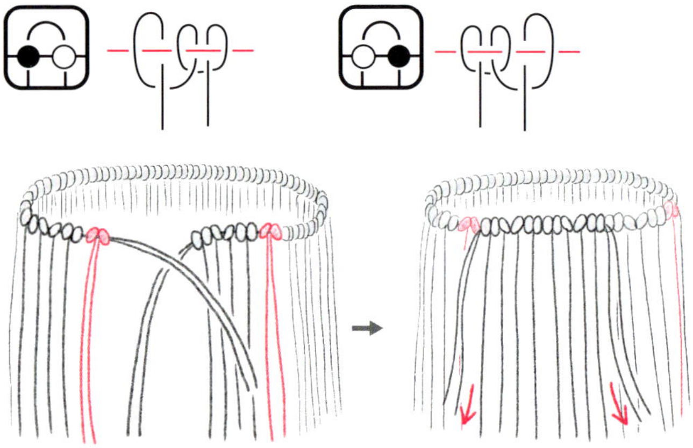

Die Trägerfäden als 1 Faden zusammennehmen und etwa 10 cm von einem Ende entfernt beginnen. Wie im Diagramm auf S. 183 die senkrechten Fäden befestigen: abwechselnd 1 doppelten Faden in Rot und 6 doppelte Fäden in Natur. Alle Fäden bis auf 4 befestigen.

Die Enden der Trägerfäden übereinander legen. Die restlichen 4 Fäden an den überlappten Trägerfäden befestigen. Die Enden der Trägerfäden mit einer Sticknadel in beiden Richtungen durch ein paar Knoten fädeln, wieder nach außen führen und abschneiden.

④ Die Henkel befestigen – im Detail

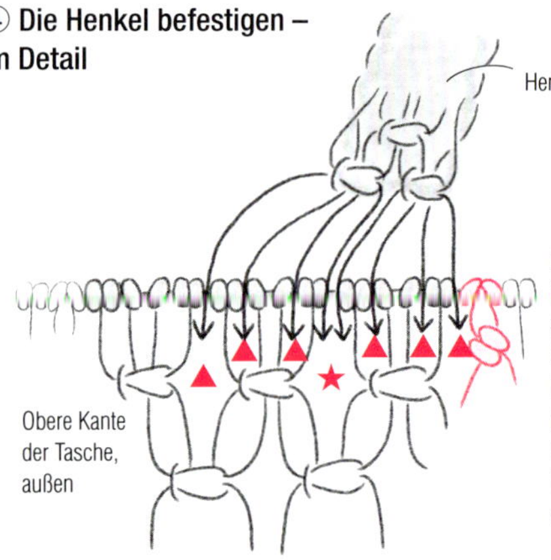

Die Positionen der Henkel sind im Diagramm auf S. 183 gekennzeichnet. Die Außenseite der Tasche und des Henkels zeigen zu dir: Jetzt legst du das Ende des Henkels auf die im Diagramm links markierte Stelle. Die Fäden des Henkels durch die Tasche fädeln, dabei jeweils 1 Faden bei ▲ und 2 bei ★ hindurchfädeln. Die Fadenpaare des Henkels auf der Innenseite der Tasche zu einem Wellenknoten (→ S. 24) knüpfen. An allen Befestigungsstellen ebenso vorgehen.

Diagramm zum Knüpfen des Henkels → S. 66

Anordnung der Fäden beim Henkel

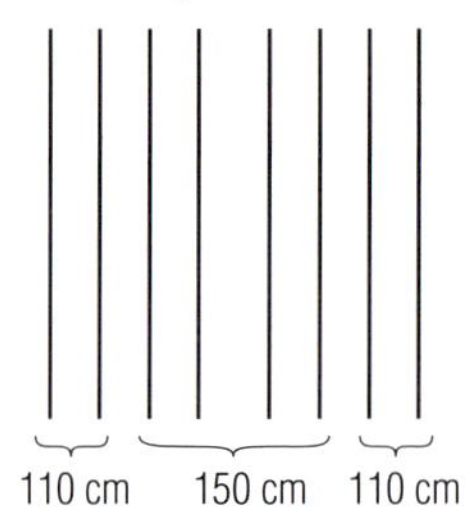

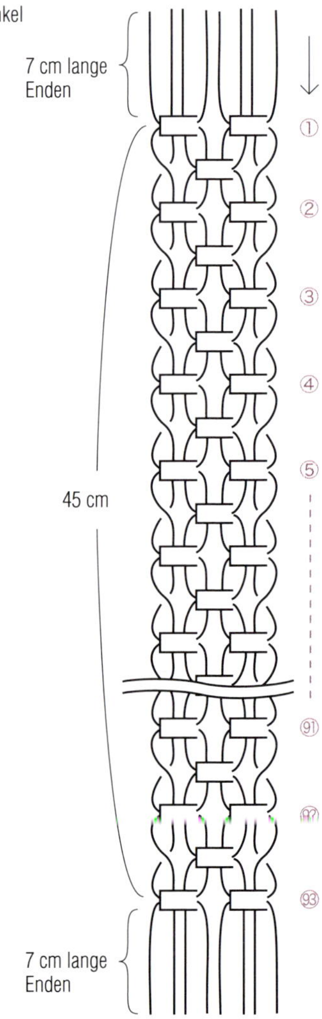

[Anleitung für die Tasche]

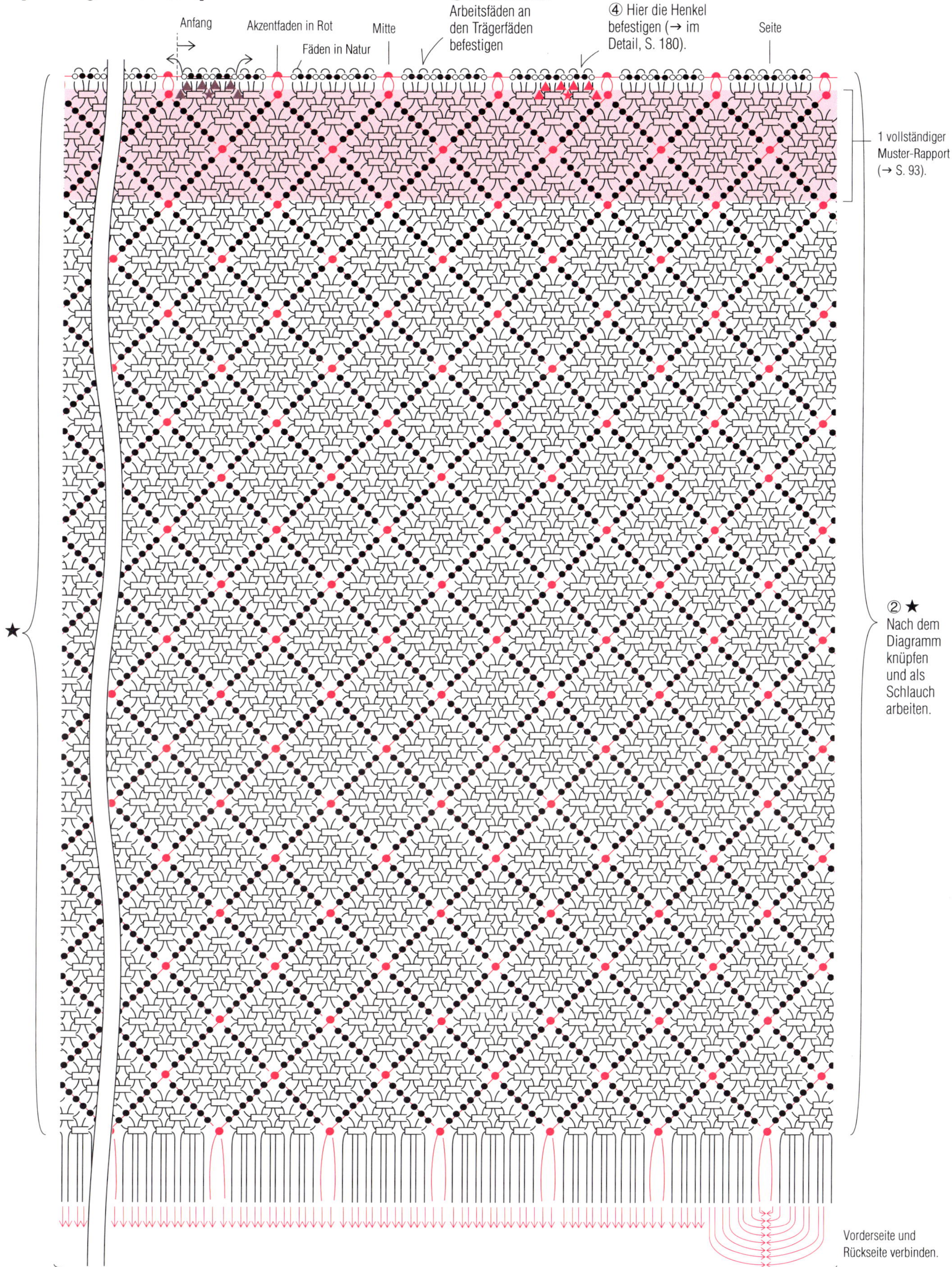

③ Die Tasche auf rechts wenden und die Akzentfäden in Rot gleichmäßig ausrichten. Alle Fäden der Vorderseite mit dem entsprechenden Faden der Rückseite zu 2 Kreuzknoten mit zusätzlich verdrehten Fäden (→ S. 176) knüpfen. Alle Knoten mit etwas Klebstoff sichern und Fadenenden abschneiden.

31. Kleine Streifentasche (Foto → Seite 179)

Muster: (23) (26)

Materialien

Mitteldicke Hanfschnur in Weiß (1,8 cm)
- 40 Fäden, 200 cm lang (senkrechte Fäden)
- 1 Faden, 50 cm lang (Trägerfäden)
- 4 Fäden, 200 cm lang (für die Henkel)
- 4 Fäden, 280 cm lang (für die Henkel)

Mitteldicke Hanfschnur in Natur (1,8 cm)
- 40 Fäden, 200 cm lang (senkrechte Fäden)

Größe

17 cm x 27 cm (B x H); die Henkel sind 46 cm lang

Tipp

Beide Henkel sind als schmale Streifen im klassischen Netzmuster A ohne Lücken geknüpft. Knüpfe zuerst die Tasche fertig und befestige dann die Fäden für die Henkel an der oberen Kante. Anschließend knüpfst du die Henkel und befestigst das andere Ende, sobald der Henkel die gewünschte Länge hat.

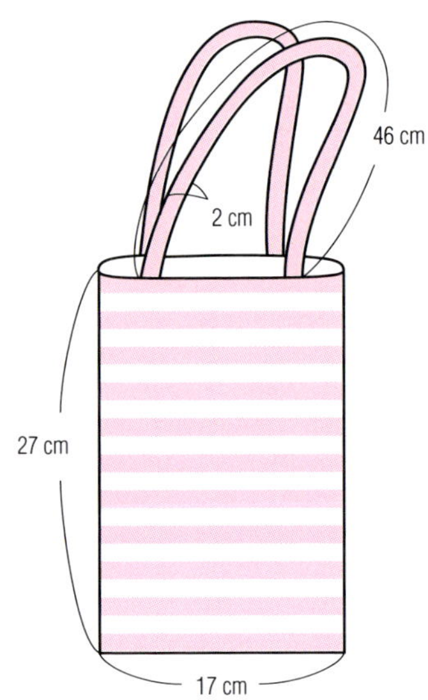

① Die Henkel fertigstellen – im Detail

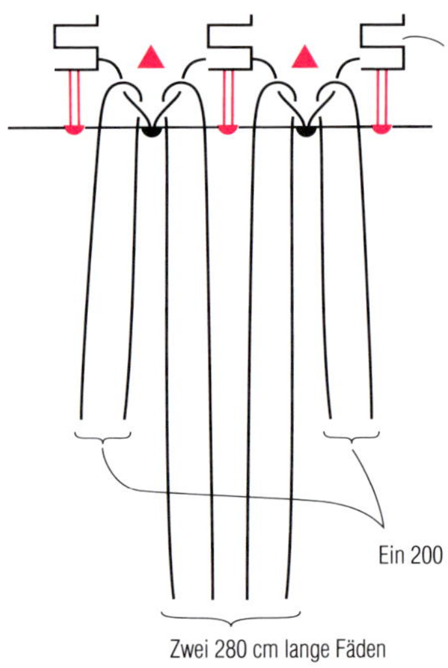

Die Positionen der Henkel sind im Diagramm auf S. 183 gekennzeichnet. Fädele die Fäden für die Henkel an den mit ▲ markierten Punkten ein und lege sie wie abgebildet doppelt. Dann knüpfst du die Henkel wie rechts abgebildet.

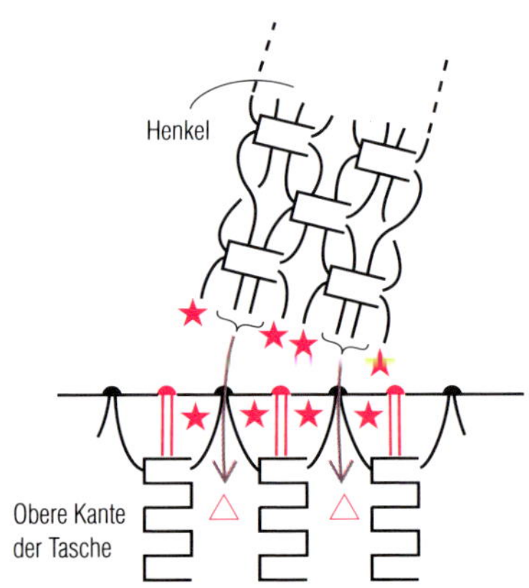

Sobald die Henkel die gewünschte Länge haben, führst du die Fadenenden durch die mit ★ markierten Stellen im Diagramm auf S. 183, anschließend knüpfst du paarweise einen Kreuzknoten an den mit △ markierten Stellen. Vernähe die Fadenenden in den Knoten auf der Innenseite, schneide die Fadenenden bündig ab.

Diagramm zum Knüpfen des Henkels → S. 54

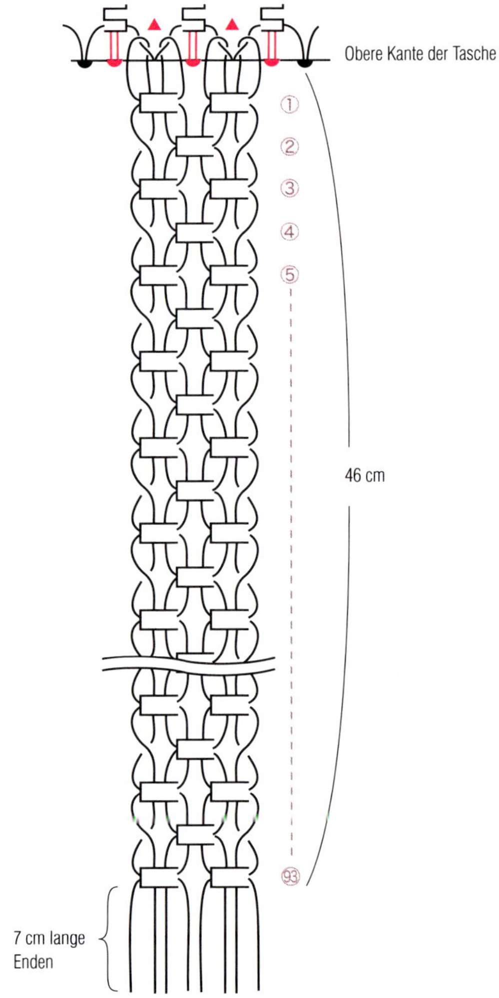

[Anleitung für die Tasche]

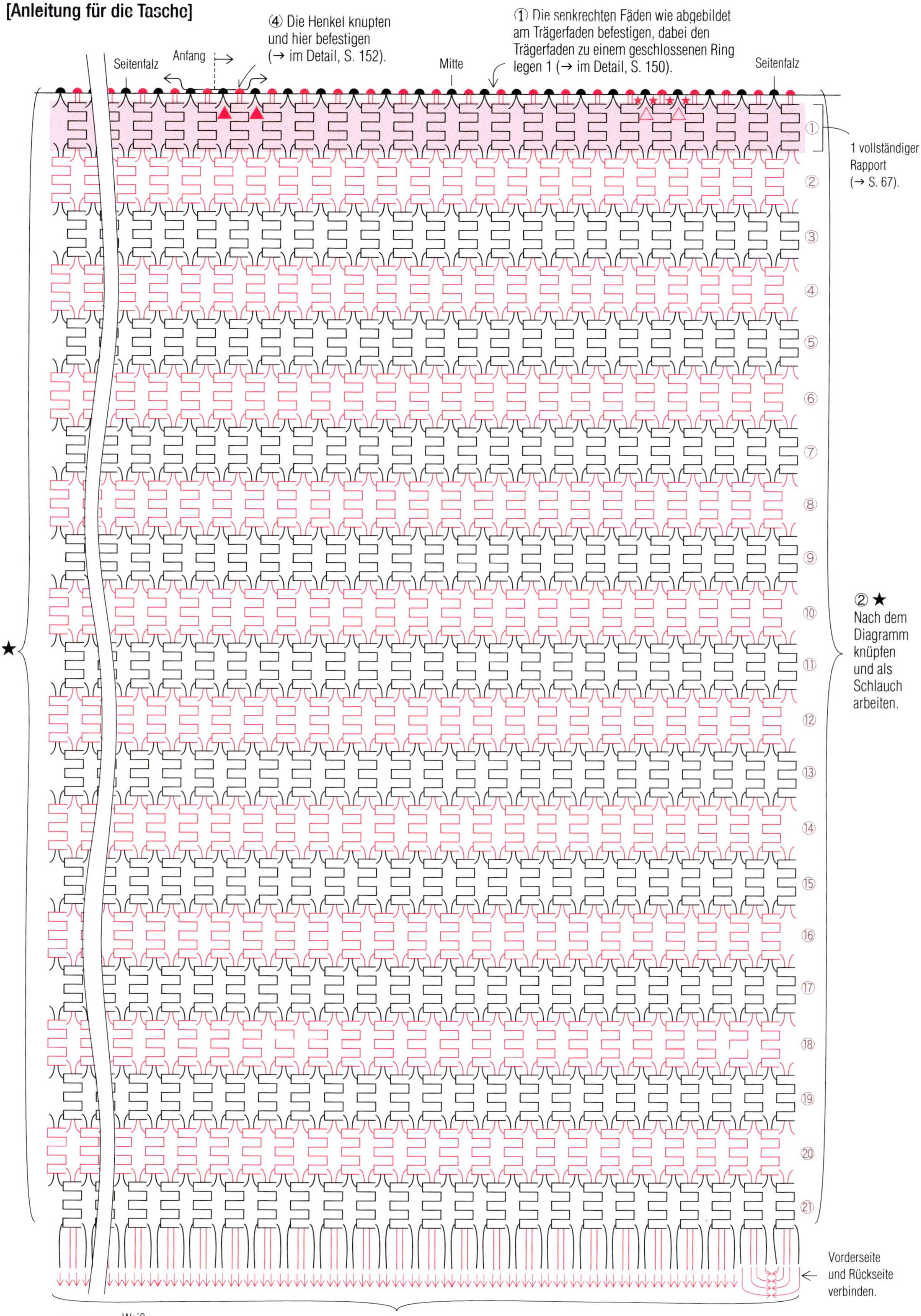

③ Die Tasche auf rechts wenden und gleichfarbige Fäden gleichmäßig ausrichten. Alle Fäden der Vorderseite mit dem entsprechenden Faden der Rückseite zu 2 Kreuzknoten mit zusätzlich verdrehten Fäden (→ S. 148) knüpfen. Alle Knoten mit etwas Klebstoff sichern und Fadenenden abschneiden.

32. (05) (23) (35) (54) → Erntekörbchen

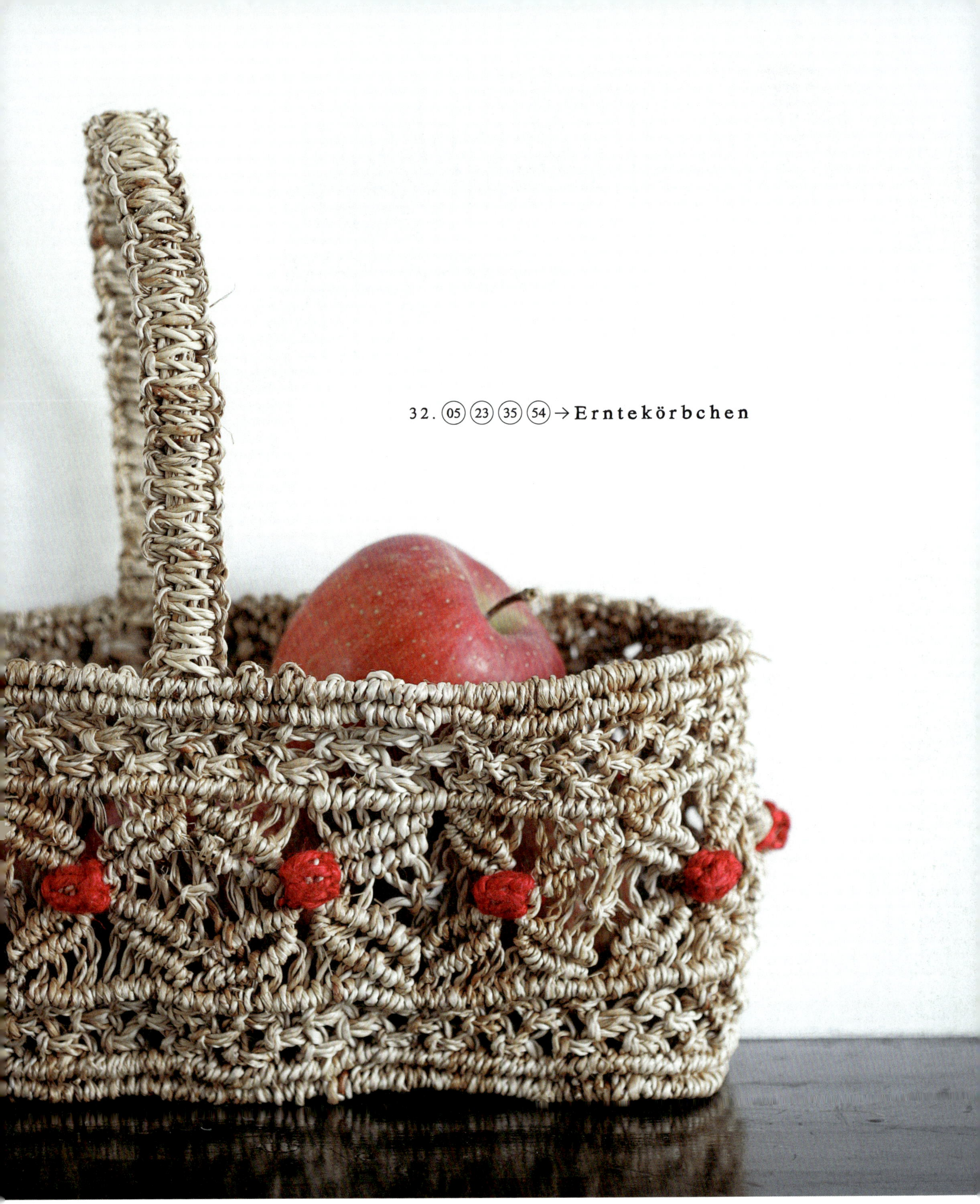

32. [Erntekörbchen] Dieses ovale Körbchen wird aus einem rustikalen Garn geknüpft, in diesem Fall aus Raffia. Es eignet sich perfekt zur Aufbewahrung von Servietten oder Makramee-Garn oder zum Mitnehmen von Lunch oder Snacks für ein Picknick. → **Seite 186**

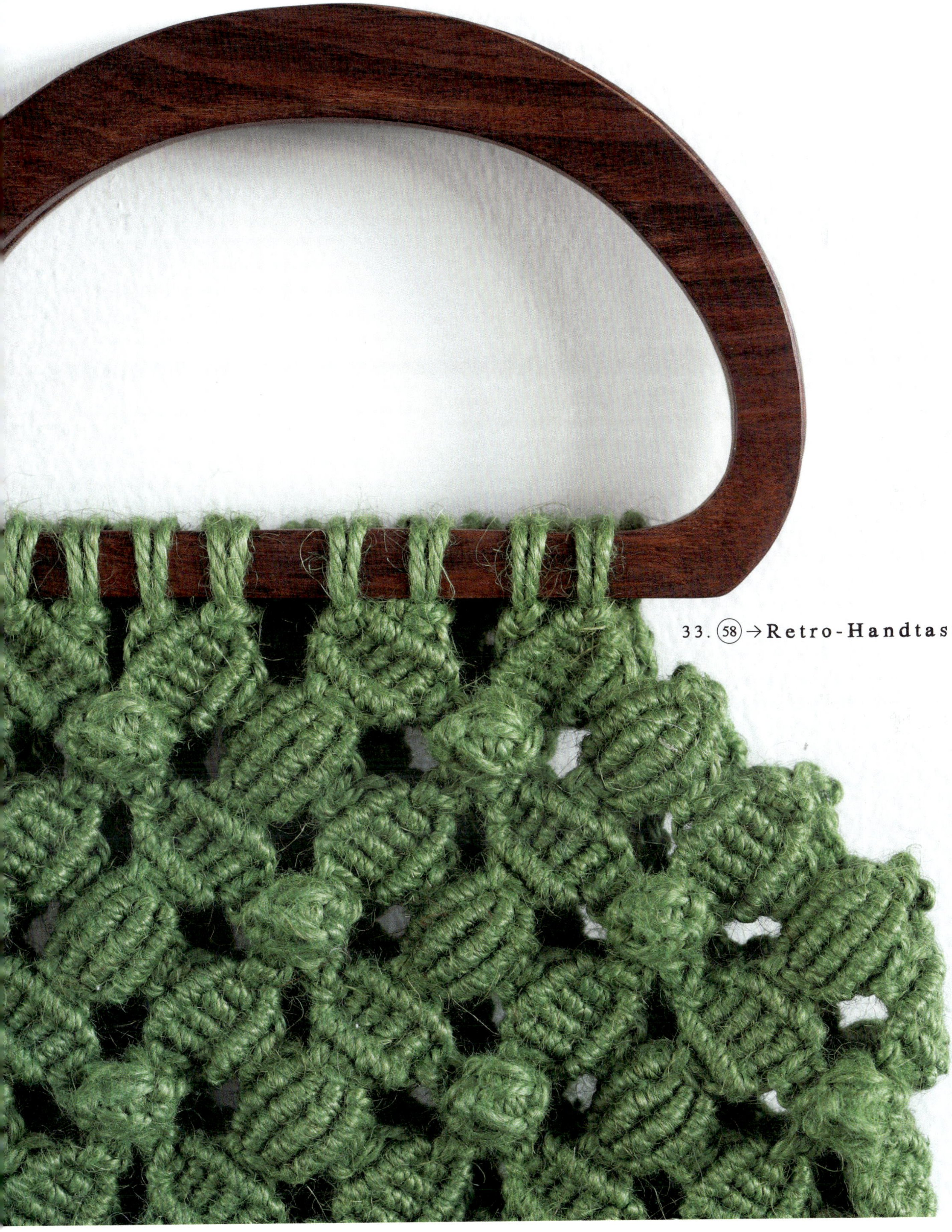

33. (58) → Retro-Handtasche

33. [Retro-Handtasche] Das faszinierende Noppenmuster verleiht dieser klassischen Tasche viel Chic und Charakter. Das Muster sieht fantastisch aus und ist gar nicht so anspruchsvoll zu knüpfen, wie es aussieht. → Seite 188

32. Erntekörbchen (Foto → Seite 184)

(Foto → Seite 184)

Muster: (05) (23) (35) (54)

Materialien

Sisal (Raffia oder Seegras in Natur*), ø 3 mm:

- 84 Fäden, 160 cm lang (senkrechte Fäden des Körbchens)
- 6 Fäden, 100 cm lang (Trägerfäden des Körbchens)
- 1 Faden, 500 cm lang (Arbeitsfaden des Henkels)
- 2 Fäden, 100 cm lang (Füllerfäden des Henkels)

Weicher, 3-fädiger Jutefaden in Rot, ø 3 mm:

- 14 Fäden, 50 cm lang

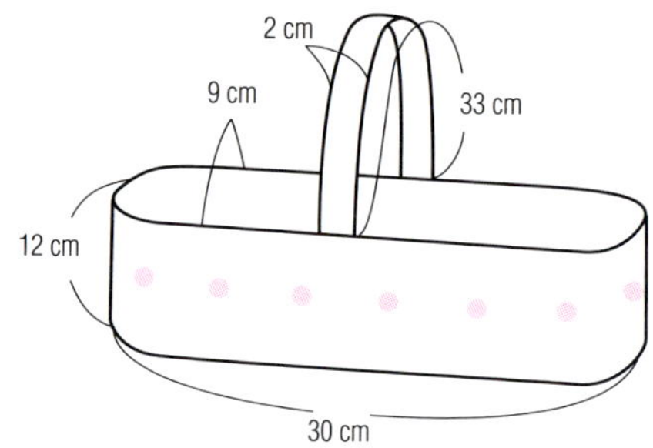

Größe

9 cm x 30 cm x 12 cm (B x L x H); der Henkel ist 33 cm lang

* Zu den verwendeten Fäden: Das Beispiel auf dem Foto wurde aus 3 mm starken Manilahanf (Abacá-Faser) geknüpft. Diese Sisal-Qualität ist in den Deutschland nur schwer zu finden. Du kannst natürlich auch herkömmliches Sisal, Raffia oder Seegras verwenden, dabei können jedoch die erforderlichen Fadenlängen und die Größe der Knoten abweichen. Knüpfe deshalb zunächst ein Probestück (→ S. 27, Tipp 4). Diese Fäden kannst du vor dem Knüpfen dämpfen, damit sie weicher werden.

[Anleitung]

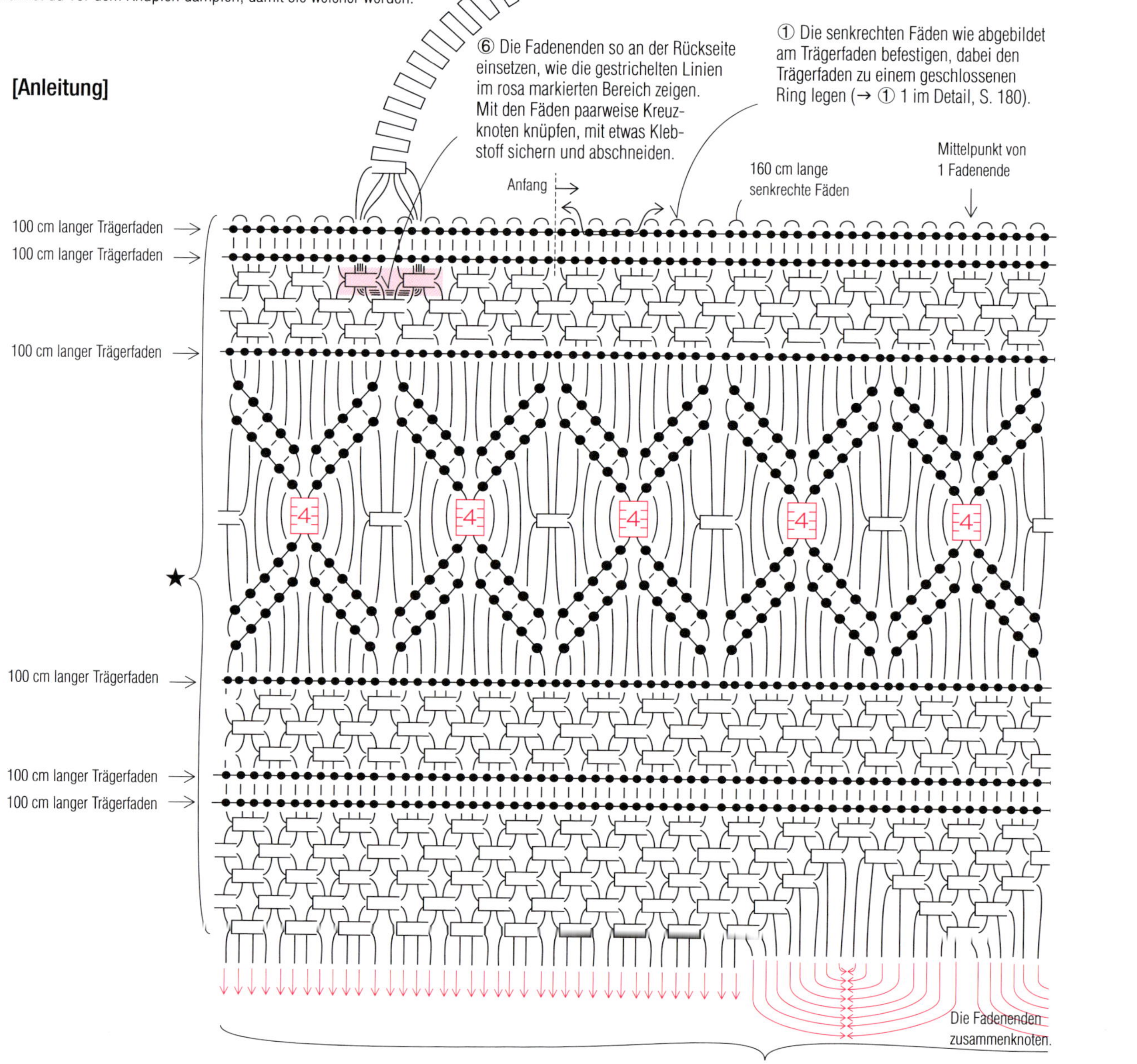

③ Das Körbchen auf rechts wenden und an den Enden so falten, dass eine flache, ovale Unterseite entsteht. Alle Fäden der Vorderseite mit dem entsprechenden Faden der Rückseite zu 2 Kreuzknoten mit zusätzlich verdrehten Fäden (→ S. 176) knüpfen. Alle Knoten mit etwas Klebstoff sichern und Fadenenden abschneiden.

② Die roten Farbakzente knüpfen – im Detail

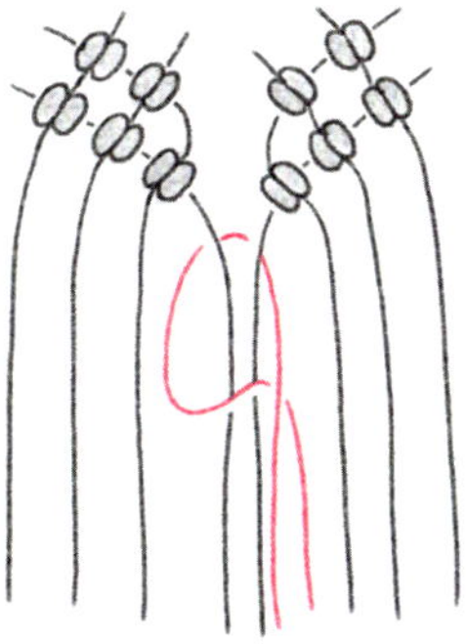

Den roten Faden um 2 naturfarbene Fäden doppelt legen und einen Kreuzknoten knüpfen.

→

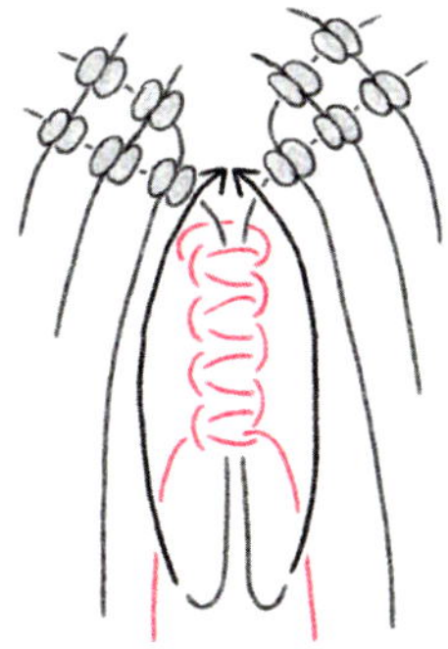

4 Kreuzknoten knüpfen, anheben und die Füllerfäden nach hinten legen (→ ⑭, S. 49).

→

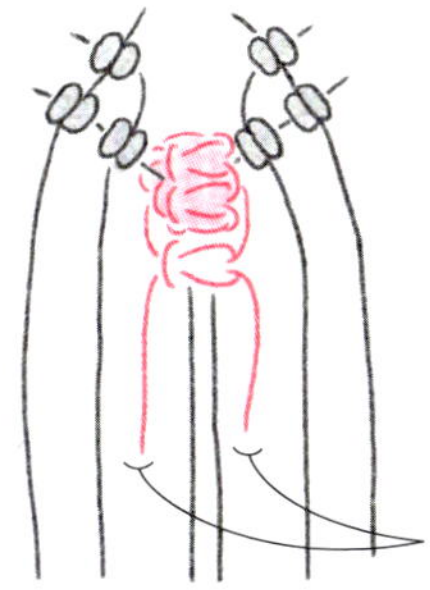

Einen weiteren Kreuzknoten auf der Vorderseite knüpfen, die roten Fäden nach hinten führen und verknoten.

Das Ende des roten Fadens auf der Rückseite abschneiden.

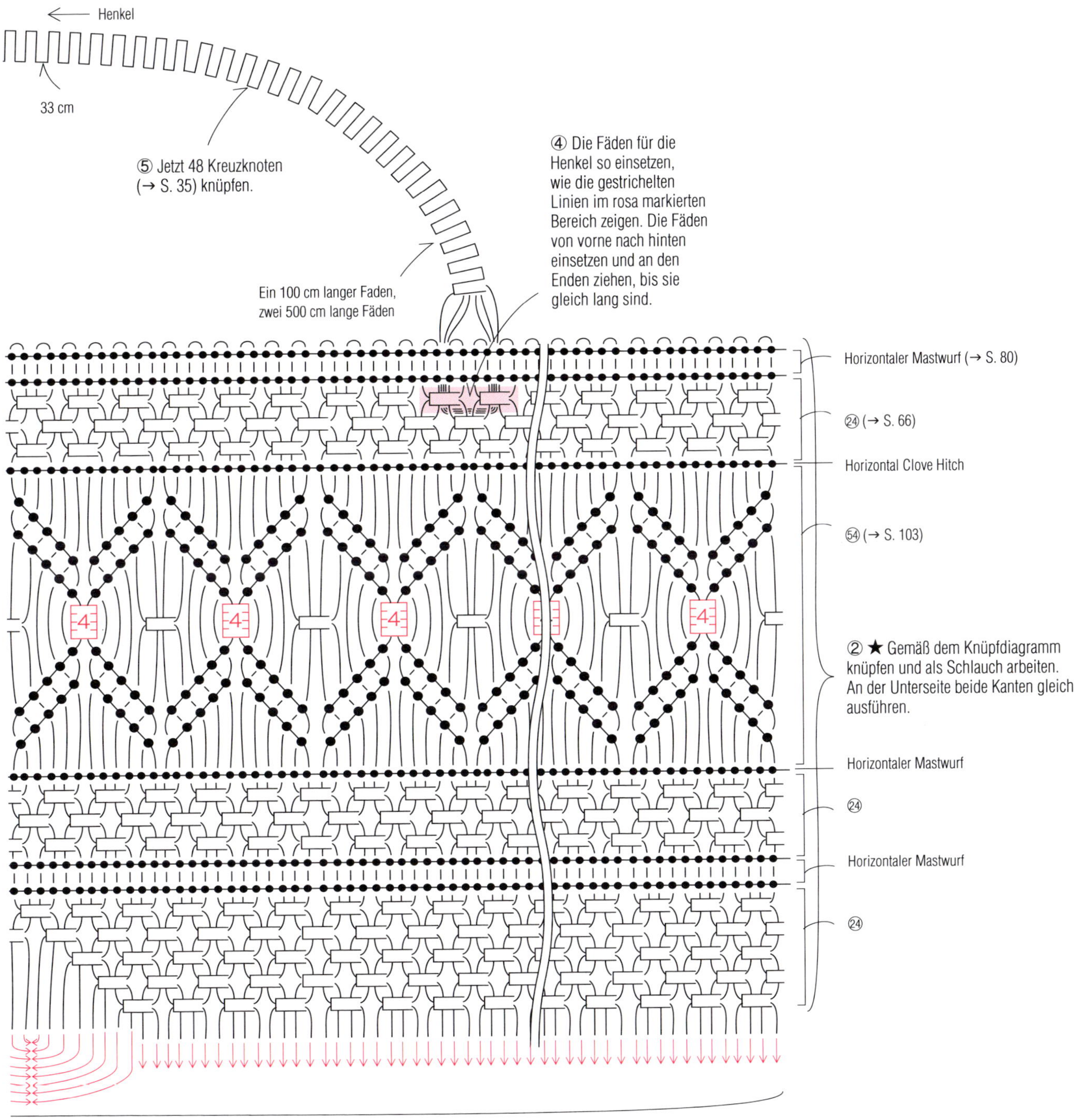

33. Retro-Handtasche (Foto → Seite 185)

Muster: 58

Materialien

Weicher Jutefaden in Blattgrün, ø 2 mm:

36 Fäden, 300 cm lang (A im Diagramm)

20 Fäden, 250 cm lang (B im Diagramm)

2 Rosenholzring als Taschengriff (11 cm Innenbreite)

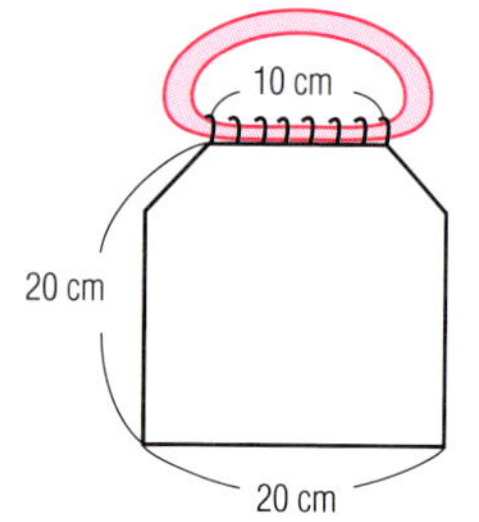

Größe

20 cm x 20 cm; 10 cm breit am Griff

Tipp

Da das Netzmuster dieser Tasche eine rundgezackte Kante hat, müssen die Lücken an der Unterseite der Tasche nach einer speziellen Methode geschlossen werden: Es wird nicht einfach jeder Faden der Vorderseite mit dem entsprechenden Faden der Rückseite verknotet, sondern einige der Fäden wie bei einem X überkreuzt. Die Symbole im Diagramm zeigen an, welche Fäden überkreuzt werden.

[Anleitung]

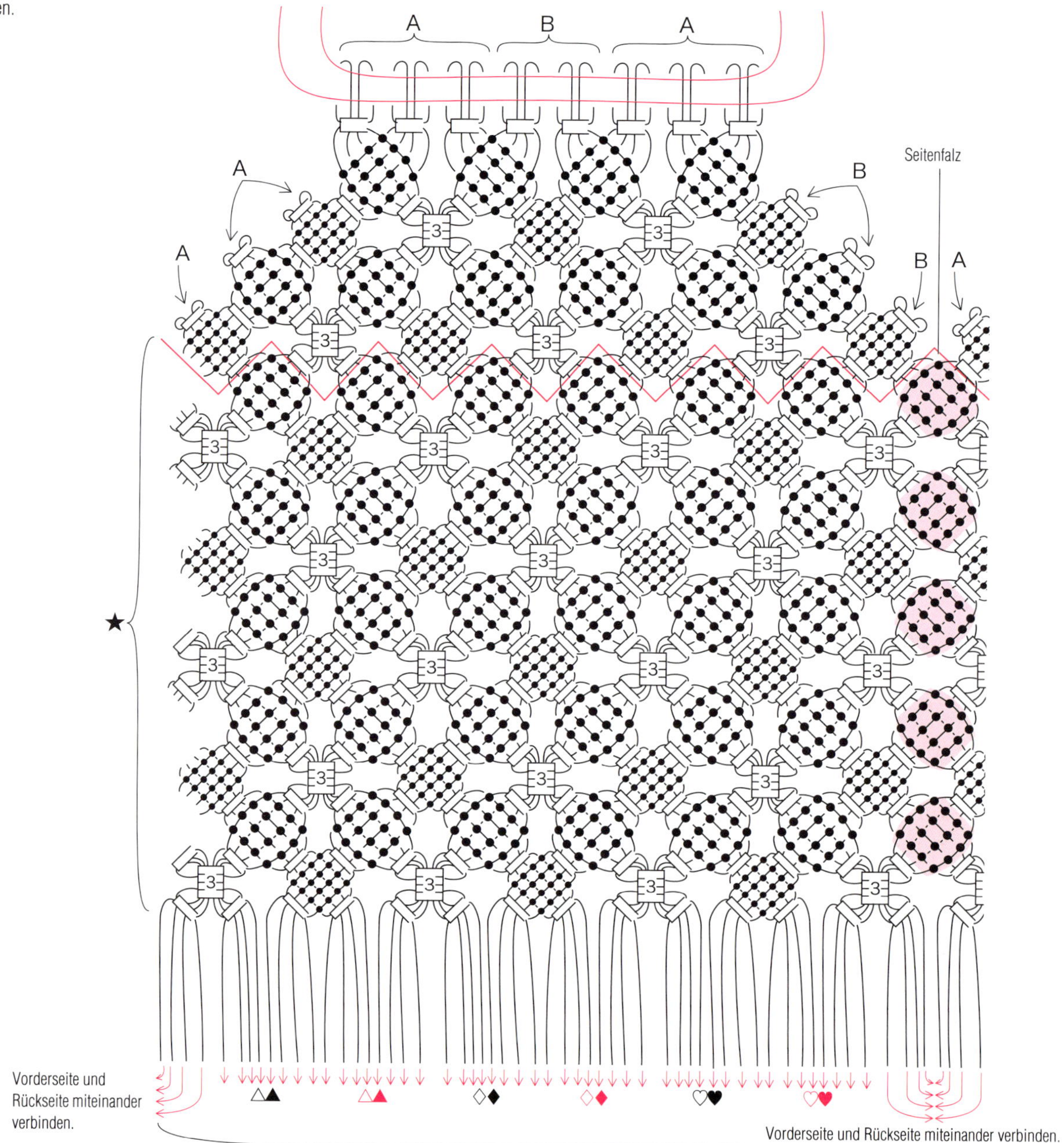

④ Die Tasche auf rechts wenden und an den Seiten (rosa unterlegt) falten. Die Fäden der beiden Seiten zu 2 Kreuzknoten mit zusätzlich verdrehten Fäden (→ S.176) knüpfen; die mit Symbolen gekennzeichneten Fäden überkreuzen, um die Lücken zu schließen. Alle Knoten mit etwas Klebstoff sichern und Fadenenden abschneiden.

② Zusätzliche Fäden einsetzen, damit die Arbeit breiter wird – im Detail

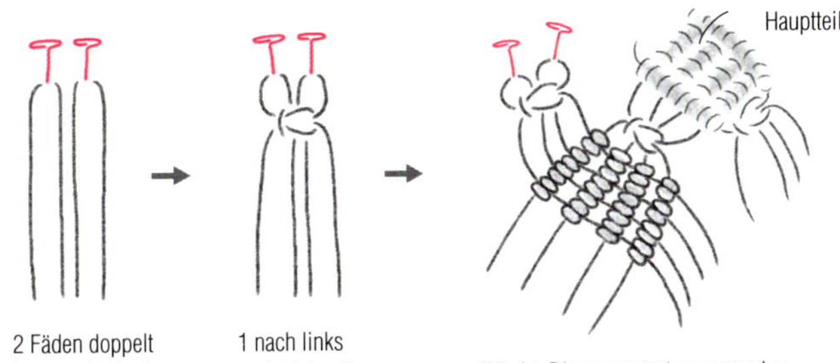

2 Fäden doppelt legen, mit Stecknadeln fixieren. → 1 nach links gerichteten Kreuzknoten knüpfen. → Wie im Diagramm unten angegeben die zusätzlichen Fäden einsetzen.

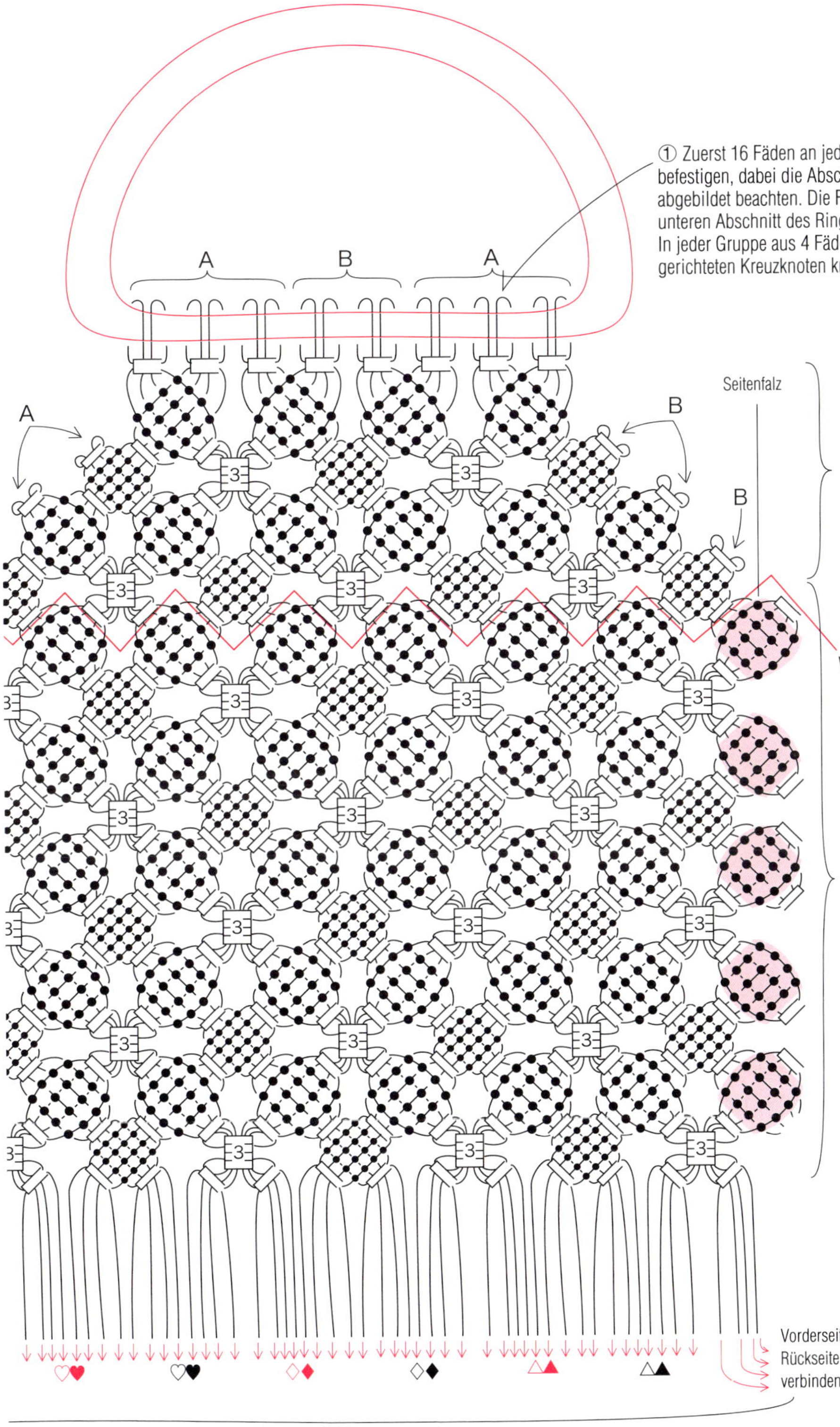

① Zuerst 16 Fäden an jedem Ring befestigen, dabei die Abschnitte A und B wie abgebildet beachten. Die Fäden über den unteren Abschnitt des Rings doppelt legen. In jeder Gruppe aus 4 Fäden 1 nach links gerichteten Kreuzknoten knüpfen.

② Zunächst an beiden Ringen getrennt knüpfen. Die erste Wiederholung des Musters nach dem Diagramm arbeiten (→ ㊺, S. 109). Wie abgebildet Fäden A oder B an den Kanten einsetzen (→ im Detail oben); wie abgebildet weiterarbeiten, bis alle Fäden eingesetzt sind.

Die 2 Teile an beiden Kanten miteinander verbinden (das Diagramm setzt sich schlauchförmig fort). Achte gut darauf, dass jeweils die rechte Seite der Arbeit nach vorne zeigt.

★ ③ Nach dem Diagramm knüpfen und als Schlauch arbeiten. An den Kanten (rosa unterlegt) gut auf die Fadenspannung achten, damit die Kante weich bleibt und keine Falten zieht.

Vorderseite und Rückseite miteinander verbinden.

Buchempfehlungen für Dich

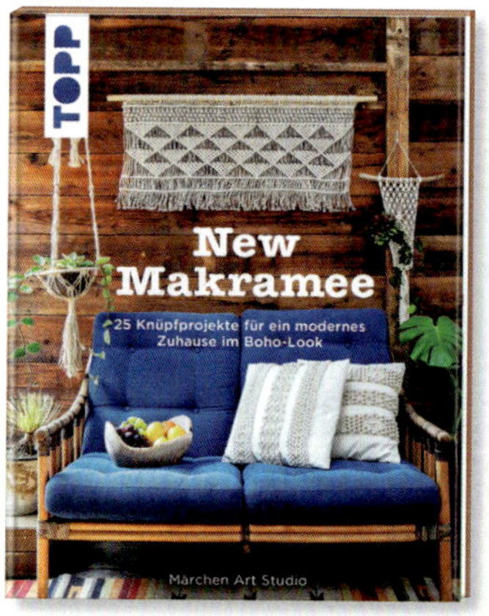

ISBN 978-3-7724-5097-6

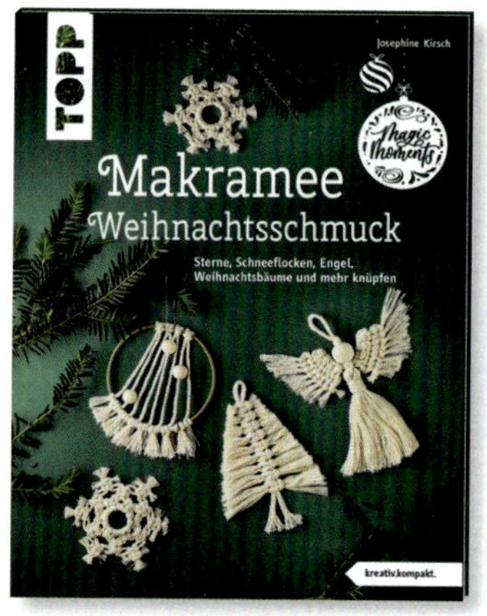

ISBN 978-3-7724-4382-4

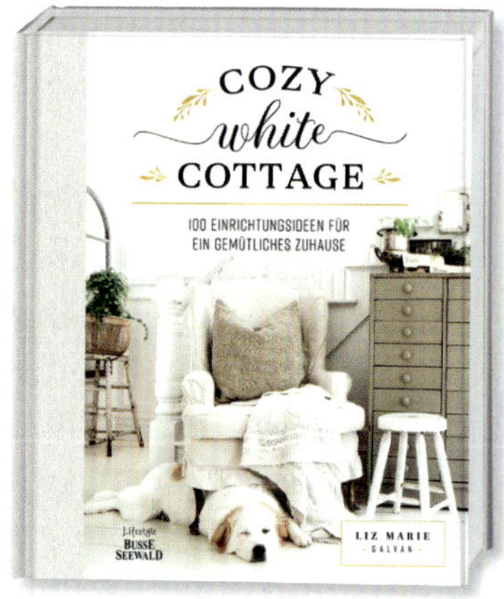

ISBN 978-3-7724-7289-3

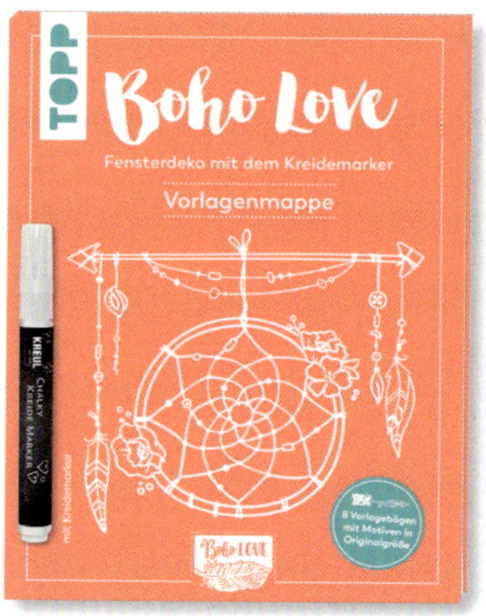

ISBN 978-3-7724-7176-6

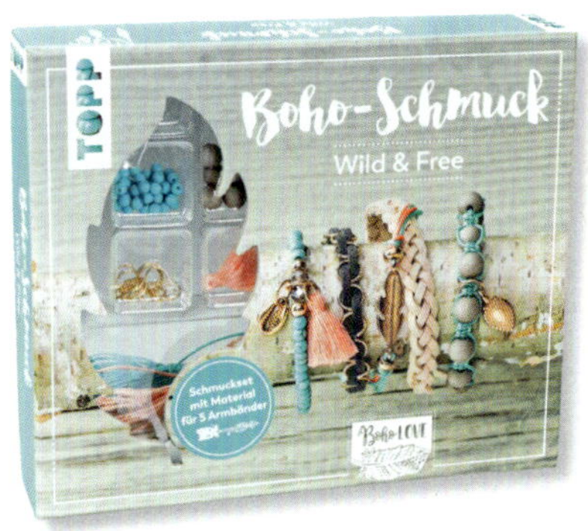

ISBN 4007742180942

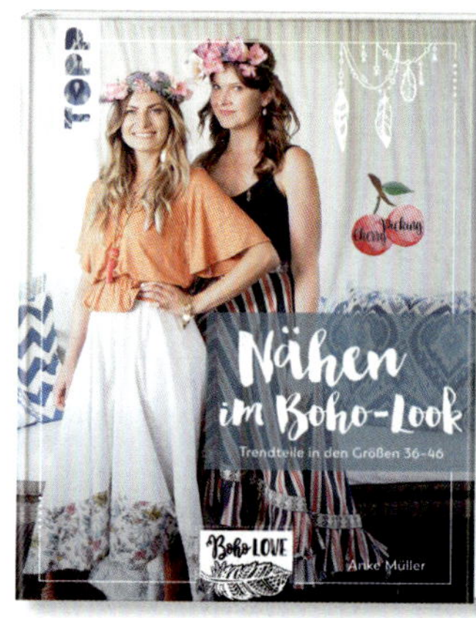

ISBN 978-3-7724-8174-1

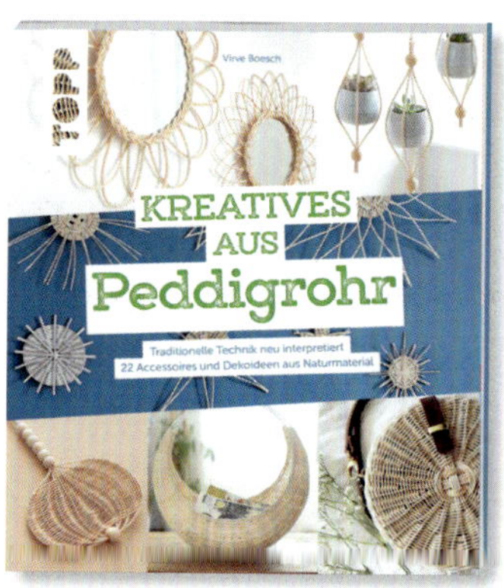

ISBN 978-3-7724-7198-8

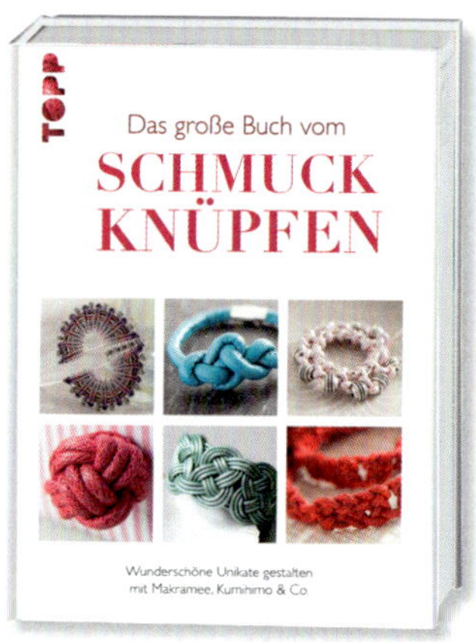

ISBN 978-3-7724-7197-1

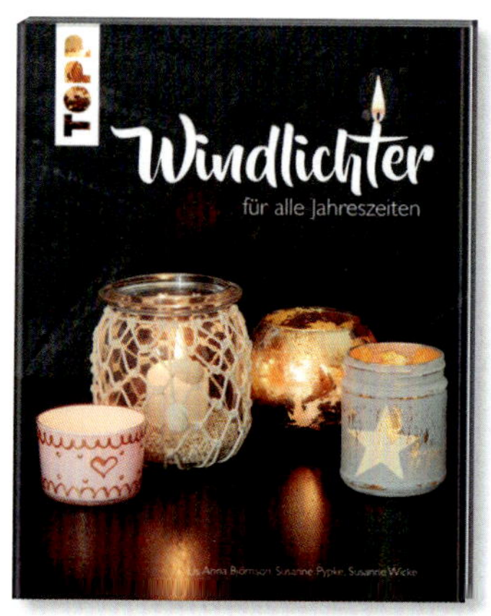

ISBN 978-3-7724-7112-4

Noch mehr Kreativ-Bücher findest du auf www.TOPP-kreativ.de

#TOPPPROJEKT

Die eigene Kreativität zeigen: TOPPprojekt mit anderen Kreativen teilen und Teil der Gemeinschaft werden.

DIY-begeistert und auf Instagram? Dann unbedingt mitmachen! Hier gibt's Tipps und Feedback zu den eigenen Projekten. Außerdem verlosen wir jeden Monat ein Überraschungspaket. Um am Gewinnspiel teilzunehmen, einfach ein Bild vom Kreativ-Projekt aus unseren Büchern mit #TOPPprojekt posten und unserem Account @frechverlag folgen. Mehr Infos auf TOPP-kreativ.de/TOPPprojekt

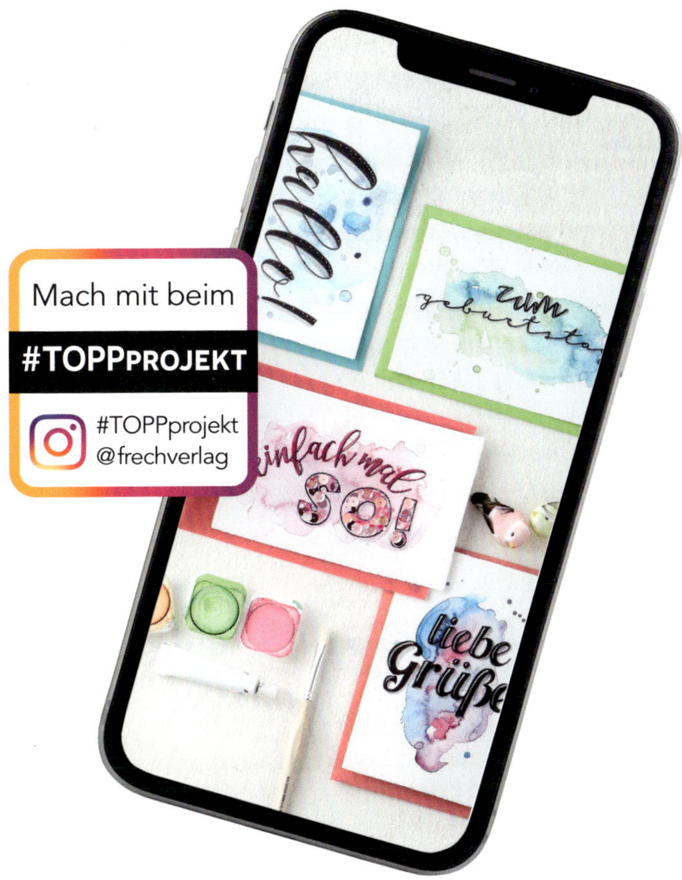

Website
Auf TOPP-kreativ.de kannst du ein riesiges Angebot von über 1.000 Kreativbüchern, Sets & mehr entdecken.

Newsletter
Gleich anmelden unter: TOPP-kreativ.de/newsletter und immer als Erstes von unseren Neuheiten und Sonderaktionen erfahren.

Instagram
@frechverlag

Pinterest
pinterest.com/frechverlag

Facebook
facebook.com/frechverlag

DigiBib
Hier findest du zusätzlich zu vielen unserer Bücher digitale Extras, wie Video-Tutorials, Plotter-Dateien, Vorlagen, Übungsblätter & vieles mehr. Einfach im Impressum deines TOPP-Buchs den Freischalte-Code nachschlagen und exklusive Inhalte freischalten. TOPP-kreativ.de/digibib

Youtube
youtube.com/frechverlag